Cristina Masanés · Jordi Puig

AF631707

Cadaqués

Cap de Creus

TRIANGLE BOOKS

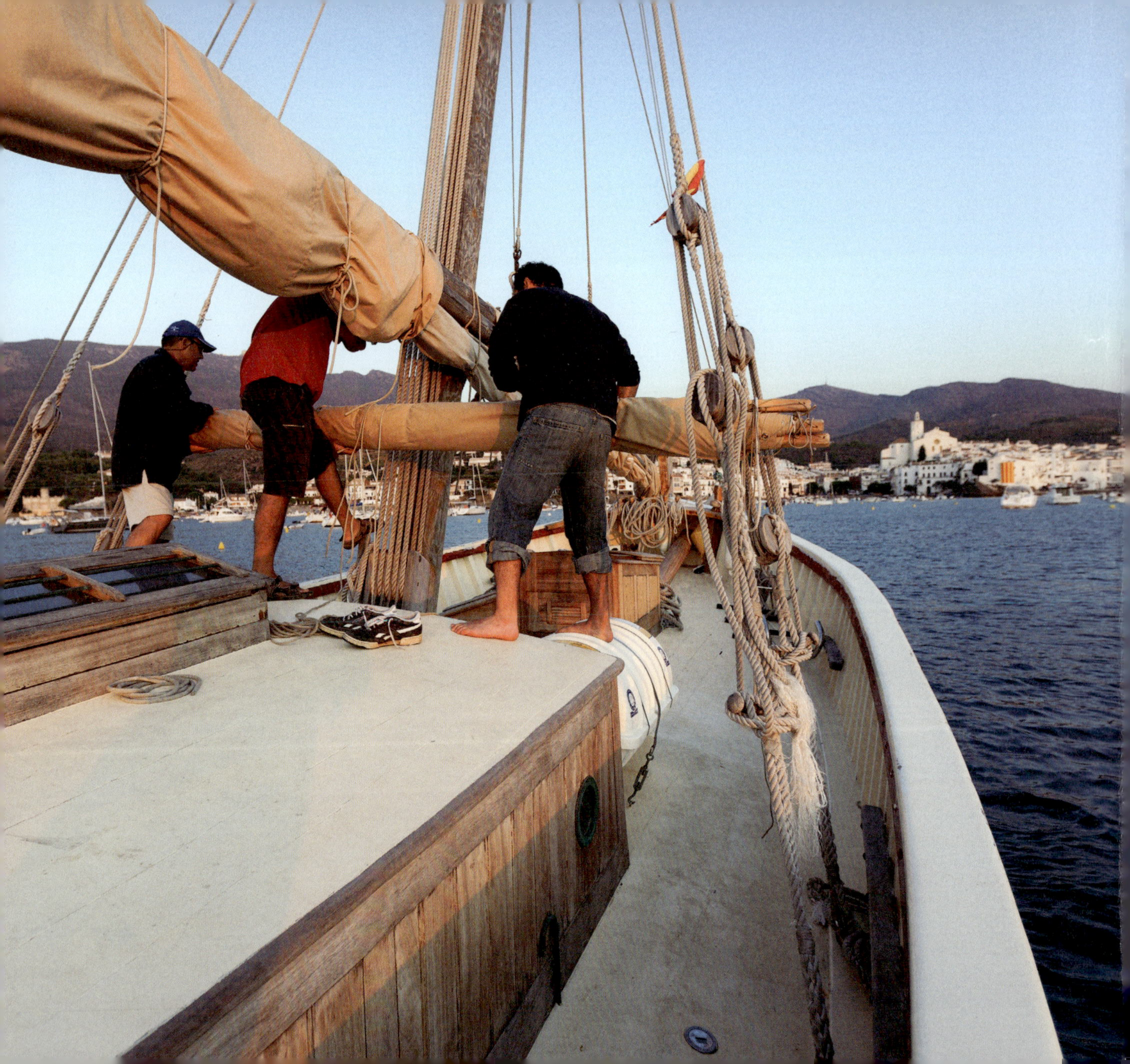

Sumari Sumario Summary Résumé

Cadaqués
Cap de Creus

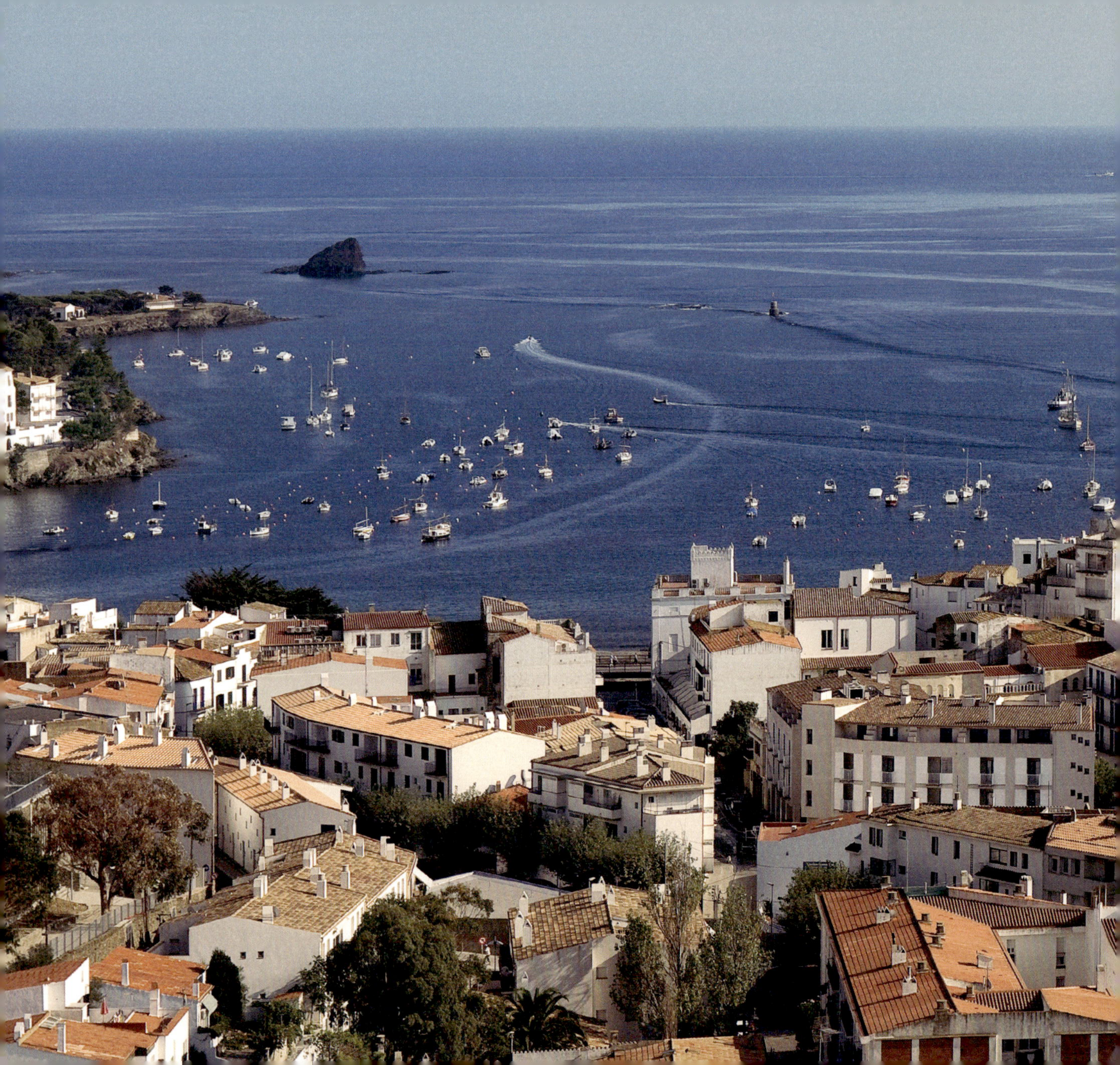

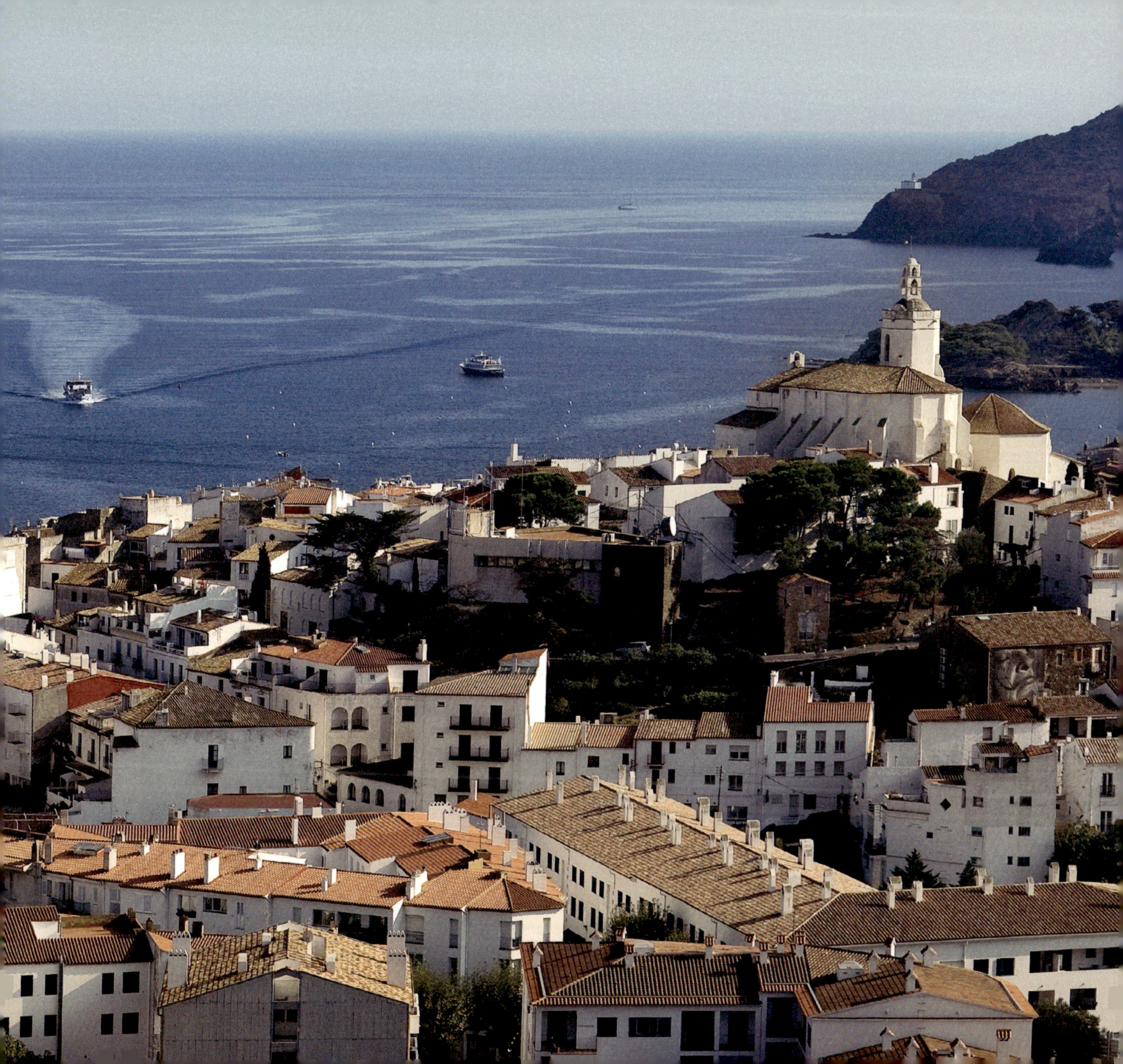

Cadaqués

Cap de Creus

Cadaqués, d'una personalitat extraordinària, no deixa indiferent a ningú. En aquest lloc de mar tot és singular. La qualitat de la llum, el relleu geològic, la intensitat del blau, la cura del creixement urbanístic, el caràcter dels seus habitants i un passat de llegenda. Tanmateix, res no seria així sense un element decisiu: l'aïllament geogràfic, que encara avui en dificulta l'accés i fins fa cent anys el feia un camí digne d'Ulisses.

Era això el que venien buscant aquells que van arribar-hi a principis del segle XX? Probablement. Cadaqués va ser descobert per escriptors i pintors els anys 20 i per la bohèmia viatgera els anys 60 del segle passat. Salvador Dalí, que va estimar aquest poble fins a l'obsessió, va contribuir a la seva projecció internacional. Des de llavors, els carrers blancs del poble, el silenci de les seves cales, la màgia de la petita badia de Portlligat i la geologia rebel de Cap de Creus han fet de Cadaqués un segell de marca per al turisme de la millor Mediterrània.

Cadaqués, de una personalidad extraordinaria, no deja indiferente a nadie. En este paraje marino todo es singular. La cualidad de la luz, el relieve geológico, la intensidad del azul, el cuidado del crecimiento urbanístico, el carácter de sus habitantes y un pasado de leyenda. No obstante, nada sería así sin un elemento decisivo: el aislamiento geográfico. Si aún hoy el acceso es difícil, hace cien años llegar a Cadaqués era un trayecto digno de Ulises.

¿Era eso lo que venían buscando quienes llegaron al pueblo a principios del siglo XX? Probablemente. Cadaqués fue descubierto por escritores y pintores en los años 20 y por la bohemia viajera en los 60. Salvador Dalí, que amó este pueblo hasta la obsesión, contribuyó a su proyección internacional. Desde entonces, sus blancas calles, el silencio de sus calas, la magia de la pequeña bahía de Portlligat y la geología rebelde del Cap de Creus (Cabo de Creus) han hecho de Cadaqués un sello de marca para el turismo del mejor Mediterráneo.

Cadaqués, with its remarkable character, leaves nobody indifferent to it. Everything is quite unique in this marine landscape. The quality of the light, the geological relief, the intensity of the blue, the care taken with the urban growth, the character of its inhabitants and its legendary past. Nevertheless, nothing would be as it is without a decisive factor: the geographical isolation. Even today access is not easy and one hundred years ago reaching Cadaqués was a journey worthy of Ulysses.

Was this what the people who arrived at the village at the turn of the century were looking for? Probably. Cadaqués was discovered by writers and painters in the 20s and by the travelling bohemia of the 60s. Salvador Dalí, who loved this village obsessively, contributed to its international projection. Since then, the streets of the village, the silence of its coves, the magic of the small bay of Portlligat and the rebellious geography of Cap de Creus (the cape of crosses) have made Cadaqués a trademark for the best Mediterranean tourism.

Cadaqués, d'une personnalité extraordinaire, ne laisse personne indifférent. Dans ces parages marins, tout est singulier. La qualité de la lumière, le relief géologique, l'intensité du bleu, une croissance urbaine réfléchie, le caractère de ses habitants et un passé de légende. Cependant, rien ne serait pareil sans un élément décisif : l'isolement géographique. Aujourd'hui encore, y accéder est difficile et il y a cent ans, arriver à Cadaqués était un voyage digne d'Ulysse.

Est-ce cela que cherchaient ceux qui arrivèrent au village au début du siècle ? Probablement. Ce sont les écrivains et les peintres qui découvrirent Cadaqués au début des années 20, et plus tard, les voyageurs bohèmes des années 60. Salvador Dalí, qui aima ce village jusqu'à l'obsession, contribua à sa projection internationale. Depuis lors, les ruelles blanches du village, le silence de ses criques, la magie de la petite baie de Portlligat et la géologie rebelle du Cap de Creus ont fait de Cadaqués un symbole du meilleur tourisme méditerranéen.

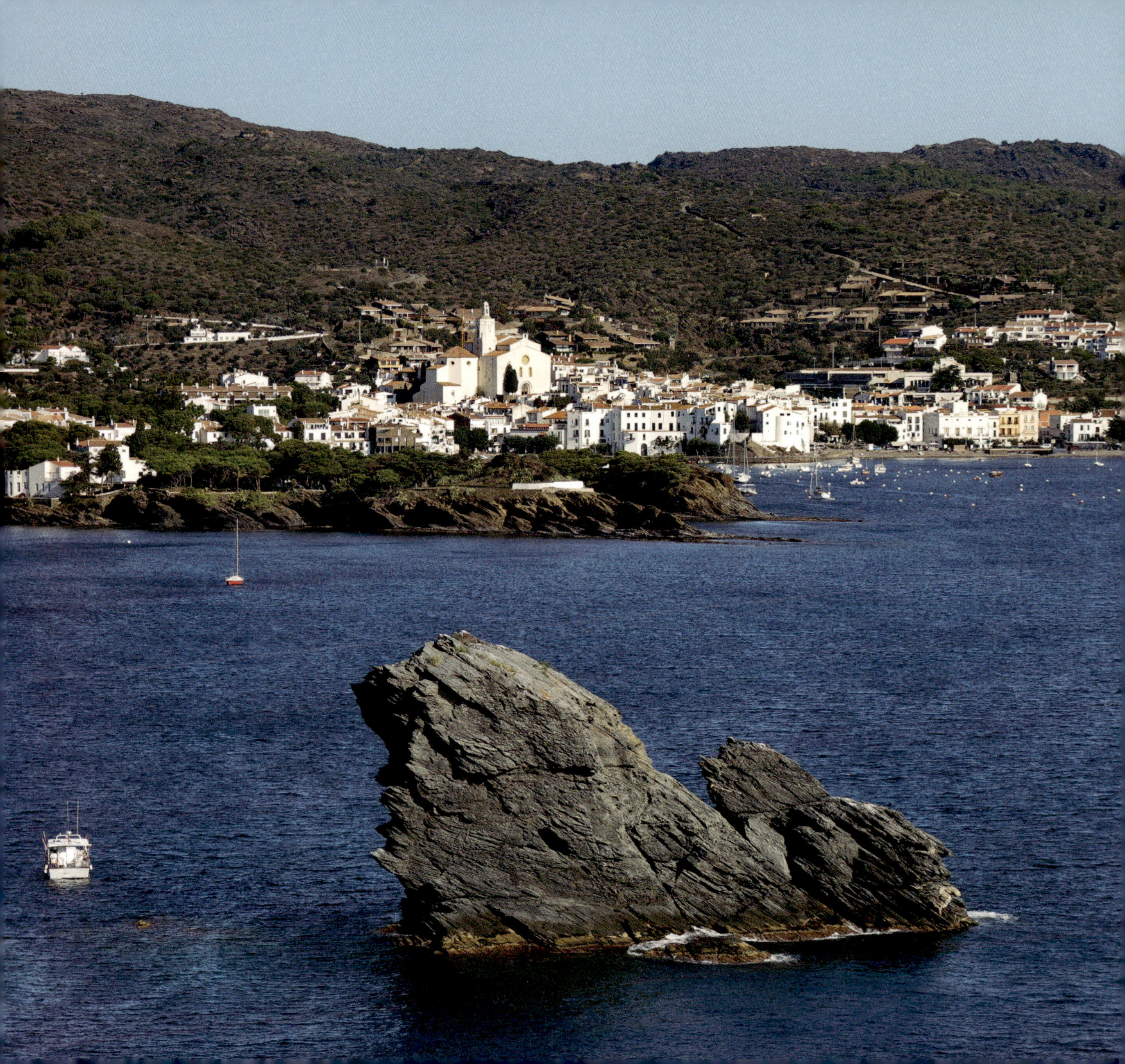

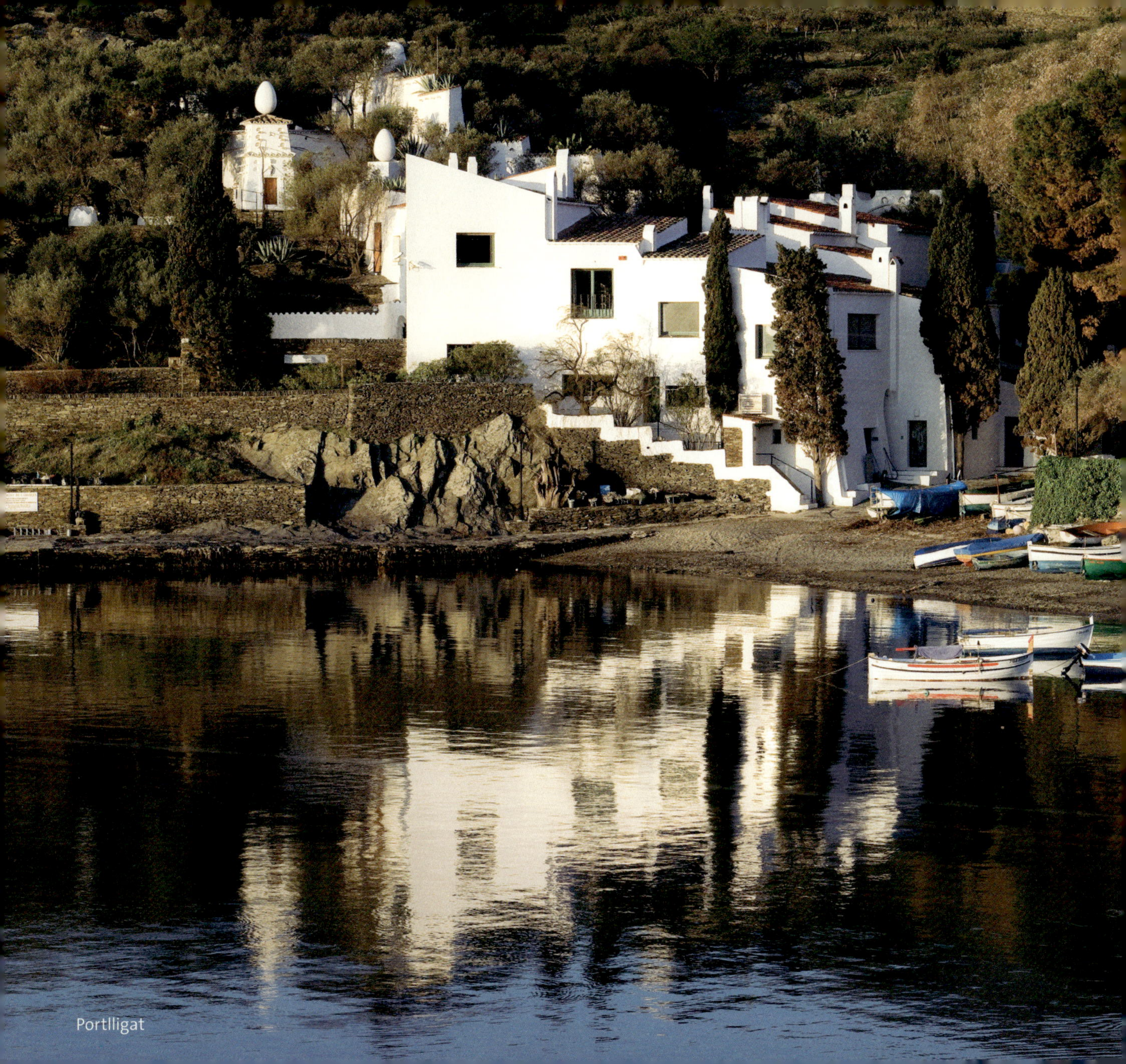

Portlligat

Un passat de llegenda

Un passat de pirates i naufragis, de pintors i corallers, de bruixes i pescadors. Un passat de llegenda. Un passat únic per a un poble únic. La història de Cadaqués ve inevitablement marcada per la seva condició marítima i el seu aïllament geogràfic. A Cadaqués, fins fa unes dècades, tot hi arribava i se n'anava per mar.

L'origen del poble és tan incert com el seu nom. Es diu que els grecs van alçar un temple a Afrodita en algun punt de Cap de Creus però no se n'ha trobat cap rastre. El fet és que la primera dada històrica que consta és de principis del segle XI, quan el poble era un minúscul port de mar adscrit —com bona part de les terres de l'Empordà— al domini dels monjos del monestir de Sant Pere de Rodes i dels comtes d'Empúries. Sabem que al segle XIII, la petita comunitat marinera es regia per un singular —i únic a la zona— sistema de democràcia directa: l'assemblea general de veïns es reunia a la plaça de l'Església per decidir

Un pasado de leyenda

Un pasado de piratas y naufragios, de pintores y coraleros, de brujas y pescadores. Un pasado de leyenda. Un pasado único para un pueblo único. La historia de Cadaqués está inevitablemente marcada por su condición marítima y su aislamiento geográfico. En Cadaqués, hasta hace unas décadas, todo iba y venía por mar.

El origen del pueblo es tan incierto como su nombre. Aunque no ha sido hallado ningún rastro que lo demuestre, se cuenta que los griegos levantaron un templo consagrado a Afrodita en algún punto del Cap de Creus. El hecho es que el primer dato histórico que consta es de principios del siglo XI, cuando el pueblo era un minúsculo puerto de mar adscrito —como buena parte de las tierras del Empordà— al dominio de los monjes del monasterio de Sant Pere de Rodes y de los condes de Empúries. Sabemos que en el siglo XIII, la pequeña comunidad marinera se regía por un

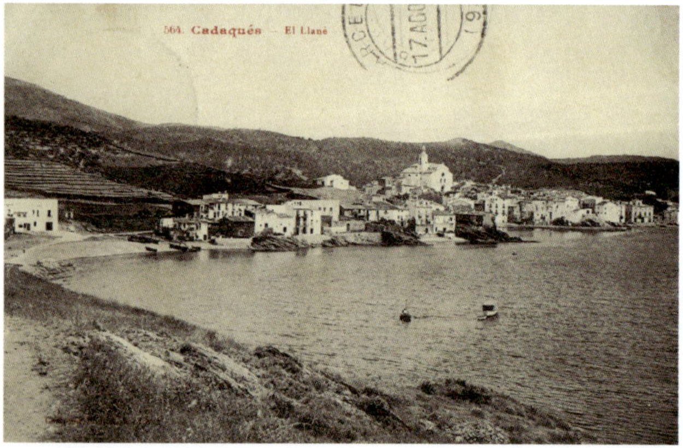

Es Llané

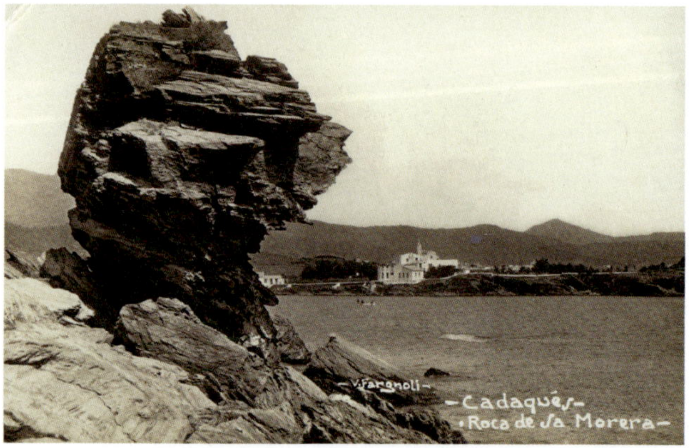

Sa Morera

A legendary past

A past of pirates and shipwrecks, of painters and coral hunters, of witches and fishermen. A legendary past. A unique past for a unique village. The history of Cadaqués is inevitably marked by its maritime condition and geographical isolation. In Cadaqués, until just a few decades ago, everything came and went by sea.

The origin of the village is as uncertain as that of its name. Although no trace has ever been found to prove it, it is said that the Greeks raised a temple devoted to Aphrodite in some spot of Cap de Creus. The fact is that the first recorded historical date goes back to the beginning of the 11th century, when the village was a tiny sea port ascribed to —like a large part of the Empordà lands— the domain of the monks of the monastery of Sant Pere de Rodes and of the counts of Empúries. We know that in the 13th century, the small seafaring community was governed by a singular —and unique in the area— system of

Un passé de légende

Un passé de pirates et de naufrages, de peintres et de corailleurs, de sorcières et de pêcheurs. Un passé de légende. Un passé unique pour un village unique. L'histoire de Cadaqués est inévitablement marquée par sa condition maritime et par son isolement géographique. À Cadaqués, il y a encore de cela quelques décennies, tout arrivait et repartait par voie maritime.

L'origine du village est aussi incertaine que son nom. Même s'il n'existe aucun indice qui le démontre, on raconte que les Grecs dressèrent un temple à Aphrodite, quelque part sur le Cap de Creus. Le fait est que c'est au début du XIème siècle que, pour la première fois, le village est mentionné dans un document historique, alors que Cadaqués n'était qu'un minuscule port maritime, inféodé aux moines du monastère de Sant Pere de Rodes et des comtes d'Empúries, comme une bonne partie des terres de l'Ampourdan. Nous savons qu'au XIIIème siècle, la petite communauté marine était

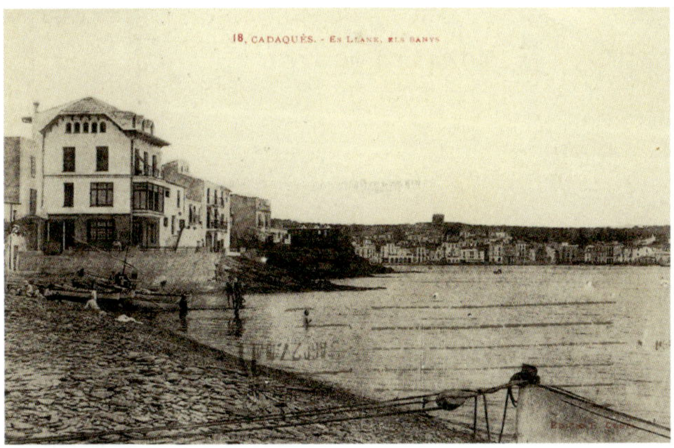

Es Llané

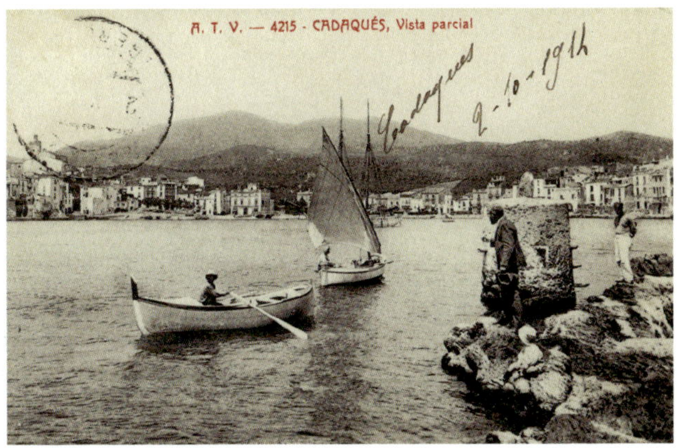

Es Pianc

tots els afers que afectaven la comunitat. Quan l'any 1403 el rei va ordenar que la vila es regís per dotze prohoms escollits entre el poble, els seus habitants es van queixar. Cadaqués ja mostrava una personalitat pròpia.

Hem de suposar el Cadaqués medieval com un petit recinte emmurallat alçat en un turó rocallós arran de mar. Es conserva encara un dels seus portals, que dóna accés al nucli antic actual, el Portal d'Avall o Portal del Mar. Vora el mar també, es conserva una torre semicilíndrica, on avui hi ha l'Ajuntament, que abans s'asseia sobre unes roques intermitentment

singular —y único en la zona— sistema de democracia directa: la asamblea general de vecinos se reunía en la plaza de la iglesia para decidir sobre los asuntos que afectaban a la comunidad. Cuando en 1403 el rey ordenó que la villa fuese regida por doce prohombres escogidos de entre el pueblo, sus habitantes se quejaron. Cadaqués ya mostraba una personalidad propia.

Tenemos que imaginar el Cadaqués medieval como un pequeño recinto amurallado elevado en una colina rocosa junto al mar. Se conserva aún uno de los antiguos portales por el que se accede al núcleo antiguo, el Portal d'Avall (Portal de Abajo) o Portal del Mar.

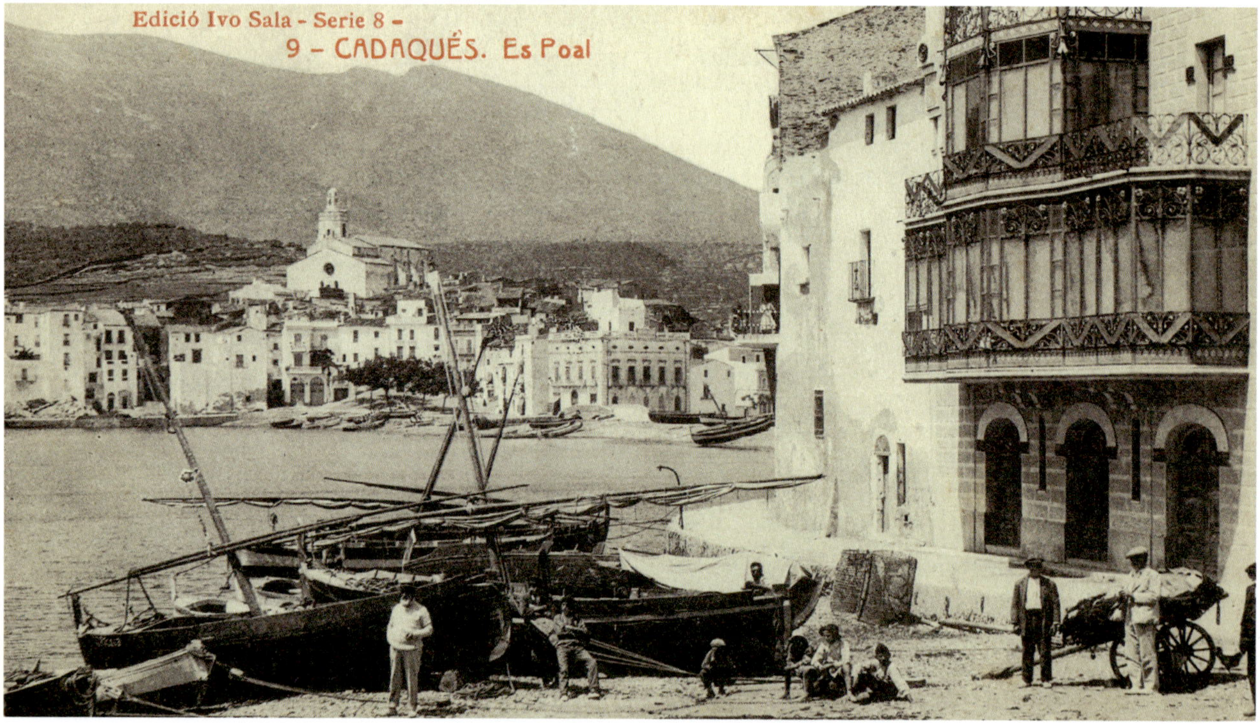

Es Poal

direct democracy: the general meetings of residents were held in the church square to decide on the matters affecting the community. When, in 1403, the king ordered that the village be governed by 12 illustrious men to be chosen by the village, its inhabitants complained. Even then Cadaqués displayed its own personality.

We must imagine medieval Cadaqués as a small walled precinct raised on a rocky hill alongside the sea. One of the old gateways that leads to the old centre is still conserved, the Portal d'Avall or Portal del Mar. Close to the sea a semi-cylindrical tower is also con-

régie par un singulier système de démocratie directe, unique dans la région : l'assemblée générale des habitants se réunissait sur la place de l'église pour prendre les décisions concernant les affaires qui affectaient la communauté. Lorsqu'en 1403 le roi ordonna que la ville fût régie par 12 notables choisis parmi le peuple, ses habitants se plaignirent. Cadaqués faisait déjà montre d'une personnalité propre.

Il faut imaginer le village médiéval comme une petite enceinte derrière des murailles élevées, sur une colline rocheuse sur la mer. L'une des anciennes portes par laquelle on accède à la partie ancienne est

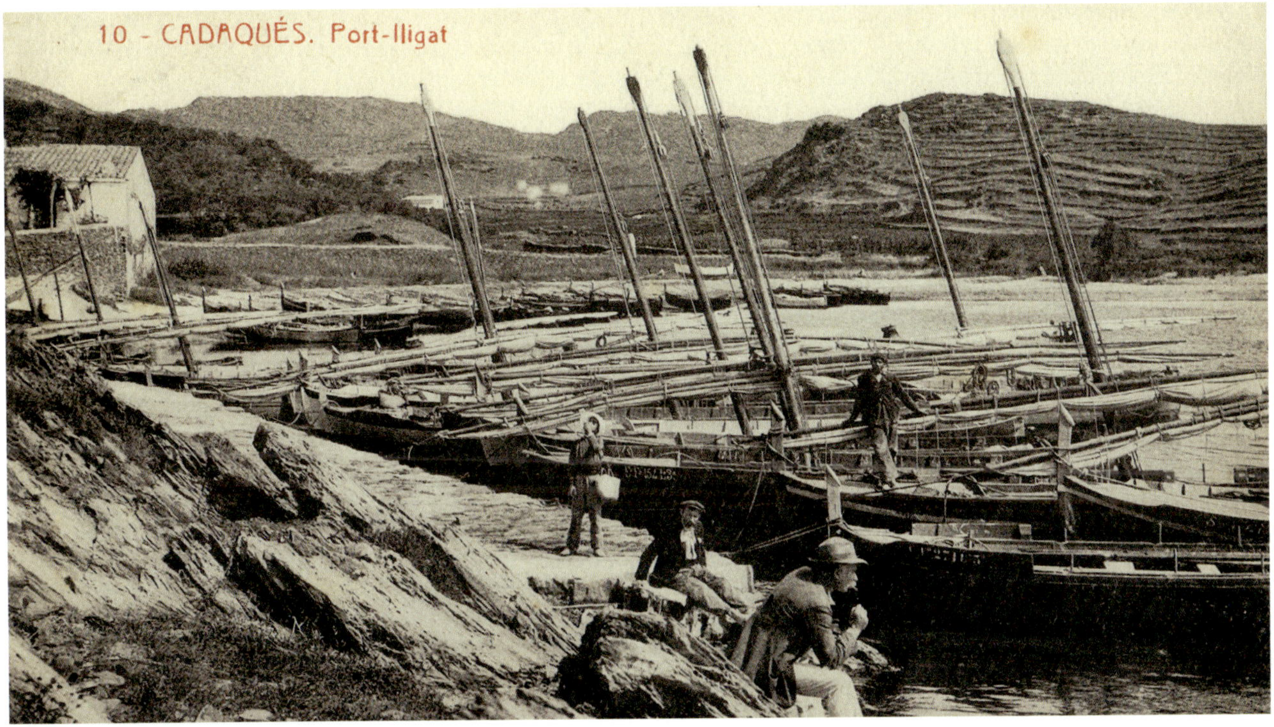

Portlligat

batudes pel mar. És la Punta des Baluard, una torre de defensa indispensable quan Cadaqués només disposava de l'enginy dels seus habitants i de la sort incerta que venia del mar. Perquè als segles XIV, XV i XVI el Mediterrani encara no era, ni de bon tros, el lloc segur que és avui.

L'any 1444, vint-i-dues galeres àrabs van cremar la població. Cent anys més tard, va ser el pirata turc Barba-rossa qui, amb vint-i-cinc vaixells, va saquejar la vila i va cremar l'església. Corsaris genovesos i pirates algerians atacaven una i altra vegada un poble que vivia molt lluny de la terra. Les constants lluites del país amb els veïns francesos —van ser més d'una les invasions de l'exèrcit francès— es van sumar a aquest passat que, als ulls contemporanis, resulta llegendari. Els arxius de la vila, tanmateix, contenen les proves documentals que certifiquen la seva veritat històrica.

Durant el segle XVIII, al Mediterrani es va reduir la pirateria. El comerç amb Amèrica es va liberalitzar, cosa que va estimular la navegació a ultramar. A Cadaqués s'intensifica el conreu de la vinya. Els

Cercana al mar, también se conserva una torre semicilíndrica —donde se ubica el actual Ayuntamiento— que descansa sobre unas rocas intermitentemente batidas por las olas. Es la Punta des Baluard, una torre de defensa indispensable cuando Cadaqués sólo disponía del ingenio de sus habitantes y de la suerte incierta que procedía del mar. Porque en los siglos XIV, XV y XVI, el Mediterráneo todavía no era, ni por asomo, el lugar seguro que es hoy día.

En 1444, veintidós galeras árabes quemaron la población. Cien años más tarde, fue el pirata turco Barbarroja, quien, con veinticinco barcos, saqueó la villa y quemó la iglesia. Corsarios genoveses y piratas argelinos atacaban una y otra vez un pueblo que vivía aislado. Las constantes luchas del país con los vecinos franceses —fueron más de una las invasiones del ejército franco— se sumaron a este pasado que, a los ojos contemporáneos, resulta legendario. Los archivos del pueblo contienen las pruebas documentales que certifican su verdad histórica.

Durante el siglo XVIII la piratería se redujo en el Mediterráneo. El comercio con América se libera-

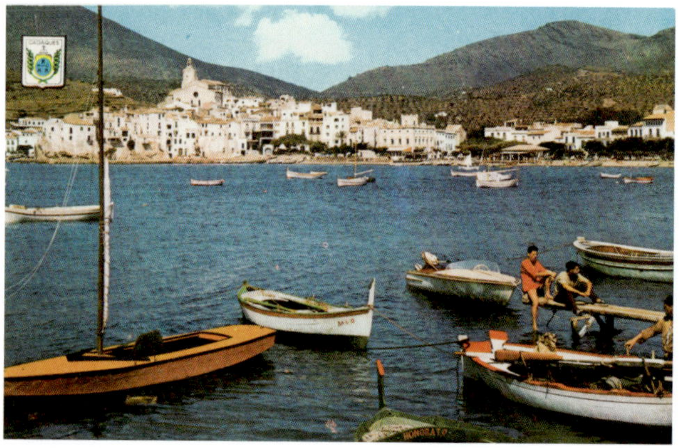

Cadaqués

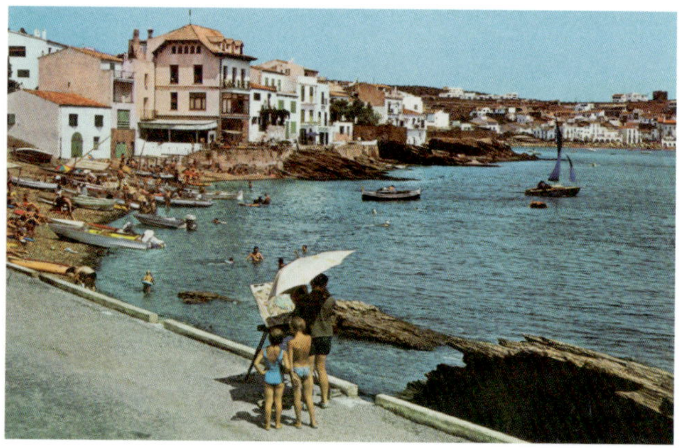

Es Llané

served —where the actual town hall is housed— that rests over some rocks intermittently beaten by the sea's waves. It is the Punta des Baluard, a defence tower that was indispensable when Cadaqués only possessed the wits of its inhabitants and the uncertain luck that came from the sea. The reason for this is that in the 14th, 15th and 16th centuries the Mediterranean was in no way whatever the safe place it is today.

In 1444, twenty-two Moorish galleons burnt down the village. One hundred years later, it was the Turkish pirate known as Redbeard who, with twenty-five boats, looted the village and burnt down the church. Over and over again Genovese corsairs and Algerian pirates attacked a people who lived in a remote corner of the world. The constant battles of the country with the French neighbours —there was more than one invasion by the French army— were added to this past which, seen through contemporary eyes, takes on a legendary status. The village archives contain the documental evidence that backs up its true history.

During the 18th century piracy decreased in the Mediterranean. Trade with America was liberalised,

encore conservée ; c'est le Portal d'Avall (porte d'en bas) où Portal del Mar (porte de la mer). Près de la mer, se dresse encore une tour en demi-cylindre, là où se trouve actuellement la mairie, qui repose sur des roches battues par la mer de manière intermittente. C'est la Punta d'es Baluard, une tour de défense indispensable à l'époque où Cadaqués ne disposait que de l'ingéniosité de ses habitants, soumis à un destin incertain venu de la mer, car aux XIVème, XVème et XVIème siècles, la Méditerranée n'était pas encore, et de loin, aussi sûre qu'elle l'est aujourd'hui.

En 1444, vingt-deux galères arabes mirent le feu à la localité. Cent ans plus tard, c'est Barberousse, le pirate turc qui, avec vingt-cinq navires mit la ville à sac et brûla l'église. Des corsaires génois et des pirates algériens attaquaient tour à tour un village dont l'existence se déroulait très loin de la terre. Les luttes constantes avec les voisins français, dont les armées envahissaient souvent le pays, s'ajoutent à ce passé qui aujourd'hui nous semble légendaire. Les archives du village possèdent les preuves documentaires qui rendent compte de la vérité historique.

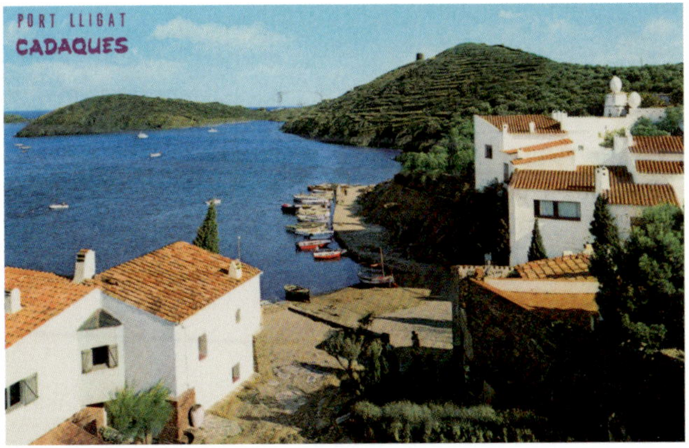

Portlligat

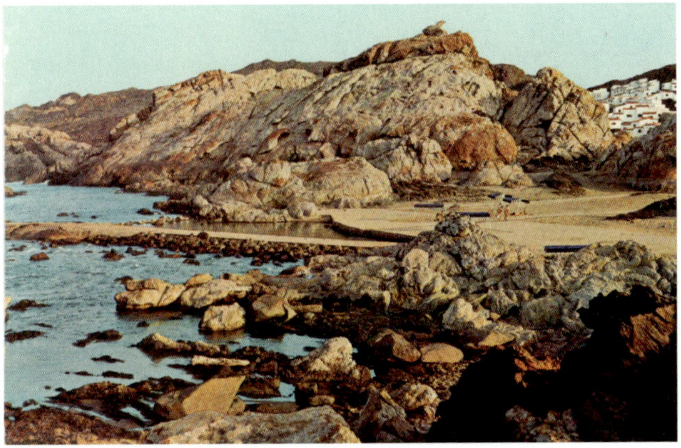
Pla de Tudela

entorns del poble s'omplen de camins i de terrasses i feixes de vinya hàbilment construïdes amb pedra seca pels seus habitants. Els terrenys aspres de Cap de Creus es transformen en un vertader jardí de vinya. El 1800 serà l'època daurada de la navegació del poble. Grans vaixells surten del petit port de Cadaqués amb destí a Cuba, Itàlia i França. Duen vi i aiguardents molt valorats pel comerç internacional. Tothom té feina: els boters fan bots i barrals pel vi. Les fàbriques de salaons ocupen la població femenina. Els vaixells duen matèries preuades com el tabac i creix el contraban. El corall vermell de la zona, de qualitats úniques, atrau a corallers de terres distants. Són anys de bonança i el poble s'estén més enllà del nucli antic. Notables edificis vuitcentistes com el Casino són testimoni d'aquests anys. El 1883, la plaga de la fil·loxera que prové de França i afecta les vinyes, arriba a Cadaqués. És la fi del raïm. La fi del comerç. La fi d'un segle.

Com a resultat de la crisi de la fil·loxera, Cadaqués veu com la seva gent emigra a terres llunyanes, sobretot a Cuba. Alguns, amb el temps, tornaran enriquits per exhibir la seva fortuna amb cases modernistes que avui encara es conserven. Seran els *americanos*. D'altres, tornaran amb les butxaques buides. Quan a Cadaqués es deia "a aquest li ha caigut la maleta a l'aigua", tothom sabia que no havia tingut sort. Els que es queden, viuen la pobresa de les primeres dècades del segle XX i la incertesa d'una guerra civil.

El Cadaqués del segle XX coneix els primers visitants molt aviat. Venen de ciutat i saben veure les possibilitats úniques que ofereix aquest lloc de mar. Després d'ells, serà Salvador Dalí qui obrirà Cadaqués al món. Amb ell, als anys seixanta, hi arriben aristòcra-

lizó, circunstancia que estimuló la navegación hacia ultramar. En Cadaqués se intensifica el cultivo de la vid. Los alrededores del pueblo se llenan de caminos, de terrazas y bancales de viña hábilmente construidos con piedra seca por sus habitantes. Los terrenos ásperos del Cap de Creus se transforman en un verdadero jardín de viñedos. El 1800 será la época dorada de la navegación del pueblo. Grandes barcos zarpan del pequeño puerto de Cadaqués con destino a Cuba, Italia y Francia. Portan vino y aguardientes, productos muy valorados por el comercio internacional. Todo el mundo trabaja: los toneleros fabrican recipientes para el vino. Las fábricas de salazones ocupan a la población femenina. Los barcos transportan materias preciadas como el tabaco y crece el contrabando. El coral rojo de la zona, de calidad única, atrae a coraleros de tierras lejanas. Son años de bonanza y el pueblo se extiende más allá del núcleo antiguo. Notables edificios ochocentistas como el Casino son el testimonio de aquellos años. Pero en 1883, la plaga de filoxera que proviene de Francia llega a Cadaqués. Es el fin de la viña. El fin del comercio. El fin de un siglo.

Como resultado de la crisis de la filoxera, Cadaqués ve como su gente emigra a tierras lejanas, sobre todo a Cuba. Algunos, con el tiempo, volverán enriquecidos para exhibir su fortuna construyendo casas modernistas que todavía se conservan. Serán los *americanos*. Otros volverán con los bolsillos vacíos. Cuando en Cadaqués se decía de alguien "a este se le ha caído la maleta al agua", todo el mundo sabía que no había tenido suerte. Los que se quedan sufren la pobreza de las primeras décadas del siglo XX y la incertidumbre de una guerra civil.

a circumstance that stimulated overseas navigation. In Cadaqués vine cultivation was intensified. The outskirts of the village filled with paths and hillside terraces of vineyards skilfully built with dry stone by the locals. The rough land of Cap de Creus was transformed into a veritable garden of vines. 1800 marked the age of splendour for the village in terms of seafaring. Huge ships set sail from the small port of Cadaqués with destinations to Cuba, Italy and France. They carried wine and strong spirits, products that were highly valued by international trade. Everybody worked: the barrel makers manufactured equipment for the wine and the salting factories provided employment for the women of the village. The ships transported highly valued cargo such as tobacco and smuggling activities increased. The red coral of the area, of a unique quality, attracted coral hunters from distant lands. They were the prosperous years and the village extended its frontiers beyond the old centre. Notable eighteenth-century buildings such as the Casino bear witness to those years. In 1883 the phylloxera pest that came from France and affected the vines reached Cadaqués. It was the end of the vine. The end of trade. The end of a century.

As a result of the phylloxera crisis, the people of Cadaqués emigrated to distant lands, above all to Cuba. Some of them, in time, returned as rich men to show off their fortunes with modernist houses that are still standing today. They were the *Americanos*, the ones who had got rich in the Americas. Others returned with their pockets empty. When in Cadaqués it was said of somebody, “that one’s suitcase has fallen into the water,” everyone knew that he had been unlucky. Those that stayed behind suffered the

Pendant le XVIIIème siècle, la piraterie diminua en Méditerranée. Le commerce avec l’Amérique fut libéralisé, ce qui stimula la navigation outremer. À Cadaqués, la culture de la vigne s’intensifia. Les environs du village se remplirent de chemins, de terrasses et de champs de vigne soutenus par des murs en terrasses, habilement construits en pierre sèche par les habitants. Les terrains âpres du Cap de Creus se transformèrent en de véritables jardins de vigne. Le XIXème siècle fut l’époque dorée de la navigation. De grands navires quittaient le petit port de Cadaqués pour Cuba, l’Italie et la France. Ils emportaient des vins et des eaux-de-vie, produits très appréciés pour le commerce international. Tout le monde travaillait: les tonneliers fabriquaient des tonnelets et outres pour le vin. Les fabriques de salaison occupaient la population féminine. Les bateaux transportaient des matières précieuses, comme le tabac et la contrebande augmentait. Le corail rouge de la région, d’une qualité unique, attirait les corailleurs de pays lointains. Ce furent des années de prospérité et le village s’étendit au-delà de son ancien centre. De beaux édifices du XIXème, comme le Casino, témoignent de ces années de gloire. En 1883, le phylloxera, qui provenait de France et affectait les vignes, arriva à Cadaqués. Ce fut la fin de la vigne. La fin du commerce. La fin d’un siècle.

À cause de la crise du phylloxera, Cadaqués vit sa population émigrer vers des terres lointaines, surtout à Cuba. Plus tard, certains revinrent enrichis pour exhiber leur fortune et bâtirent des maisons modernistes qui sont encore debout. On les appellera « les Américains ». D’autres revinrent sans un sou. Quand à Cadaqués, on disait de quelqu’un que « sa valise était tombée à l’eau », c’est qu’il n’avait pas eu de chance.

tes, artistes, gent de l'espectacle i esperits viatgers buscant allò que només Cadaqués oferia: un reducte de llibertat vora el mar. Des de llavors, el turisme ha crescut any rere any compensat, tanmateix, per un urbanisme sensat.

El Cadaqués del siglo XX conoce muy pronto los primeros visitantes. Vienen de la ciudad y saben ver las posibilidades únicas que ofrece este paraje marino. Tras ellos, será Salvador Dalí quien abrirá Cadaqués al mundo. Con él, llegarán en los sesenta aristócratas, artistas, gente del espectáculo y espíritus viajeros buscando aquello que sólo Cadaqués les puede ofrecer: un reducto de libertad cerca del mar. Desde entonces, el turismo ha crecido año tras año compensado, no obstante, por un urbanismo sensato.

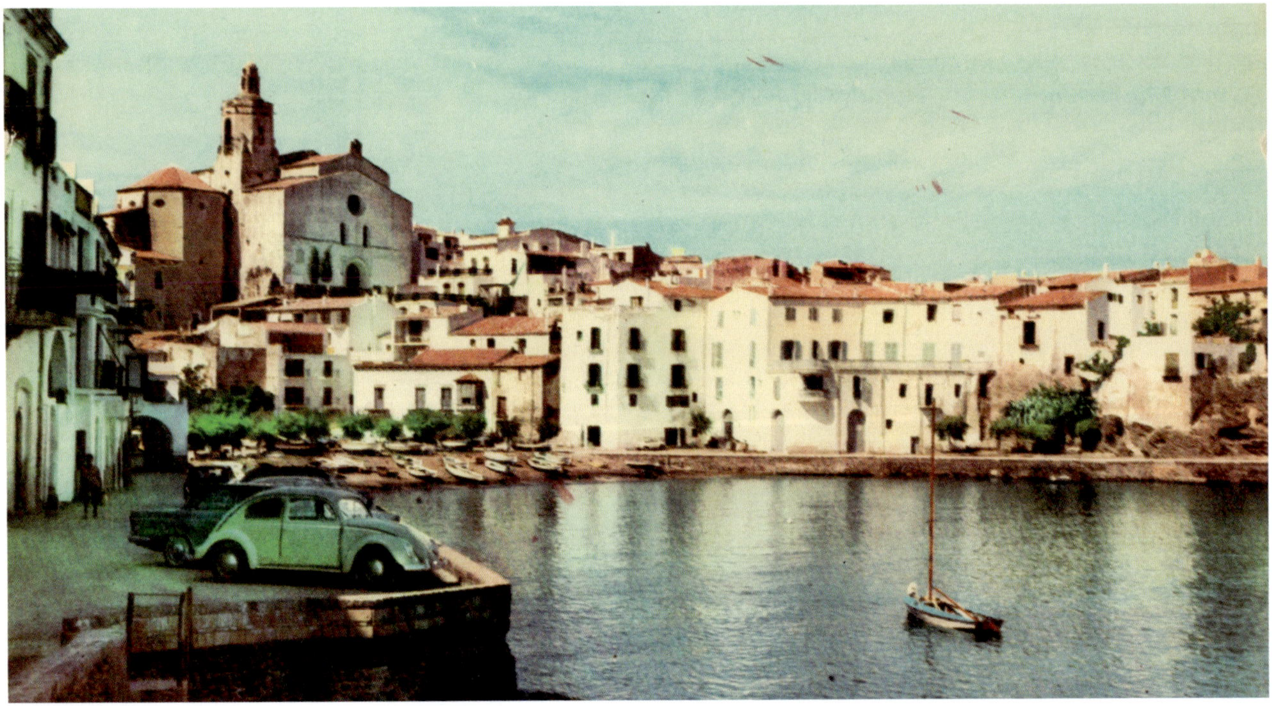

Port Doguer

poverty of the early decades of the 20th century and the uncertainty of a civil war.

20th century Cadaqués very soon met its first visitors. They came from the city and knew how to see the unique possibilities provided by this seafaring spot. After them, it was Salvador Dalí who opened up Cadaqués to the world. With him arrived sixty aristocrats, artists, show business celebrities and travelling souls in search of something only Cadaqués could provide them with: a retreat with freedom close to the sea. Since then, tourism has grown year after year, compensated however, by a sensible level of urban development.

Ceux qui restèrent souffrirent de la pauvreté des premières décennies du XXème siècle et des incertitudes de la guerre civile.

Au XXème siècle, Cadaqués reçut très tôt des visiteurs. Ils venaient de la ville et se rendirent compte des possibilités uniques qu'offraient ces parages marins. Après eux, Salvador Dalí fit découvrir Cadaqués au monde. Avec lui, dans les années soixante, vinrent les aristocrates, les artistes, les gens du spectacle et les esprits voyageurs cherchant ce que seul Cadaqués pouvait leur offrir : un refuge de liberté près de la mer. Depuis lors, le tourisme s'est développé d'année en année, compensé, cependant, par un urbanisme sensé.

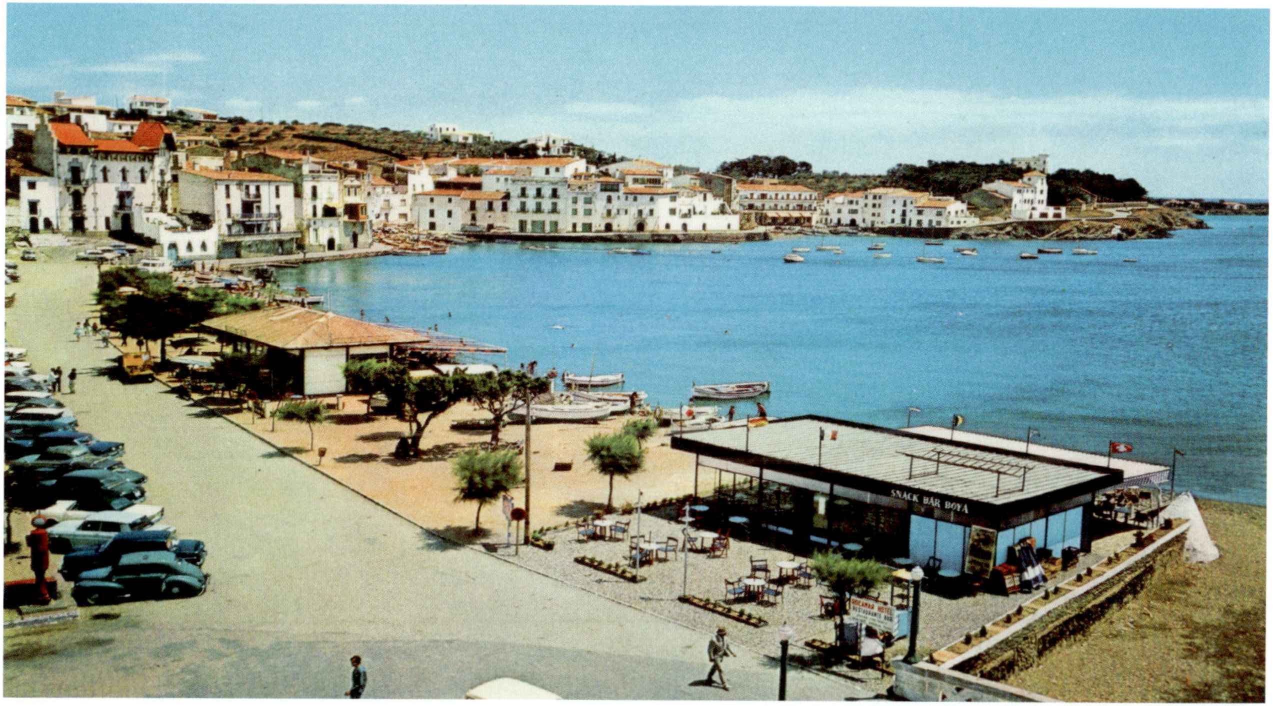

Platja Gran

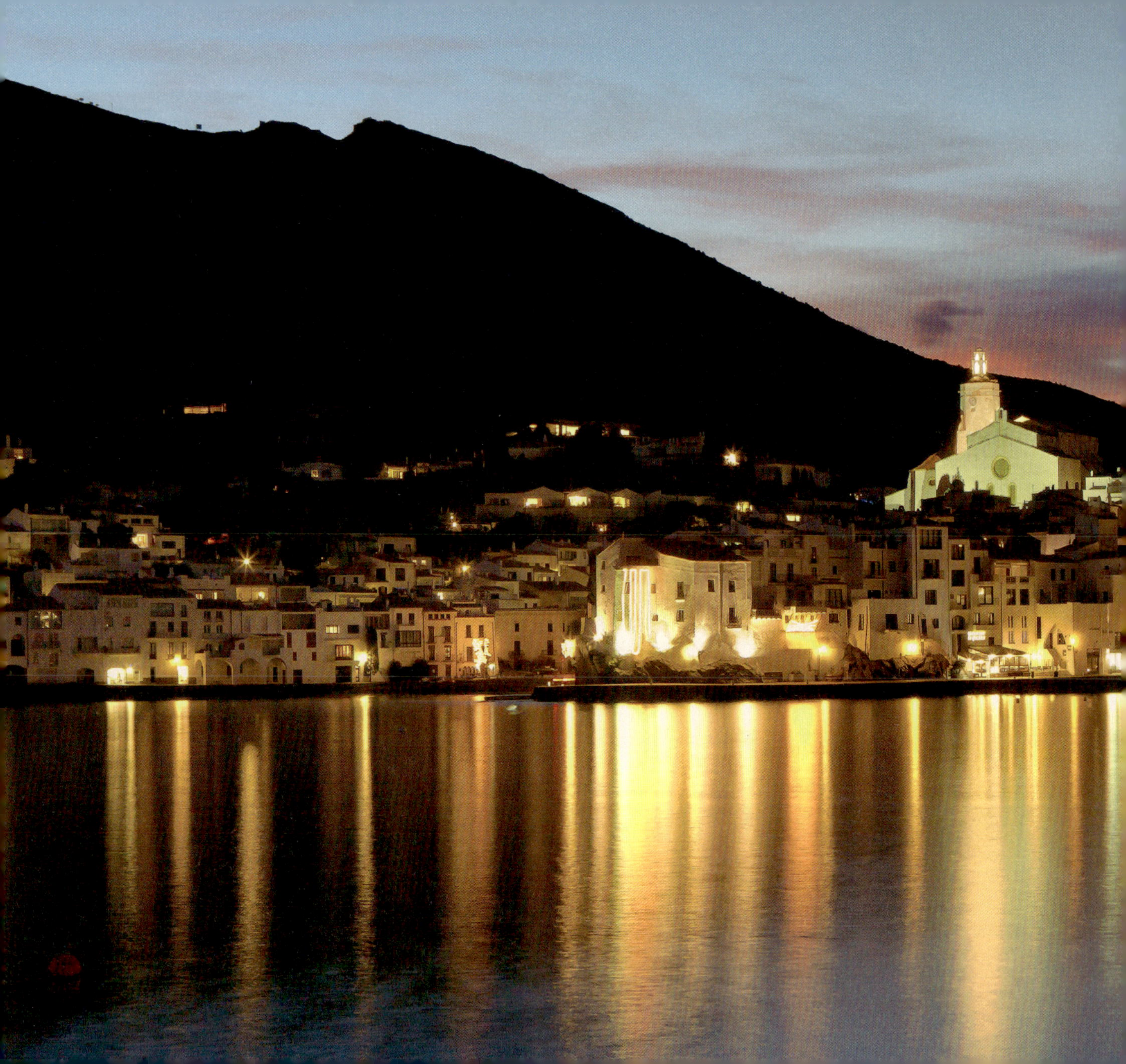

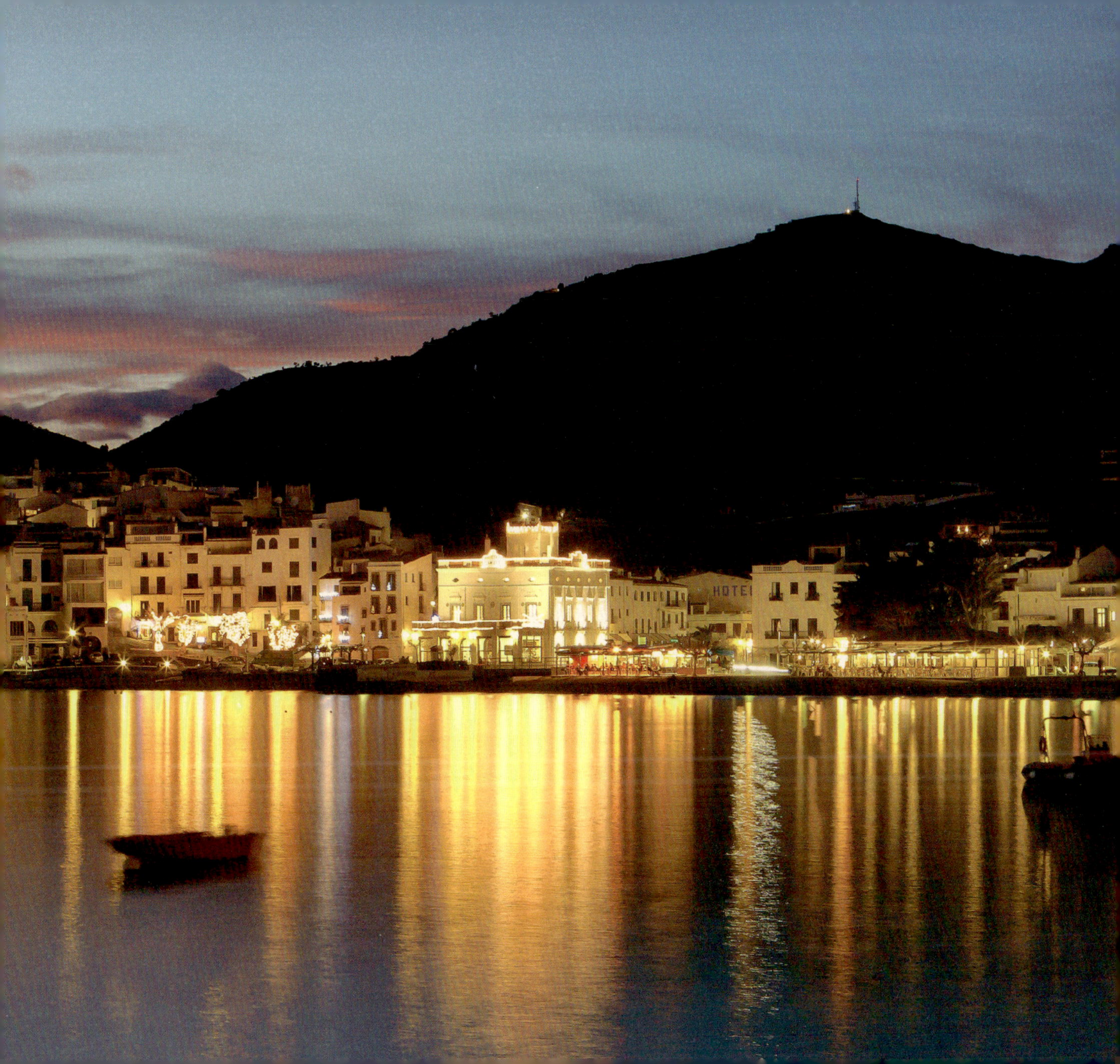

Cadaqués

Ubicat al punt més oriental de la Costa Brava, el terme de Cadaqués és el primer de la península Ibèrica que veu sortir el sol cada matí. Dos turons encerclen el territori de Cadaqués i contribueixen a la seva insularitat. Al nord, cap al Port de la Selva, el Puig de Bufadors. Al sud, cap a Roses, la muntanya del Pení, de 613 metres d'alçada i perfil característic. *Pennos* és un nom cèltic que vol dir "quasi la fi". I és que a l'Empordà deien que després del Pení ja no hi havia res, només el mar. L'accés per carretera encara avui dóna la dimensió de l'aïllament secular amb què ha viscut el poble: de cara a mar i d'esquena a la terra. La carretera no es va fer fins a principis de segle XX. No sense raó es diu que els seus mariners coneixien abans els ports llunyans que no Barcelona, a tres dies de viatge. I també que, quan el mar s'enduia els homes durant dies, al poble s'instaurava un règim matriarcal. No és estrany que Cadaqués conservi encara un parlar que

Ubicado en el punto más oriental de la Costa Brava, el término de Cadaqués es el primero de la península Ibérica que ve salir el sol cada mañana. Dos colinas circundan el territorio de Cadaqués y contribuyen a su "insularidad". Al norte, hacia El Port de la Selva, el Puig de Bufadors. Al sur, hacia Roses, el monte Pení, de 613 metros de altura y perfil característico. *Pennos* es un nombre céltico que significa "casi el fin". Y es que en el Empordà decían que tras el Pení no había nada, tan sólo el mar. Todavía hoy, el acceso por carretera da la dimensión del aislamiento secular en el que ha vivido el pueblo: de cara al mar y de espaldas a la tierra. La carretera no se construyó hasta principios del siglo XX. No sin razón se dice que los marineros conocían antes los puertos lejanos que Barcelona, a tres días de viaje. Y también que, cuando el mar alejaba a los hombres durante días, en el pueblo se instauraba un régimen matriarcal. No es extraño que Cadaqués

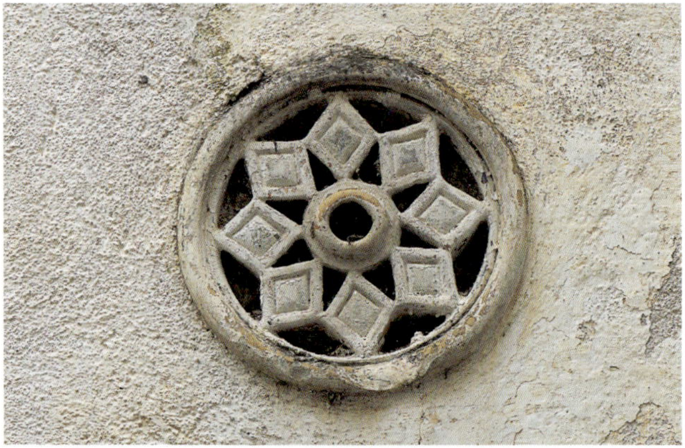

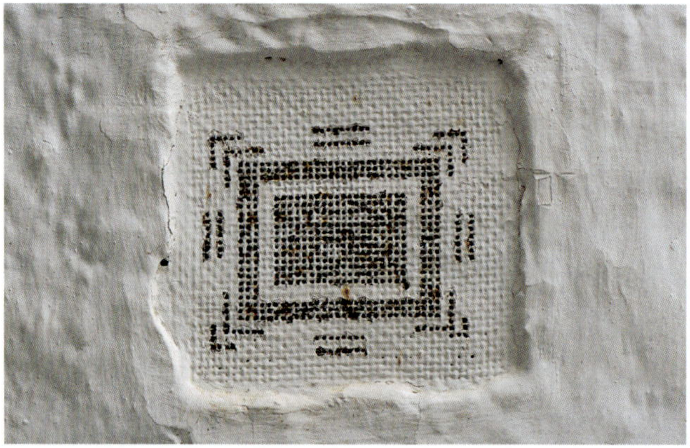

Situated in the easternmost point of the Costa Brava, the district of Cadaqués is the first within the Iberian Peninsula to see the sun rise in the morning. Two hills surround the Cadaqués area and contribute to its isolation. To the north, towards El Port de la Selva, is Puig de Bufadors and to the south, towards Roses, the Pení mountain, at 613 metres altitude and of a singular outline. *Pennos* is a Celtic word that means "nearly the end". In the Empordà county they used to say that after the Pení there was nothing else, just the sea. Even today, the access by road gives an idea of the level of age-old isolation that the village has experienced: facing the sea and with its back to the land. The road was not built until the beginning of the 20th century. It is no coincidence that they say that the sailors knew the distant ports before they knew Barcelona, three days journey away. It is also the case that, when the sea took the men away for days on

Située sur le point le plus oriental de la Costa Brava, la commune de Cadaqués est la première de la péninsule ibérique à voir le soleil se lever tous les matins. Deux collines entourent le territoire de Cadaqués et contribuent à son insularité. Au nord, vers El Port de la Selva, c'est le Puig de Bufadors. Au sud, vers Roses, le mont Pení, de 613 mètres d'altitude, à la silhouette caractéristique. *Pennos* est un nom celte qui signifiait « presque la fin ». Et c'est que dans l'Ampourdan, on disait qu'après le Pení, il n'y avait rien, seulement la mer. Aujourd'hui encore, l'accès par la route permet de se faire une idée de l'isolement séculaire dans lequel vécut le village : face à la mer et dos à la terre. La route ne fut pas construite avant le début du XXème siècle. Ce n'est pas sans raison que les marins connaissaient mieux les ports lointains que Barcelone, à trois jours de distance. Et que lorsque la mer emportait les hommes pendant des semaines, le village instaurait

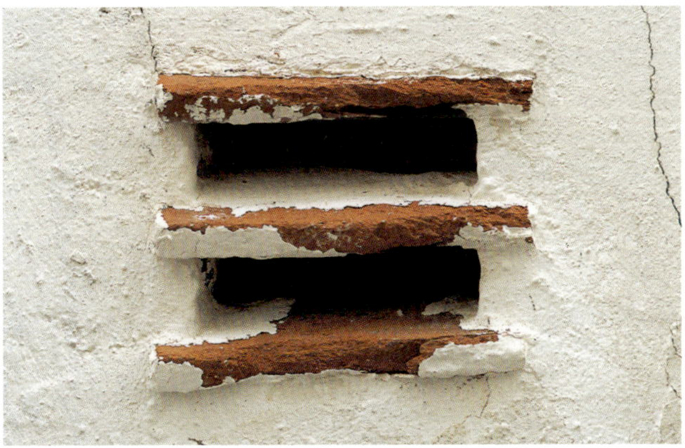

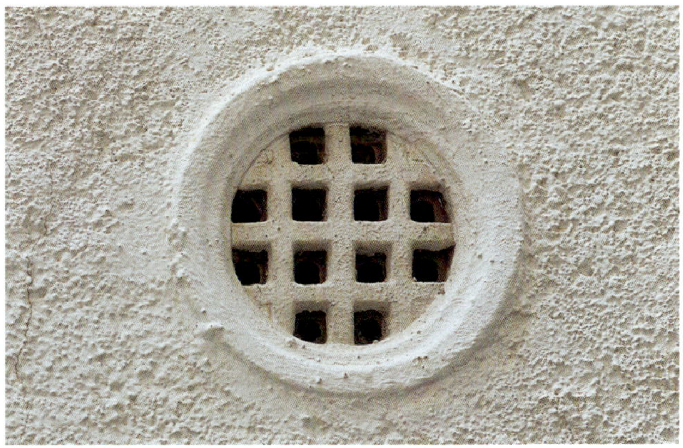

li és propi: el parlar salat, un tret que comparteix amb altres punts del Mediterrani, com les Balears.

Quan creuem el coll de Perafita i comencem a baixar, el relleu blanc del poble contra un fons de blau aviat s'insinua com una promesa. En el trajecte, el paisatge exhibeix la seva peculiar constitució geològica. És un país fet de gris plom i verds molt aspres. Fet de pissarres, oliveres i una llum excessiva. Un país incansablement ventat pel vent del nord, la tramuntana, un vent sec i fred que explica la seva peculiar lluminositat. Un terreny abrupte que va ser ordenat per mans pacients en feixes i parets de pedra seca.

Però Cadaqués no és Cadaqués sense el mar. Un cop arribats al poble, i ja davant de la badia, un té la certesa que es troba en un món fora del món. La població s'estén en una de les badies més profundes i resguardades de la Costa Brava. Cap al sud, fins a Cala Nans. Cap al nord, a l'illa de s'Arenella i el característic roc des Cucurucuc. A dreta i a esquerra doncs, s'obre un trajecte de façana marítima que combina petites cales i platges amb el blanc de les cases i carrers. És la badia de Cadaqués, poblada per un mosaic d'embarcacions que la fan una de les més vives de la zona.

El traçat del poble és el millor registre del seu passat. El nucli vell, antigament emmurallat, s'alça en un turó al costat de la riera. Conserva el portal de davant de mar —el portal que tancava el poble per dalt es va perdre— i el silenci dels seus carrers estrets i costeruts. Dalt del turó, l'església de Santa Maria, de presència única i una de les més pintades de la Costa Brava. Dalí, Magritte i Picasso van ser alguns dels seus intèrprets.

Quan l'església vella va ser cremada pels pirates turcs, es va decidir la construcció d'una nova amb els

conserve todavía un habla que le es propia: el hablar salado, un rasgo que comparte con otros puntos del Mediterráneo como las Baleares.

Cuando cruzamos el collado de Perafita y comenzamos a descender, el relieve blanco del pueblo contra un fondo azul se insinúa como una promesa. Durante el trayecto, el paisaje exhibe su peculiar constitución geológica. Es un país hecho de gris plomo y verdes muy ásperos. Hecho de pizarras, olivos y una luz excesiva. Un país incansablemente venteado por la tramontana, un viento seco y frío que viene del norte y origina una peculiar luminosidad. Un terreno abrupto que fue ordenado por manos pacientes en bancales y paredes de piedra seca.

Pero Cadaqués no es Cadaqués sin el mar. Una vez llegados al pueblo, y ya delante de la bahía, uno tiene la certeza de que se encuentra en un mundo fuera de este mundo. La población se extiende en una de las bahías más profundas y resguardadas de la Costa Brava. Hacia el sur, hasta Cala Nans. Hacia el norte, hacia la isla de S'Arenella y el característico peñasco de Es Cucurucuc. A derecha y a izquierda, se abre un trayecto de fachada marítima que combina pequeñas calas y playas con el blanco de las casas y las calles. Es la bahía de Cadaqués, poblada por un mosaico de embarcaciones que la convierten en una de las más vitales de la zona.

El trazado del pueblo es el mejor registro de su pasado. El núcleo viejo, antiguamente amurallado, se alza en una colina al lado de la riera. Conserva el portal ante el mar —el portal que cerraba el pueblo por arriba ha desaparecido— y el silencio de sus calles estrechas y empinadas. En la cima de la colina está la iglesia de Santa María, de presencia única y una

end, a matriarchal system was established in the village. It is no surprise that Cadaqués still preserves its own special way of speaking: known as *salat*, with the *la* article being replaced by *sa*, a particular trait shared with other points of the Mediterranean such as the Balearic Isles.

When we cross the Perafita pass and begin to descend, the white relief of the village against the blue background hints at a kind of promise. During the journey, the landscape displays its peculiar geological constitution. It is a country made of lead grey and very harsh greens: slate and olive greens and an excessive light. A country untiringly fanned by the Tramuntana wind, a dry and cold wind that comes from the north and produces a strange luminosity. An abrupt land that was ordered by patient hands into terraces and dry stone walls.

Cadaqués, however, is nothing without the sea. Once having reached the village, and facing the bay, you realise that you find yourself in a world outside the world. The village spreads across to one of the deepest and most sheltered bays on the Costa Brava. Towards the south, until Cala Nans. Towards the north, to the island of S'Arenella and the characteristic crag of Es Cucurucuc. To the right and left, a strip of seafront opens out that combines small coves and beaches with the white of the houses and streets. This is the bay of Cadaqués, populated by a mosaic of boats that turn it into one of the liveliest bays in the region.

The layout of the village is the best record of its past. The old centre, once walled, is raised on a hill to the side of the stream. It preserves the portal facing the sea —the one that closed off the village higher up has

un régime matriarcal. Il n'est pas étrange que Cadaqués conserve encore un parler qui lui est propre : le « parler salé », qu'il partage cependant avec d'autres lieux en Méditerranée, comme les îles Baléares.

Lorsque l'on traverse le col de Perafita et que l'on commence à descendre, la silhouette blanche du village contre le fond bleu se dessine comme une promesse. Pendant le trajet, le paysage exhibe sa particulière constitution géologique. C'est un pays gris plomb aux verts très âpres. Un pays où la tramontane, un vent du nord, sec et froid, qui produit une luminosité particulière, souffle sans répit. Un terrain abrupt, que des mains ont patiemment aménagé en terrasses soutenues par des parois de pierre sèche.

Mais Cadaqués, c'est la mer. Une fois arrivé au village, et face à la baie, le voyageur acquiert la certitude qu'il se trouve dans un monde hors du monde. La localité s'étend sur l'une des baies les plus profondes et protégées de la Costa Brava. Vers le sud, jusqu'à Cala Nans. Vers le nord, vers l'île de S'Arenella et le rocher caractéristique d'Es Cucurucuc. À droite et à gauche s'ouvre la perspective de la façade maritime, où les petites criques et les plages se conjuguent avec le blanc des maisons et des rues. C'est la baie de Cadaqués, peuplée d'une mosaïque d'embarcations, qui en font l'une des plus vitales de la région.

Le tracé du village est le meilleur témoin de son passé. La partie ancienne, jadis entourée de murailles, se dresse sur une colline à côté du lit de la rivière. Elle conserve la porte qui se trouve face à la mer, — celle qui fermait le village dans la partie du haut a disparu — et le silence de ses rues étroites et pentues. En haut de la colline se trouve l'église de Santa Maria, dont la présence est unique et qui fut si sou-

diners dels pescadors que sortien a mar els dies prohibits, quan hi havia una festa religiosa. Un cop l'any es feia el recompte i amb les multes es va iniciar l'edifici que avui determina el perfil del poble. L'any 1641 es va inaugurar la nau central i la façana, el conjunt no es va completar fins a finals del segle XVIII. L'escultor de Vic, Pau Costa, entre altres, va ser l'escollit per realitzar un dels retaules barrocs més escenogràfics, amb més vida i moviment, que han perdurat i el més notable de l'Empordà. Les parets de l'església han tingut el privilegi de poder escoltar les veus i les notes més prestigioses en el Festival Internacional de

de las más pintadas de la Costa Brava. Dalí, Magritte y Picasso fueron algunos de sus intérpretes. Cuando la iglesia vieja fue quemada por los piratas turcos, se decidió construir una nueva iglesia con el dinero de los pescadores que salían al mar los días prohibidos, cuando debía celebrarse una fiesta religiosa. Una vez al año se hacía el recuento y gracias a las multas se inició el edificio que hoy determina el perfil del pueblo. En 1641 se inauguró la nave central y la fachada, aunque el conjunto no se completó hasta finales del siglo XVIII. El escultor de Vic, Pau Costa, entre otros, fue el elegido para realizar uno de los retablos barrocos

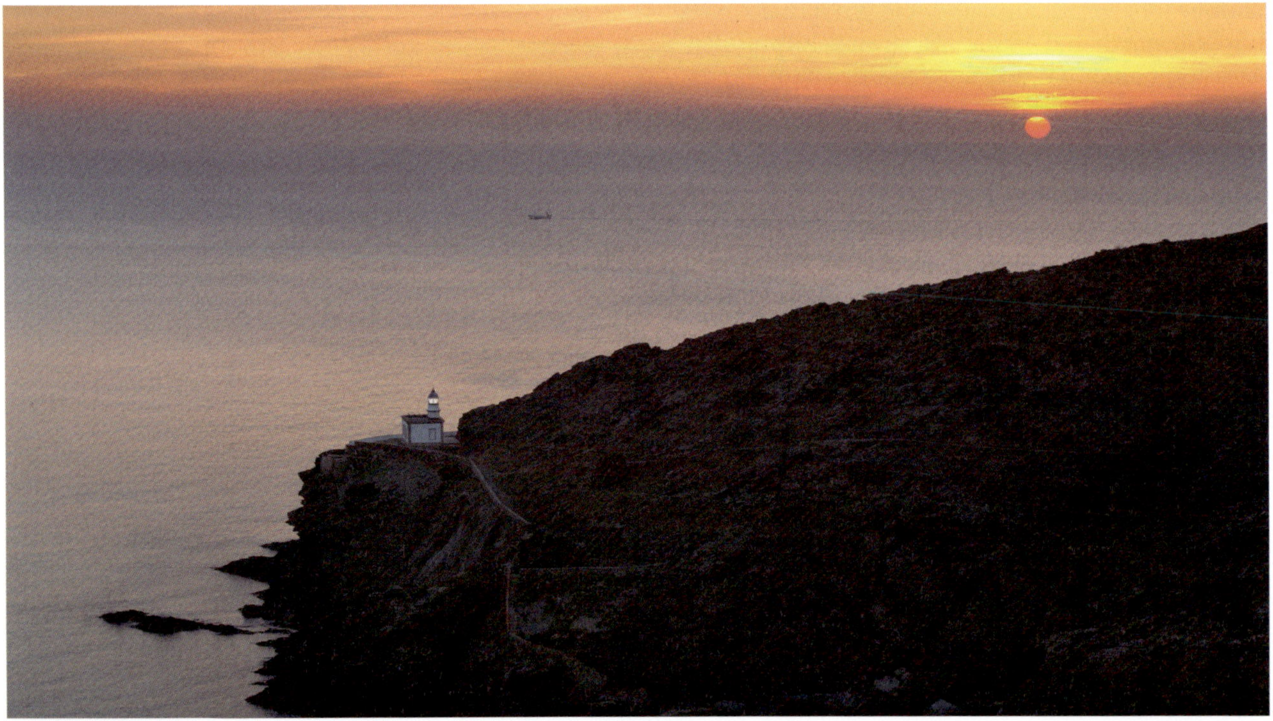

Far de Calanans

disappeared— along with the silence of its steep and narrow streets. At the top of the hill is the church of Santa Maria, of a singular presence and one of the most painted of the Costa Brava. Dalí, Magritte and Picasso were some of its interpreters.

When the old church was burnt down by Turkish pirates, it was decided to build a new church with the money from the fishermen who had gone to sea on forbidden days, when a religious festival had to be held. The accounts were tallied once a year and thanks to the fines work was started on the building which today determines the village's profile. In 1641

vent une source d'inspiration pour les peintres de la Costa Brava. Dalí, Magritte et Picasso furent parmi ses interprètes. Quand l'ancienne église fut brûlée par les pirates turcs, on décida d'en construire une nouvelle avec les fonds des pêcheurs qui sortaient en mer les jours interdits, ceux où l'on célébrait des fêtes religieuses. Une fois par an, on en faisait le compte et grâce aux amendes, commença la construction de l'édifice qui aujourd'hui détermine la silhouette du village. En 1641, la nef centrale et la façade furent inaugurées, mais la construction ne fut pas achevée avant le XVIIIème siècle. Pau Costa, le sculpteur de

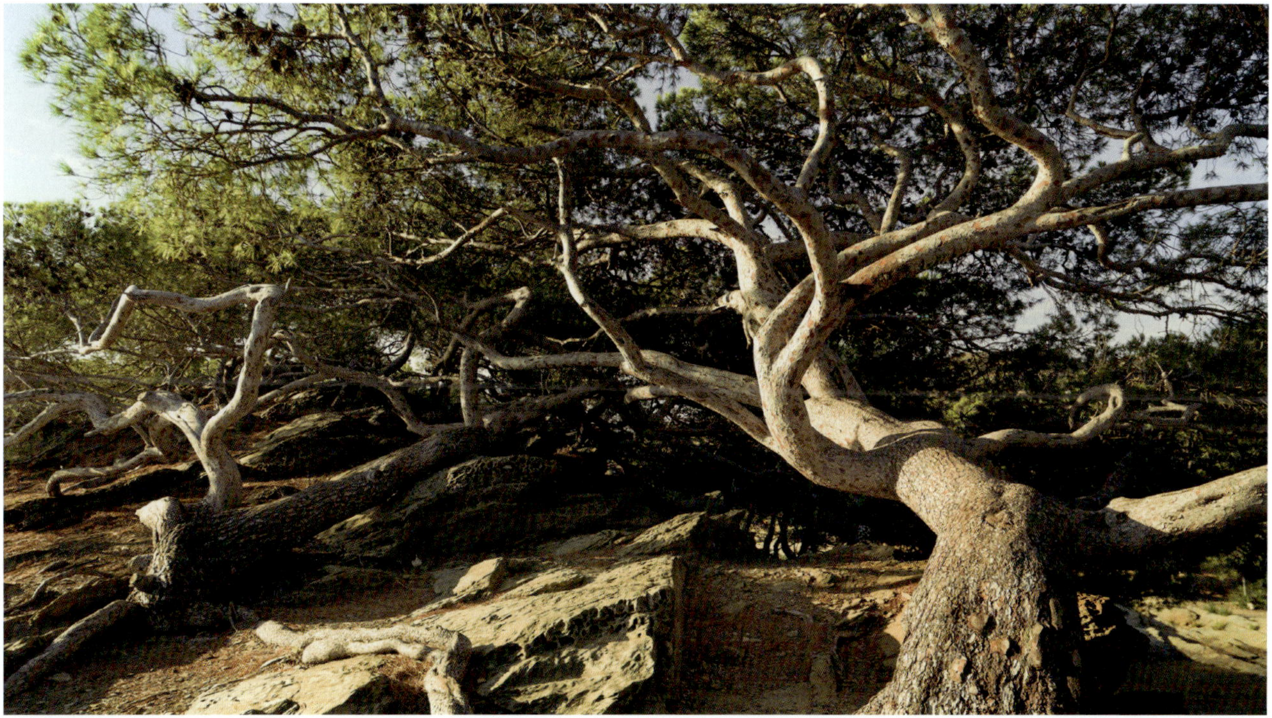

Es Sortell

Música que des dels anys setanta se celebra cada estiu a Cadaqués. Jean-Pierre Rampal, Jordi Savall, Victòria dels Àngels... Els xiprers de l'entrada, la porta d'arc de punt rodó, el campanar de cadireta i el campanar de la torre ens donen la benvinguda en una vista única sobre els teulats i la badia.

A cantó i cantó del nucli antic, la població va créixer en els anys del comerç i la vinya. Diversos edificis en són testimoni. Entre ells, el Casino, un edifici vuitcentista ubicat just a l'extrem de la Platja Gran, al costat de la riera. Al cafè de la seva planta baixa, fa més d'un segle hi batega la vida del poble. Restaurat amb bon criteri, els seus dos pisos ofereixen un marc d'excepció per a exposicions. La casa Serinyana, coneguda com la casa blaua pel to de la ceràmica de la seva façana, és una casa modernista de principis del segle XX. Són modernistes les formes vegetals de les finestres i la forja dels balcons. I més enllà, a la Riba des Pianc, la casa Colom, avui buida però que insinua un passat esplendorós.

Entre la nòmina de visitants de Cadaqués, arquitectes de nom hi han ancorat. Alguns, com Lanfranco Bombelli, J. A. Coderch i Oscar Tusquets varen contribuir activament a que la remodelació del poble per acollir les noves necessitats del turisme es fes amb una cura que no han tingut altres indrets de la Costa Brava. Avui, una normativa estricta exigeix construccions de poca alçada que conserven l'arquitectura autòctona.

Però Cadaqués és, de fa molts anys, una vertadera república de les arts. La família Pitxot, una saga de músics i pintors, va ser pionera en el turisme del poble a principis del segle XX. La seva casa des Sortell, a l'extrem sud de la població, va convocar els primers

más escenográficos, con más vida y movimiento... el más notable de los que han perdurado en el Empordà. Las paredes de la iglesia han disfrutado del privilegio de poder escuchar las voces y las notas más prestigiosas en el Festival Internacional de Música que desde los años setenta se celebra cada verano en Cadaqués. Jean-Pierre Rampal, Jordi Savall, Victoria de los Ángeles... Los cipreses de la entrada, la puerta de arco de medio punto, la espadaña y el campanario de la torre nos dan la bienvenida en una vista única sobre los tejados y la bahía.

A lado y lado del núcleo antiguo, la población creció en los años del comercio y los viñedos. Diversos edificios lo testimonian. Entre ellos, el Casino, un edificio decimonónico ubicado justo en el extremo de la Platja Gran, al lado de la riera. En el café de su planta baja, hace más de un siglo que late la vida del pueblo. Restaurado con buen criterio, sus dos pisos ofrecen un marco de excepción para exposiciones. La casa Serinyana, conocida como la casa *blaua* (la casa azul) por el tono de la cerámica de su fachada, es una casa modernista de principios del siglo XX. Son modernistas las formas vegetales de las ventanas y la forja de los balcones. Y más allá, en la Riba des Pianc, la casa Colom, hoy vacía pero que denota un pasado esplendoroso.

Entre la nómina de visitantes, en Cadaqués han anclado arquitectos de renombre. Algunos, como Lanfranco Bombelli, J. A. Coderch y O. Tusquets contribuyeron activamente a que la remodelación del pueblo, necesaria para acoger al turismo, se hiciera con un respeto que no han tenido otros lugares de la Costa Brava. Hoy, una normativa estricta exige edificios de poca altura que conservan la arquitectura autóctona.

the central aisle and facade were officially opened, although the whole work was not completed until the end of the 18th century. The sculptor from Vic, Pau Costa, among others, was chosen to produce one of the scenographic Baroque altarpieces, with more life and movement... the most notable of those that have survived in the Empordà. The church walls have experienced the privilege of hearing the leading voices and notes of the International Music Festival that since the seventies has been held every summer in Cadaqués. Jean-Pierre Rampal, Jordi Savall, Victoria de los Ángeles... The cypress trees at the entrance, the semicircular arch doorway, the bell-cote, and the church tower welcomes us to a unique view over the rooftops and the bay.

From one side to the other of the old centre the village grew in the years of trade and vineyards. Diverse buildings bear witness to this. Among them, the Casino, a nineteenth-century building situated just at the end of the Platja Gran beach, beside the stream. Over one hundred years ago, the village's heart beat in the café on the ground floor. Restored with good

Vic, parmi d'autres, fut choisi pour réaliser l'un des retables baroques des plus scénographiques, plein de mouvement et de vie et l'un des plus remarquables parmi ceux conservés dans l'Ampourdan. Les murs de l'église ont joui du privilège d'avoir pu écouter les voix et les airs les plus prestigieux du Festival international de musique, qui, depuis les années soixante-dix, se tient tous les étés à Cadaqués. Jean-Pierre Rampal, Jordi Savall, Victoria de los Ángeles... Les cyprès de l'entrée, la porte en arc en plein cintre, le campanile et le clocher de la tour souhaitent la bienvenue au visiteur, avec une vue unique sur les toits et la baie.

La localité s'est développée de part et d'autre de la partie ancienne du village, pendant les années du commerce et de la vigne. Différents édifices en témoignent. Parmi eux, le Casino, un bâtiment du dix-neuvième siècle situé juste à l'extrémité de la Platja Gran, à côté de la rivière. C'est dans le café au rez-de-chaussée, depuis plus d'un siècle, que palpite la vie du village. Bien restauré, ses deux étages offrent un cadre exceptionnel pour des expositions. La Casa Serinyana, connue comme la maison bleue (*casa blaua*) à cause

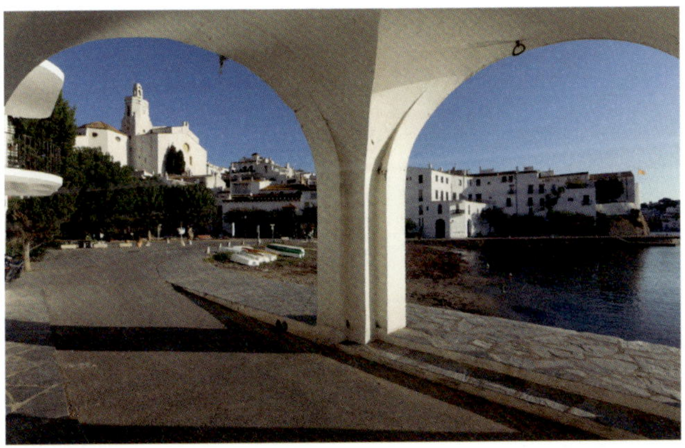

Port Doguer

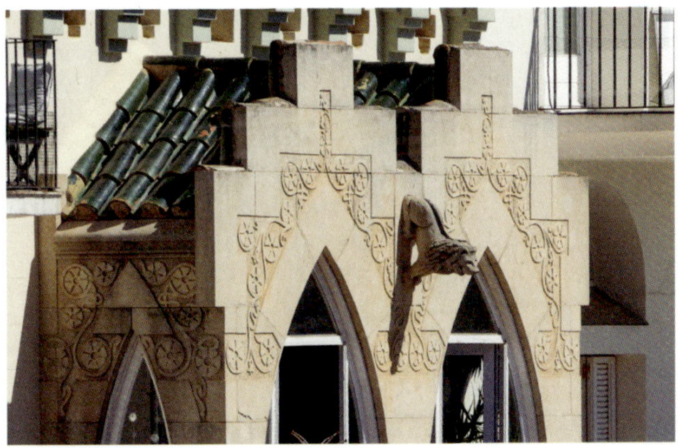

Casa Pont

visitants: Pablo Picasso, René Magritte, Isaac Albéniz i Santiago Rusiñol van ser alguns d'ells. Als anys trenta, Salvador Dalí, que estiuejava a Cadaqués des de petit, va fer-ne el seu lloc de vida i va dur-hi convidats d'excepció: Luis Buñuel, Federico García Lorca, André Breton, Paul Eluard, René Crevel i Marcel Duchamp van ser només els primers. Amb els anys, el nom de Cadaqués va atraure pintors, intel·lectuals, bohemis i una *gauche divine* amant de les excentricitats. A les dècades dels seixantes i setantes, l'Hostal, una casa indiana del Passeig decorada i regentada per Pierre Lottier, oferia les nits més màgiques. Nits de

Pero Cadaqués es, desde hace muchos años, una verdadera república de las artes. La familia Pitxot, una saga de músicos y pintores, fue la pionera del turismo en el pueblo a principios del siglo XX. Su casa de Es Sortell, en el extremo sur de la población, convocó a los primeros visitantes: Pablo Picasso, René Magritte, Isaac Albéniz o Santiago Rusiñol fueron algunos de ellos. En los años treinta, Salvador Dalí, que veraneaba en Cadaqués desde pequeño, lo convirtió en su lugar de residencia acogiendo a invitados de excepción: Luis Buñuel, Federico García Lorca, André Breton, Paul Eluard, René Crevel y Marcel Duchamp fueron sólo los

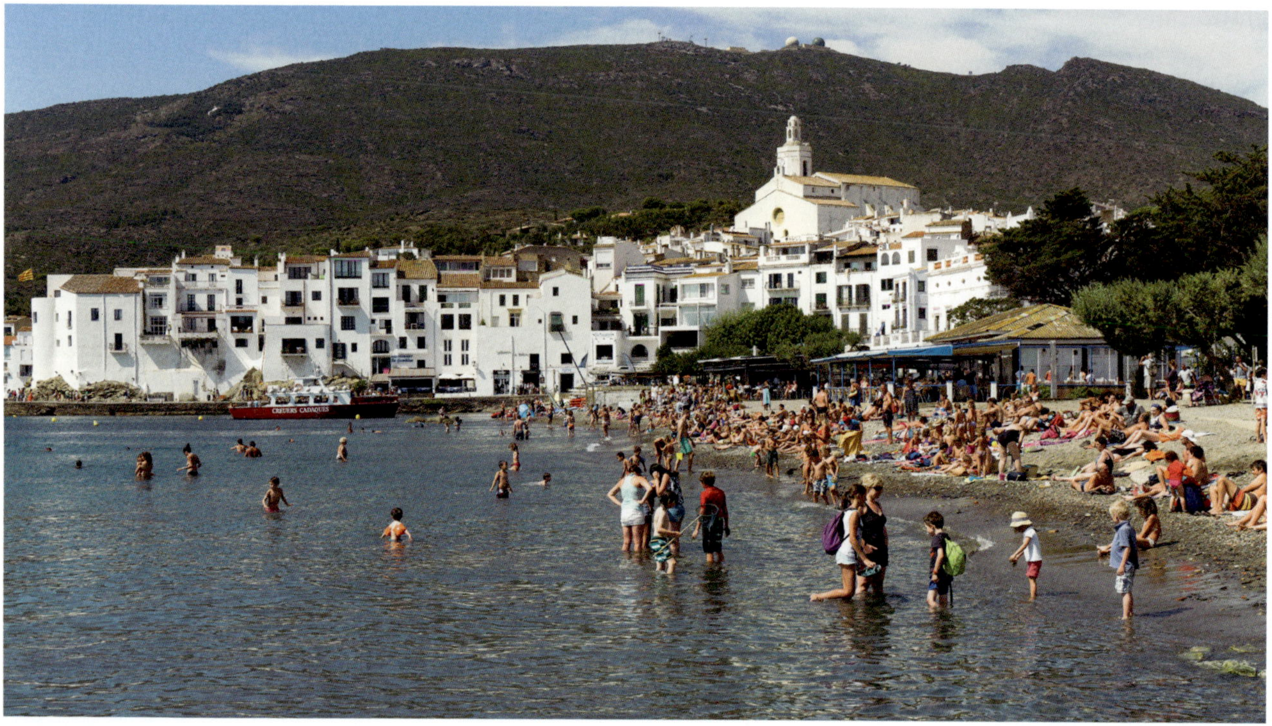

Platja Gran

taste, the first two floors provide an excellent venue for exhibitions. The Casa Serinyana, known as the *casa blaua* (the blue house) due to the shade of its facade tiling, is a turn-of-the-century modernist house. The plant shapes of the windows and wrought iron work of the balconies are modernist. Further on, in Riba des Pianc, Casa Colom, today empty but showing signs of a glorious past. Among the list of visitors, Cadaqués has been the port of call of famous architects. Some of them, such as Lanfranco Bombelli, J. A. Coderch and O. Tusquets contributed actively to the remodelling of the village, necessary to make room for the tourism, but undertaken with the respect that other towns on the Costa Brava have not enjoyed. Today, a strict ruling requires all buildings to be low in height, thus preserving the autochthonous architecture.

Cadaqués, nevertheless, has for many years been a veritable republic of the arts. The Pitxot family, a saga of musicians and painters, were the pioneers of tourism in the village at the beginning of the century. The family house, in Es Sortell, in the far south of the village, played host to the first visitors: Pablo Picasso, René Magritte, Isaac Albéniz or Santiago Rusiñol were some of them. In the thirties, Salvador Dalí, who had spent his summers in Cadaqués since he had been a boy, turned it into his home and playing host to a notable guest list: Luis Buñuel, Federico García Lorca, André Breton, Paul Eluard, René Crevel and Marcel Duchamp were just the first ones. As years went by, the name of Cadaqués attracted painters, intellectuals, bohemians and an eccentricity loving *gauche divine*. In the sixties and seventies, the Hostal in the main passage, an *indiana* house, owned by a

de la céramique de sa façade, est une maison de style *moderniste* (Art nouveau) du début du siècle. Ce sont les formes végétales des fenêtres et le fer forgé des balcons qui relèvent de ce style. Et plus loin, sur la Riba des Pianc, la Casa Colom, aujourd'hui inhabitée, renvoie à un passé resplendissant.

Parmi ses visiteurs, Cadaqués a compté des architectes de renom. Certains, comme Lanfranco Bombelli, J. A. Coderch et O. Tusquets, ont contribué de manière active à ce que la rénovation du village, nécessaire pour accueillir les touristes, se fasse dans le respect. D'autres villages de la Costa Brava n'ont pas eu cette chance. Aujourd'hui, une réglementation stricte limite la hauteur des édifices, qui respectent l'architecture autochtone.

Mais Cadaqués est depuis plusieurs années, une véritable république des arts. La famille Pitxot, une saga de musiciens et de peintres, fut, au début du XXème siècle, la pionnière du tourisme dans le village. Leur maison, à Es Sortell, à l'extrémité sud de la localité accueillit les premiers visiteurs : Pablo Picasso, René Magritte, Isaac Albéniz et Santiago Rusiñol, entre autres. Dans les années trente, Salvador Dalí, qui passait les étés à Cadaqués depuis son enfance, en fit son lieu de résidence et accueillit des invités d'exception : Luis Buñuel, Federico García Lorca, André Breton, Paul Éluard, René Crevel et Marcel Duchamp furent les premiers. Avec les années, Cadaqués attira des peintres, des intellectuels bohèmes et une *gauche divine* qui aimait les excentricités. Dans les années soixante et soixante-dix, l'Hostal, une maison de la promenade édifiée par un « indiano » (les « indianos » étaient ceux qui avaient fait fortune aux Indes, c'est-à-dire à Cuba et qui revenaient au village, Ndtr.) et

bon jazz i de perfum surreal on Dalí es passejava de tant en tant. L'Hostal, el Cafè de l'Havana, la Frontera, el Marítim, el Boia, el Melitón... locals i cafès assistien a converses i discussions en totes les llengües. Nombroses galeries d'art i tallers de pintors obrien les seves portes. Cadaqués s'havia fet universal.

Al sud de Cap de Creus, un poble de cases blanques ja fa temps que va canviar la pesca i la vinya pel turisme i l'art. Amb una voluntat sorprenentment cosmopolita, va saber preservar allò que altres llocs van perdre amb més facilitat: la seva identitat. Un reducte de llum excepcional on tot, o quasi tot, és possible.

primeros. Con los años, el nombre de Cadaqués atrajo a pintores, intelectuales, bohemios y a una *gauche divine* amante de las excentricidades. En las décadas de los sesenta y setenta, el Hostal, una casa *indiana* del paseo decorada y regentada por Pierre Lottier, ofrecía las noches más mágicas. Noches de buen jazz y de perfume surreal donde Dalí se paseaba de vez en cuando. El Hostal, el Cafè de l'Havana, la Frontera, el Marítim, el Boia, el Melitón... locales y cafés asistían a conversaciones y discusiones en todas las lenguas. Numerosas galerías de arte y talleres de pintores abrían sus puertas. Cadaqués se había hecho universal.

Al sur del Cap de Creus, un pueblo de casas blancas cambió hace tiempo la pesca y los viñedos por el turismo y el arte. Con una voluntad sorprendentemente cosmopolita, supo preservar aquello que otros lugares perdieron con mayor facilidad: su identidad. Un reducto de luz excepcional donde todo, o casi todo, es posible.

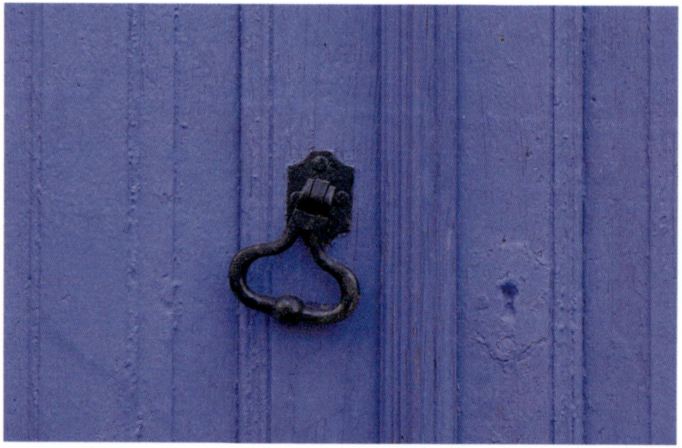

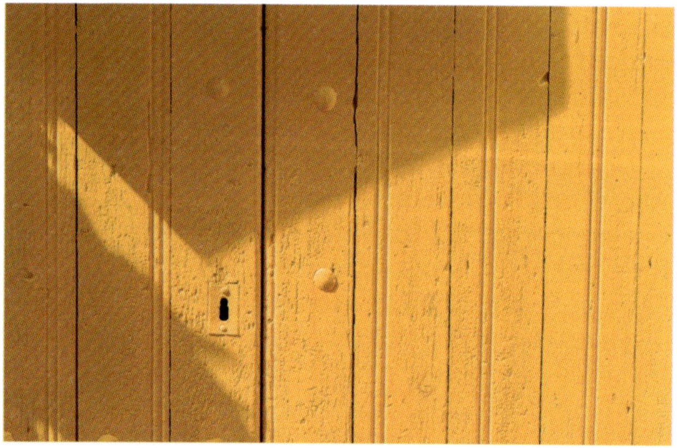

returning émigré who had made good in Cuba, and decorated and run by Pierre Lottier, provided the most magical nights. Nights of good jazz and surreal perfume where Dalí strolled by now and again. The Hostal, the Cafè de l'Havana, the Frontera, the Marítim, the Boia, the Melitón... were the bars and cafés that witnessed the conversations and arguments in all languages. Numerous art galleries and painters' studios opened up. Cadaqués had become universal.

Some time ago, to the south of Cap de Creus, a village changed fishing and vineyards for tourism and art. With a surprisingly cosmopolitan willingness, it was able to conserve what other spots lose more easily, its identity. An exceptional retreat of light where everything, or nearly everything, is possible.

régentée par Pierre Lottier, proposait les nuits les plus magiques. Des nuits de bon jazz au parfum surréel auxquelles Dalí assistait de temps à autre. L'Hostal, le Cafè de l'Havana, la Frontera, le Marítim, le Boia, le Melitón... étaient des établissements et des cafés où les conversations et les discussions avaient lieu en toutes les langues. De nombreuses galeries d'art et des ateliers de peintres ouvraient leurs portes. Cadaqués était devenue universelle.

Il y a longtemps, au sud du Cap de Creus, un village de maisons blanches échangea la pêche et les vignobles pour l'art et le tourisme. Avec une volonté étonnement cosmopolite, il sut préserver ce que d'autres perdirent plus facilement : son identité. Un refuge de lumière exceptionnelle où tout, ou presque, est possible.

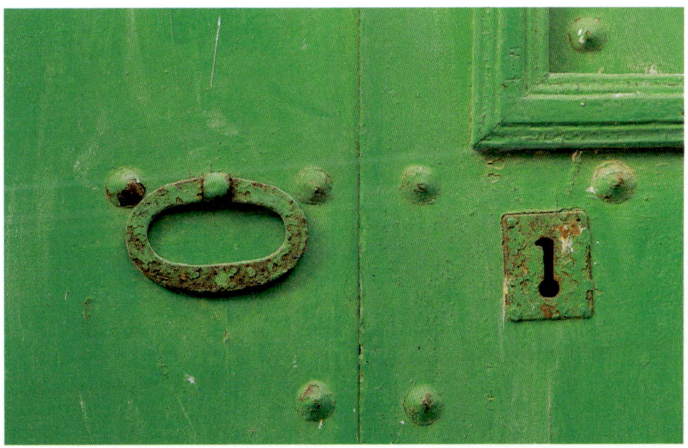

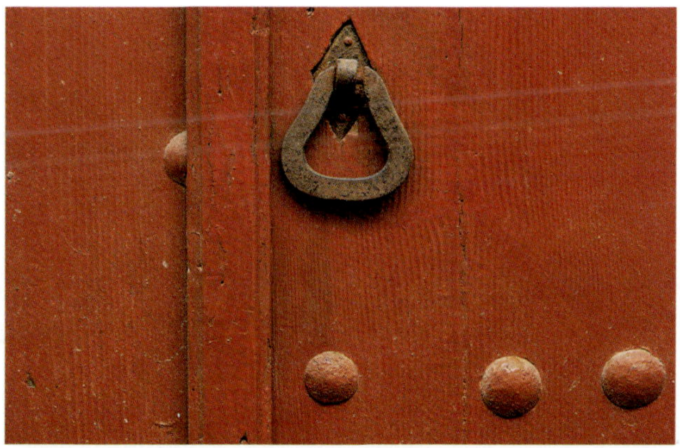

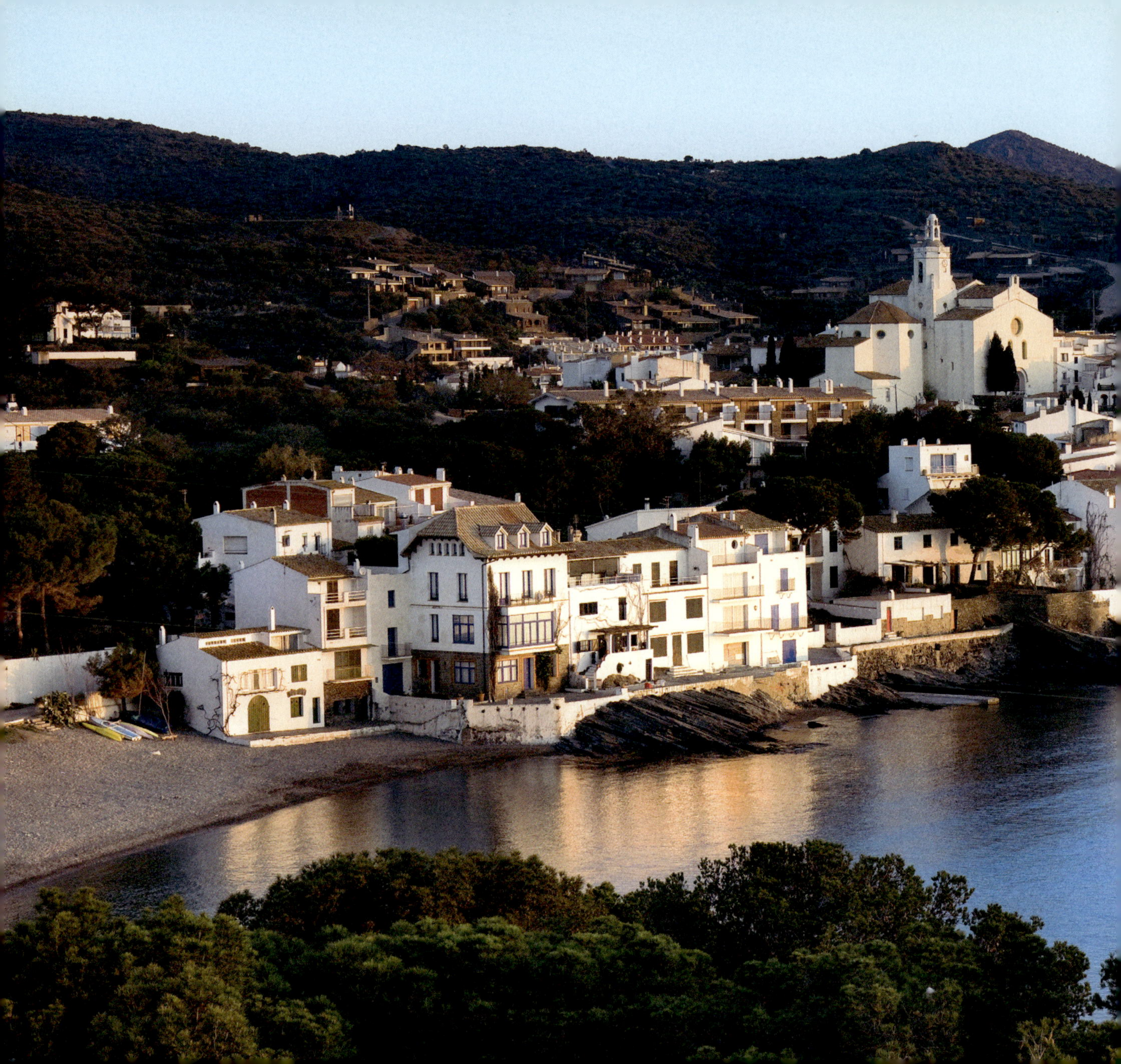

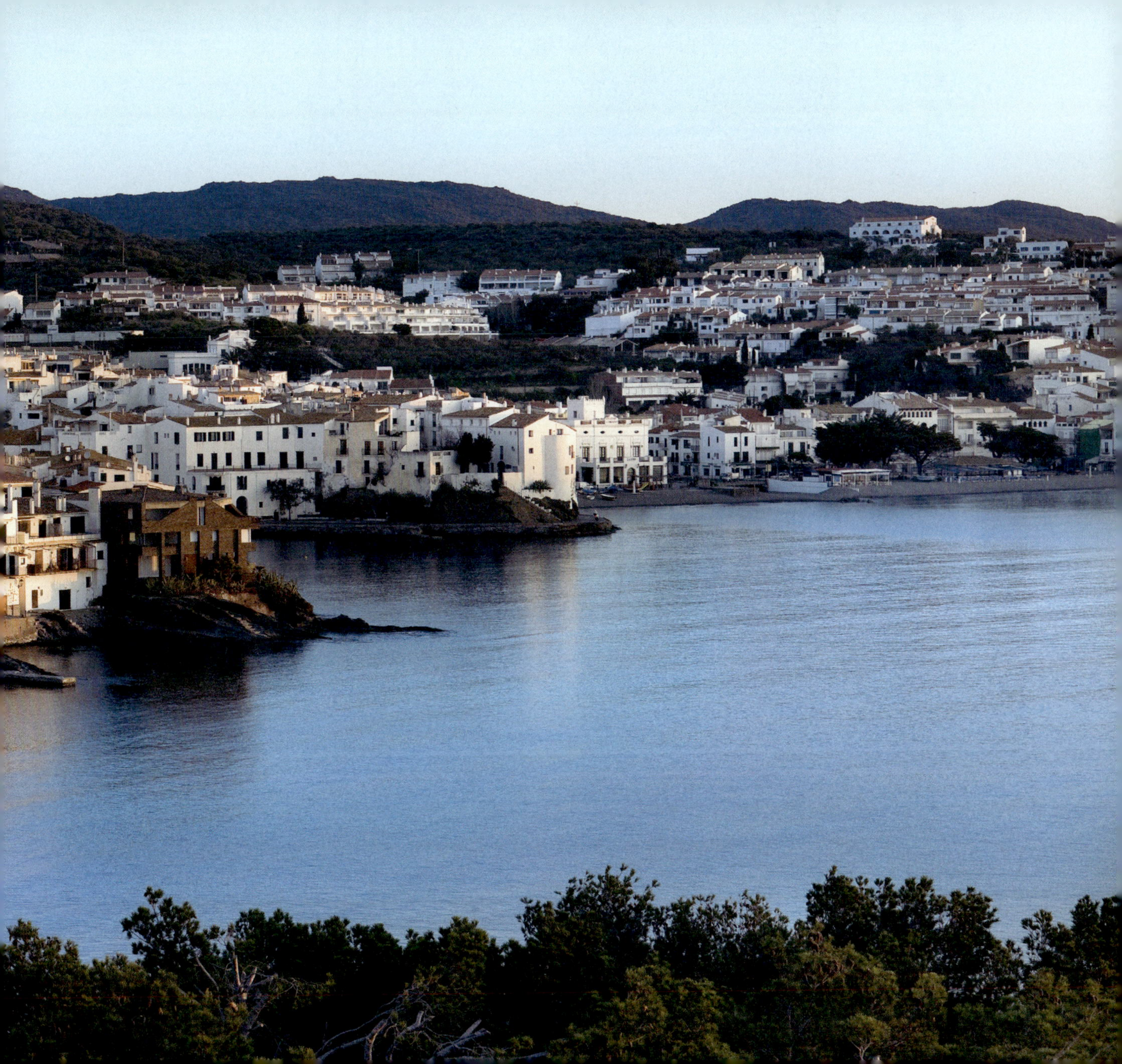

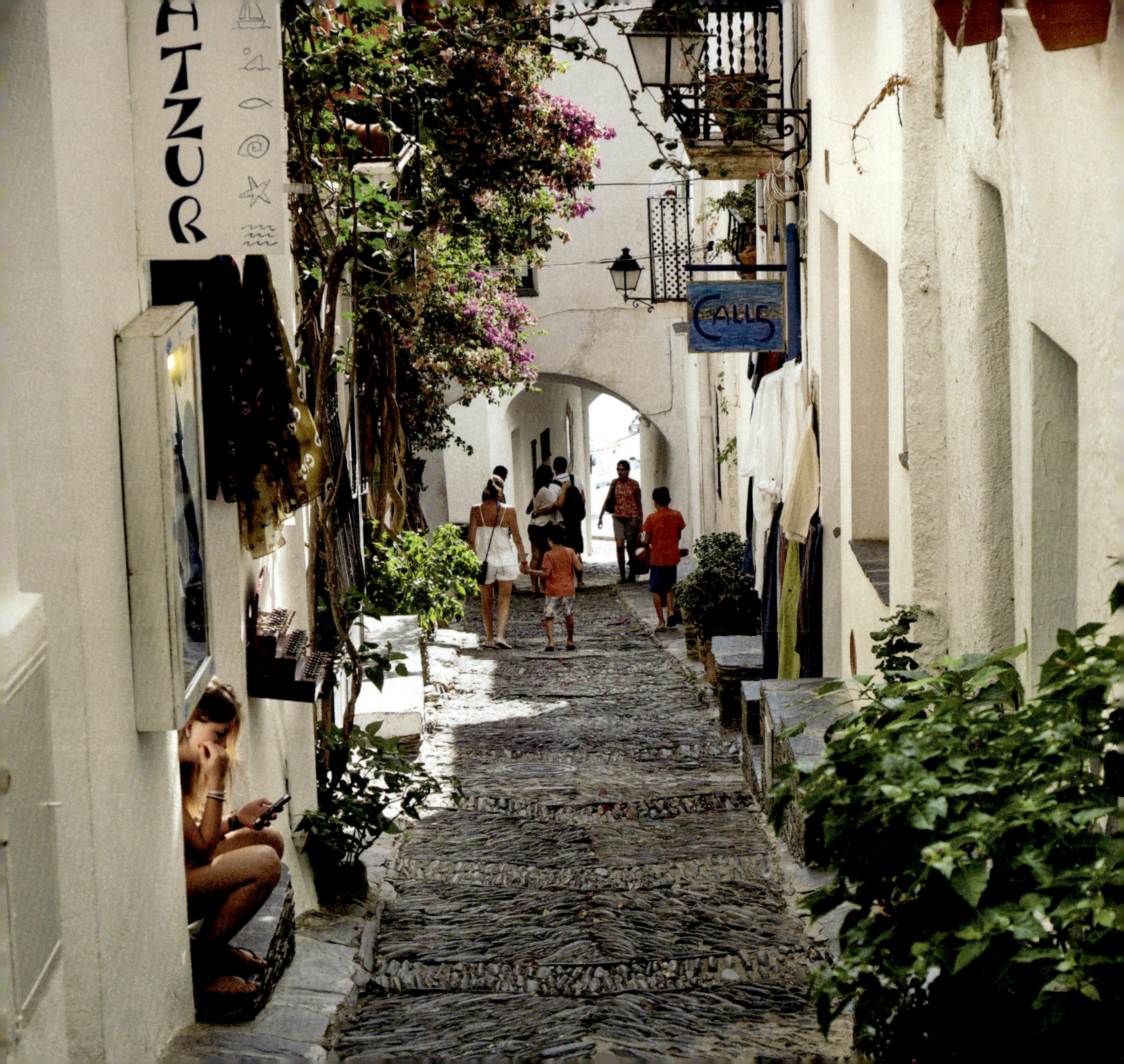

El vell Cadaqués

Blau, verd i vermell sobre blanc. És aquesta la paleta cromàtica del vell Cadaqués, un entramat de carrerons estrets i costeruts, empedrats per mans pacients amb lloses de pissarra i còdols de mar en una modalitat pròpia que du per nom rastell (paviment a espina o espiga, provinent de l'*opus spicatum* romà). Les cases, restaurades amb cura, són el testimoni d'un passat pobre. Podreu veure encara algun forn de pa que, com un vestigi, sobresurt de les velles façanes. Preservar enlloc de derruir és part de la singularitat d'un poble que ha tingut una sensibilitat exquisida per la seva arquitectura autòctona.

El viejo Cadaqués

Azul, verde y rojo sobre blanco. Esta es la paleta cromática del viejo Cadaqués, un entramado de callejones estrechos y empinados, que manos pacientes empedraron con losas de pizarra y guijarros del mar en una modalidad propia que lleva por nombre *rastell* (pavimento a espina o espiga, proveniente del *opus spicatum* romano). Las casas, restauradas con cuidado, son el testimonio de un pasado pobre. Podréis ver todavía algún horno de pan que, como un vestigio, sobresale de las viejas fachadas. Preservar en lugar de derruir es parte de la singularidad de un pueblo que ha tenido una sensibilidad exquisita hacia su arquitectura autóctona.

Old Cadaqués

Blue, green and red on white. This is the chromatic palette of old Cadaqués, a network of steep and narrow lanes, which patient hands paved with slate slabs and pebbles from the sea in a unique local style that is known as *rastell* (spiked or raked paving, coming from the Roman *opus spicatum*). The houses, carefully restored, bear witness to a poor past. You can still see the odd bread oven, which, like a vestige, sticks out from the old facades. Conserving instead of demolishing is part of the singularity of a village that has shown remarkable sensitivity towards its autochthonous architecture.

Le vieux Cadaqués

Bleu, vert et rouge sur fond blanc. C'est la palette chromatique du vieux Cadaqués, une grille de ruelles étroites et pentues, que des mains patientes ont pavé de dalles d'ardoise et de galets de mer, d'une manière propre au village et qui est désignée sous le nom de *rastell* (pavement à épine ou épi provenant de l'*opus spicatum* romain). Les maisons, restaurées avec soin, sont le témoin d'un passé pauvre. On peut encore y découvrir des fours à pain qui, comme des vestiges, dépassent des vieilles façades. Préserver au lieu de détruire fait partie de la singularité de ce village, qui a eu une sensibilité exquise pour son architecture autochtone.

Carrer des Call

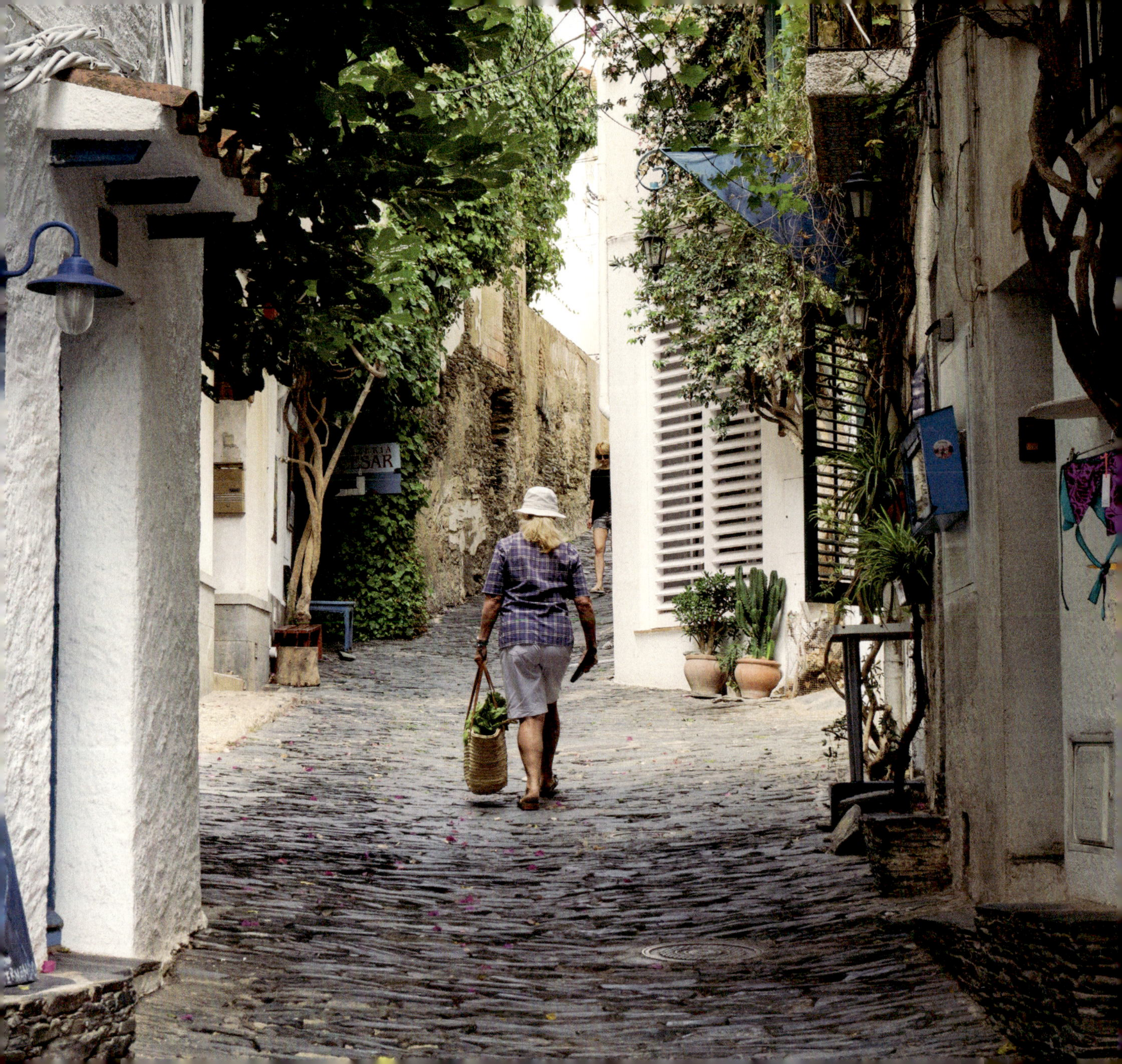

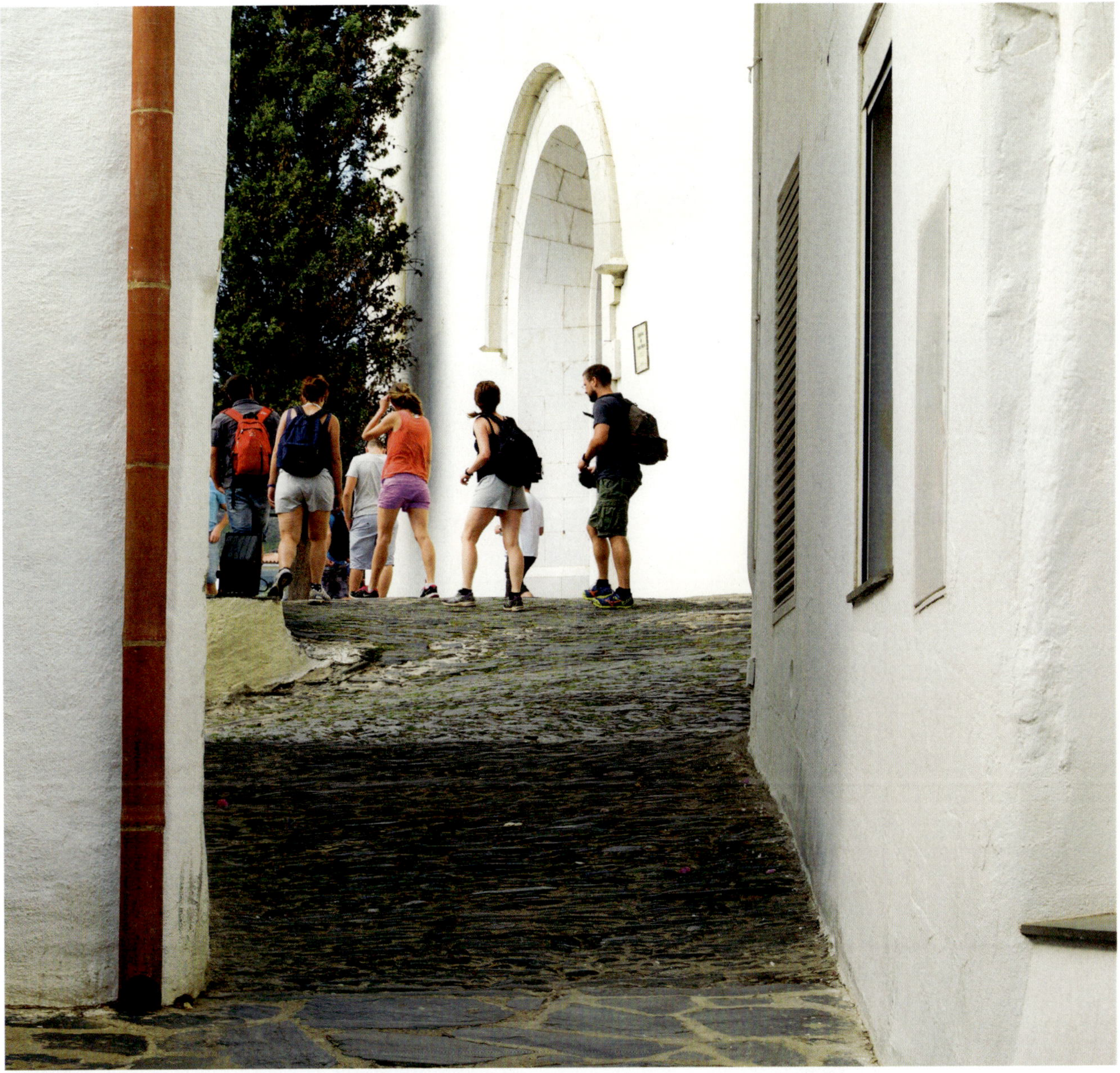

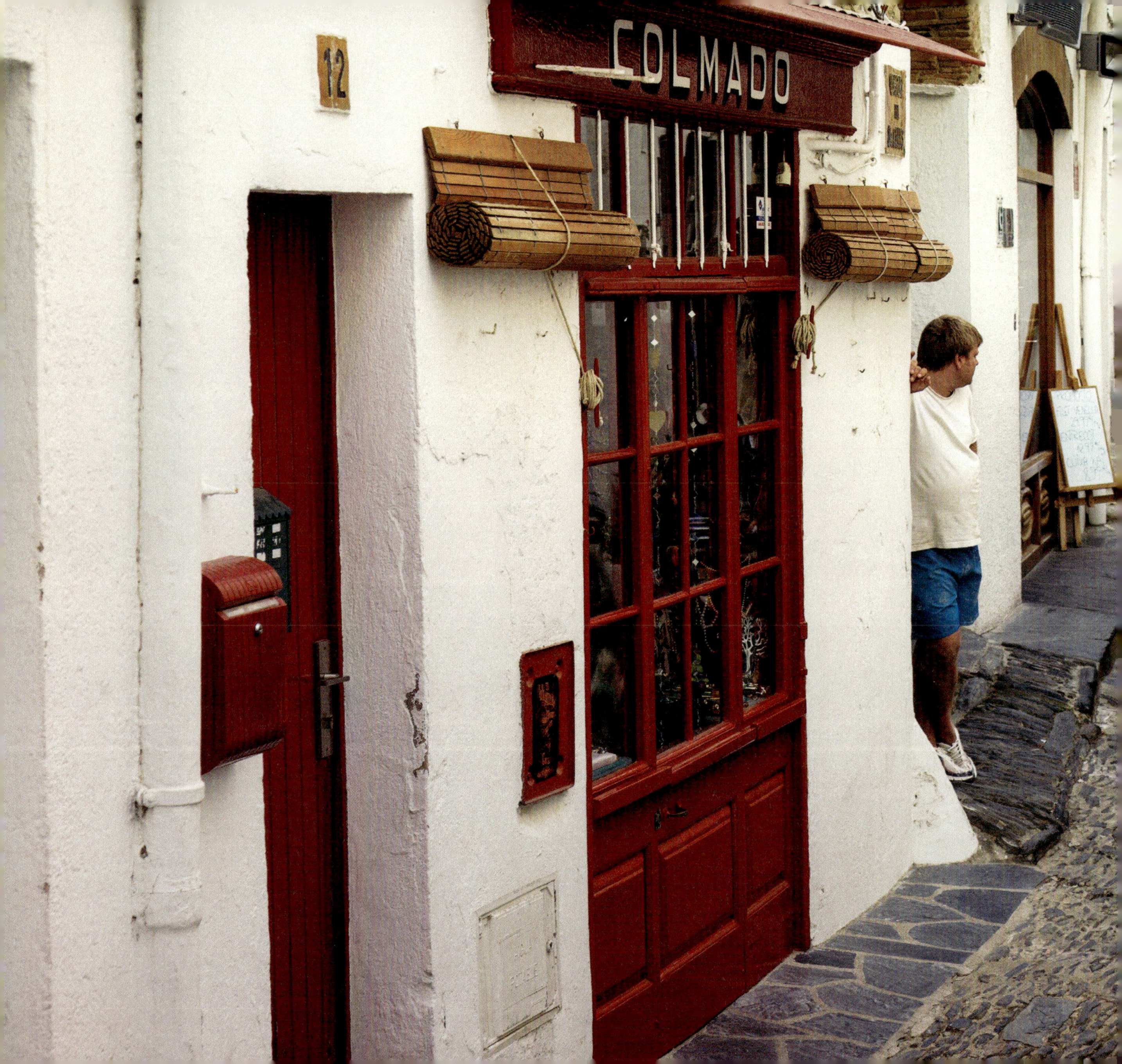
COLMADO
12

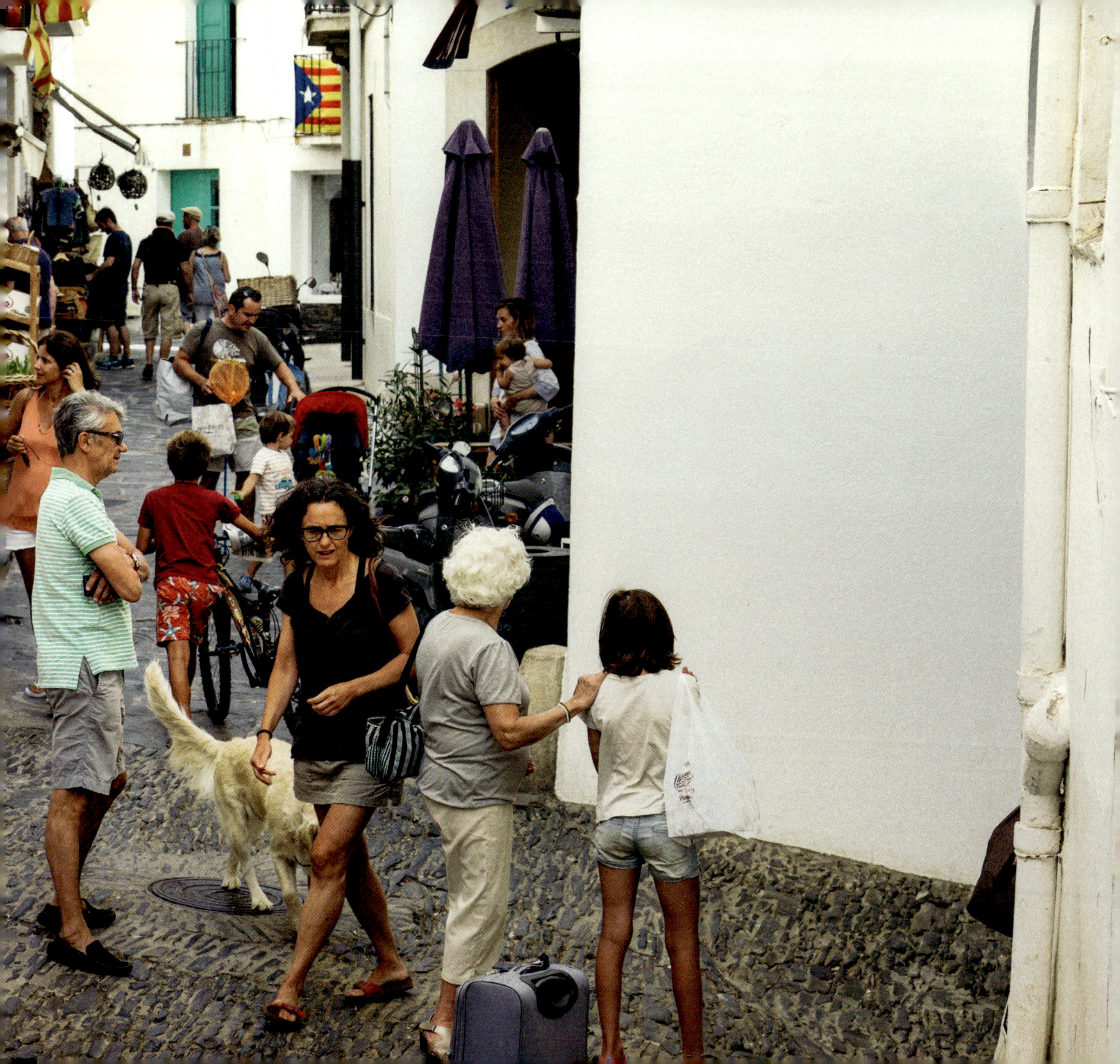

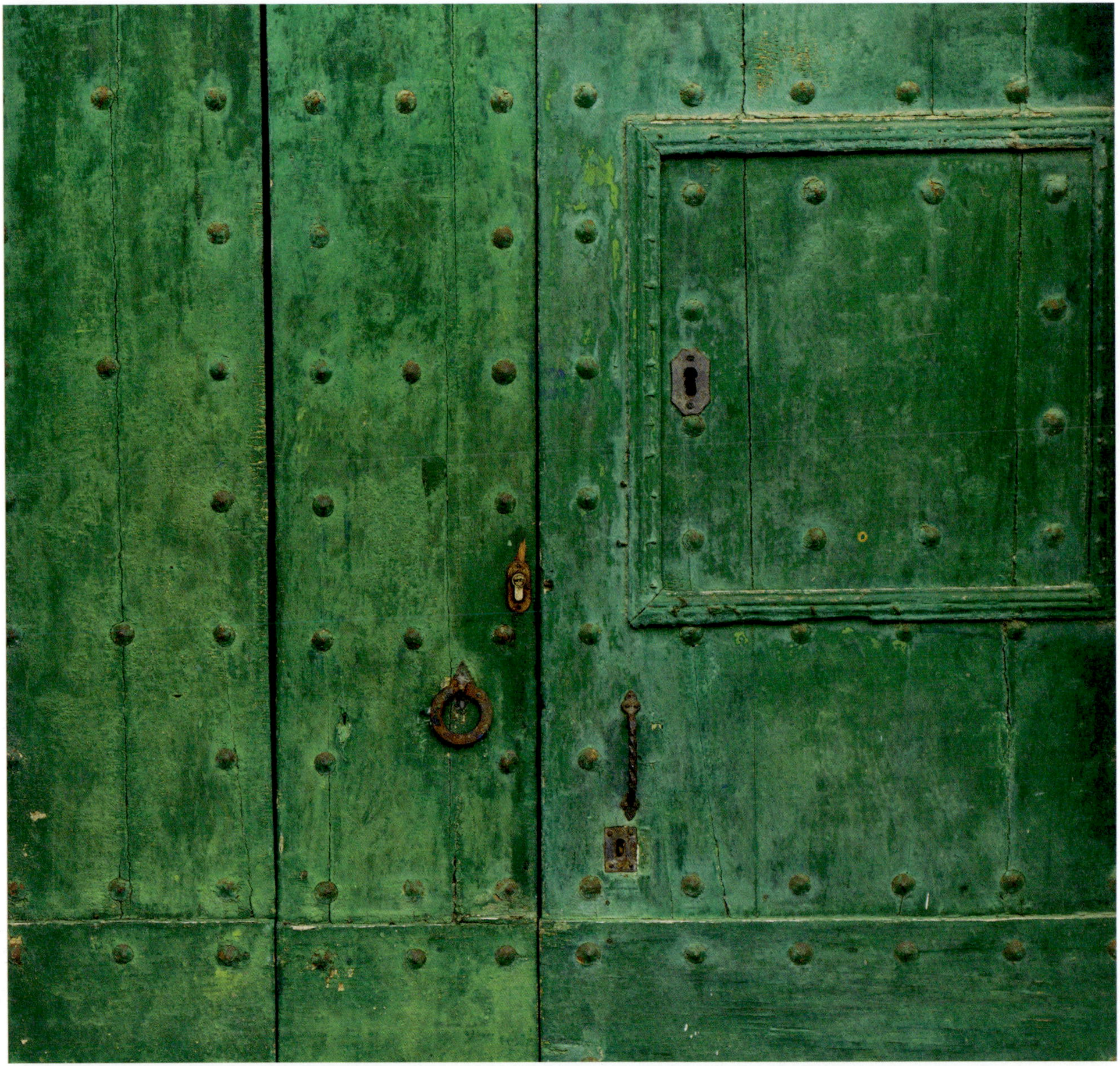

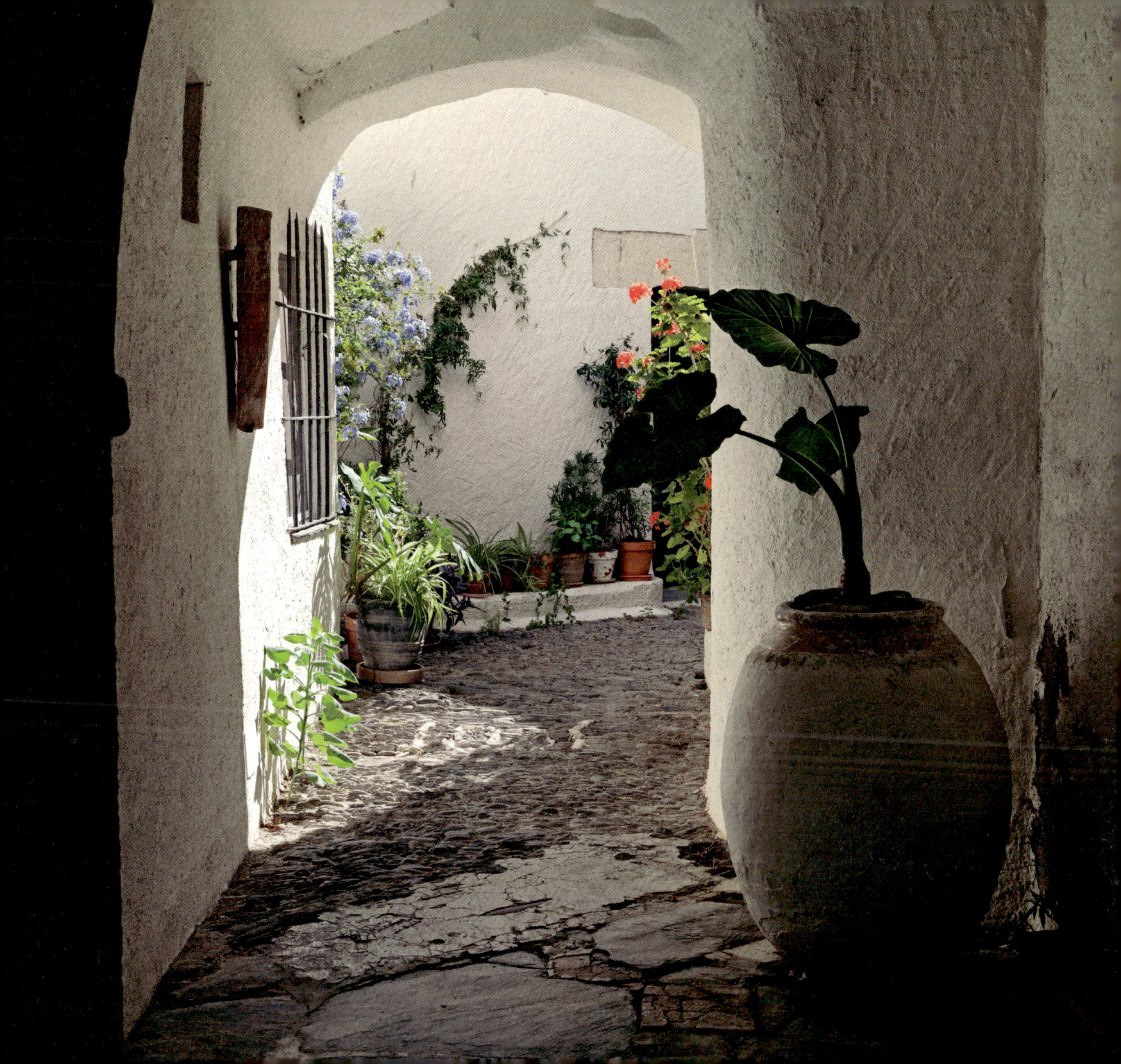

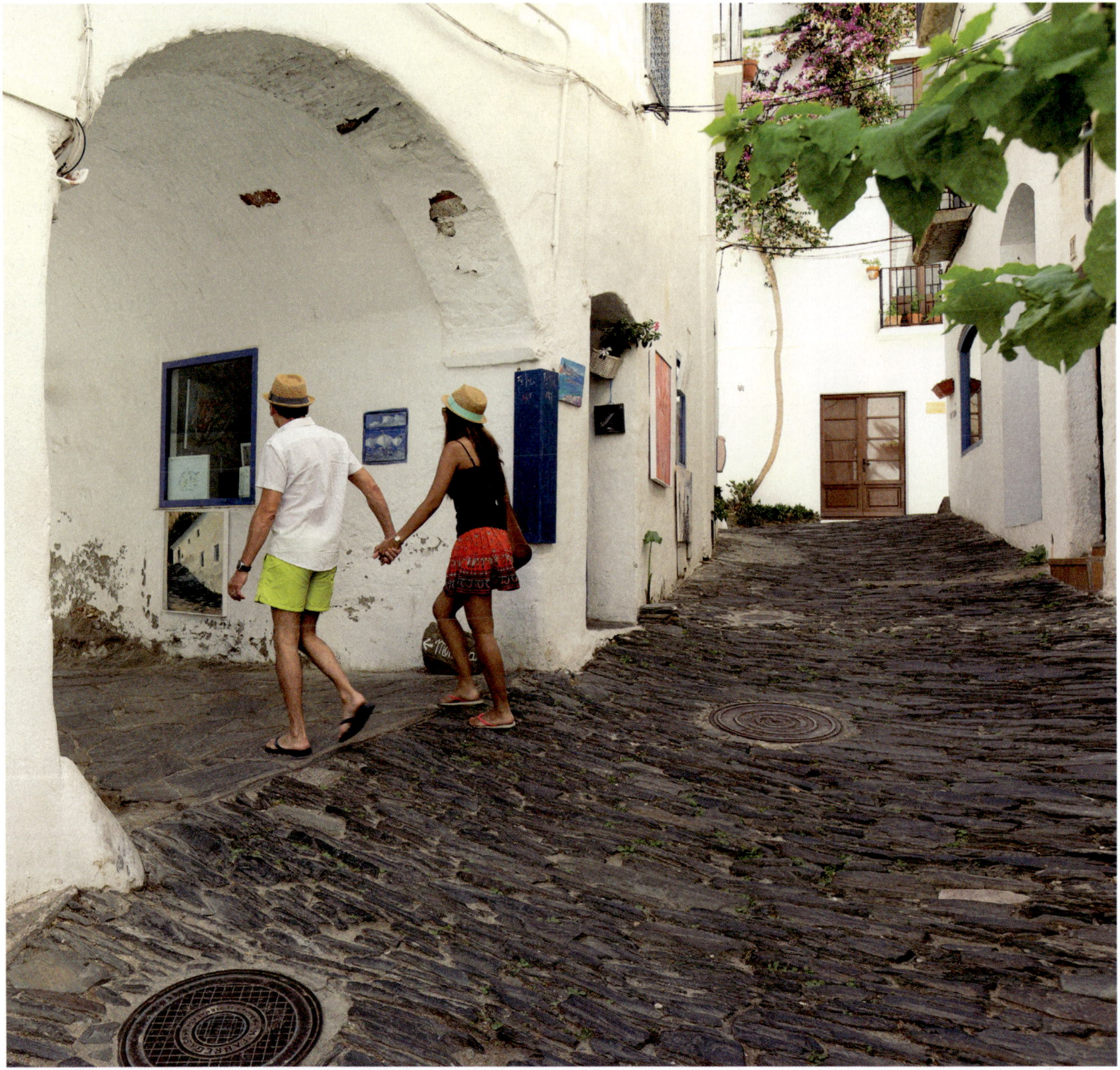

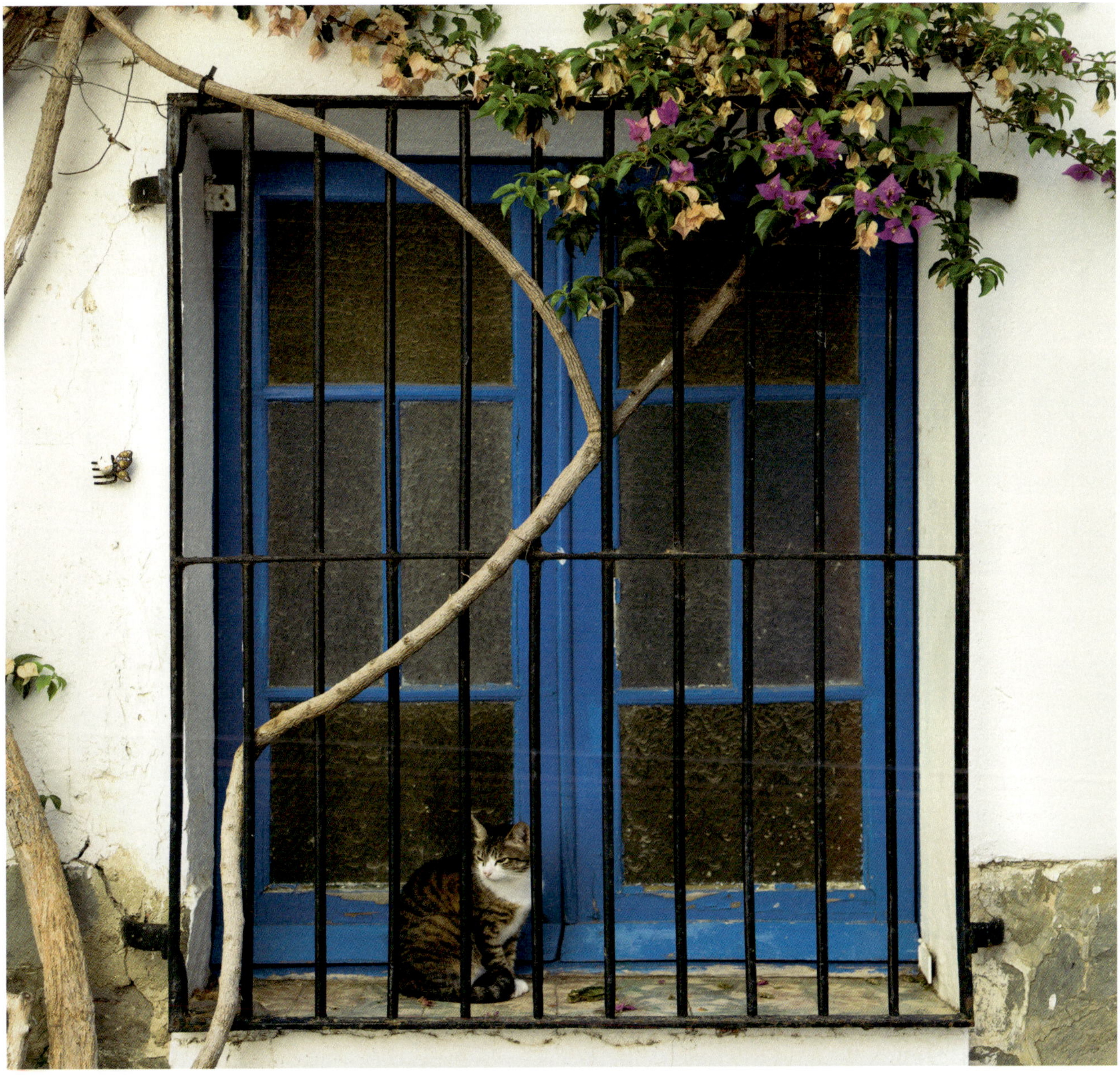

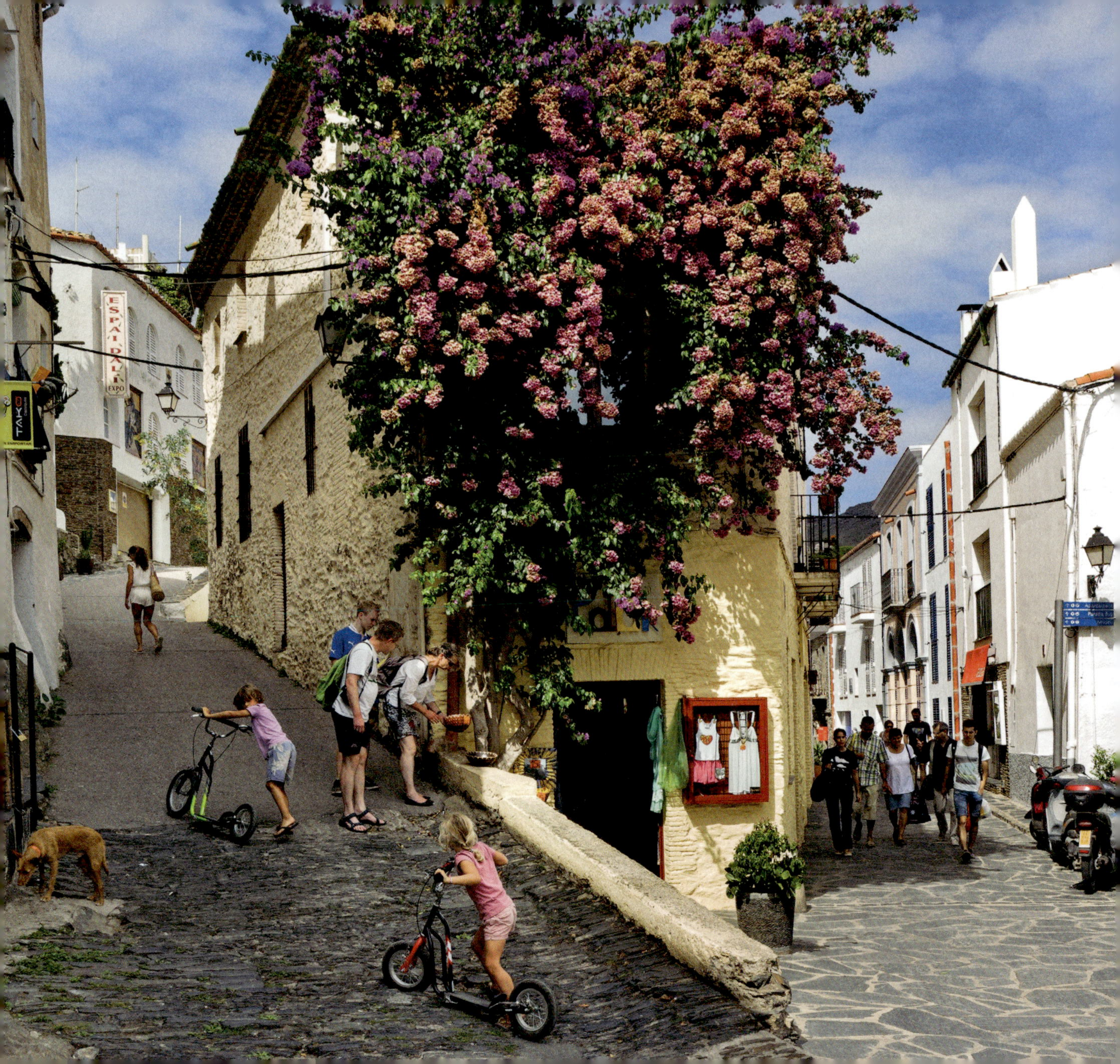
ESPAI DALÍ
EXPO

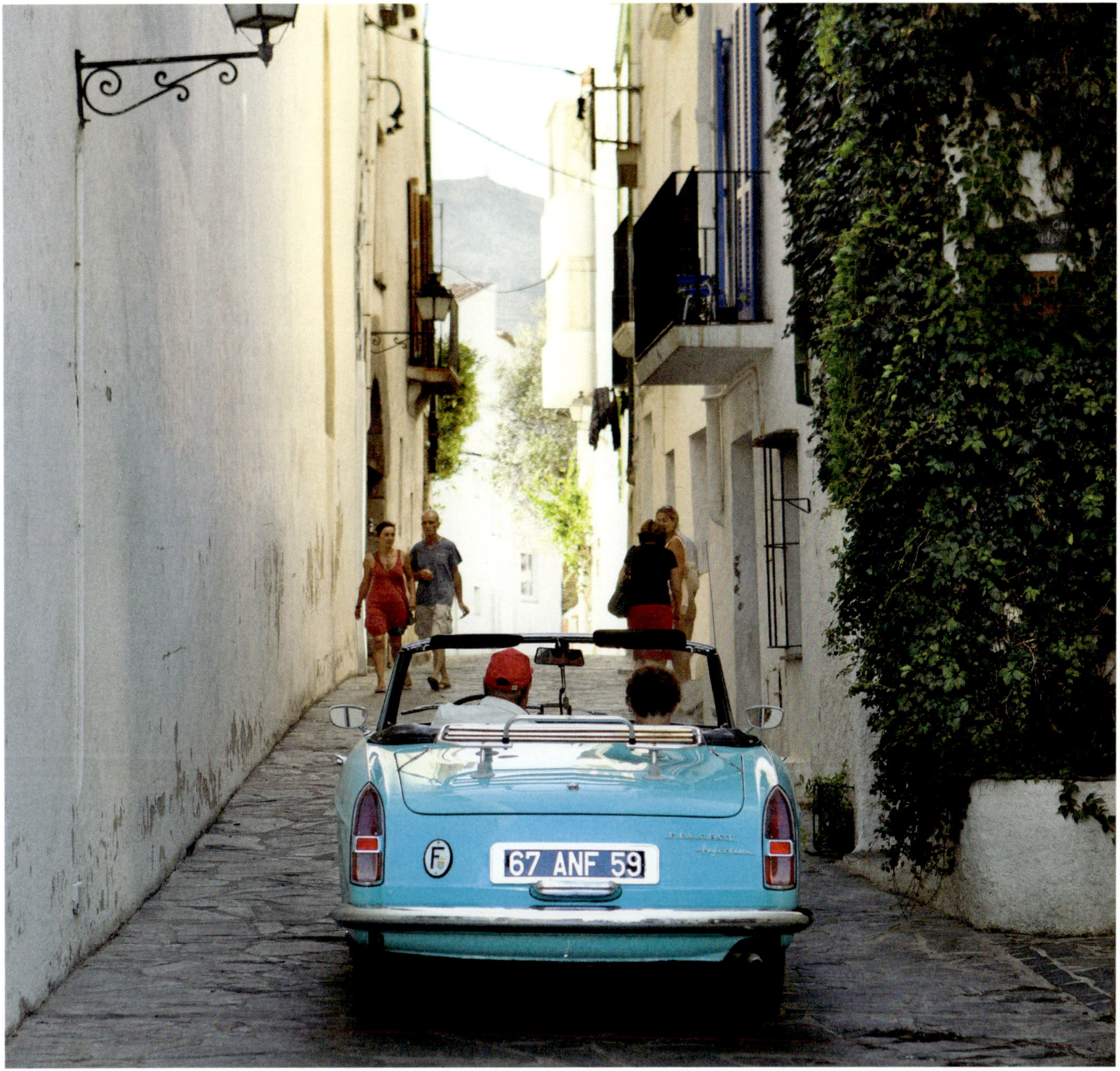
67 ANF 59

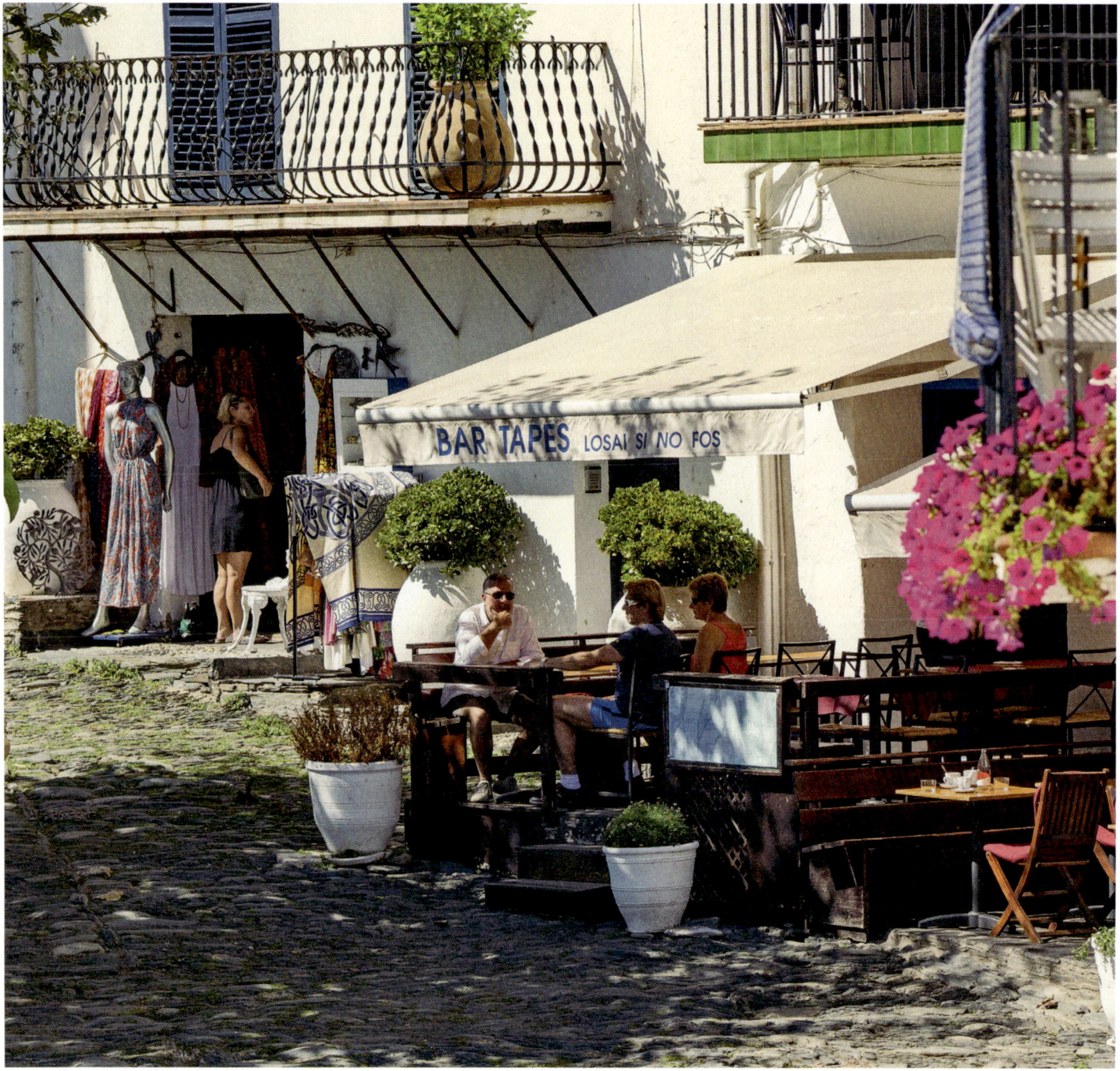
BAR TAPES LOSAI SI NO FOS

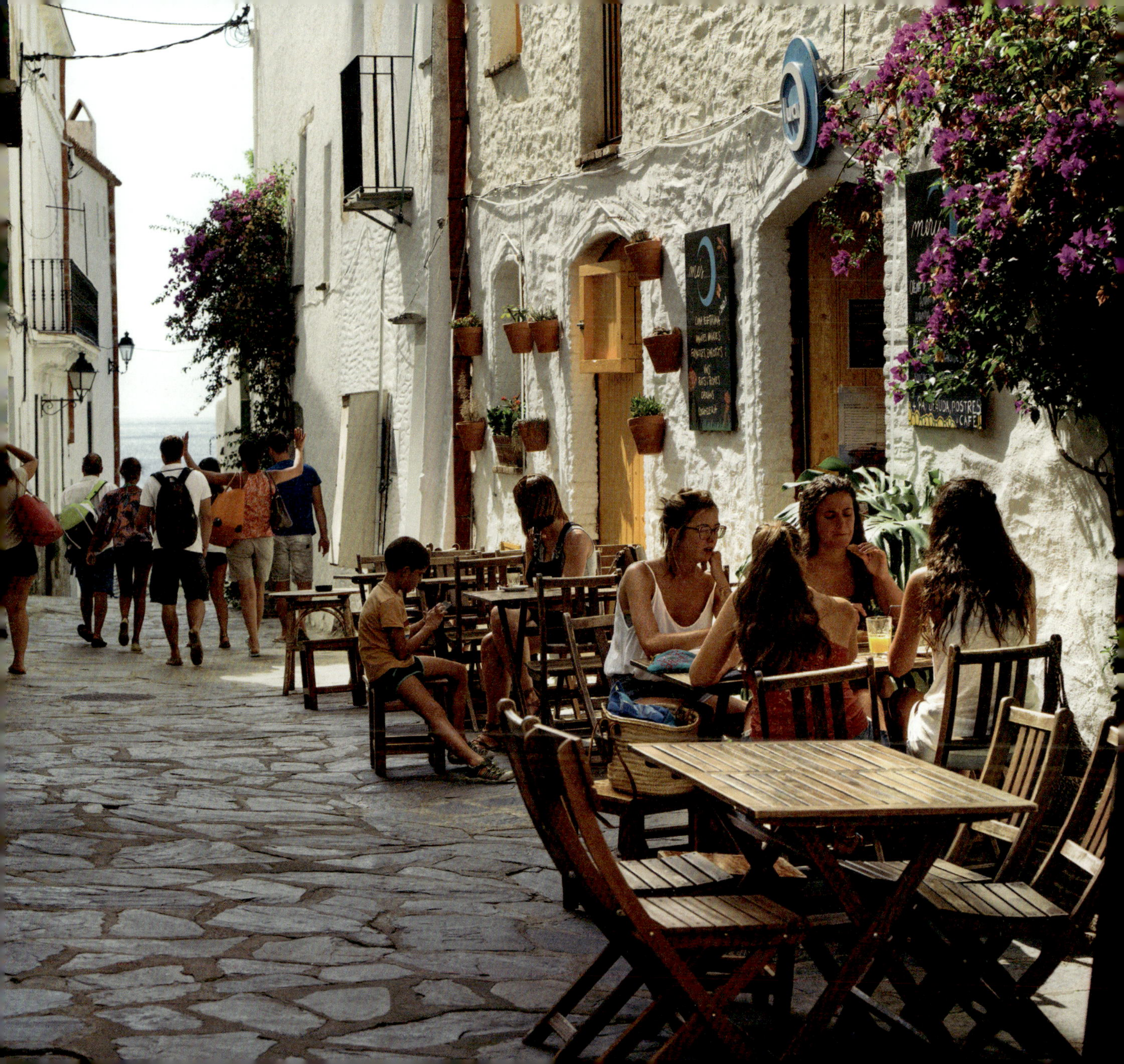
POSTRES
CAFÈ

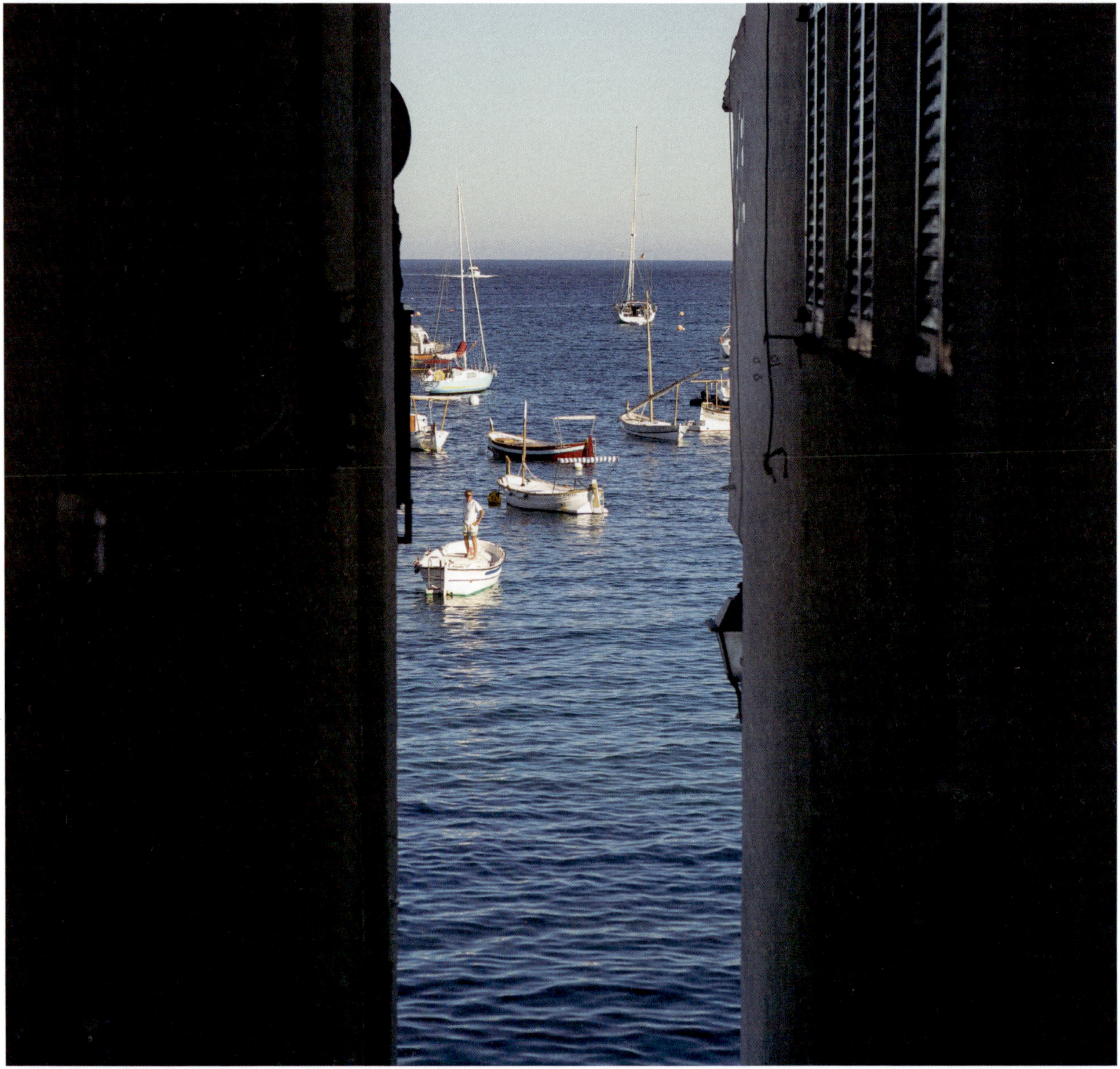

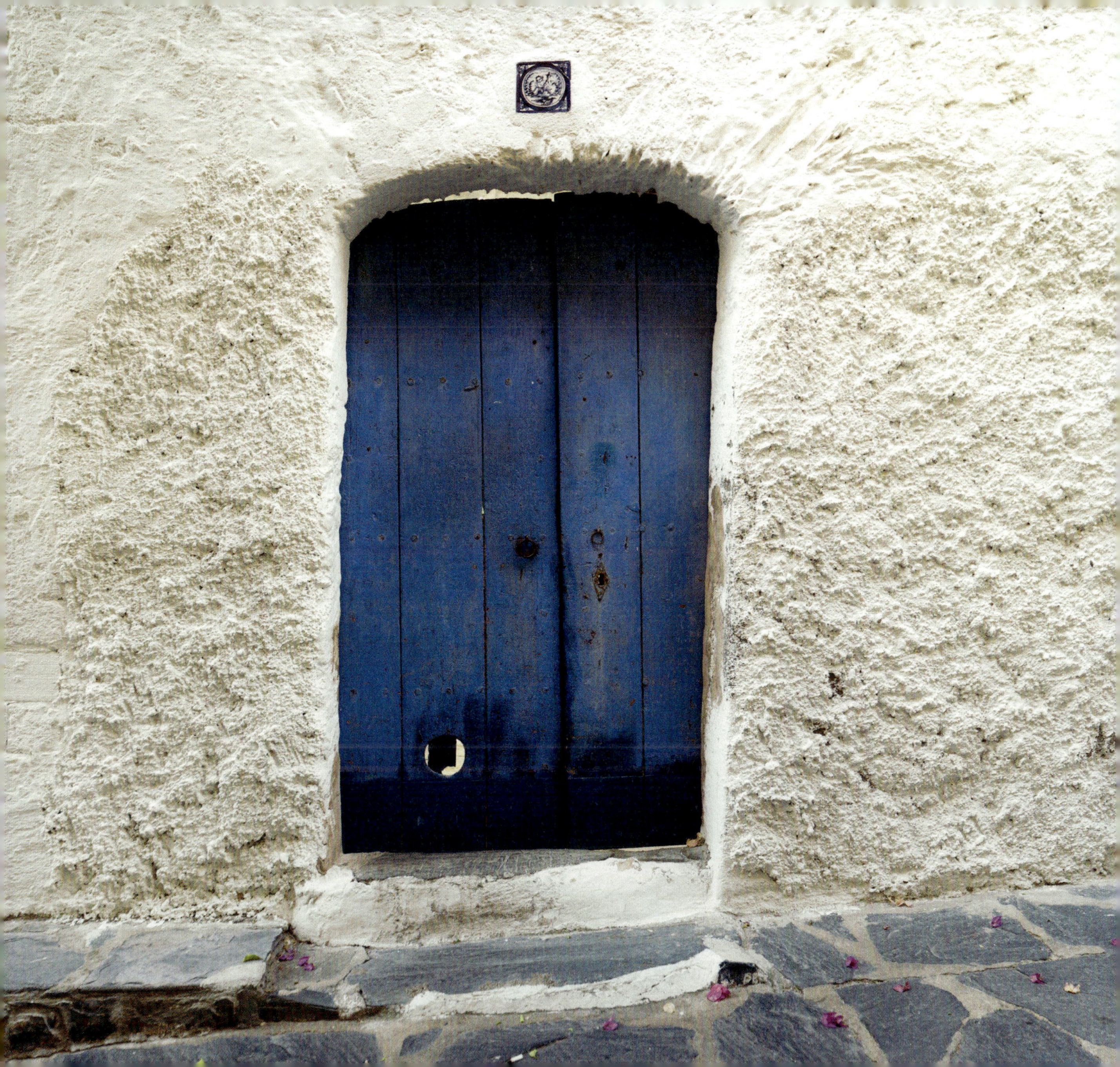

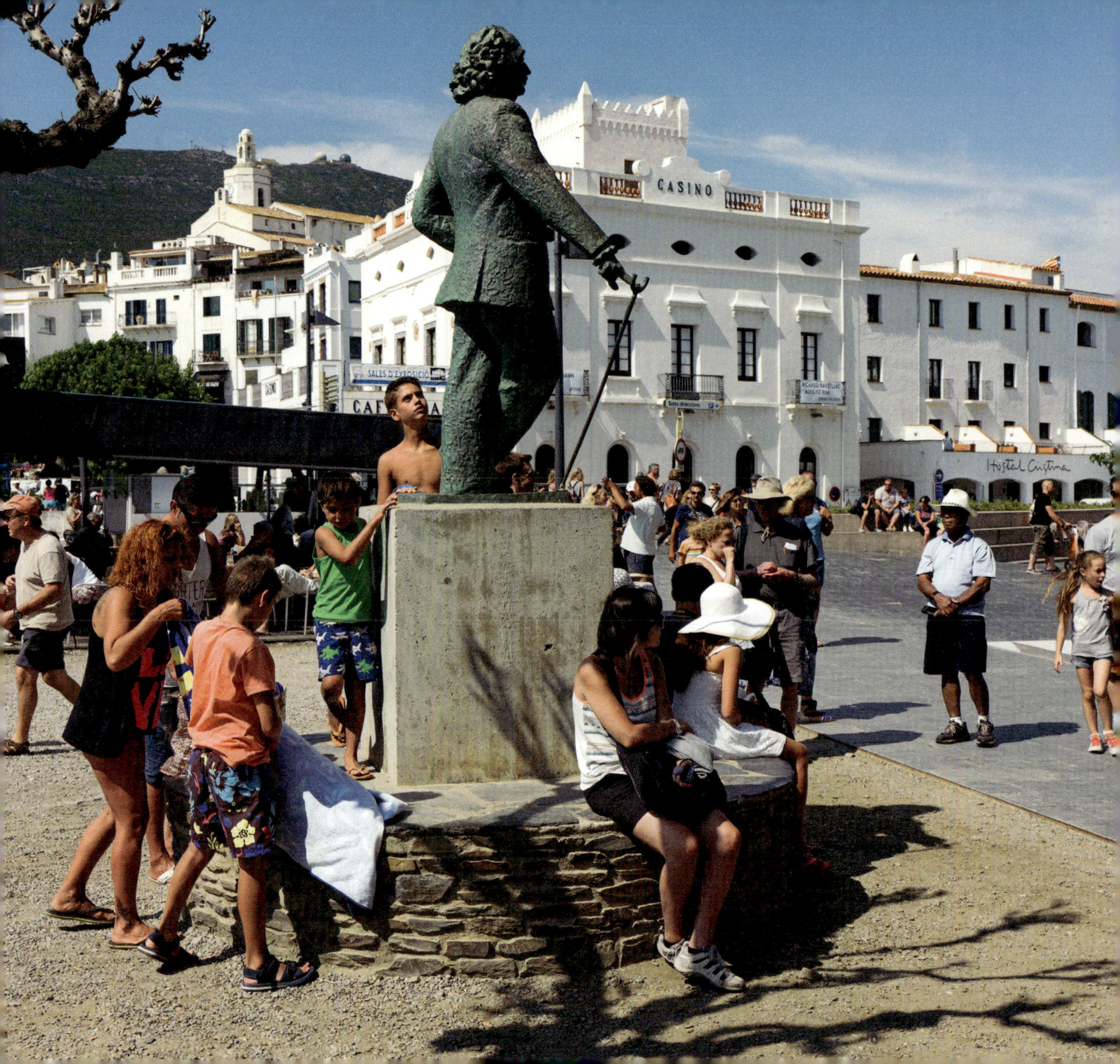
CASINO
SALES D'EXPOSICIO
Hostal Cristina

Una badia oberta al blau

Però Cadaqués és, a més dels seus carrers de blanc, una immensa badia oberta al blau. El Passeig i la Platja Gran han convocat de sempre, hivern i estiu, visitants i pescadors. Aquests, durant segles hi estenien les malles de pesca i hi calafatejaven els llaguts. Avui, són els cafès més vius els qui acullen converses i lectura. Al davant, un mosaic de barques omple la badia. Al fons, la roca d'es Cucurucuc, de nom i de perfil característics, observa a distància la vida del poble. Hi ha qui apunta que deu el seu nom a la seva forma piramidal o "de cucurutxu". Salvador Dalí ens mira airós per recordar-nos que, abans de nosaltres, ja va ser ell qui va dir que aquest era, en efecte, el poble més bonic del món.

Una bahía abierta al azul

Pero Cadaqués es, además de sus calles de blanco, una inmensa bahía abierta al mar. El Passeig y la Platja Gran han convocado, desde siempre, en invierno y en verano, a visitantes y pescadores que durante siglos secaban ahí sus redes de pesca y calafateaban sus laúdes. Hoy son los cafés más vivos los que acogen conversaciones y lectura. Frente a ellos, un mosaico de barcas llena la bahía. Al fondo, la roca de Es Cucurucuc, de nombre y perfil característicos, observa a distancia la vida del pueblo. Hay quien apunta que debe el nombre a su forma piramidal o de cucurucho. Salvador Dalí nos mira airoso para recordarnos que, antes que nosotros, él ya dijo que este era el pueblo más bonito del mundo.

A bay open to blue

Cadaqués is, nevertheless, as well as its white streets, an immense bay open to the sea. The Passeig and the Platja Gran have always played host to, in winter and summer, visitors and fishermen who for centuries dried their fishing nets and repaired their fishing boats. Today it is the liveliest cafés where the conversations and reading take place. Opposite them, a mosaic made of boats fills the bay. In the background, the rock of Es Cucurucuc, with a peculiar name and outline, observes village life from a distance. Some say it owes its name to its pyramidal shape or of a *cucurutxo*, or cone. Salvador Dalí looks at us elegantly to remind us that, before us, he had already said that this was the most beautiful village in the world.

Une baie ouverte sur le bleu

Mais Cadaqués, c'est en plus de ses rues blanches une baie immense ouverte sur la mer. Le Passeig et la Platja Gran ont rassemblé, depuis toujours, hiver comme été, des visiteurs et des pêcheurs qui, pendant des siècles y ont séché leurs filets de pêche et calfaté leurs bateaux. Aujourd'hui, ce sont les cafés plus vivants qui accueillent les conversations et la lecture. Face à eux, une mosaïque de barques remplit la baie. Au fond, le rocher d'Es Cucurucuc, au nom et à la silhouette caractéristiques, observe à distance la vie du village. Certains disent qu'il doit son nom à sa forme pyramidale ou en cornet. Salvador Dalí regarde le visiteur gracieusement pour lui rappeler qu'il disait déjà que c'était le plus joli village du monde.

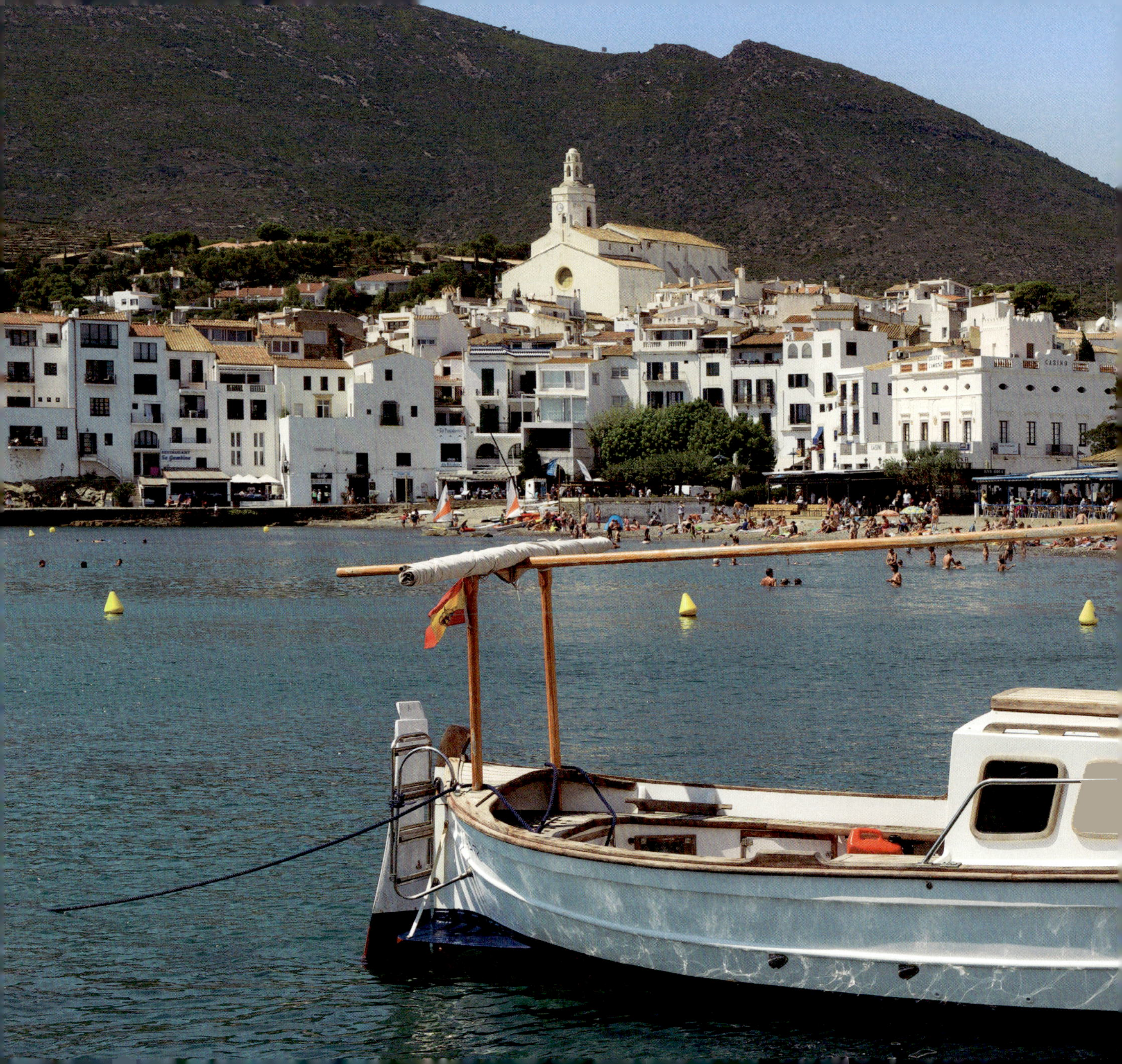
CASINO

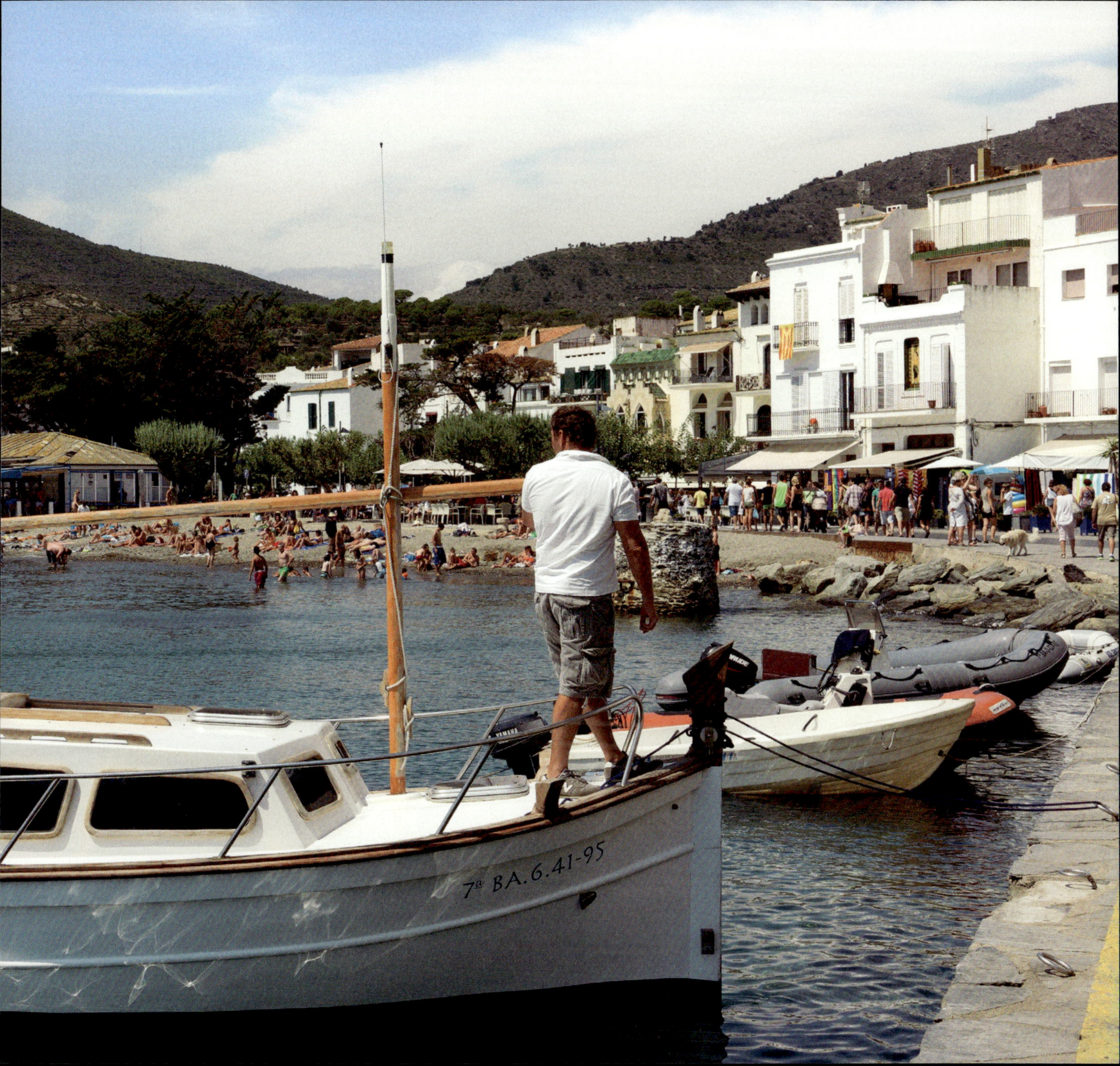
7ª BA.6.41-95

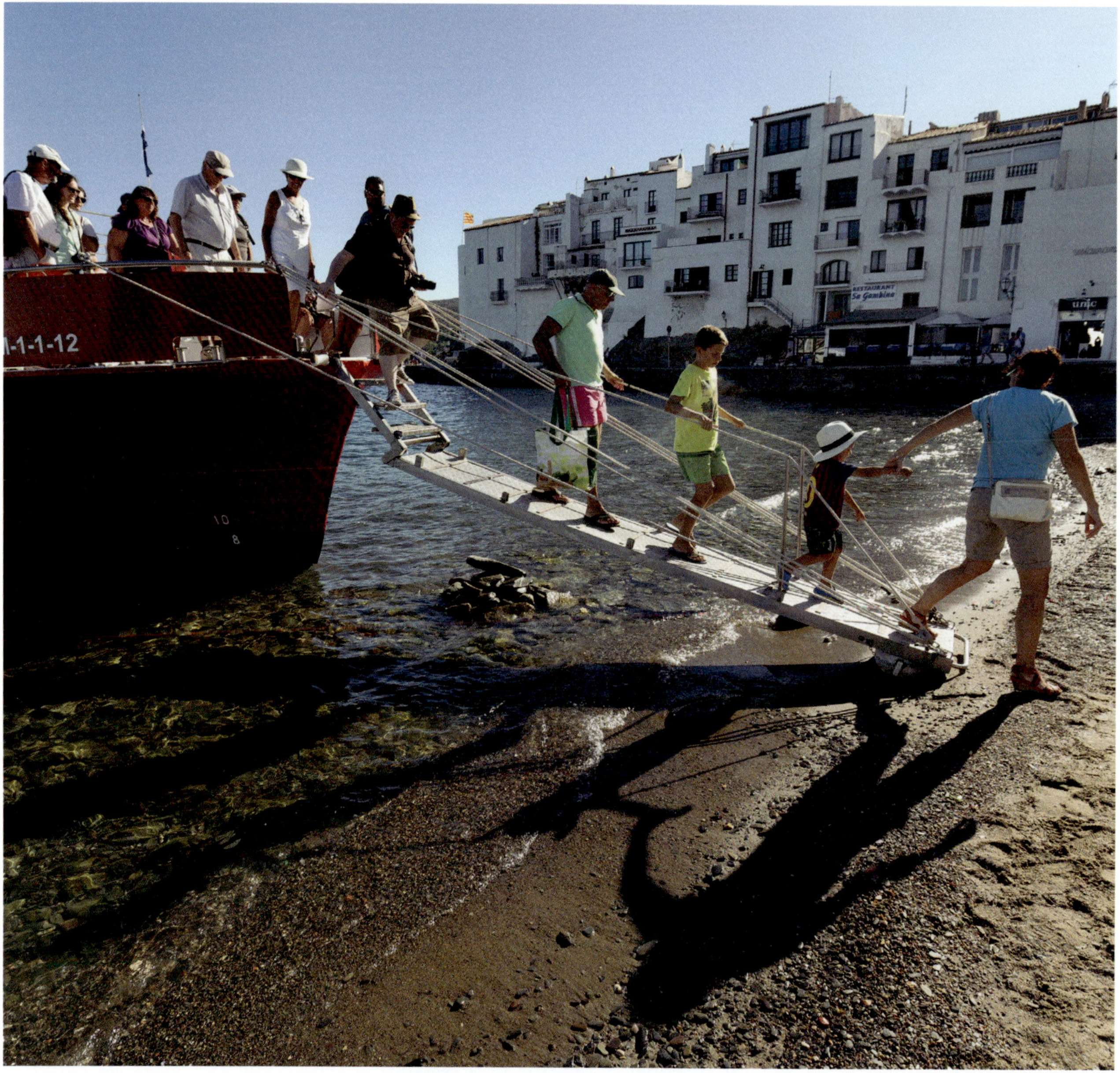
M-1-1-12

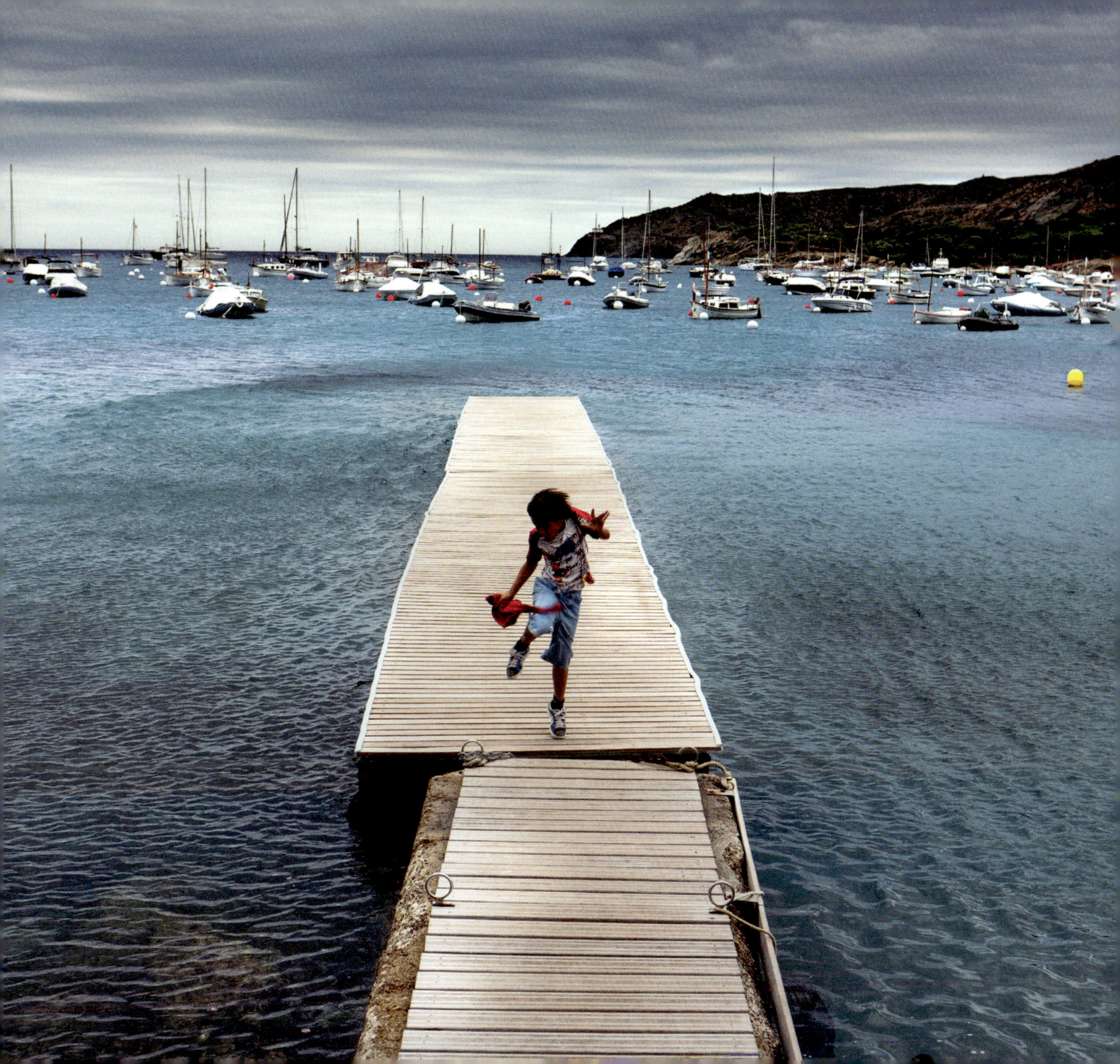

La Rambla o el Passeig, punt neuràlgic del poble, s'estén paral·lela a la Platja Gran. Hi destaca, a l'extrem, l'edifici noble del Casino. Al seu cafè, rere uns finestrals banyats de llum, hi batega de fa anys la vida del poble. Els pisos superiors, restaurats amb cura, són un espai notable per a exposicions i mostres d'art.

La Rambla o Passeig (Paseo), punto neurálgico del pueblo, se extiende paralela a la Platja Gran. Destaca, en su extremo, el edificio noble del Casino. En su café, tras unos ventanales bañados por la luz, late desde hace años la vida del pueblo. Sus pisos superiores, restaurados con mucho cuidado, son un espacio notable para exposiciones y muestras de arte.

La Rambla or Passeig, the village's nerve centre, extends parallel to the Platja Gran beach. Standing out, at the end, is the fine building of the Casino. In its café, behind large windows bathed in light, the heart of the village has beat for many years. Its upper floors, restored with great care, house a large space for exhibitions and art shows.

La Rambla ou Passeig (promenade), point névralgique du village, s'étend parallèle à la Platja Gran. À son extrémité, se détache le noble édifice du Casino. Dans son café, derrière des baies baignées de lumières, palpite depuis des années la vie du village. Ses étages supérieurs, restaurés avec beaucoup de soin, sont un espace remarquable pour des expositions d'art et des vernissages.

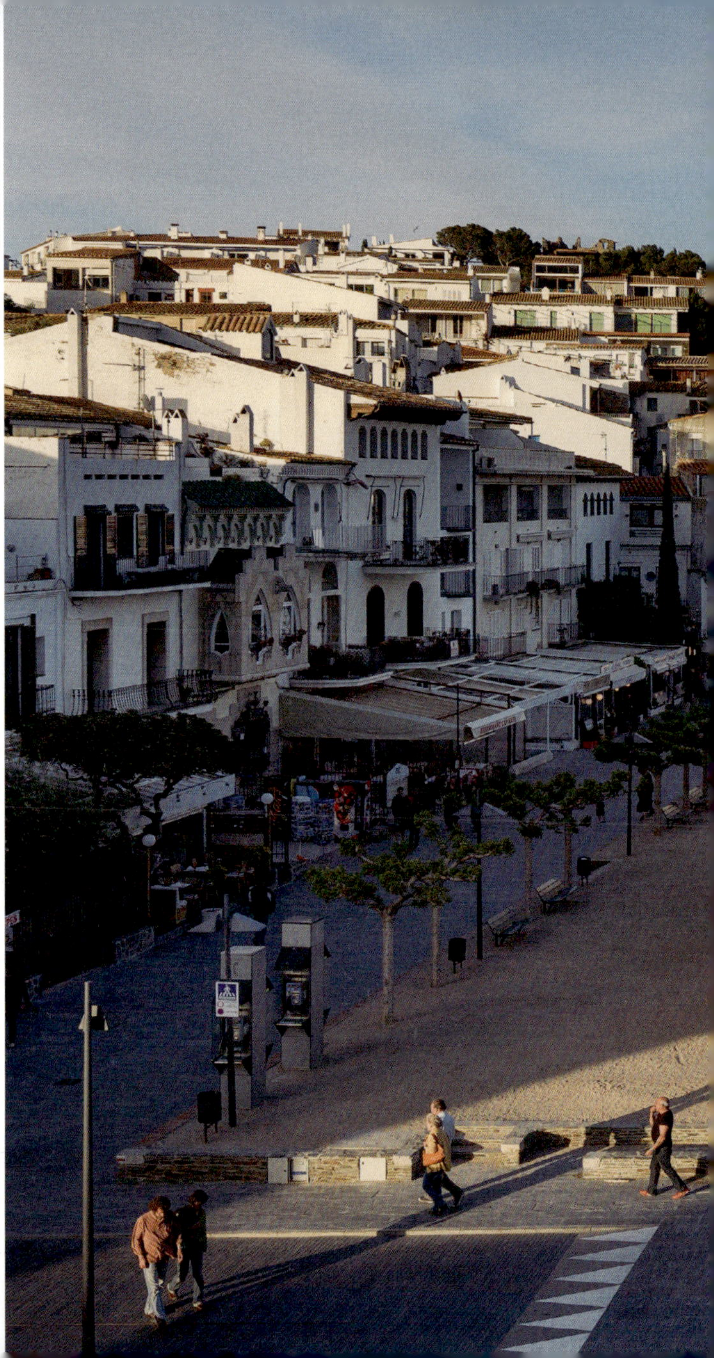

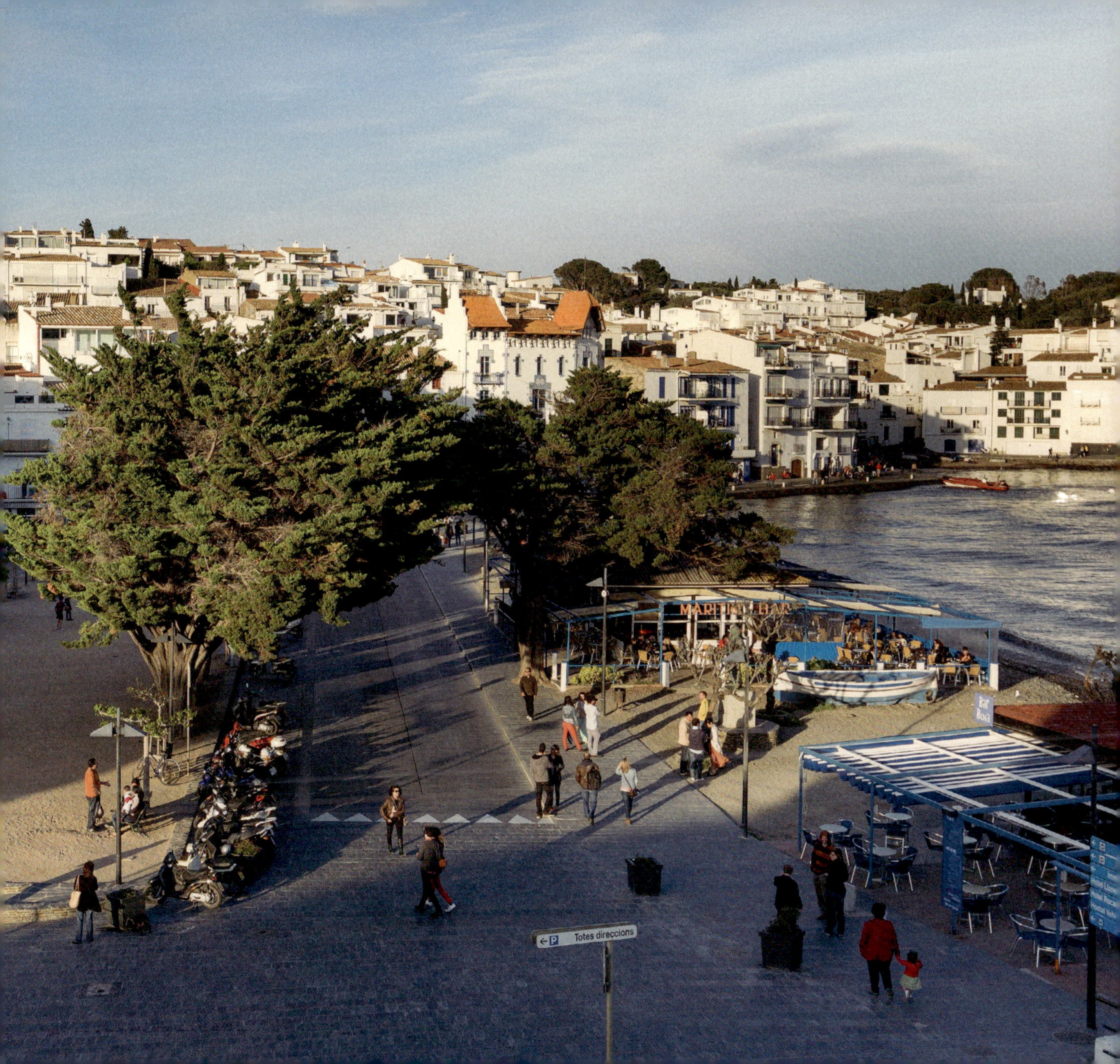
Totes direccions

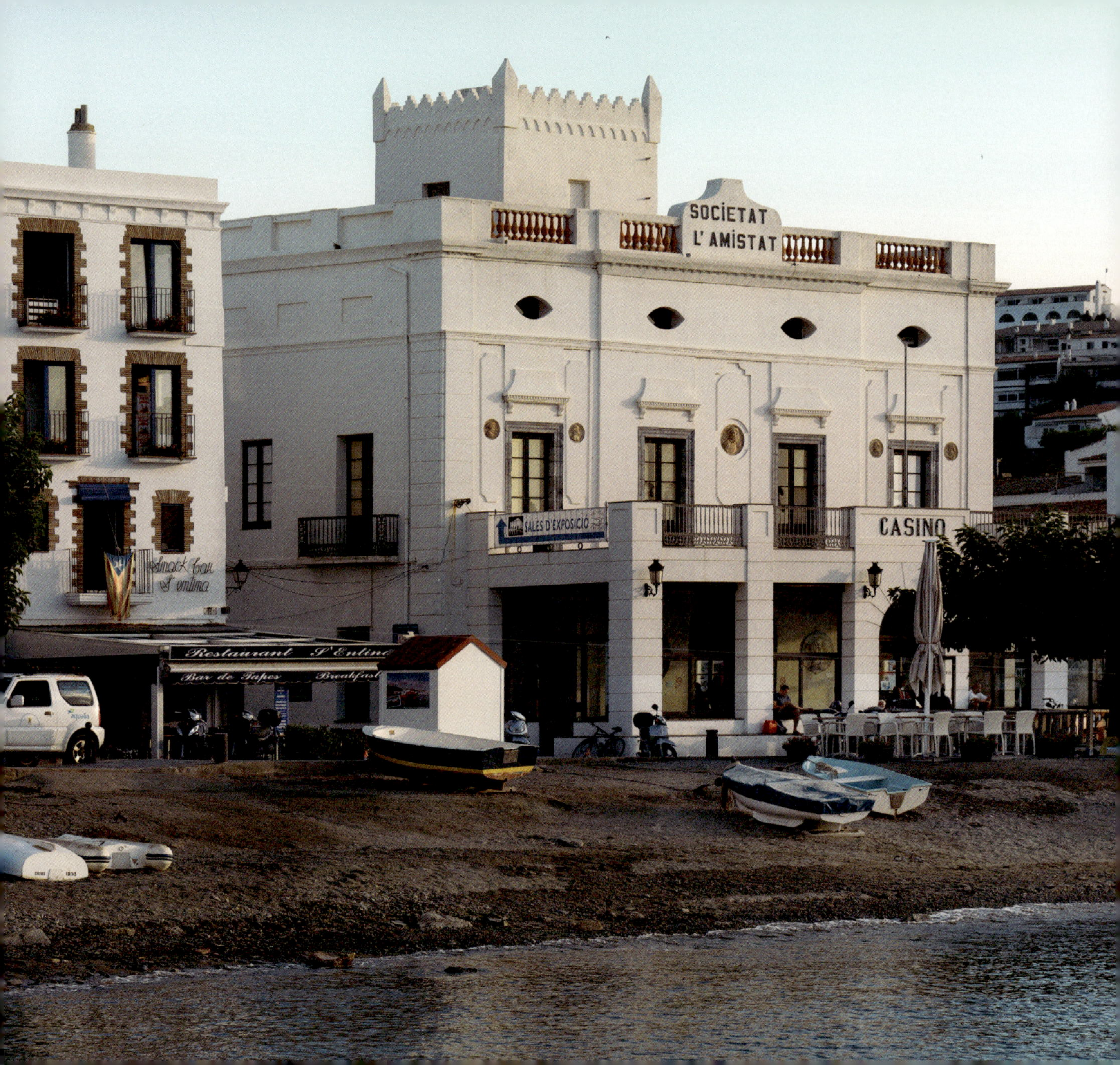
SOCIETAT
L'AMISTAT
CASINO
SALES D'EXPOSICIÓ
Restaurant L'Entina
Bar de Tapes
Breakfast

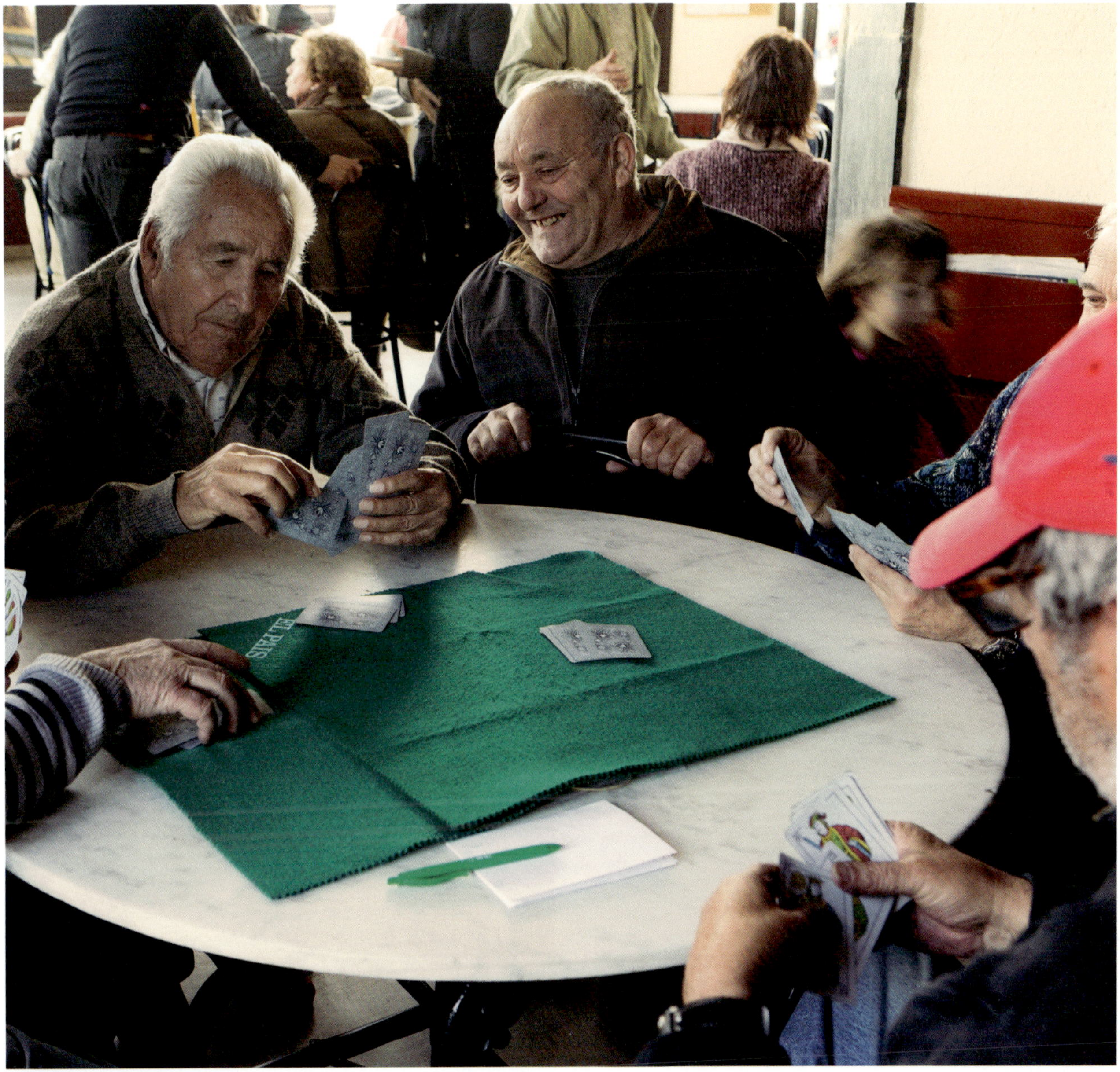

Casino L'Amistat

La casa Colom, la casa blaua o casa Serinyana, el Casino... els edificis vuitcentistes i modernistes que trobem a la façana marítima del poble ens parlen d'un temps de prosperitat, quan la vinya i la navegació a ultramar varen fer créixer la discreta economia d'un poble mariner. Alguns dels qui marxaren a Amèrica tornaren enriquits i es feren edificis generosos amb riques llicències decoratives.

La casa Colom, la casa *blaua* (azul) o casa Serinyana, el Casino... los edificios decimonónicos y modernistas que encontramos en la fachada marítima del pueblo nos hablan de un tiempo de prosperidad, cuando los viñedos y la navegación ultramarina hicieron crecer la discreta economía de un pueblo marinero. Algunos de los que se fueron a América volvieron enriquecidos y construyeron generosos edificios con ricas licencias decorativas.

The Casa Colom, the Casa *Blaua* (blue house) or Casa Serinyana, the Casino... the nineteenth-century and modernist buildings that we find along the village seafront tells us of a time of prosperity, when the vineyards and overseas navigation made the modest economy of a seafaring village grow. Some of those that went to America returned wealthy and built richly decorated generous buildings.

La Casa Colom, la casa *blaua* (bleue) ou Casa Serinyana, le Casino, sont parmi d'autres, les édifices du dix-neuvième siècle et modernistes que l'on trouve sur le front de mer du village et qui évoquent une époque prospère, quand les vignobles et la navigation outremer contribuaient à développer la modeste économie du village marin. Certains, parmi ceux qui partirent en Amérique, revinrent enrichis et construisirent des édifices généreux, aux riches licences décoratives.

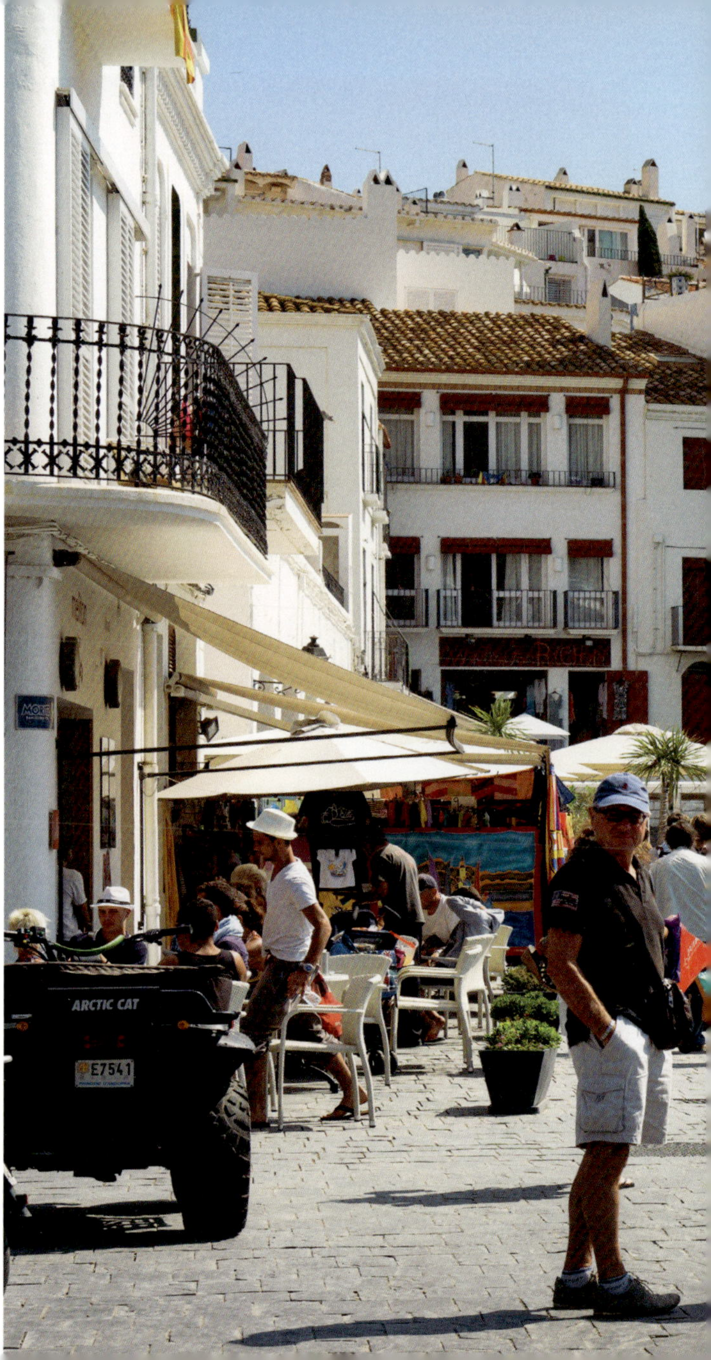

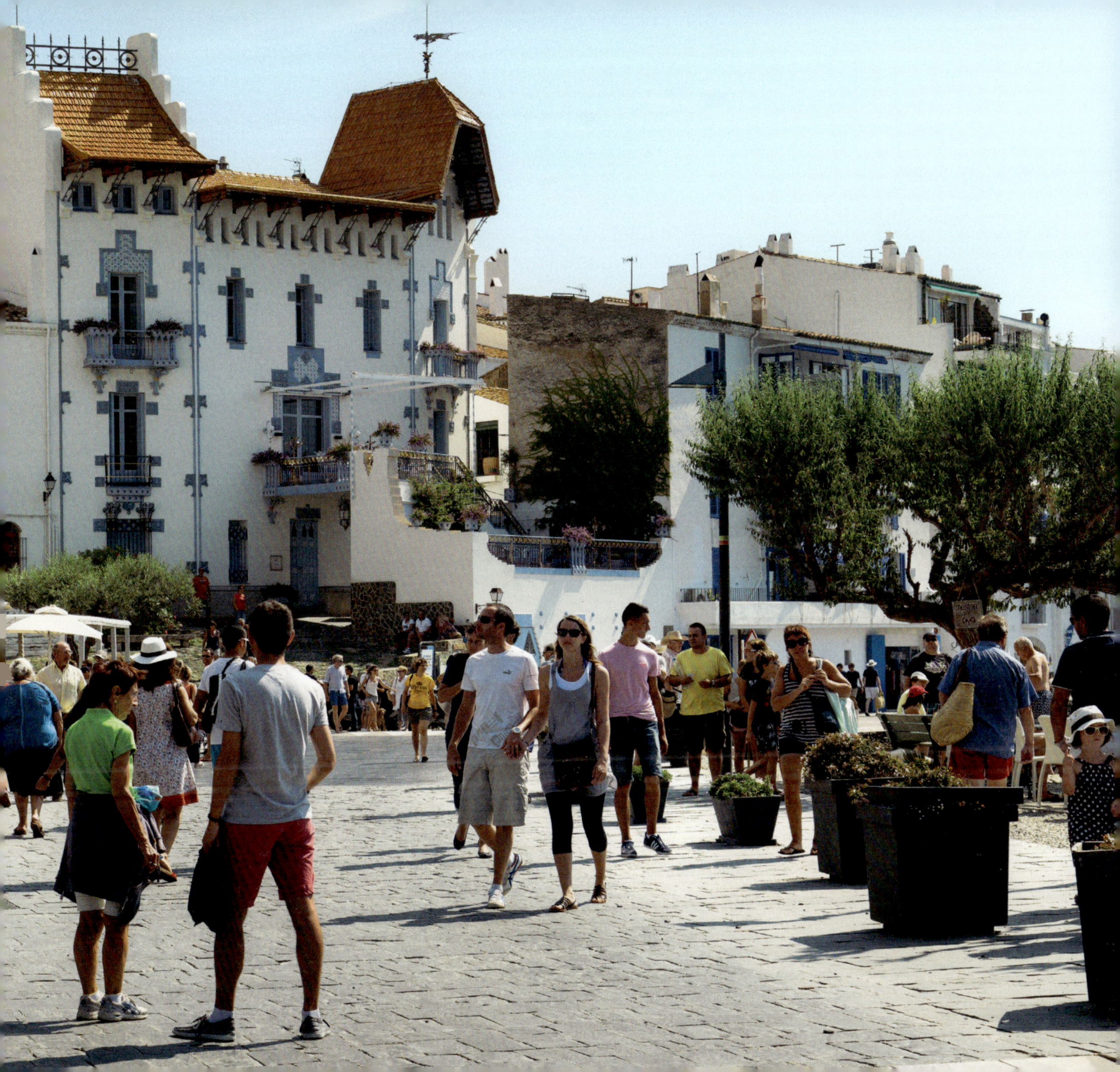

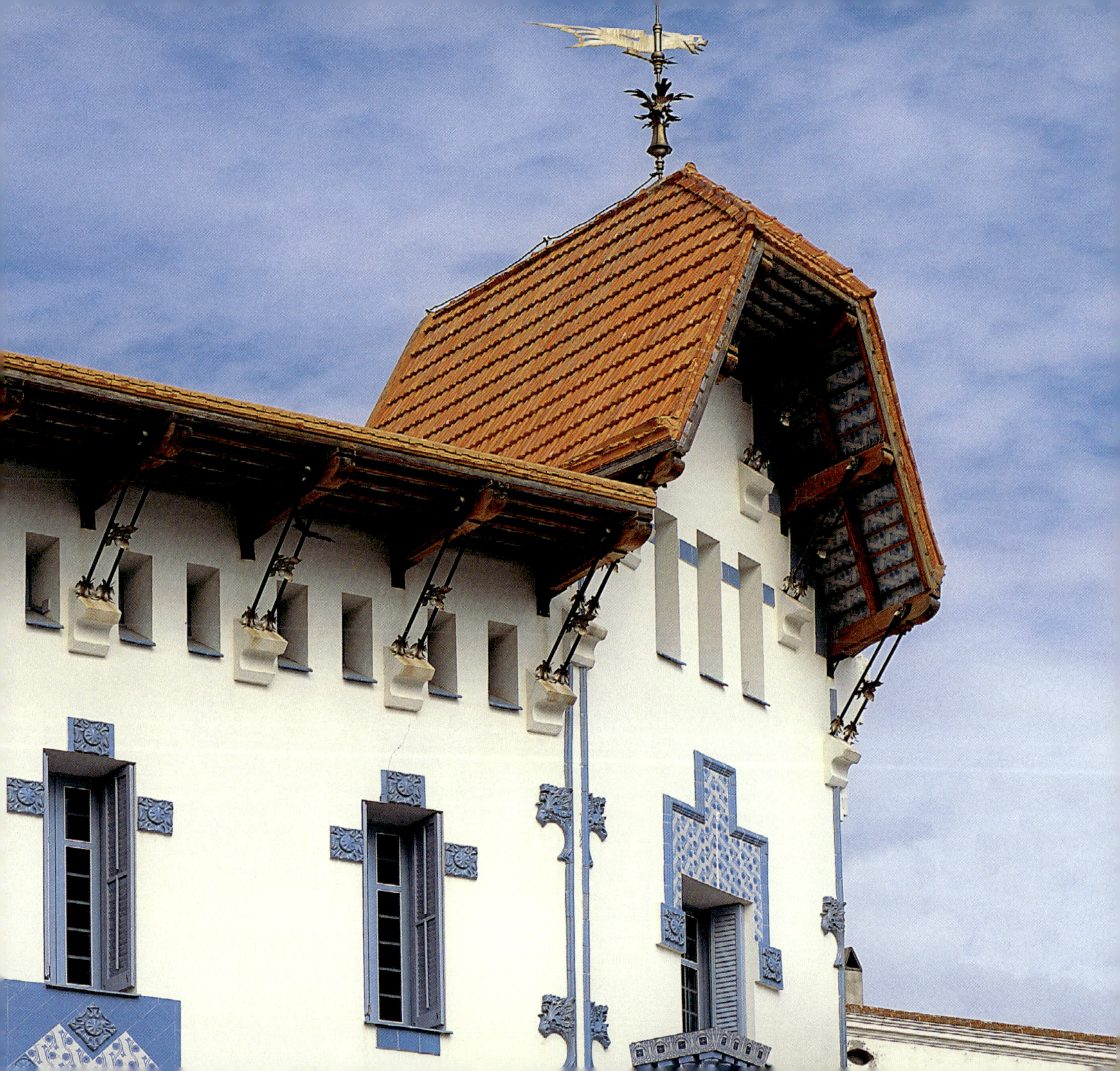

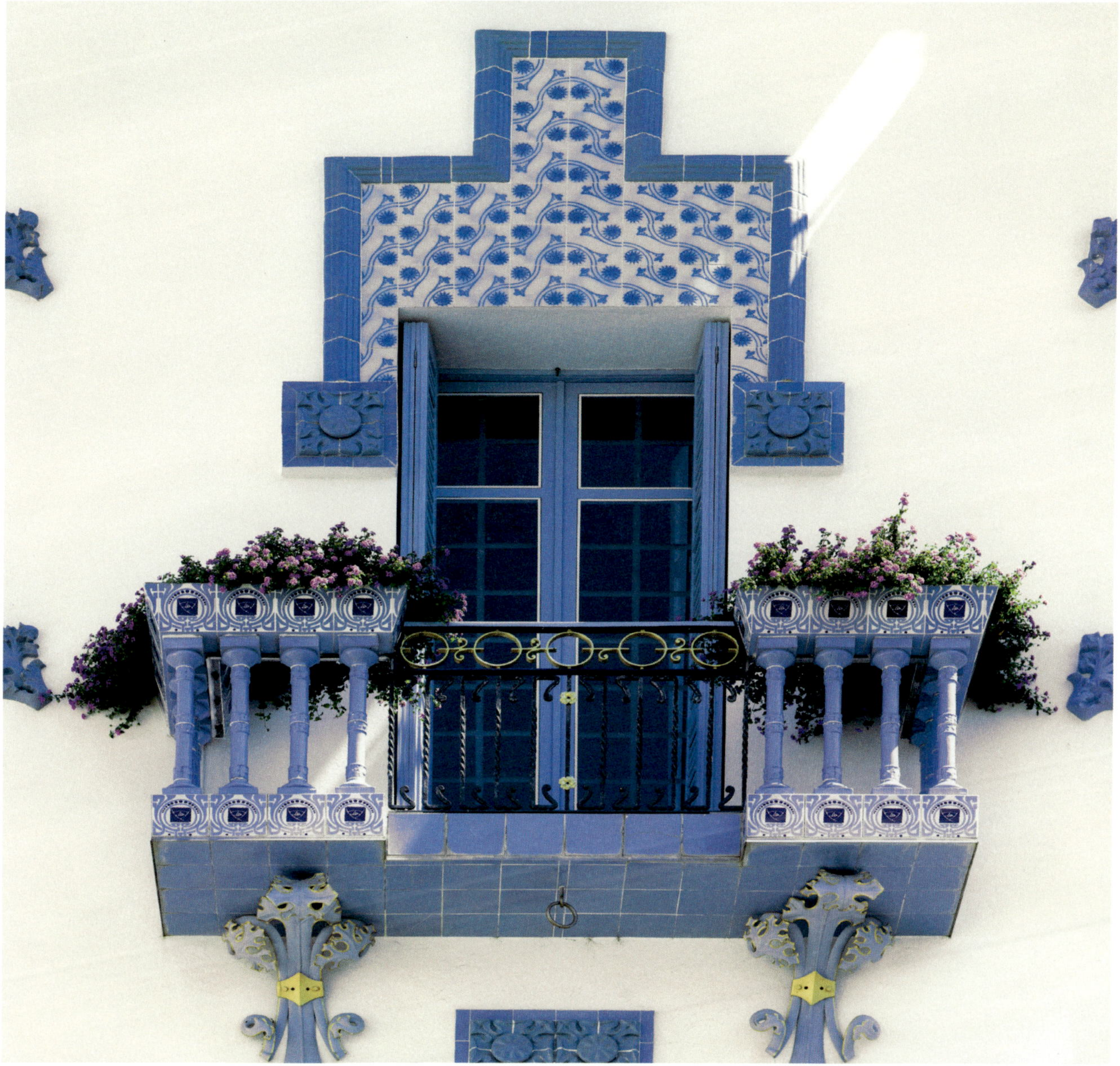

Casa Serinyana

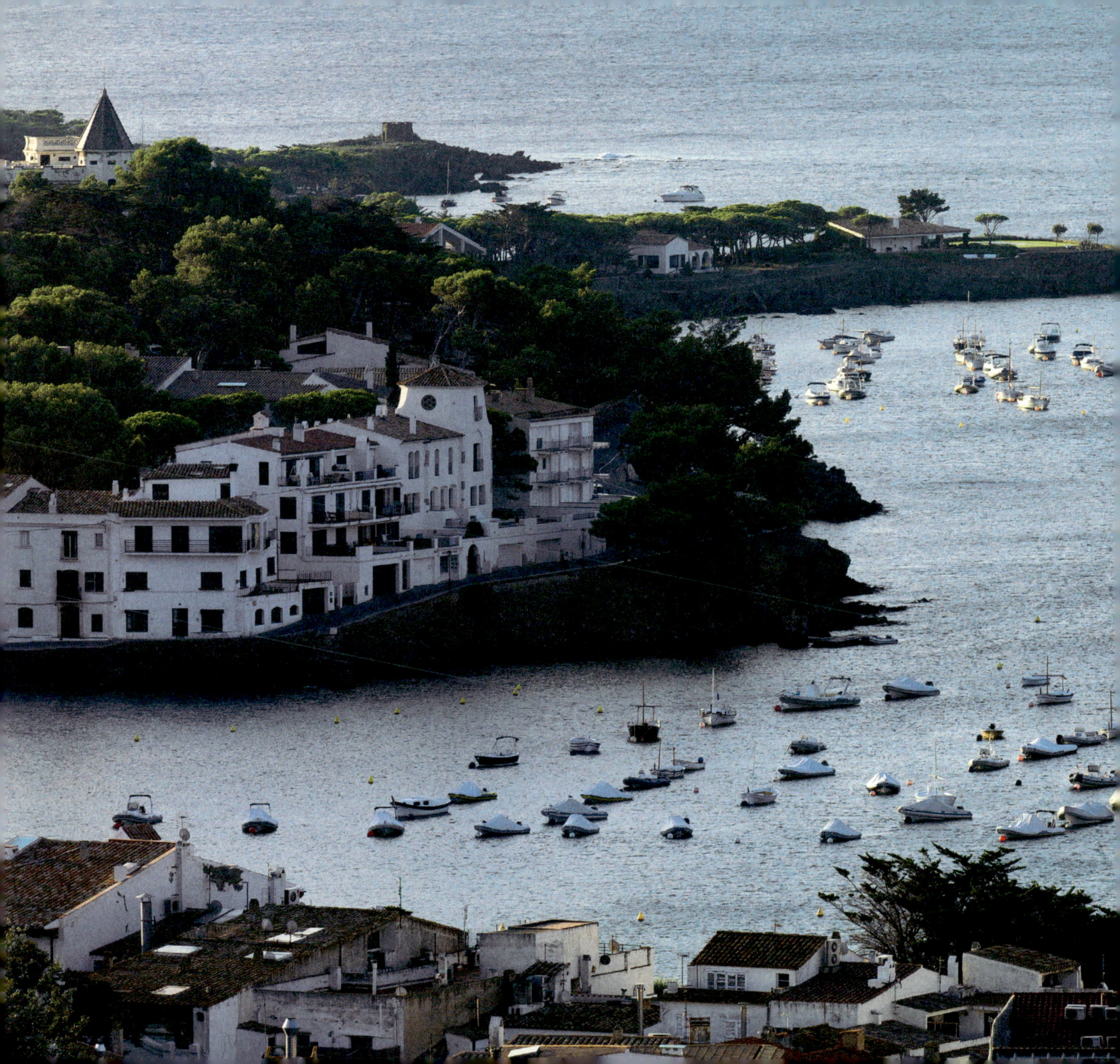

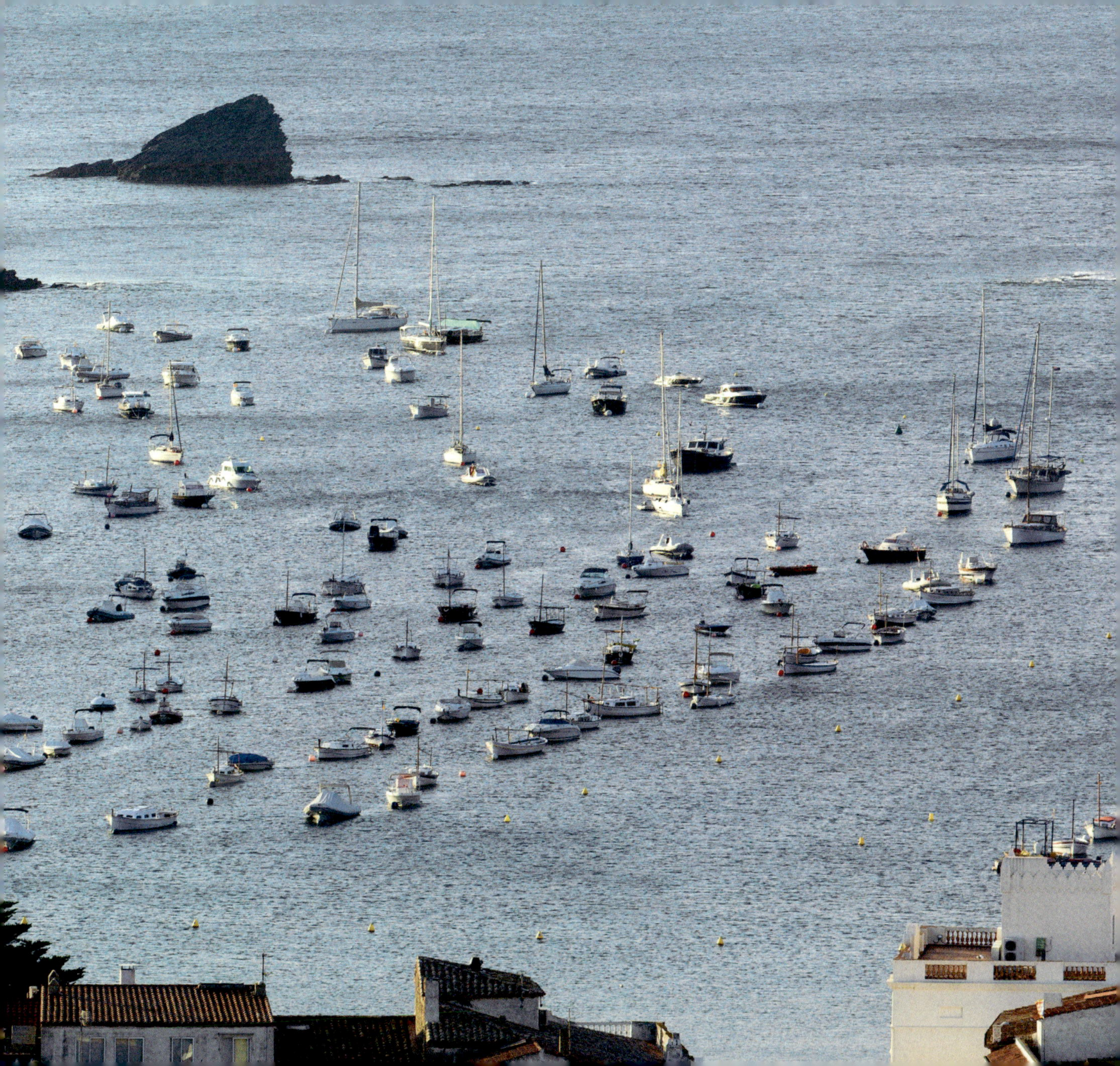

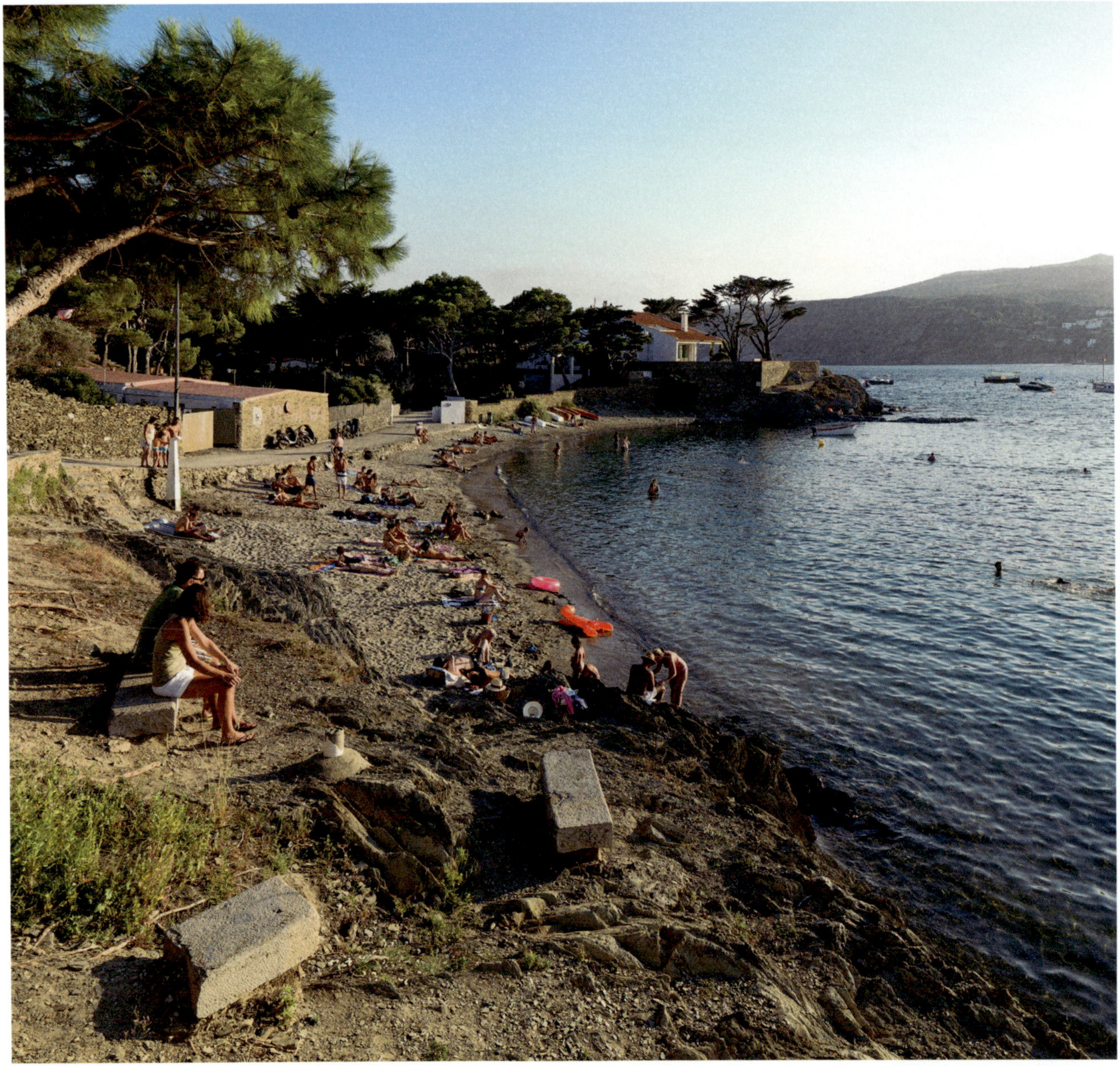

Platja d'en Ros

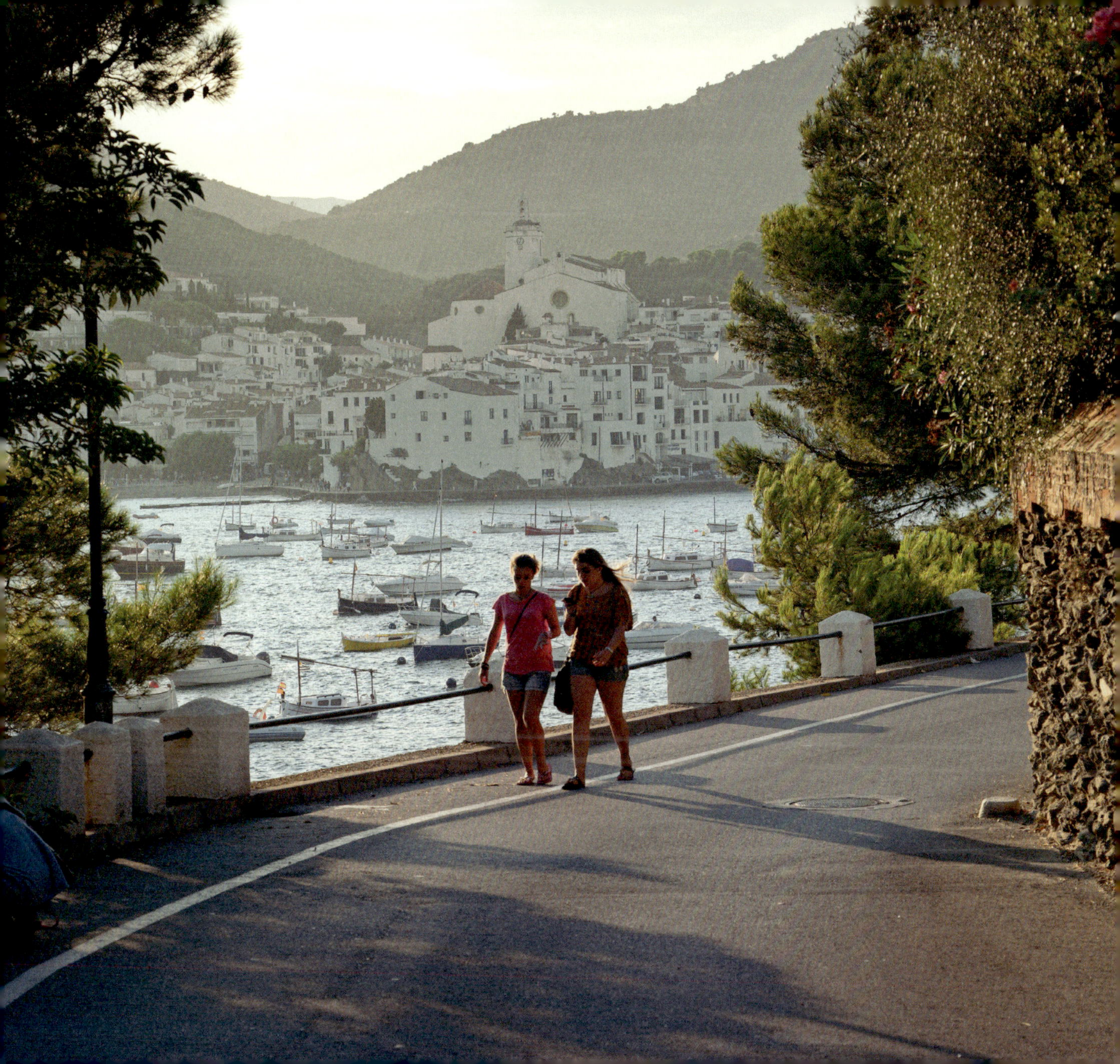

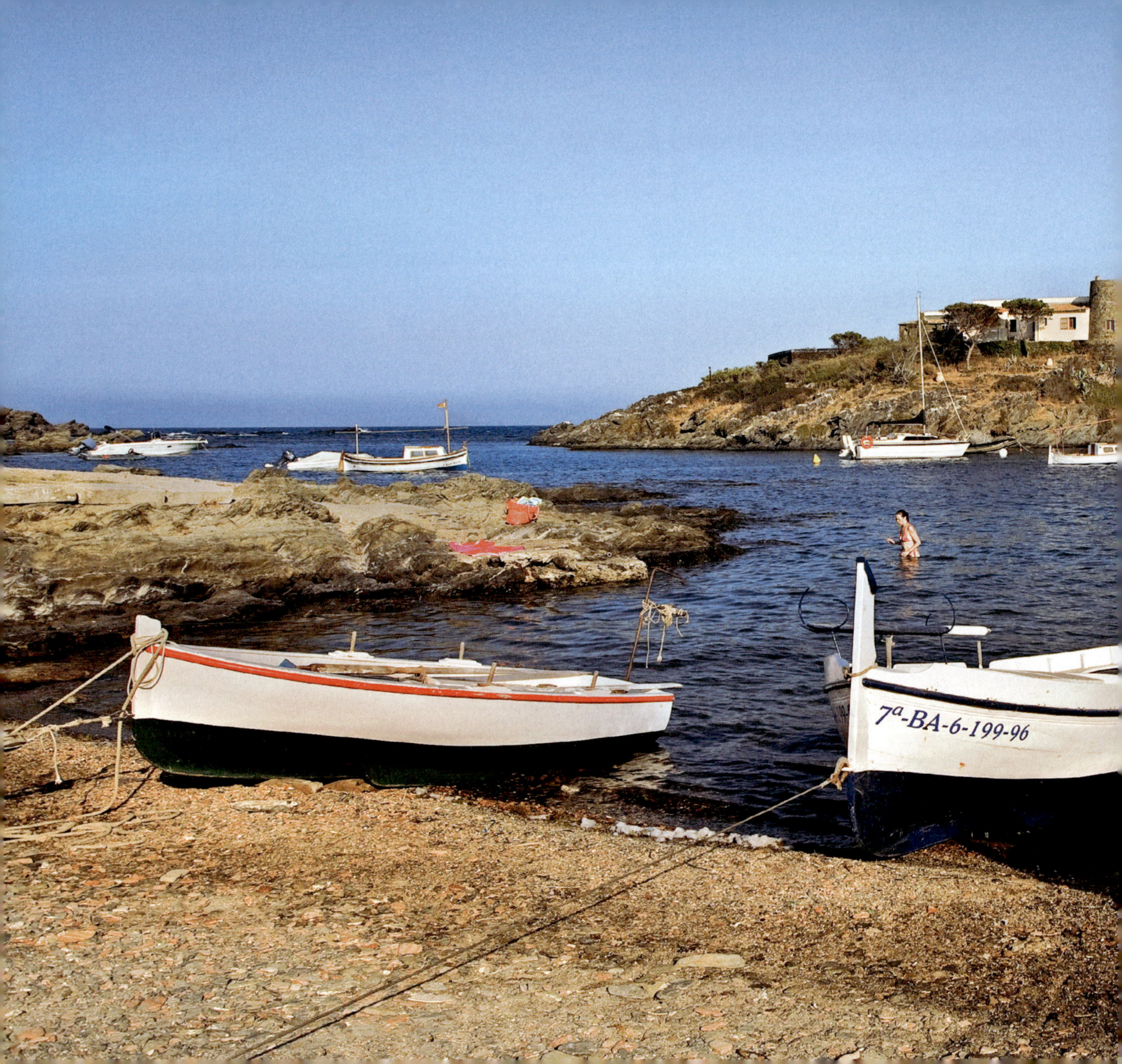
7ª-BA-6-199-96

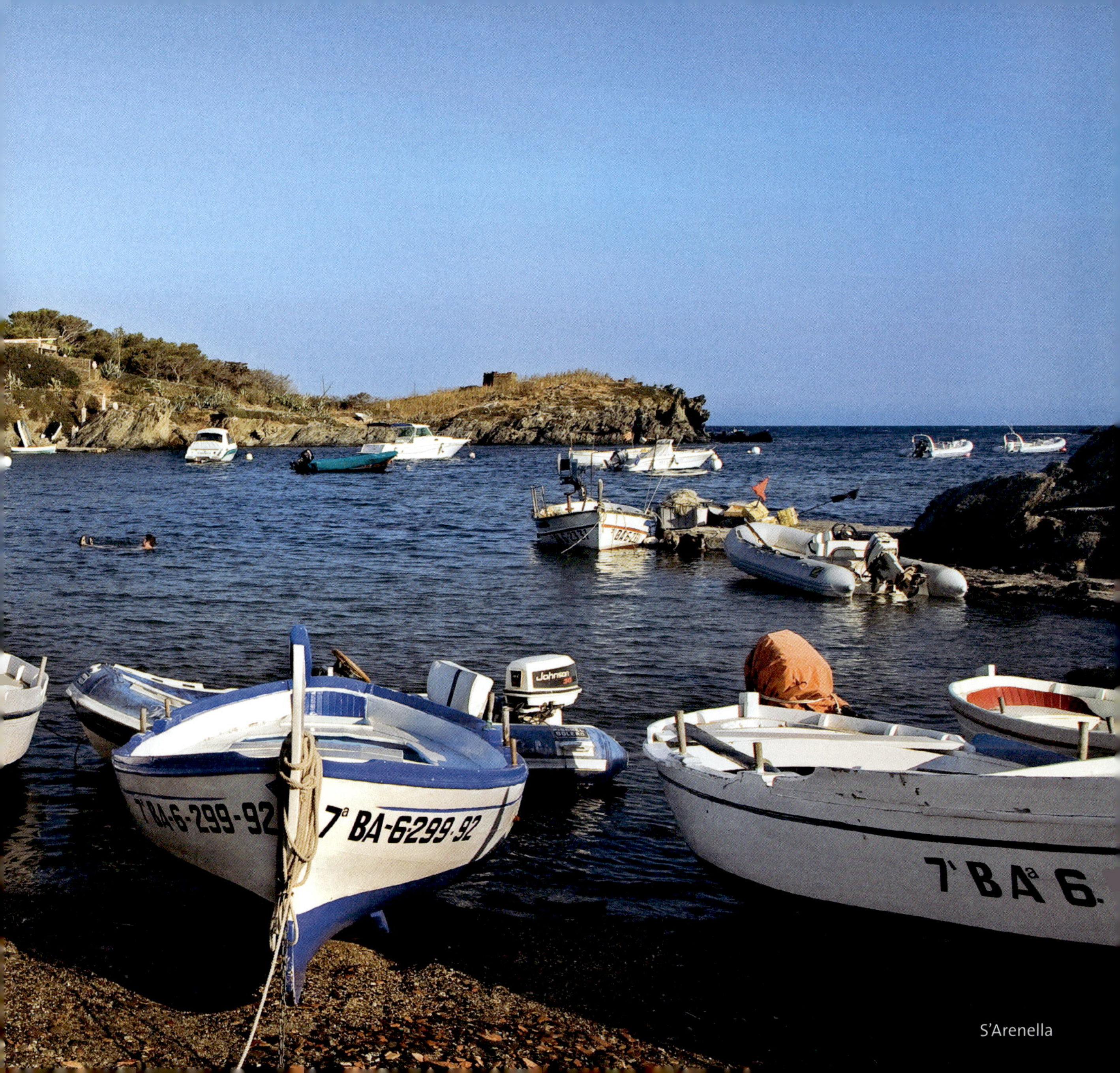

S'Arenella

Pirates i corsaris

El casc antic ens parla de perills i de pirates que arriben per mar quan menys t'ho esperes. Tancat dins d'una muralla, s'hi accedia per diferents portals. El Portal d'Avall, davant de la platja, és l'únic que es conserva. És un passadís cobert entre dos arcs que antigament es tancava amb una porta de fusta. Més avall, es conserva una torre de defensa que, abans de la construcció de la Riba, s'alçava sobre les roques: és la Punta des Baluard, on avui hi ha l'Ajuntament. El carrer des Call, al seu torn, dóna testimoni d'un antic nucli jueu. És l'església de Santa Maria qui corona el cas antic, un conjunt ric en silenci i veus del passat.

Piratas y corsarios

El casco antiguo nos habla de peligros que llegan por mar cuando menos te lo esperas. Encerrado dentro de una muralla, se accedía a él a través de diferentes portales. El Portal d'Avall, delante de la playa, es el único que se conserva. Es un pasadizo cubierto entre dos arcos que antiguamente se cerraba con una puerta de madera. Más abajo, se conserva una torre de defensa que, antes de la construcción de la Riba, se alzaba sobre las rocas: es la Punta des Baluard, donde hoy está el Ayuntamiento. La calle de Es Call, en torno suyo, es el testimonio de un antiguo núcleo judío. La iglesia de Santa María corona el casco antiguo, un conjunto rico en silencio y voces del pasado.

Pirates and corsairs

The old quarter reminds us of dangers that come from the sea when you least expect them. Closed within a wall, it could be entered by different gateways. The Portal d'Avall, facing the beach, is the only one that is preserved. It is a covered passage between two arches that was once closed with a wooden door. Further down, a defence tower is preserved that, before the construction of the Riba, was erected over the rocks: it is the Punta des Baluard, where the Town Hall is today. Es Call street, which goes round it, bears witness to the old Jewish quarter. The church of Santa Maria crowns the old quarter, an area rich in silence and voices from the past.

Pirates et corsaires

La partie ancienne évoque les dangers qui surgissent de la mer quand on s'y attend le moins. Enfermée dans une muraille, on y accédait par différentes portes. Le Portal d'Avall, devant la plage, est le seul à être conservé. C'est un passage couvert entre deux arcs, anciennement clos par une porte en bois. Plus bas, on conserve une tour de défense qui, avant la construction de la Riba, se dressait sur les rochers : c'est la Punta des Baluard, où se trouve aujourd'hui la mairie. La rue d'Es Call, à côté, est un vestige de l'ancien « quartier » juif. L'église de Santa Maria couronne la partie ancienne, un ensemble riche de silence et des voix du passé.

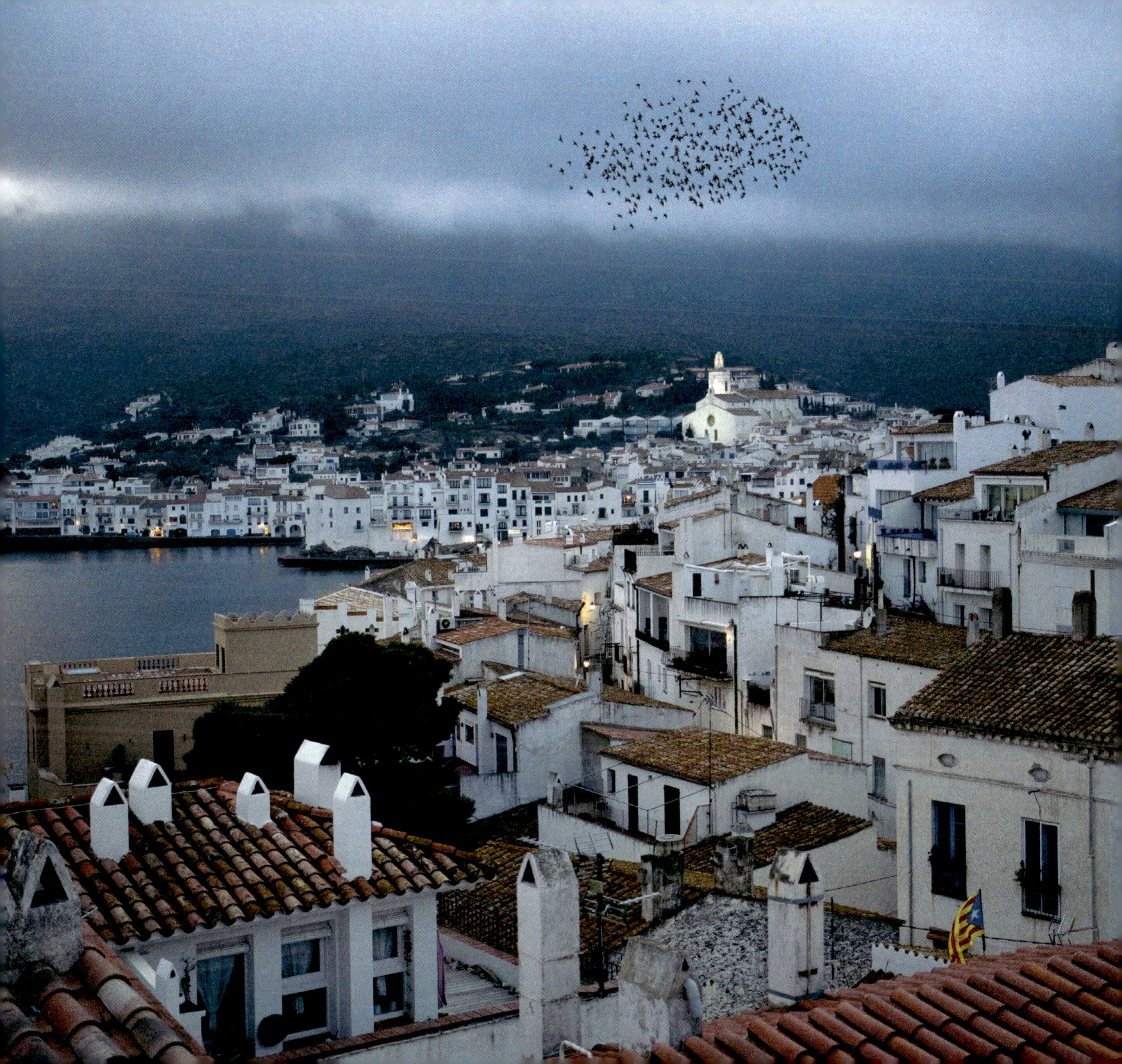

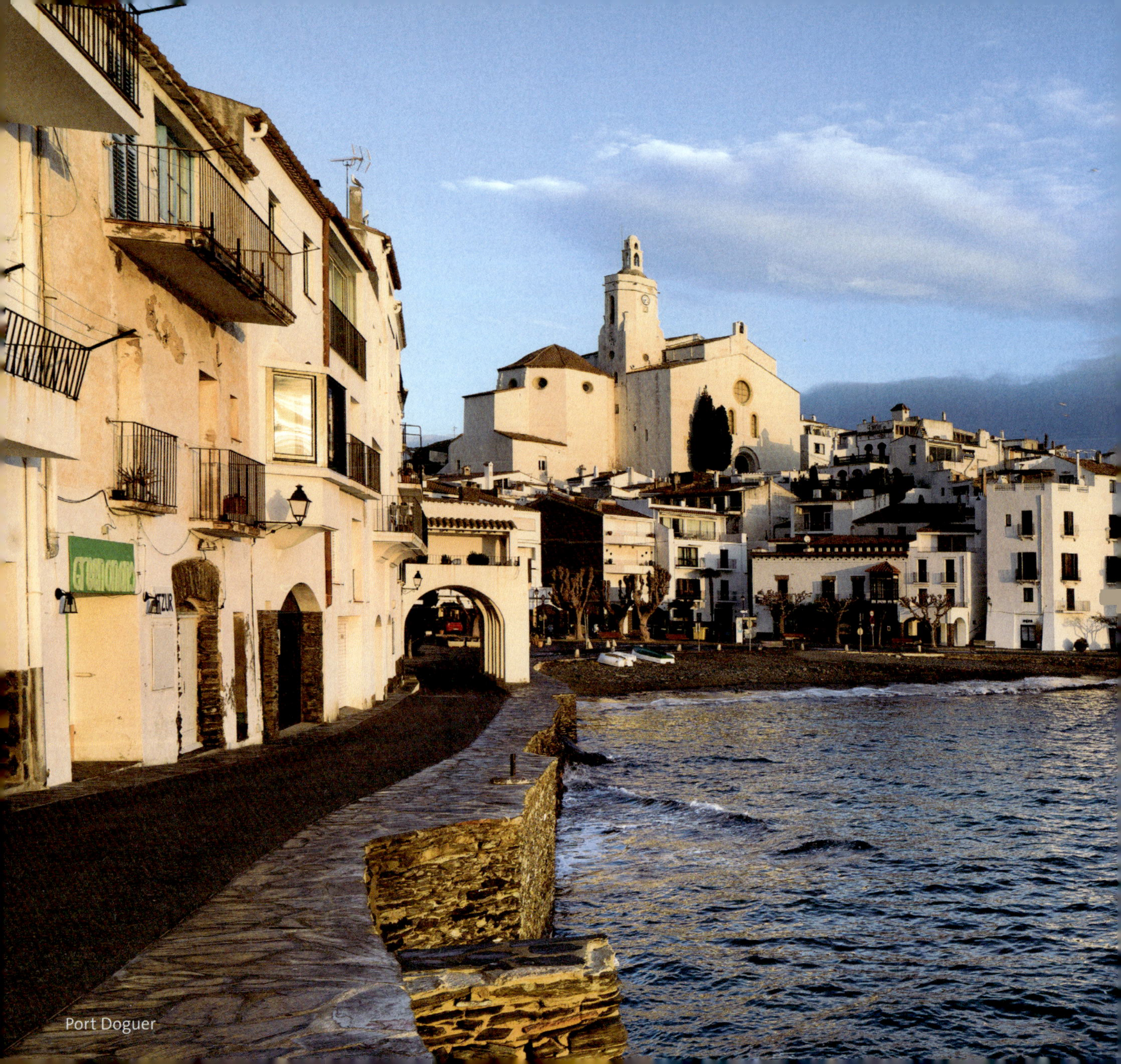

Port Doguer

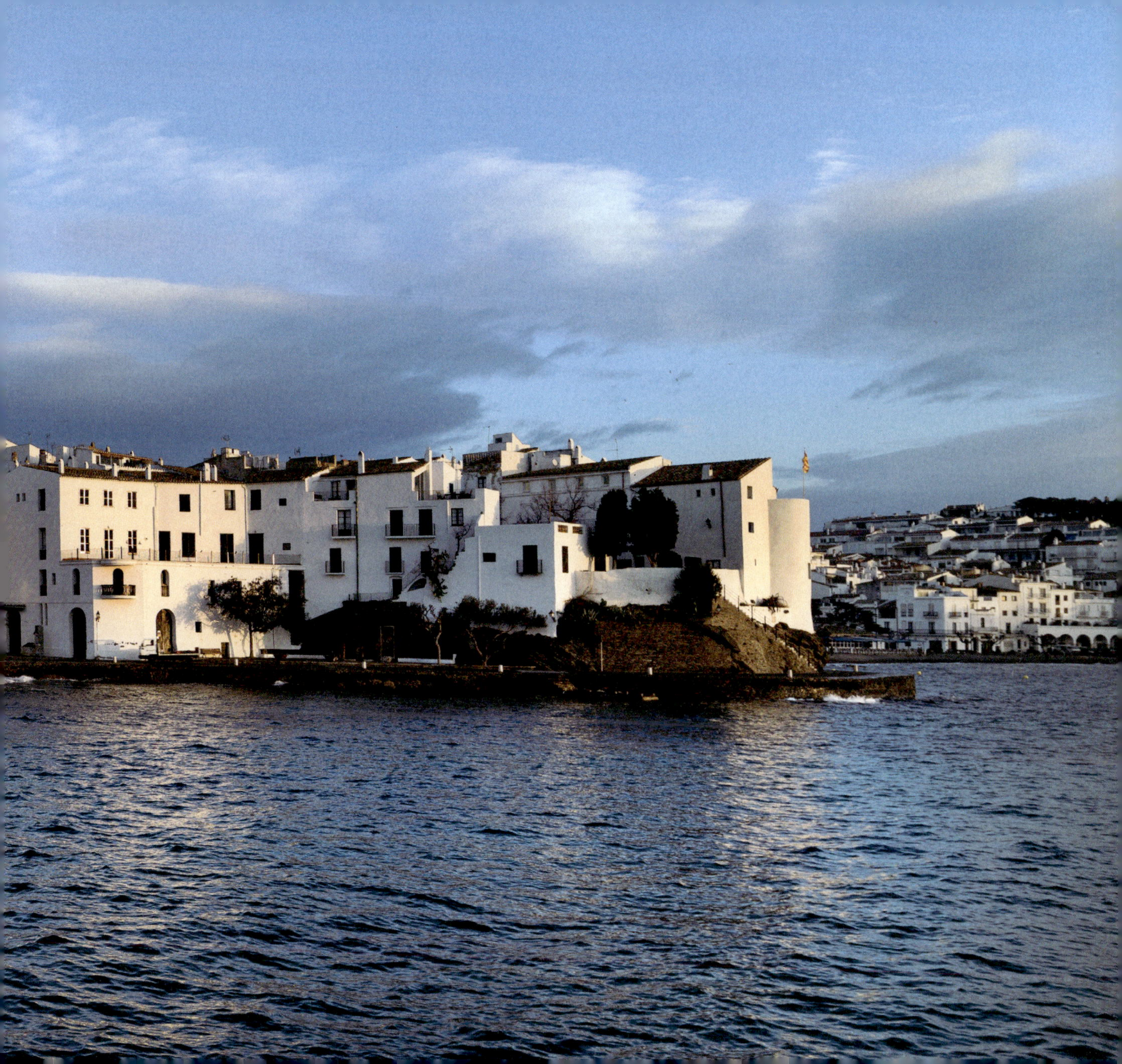

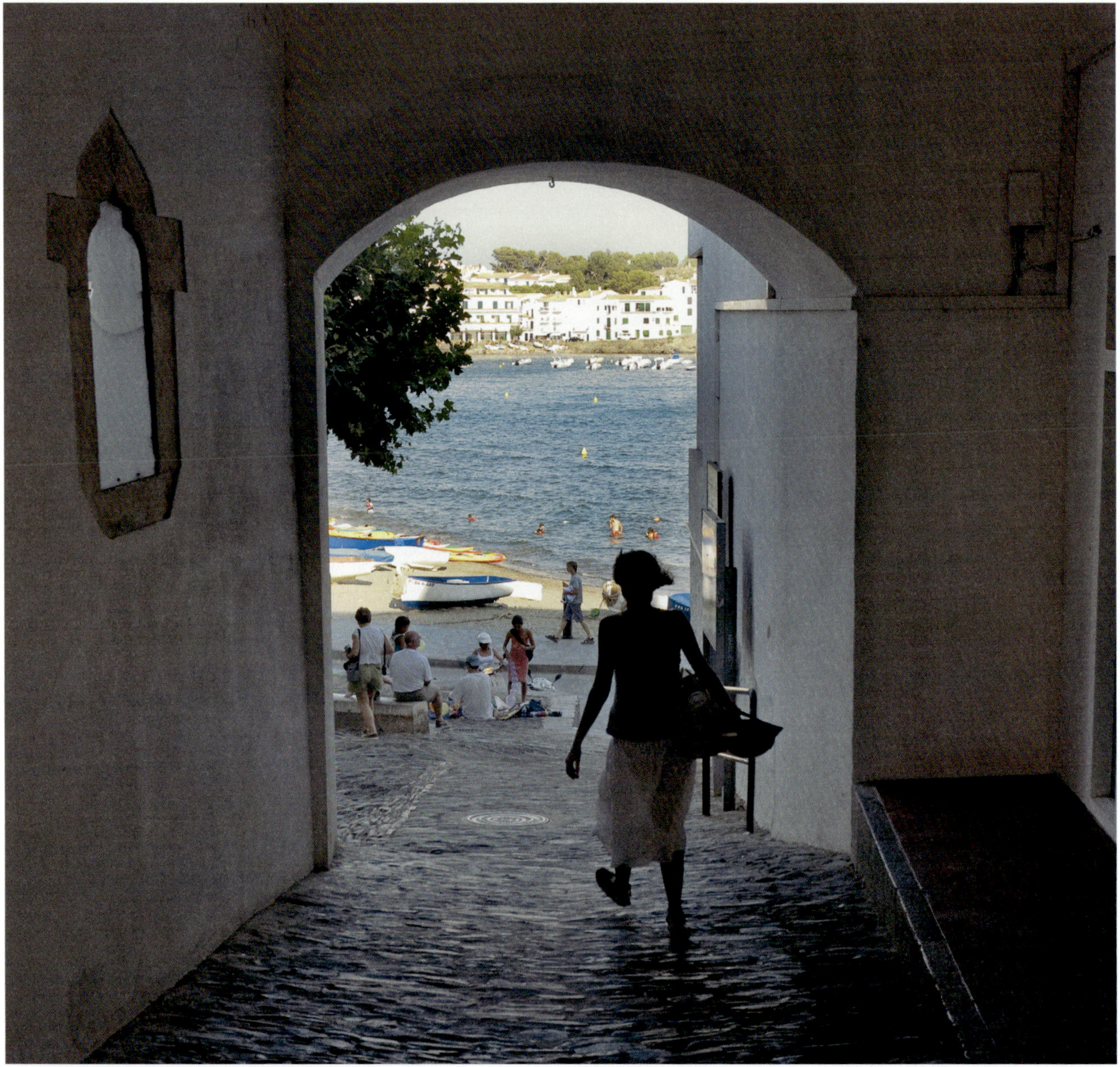

Es Portal d'Avall

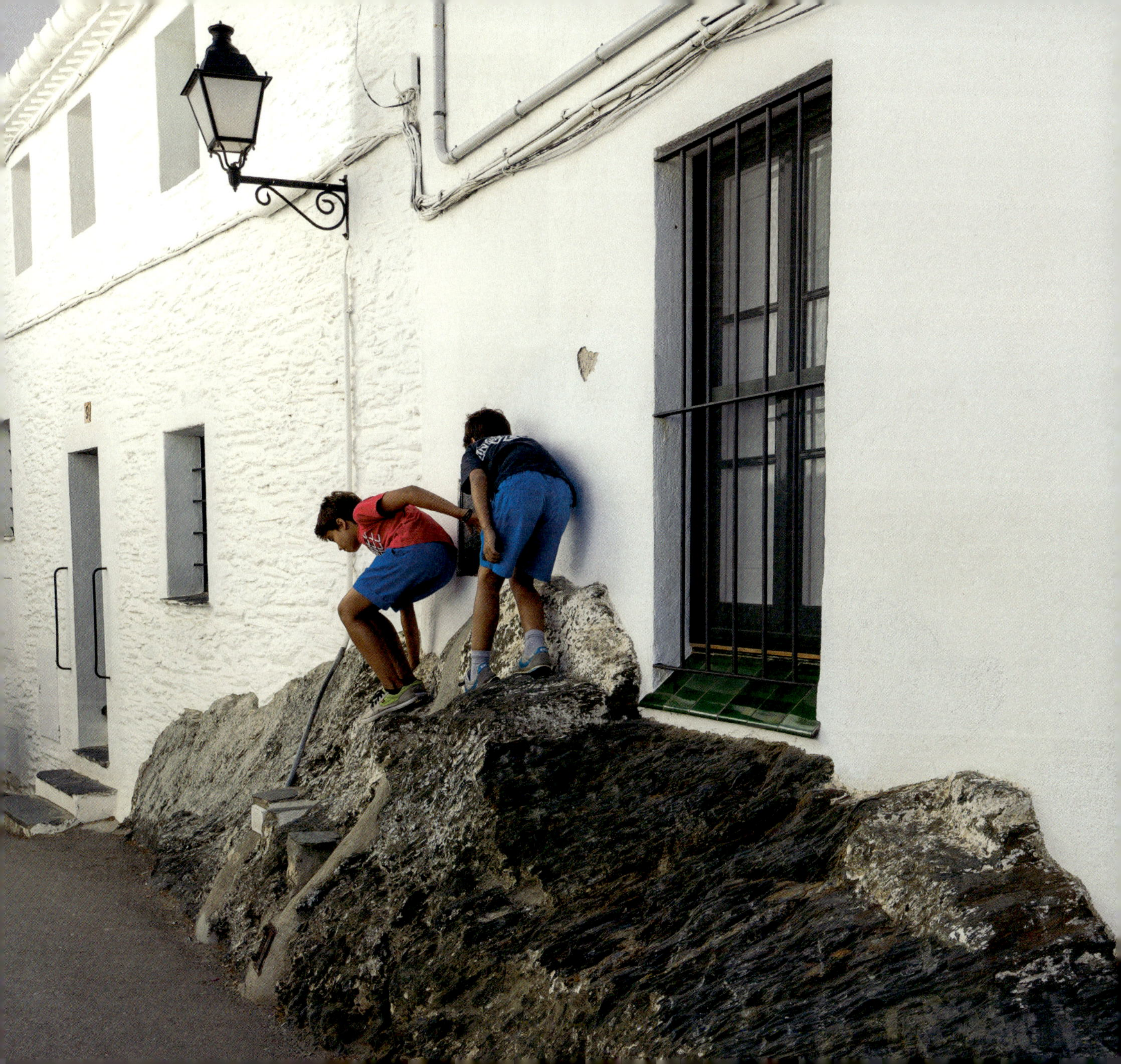

Referència de turistes i pescadors, l'església de Santa Maria, en el punt més alt del nucli antic, identifica el perfil del poble. Edificada amb diners dels pescadors els segles XVI i XVII, conté un exuberant retaule policromat d'escenografia impecable i únic a l'Empordà.

Referencia de turistas y pescadores, la iglesia de Santa María, en el punto más alto del núcleo antiguo, identifica el perfil del pueblo. Edificada con dinero de pescadores en los siglos XVI y XVII, contiene un exuberante retablo policromado de escenografía impecable y único en el Empordà.

A landmark for tourists and fishermen alike, the church of Santa Maria, at the highest point of the old centre, identifies the village's profile. Built with fishermen's money in the 16th and 17th centuries, it houses an exuberant polychromed altarpiece with an impeccable scenography and quite unique in the Empordà county.

Référence de touristes et de pêcheurs, l'église de Santa Maria est le point le plus élevé du village. Édifiée avec l'argent des pêcheurs au XVIème et XVIème siècles, elle contient un retable polychrome à la scénographie impeccable et unique dans l'Ampourdan.

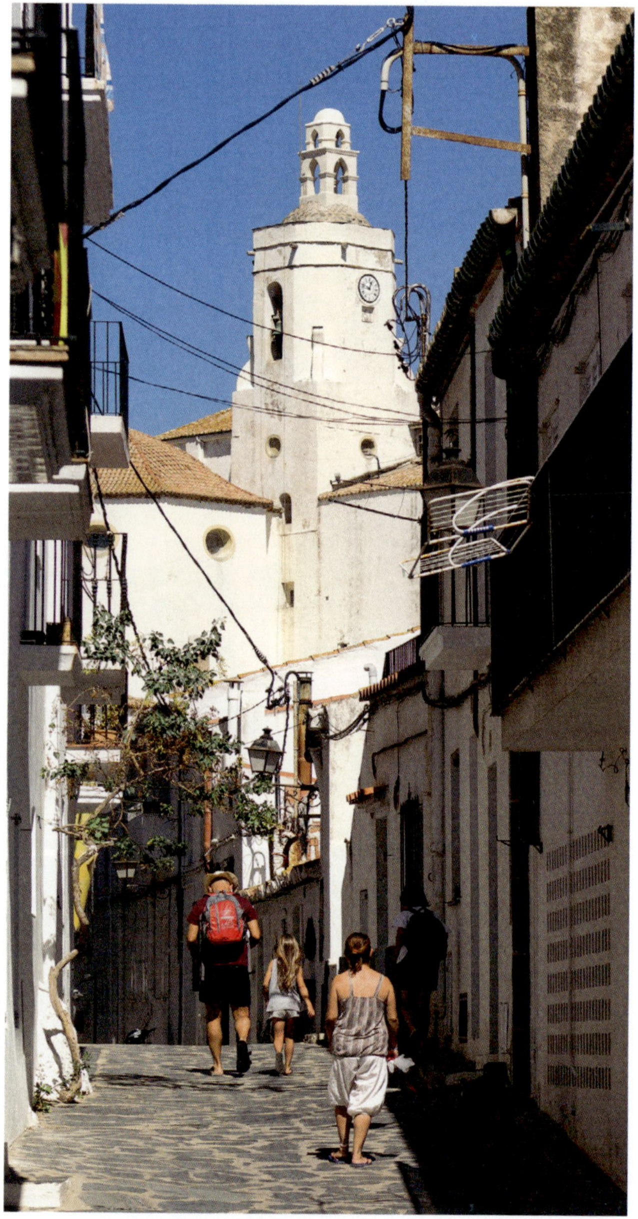

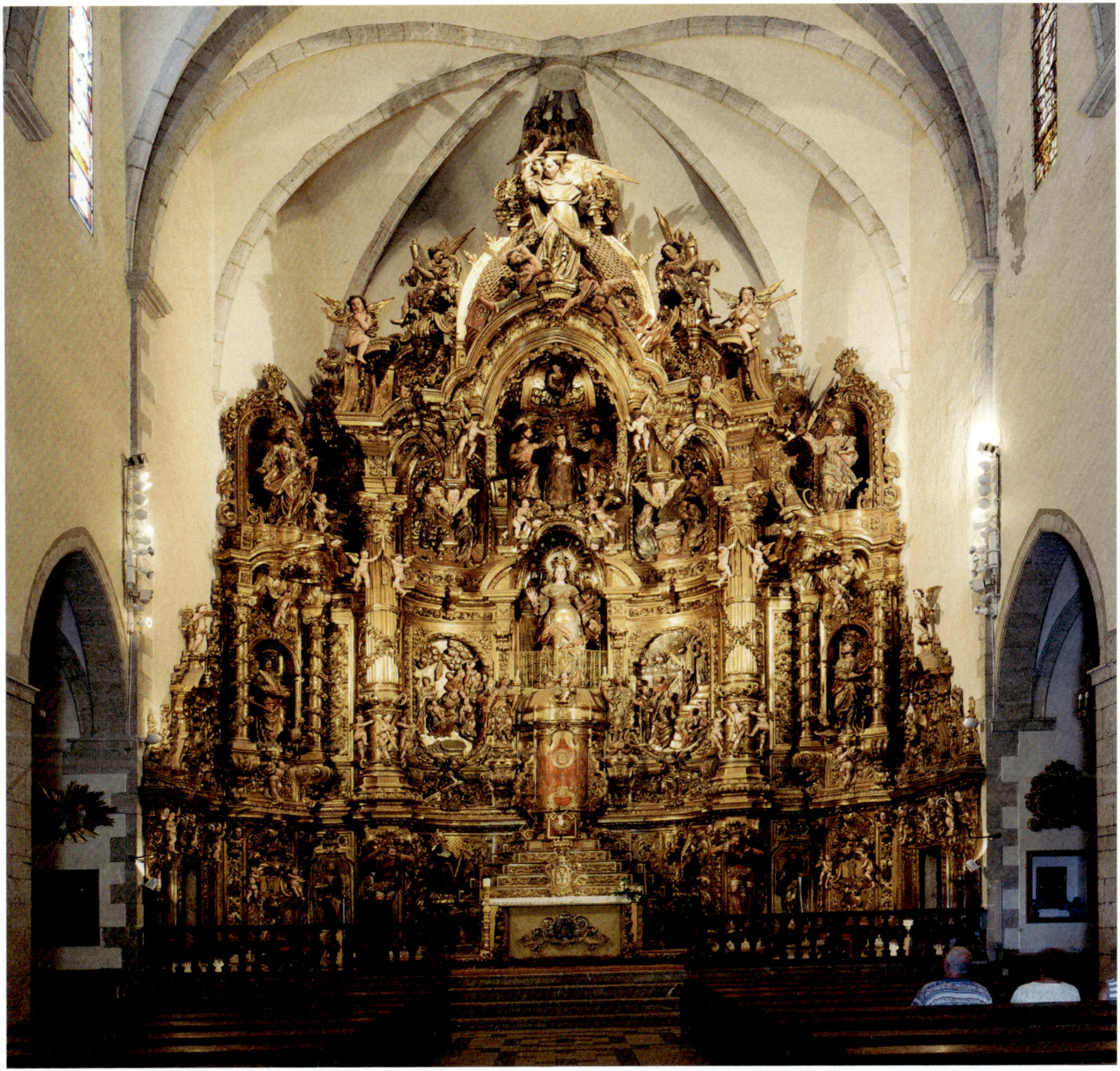

Església de Santa Maria

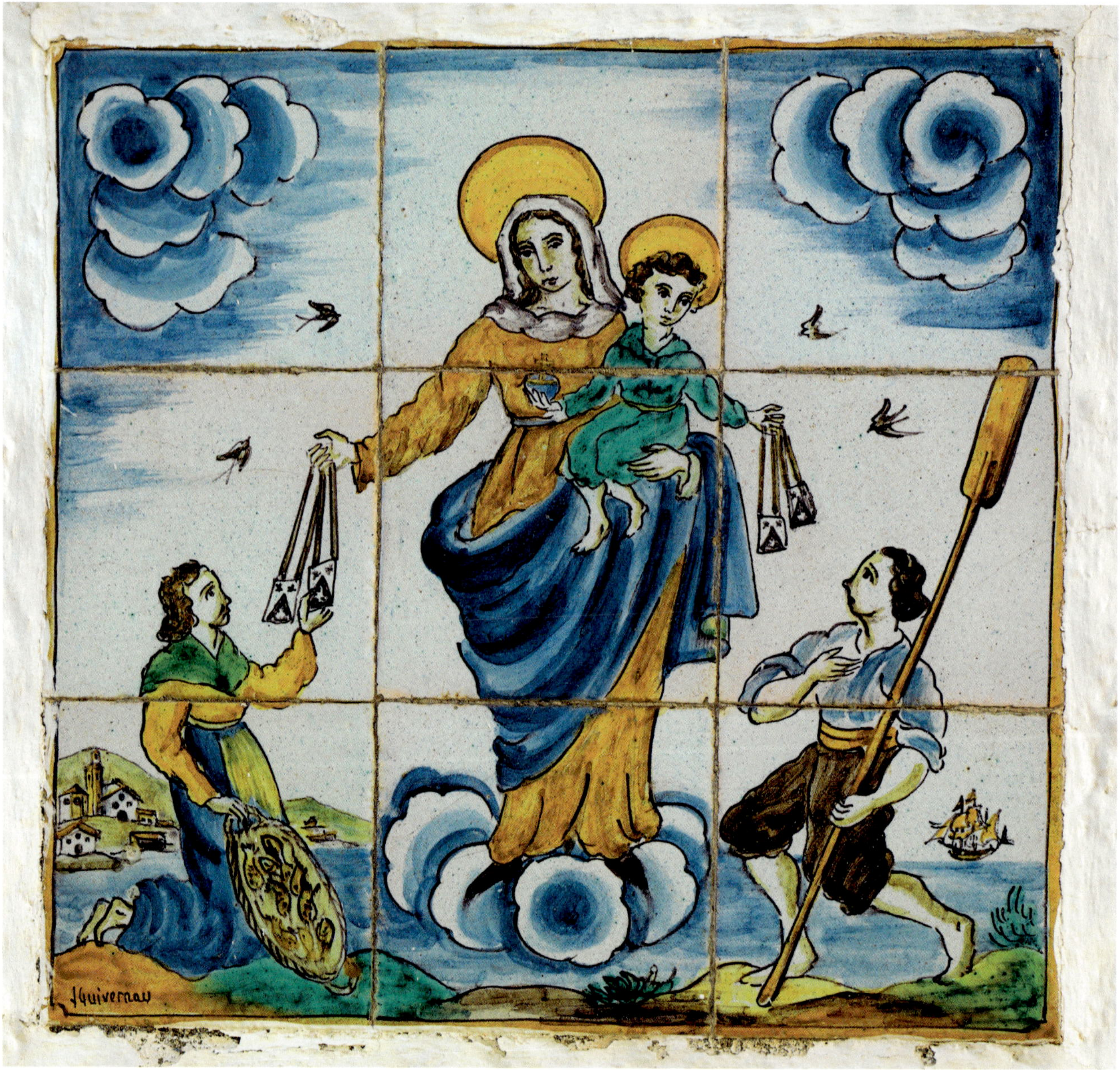
J.Guivernau

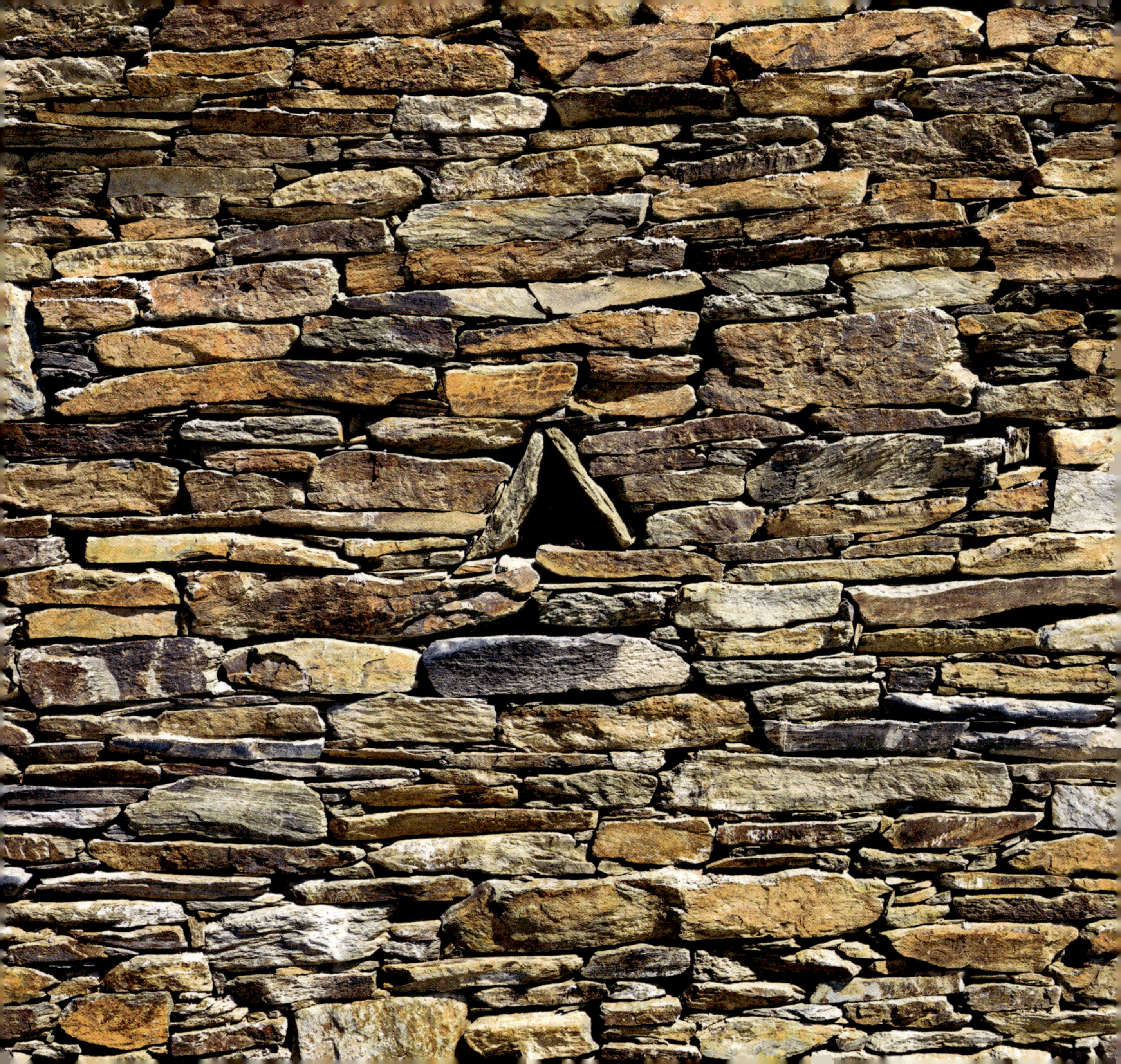

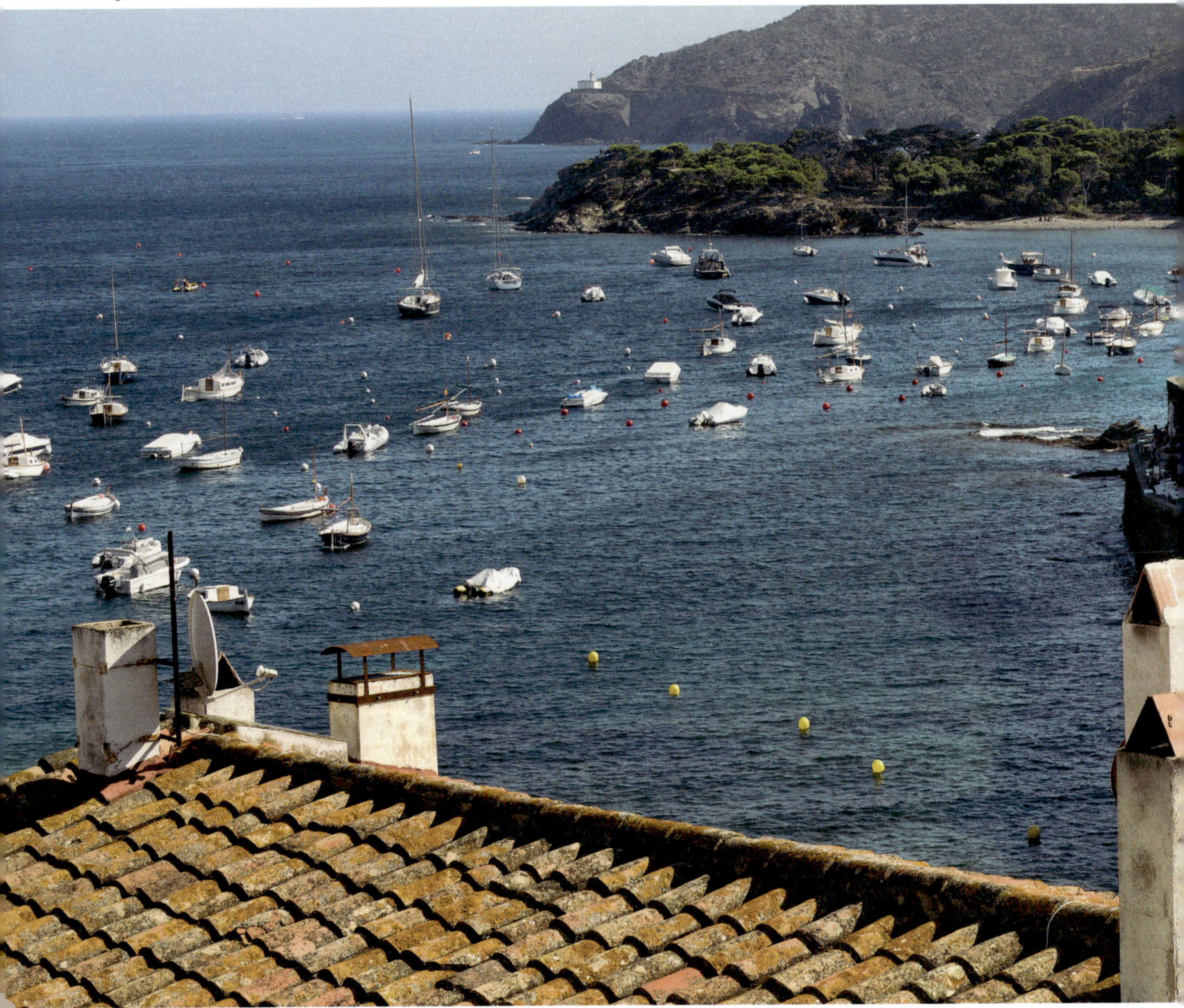

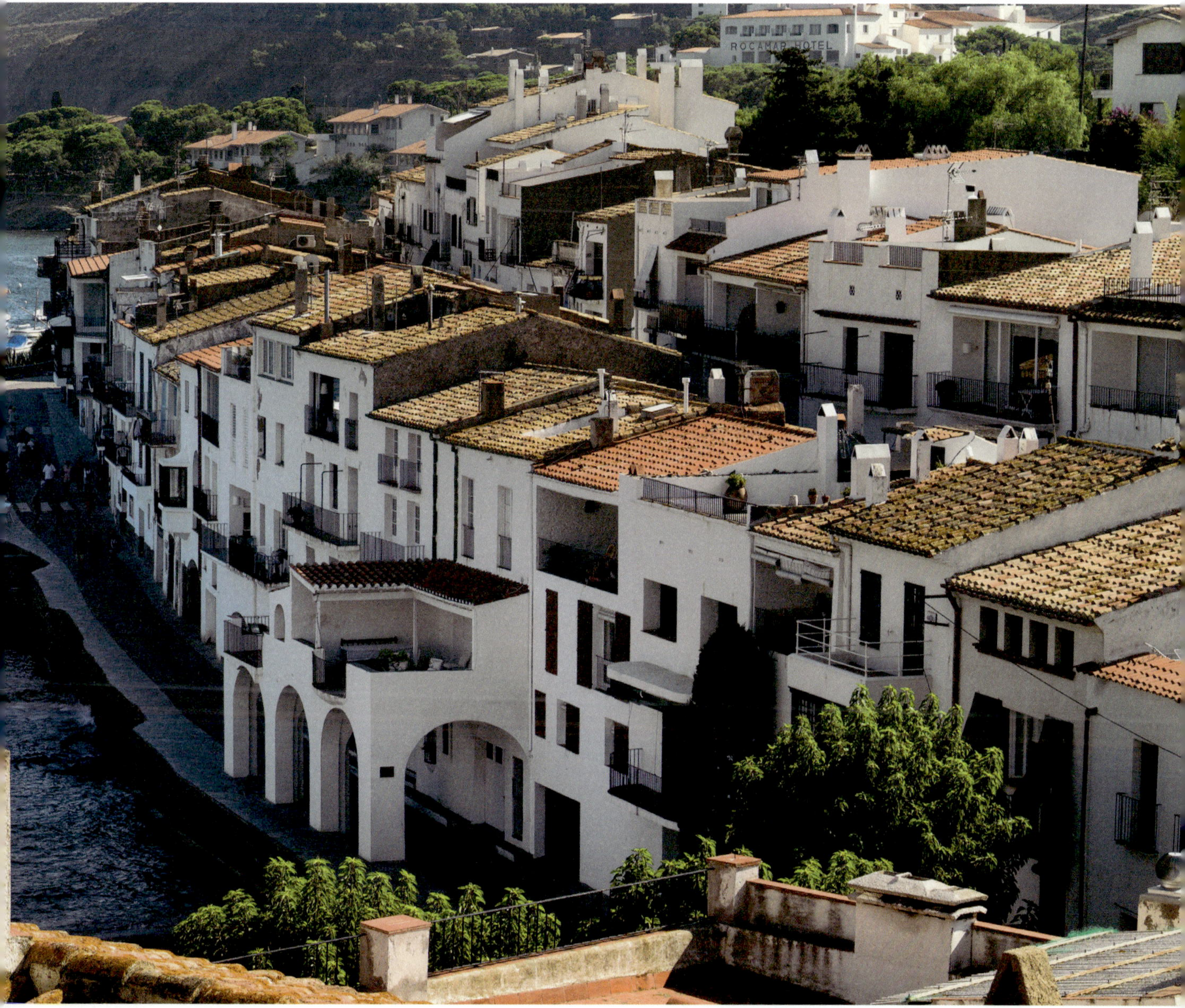
ROCAMAR HOTEL

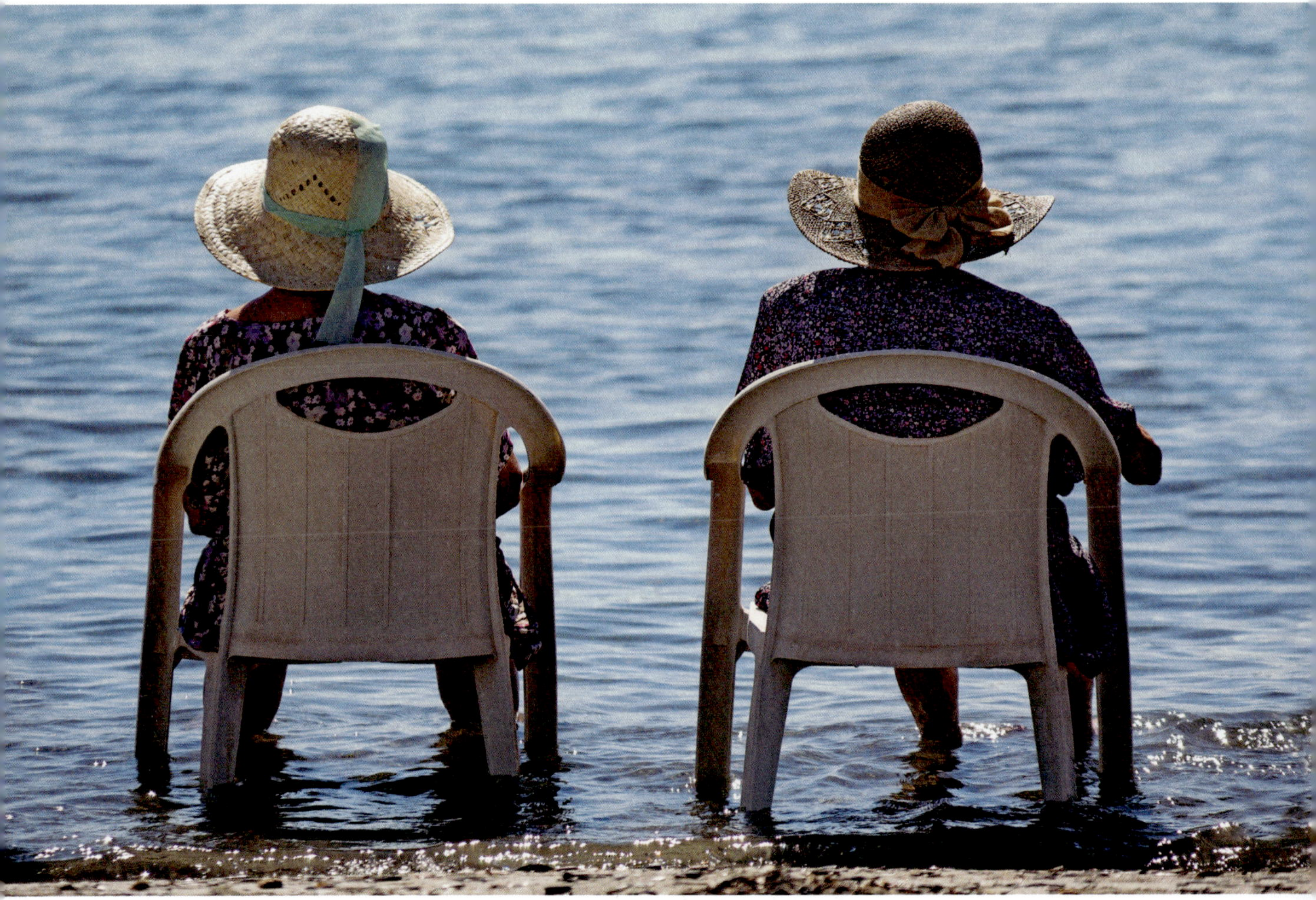

Port Doguer >

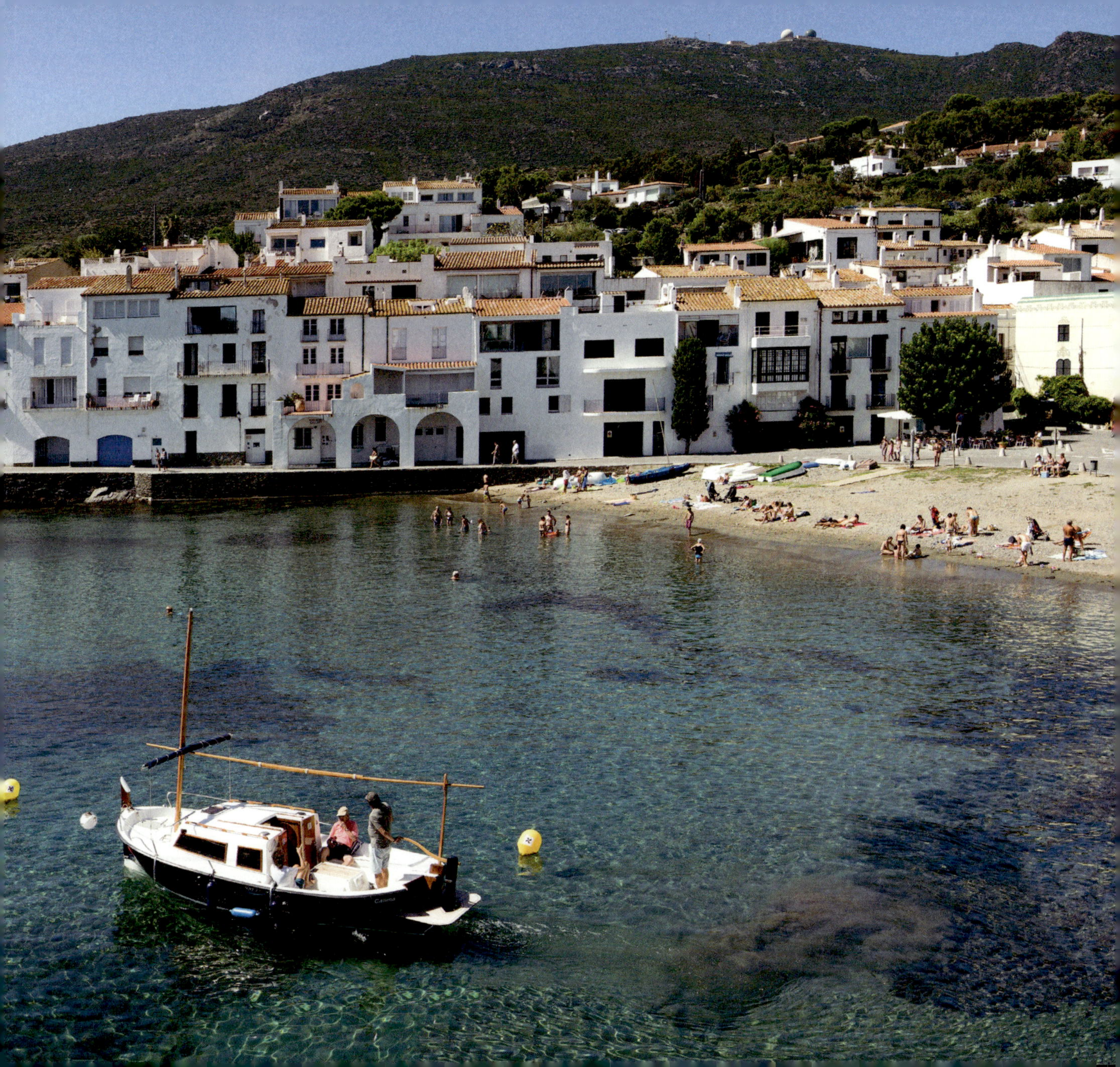

Es Llané

La platja plana des Llané, a l'extrem sud del poble, va veure com arribaven els primers estiuejants i s'hi feien les primeres cases. Entre elles, la del notari Salvador Dalí, pare del pintor, que als anys vint va hostatjar personatges com Federico García Lorca i Luis Buñuel. Al final des Llané, si seguiu el camí, deixareu enrere la península des Sortell i arribareu al petit far de Cala Nans, que tanca la badia de Cadaqués.

Es Llané

La playa plana de Es Llané, en el extremo sur del pueblo, vio como llegaban los primeros veraneantes y se construían las primeras casas. Entre ellas, las del notario Salvador Dalí, padre del pintor, que en los años veinte hospedó a personajes como Federico García Lorca y Luis Buñuel. Al final de Es Llané, si seguís el camino, dejareis atrás la península de Es Sortell y llegareis al pequeño faro de Cala Nans, que cierra la bahía de Cadaqués.

Es Llané

The flat beach of Es Llané, at the extreme south of the village, received the first summer visitors and it was here where they built the first houses. Amongst them, that of the of the notary Salvador Dalí, father of the painter, who in the twenties put up figures such as Federico García Lorca and Luis Buñuel. At the end of Es Llané, if you follow the path, you leave behind the Es Sortell peninsula and reach the Cala Nans lighthouse, which closes the bay of Cadaqués.

Es Llané

La plage plane d'Es Llané, à l'extrémité sud du village, vit arriver les premiers estivants et se construire les premières maisons, comme celle du notaire Salvador Dalí, père du peintre, qui, dans les années vingt, hébergea des personnages comme Federico García Lorca et Luis Buñuel. Au bout d'Es Llané, en poursuivant le chemin, on laisse derrière soi la péninsule d'Es Sortell et l'on arrive au petit phare de Cala Nans, qui ferme la baie de Cadaqués.

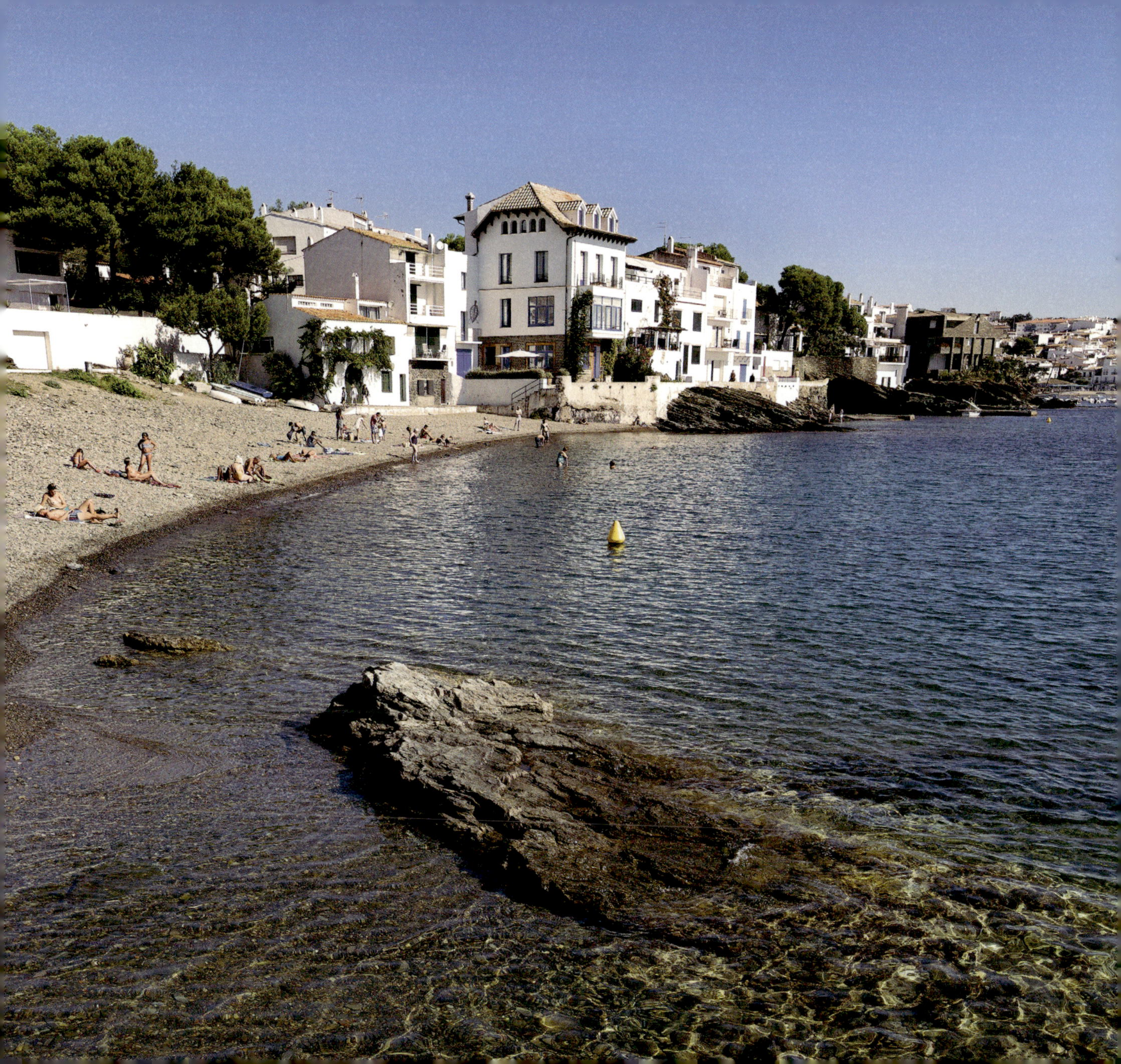

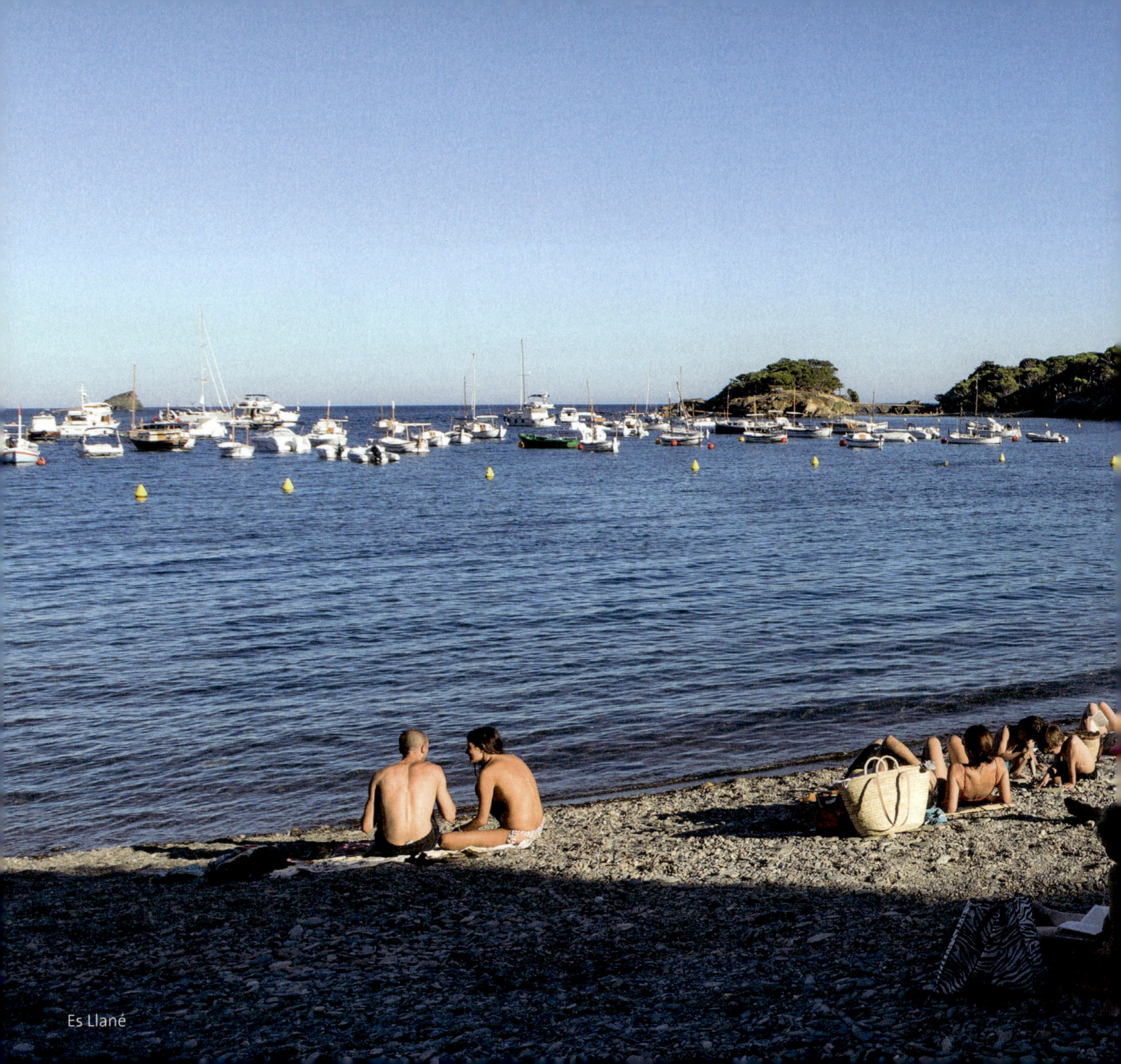

Es Llané

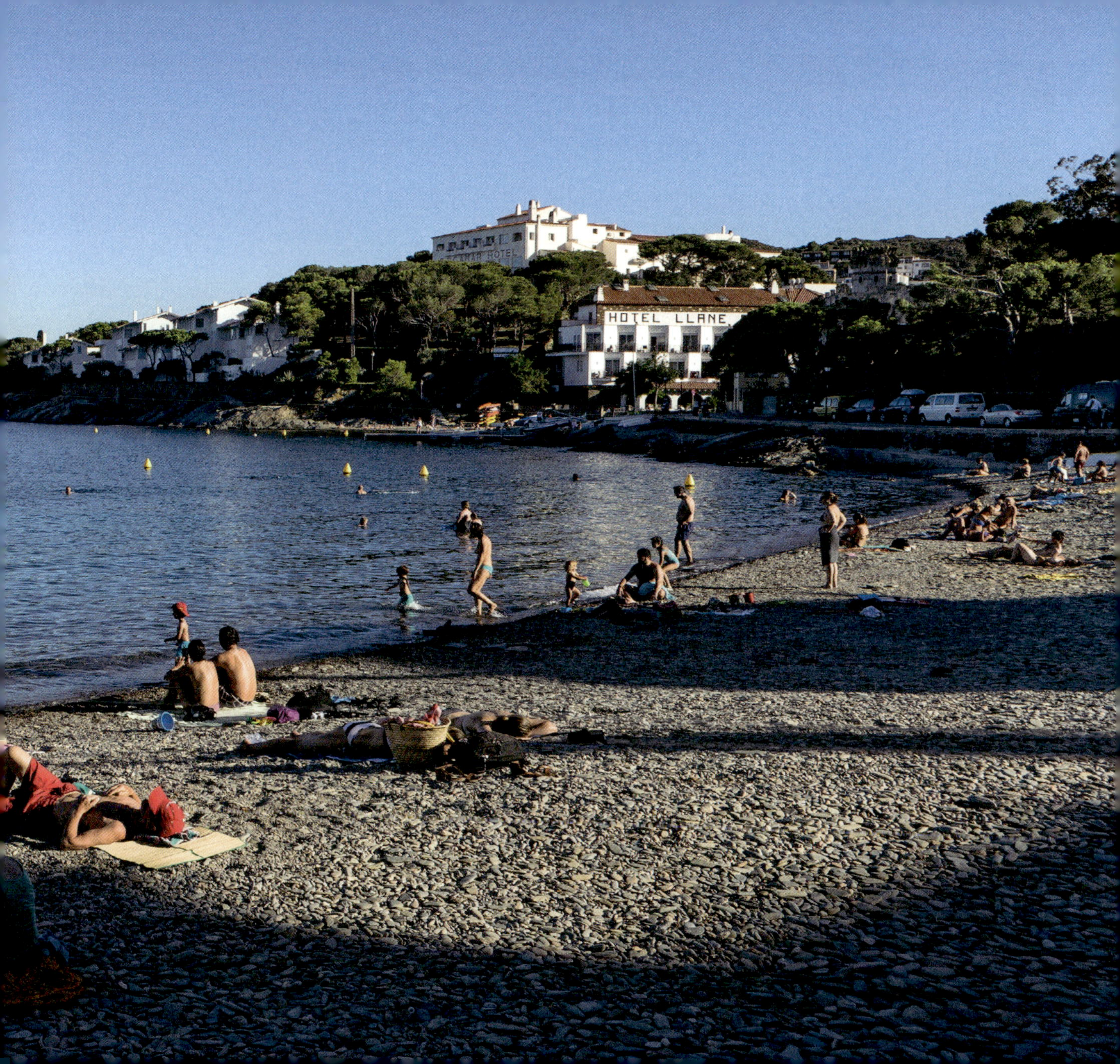
HOTEL LLANE

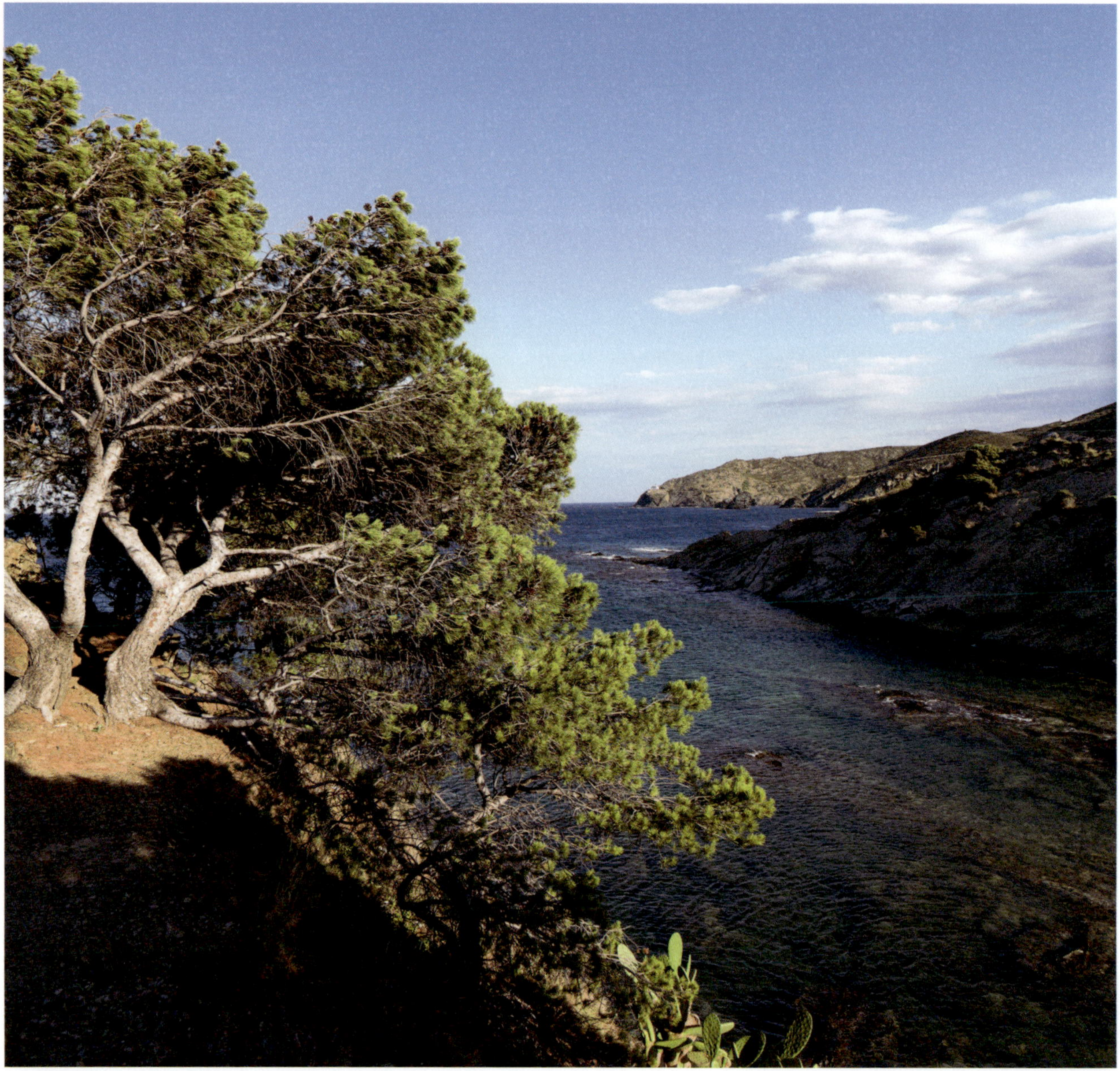

Es Sortell

Es Llané Petit

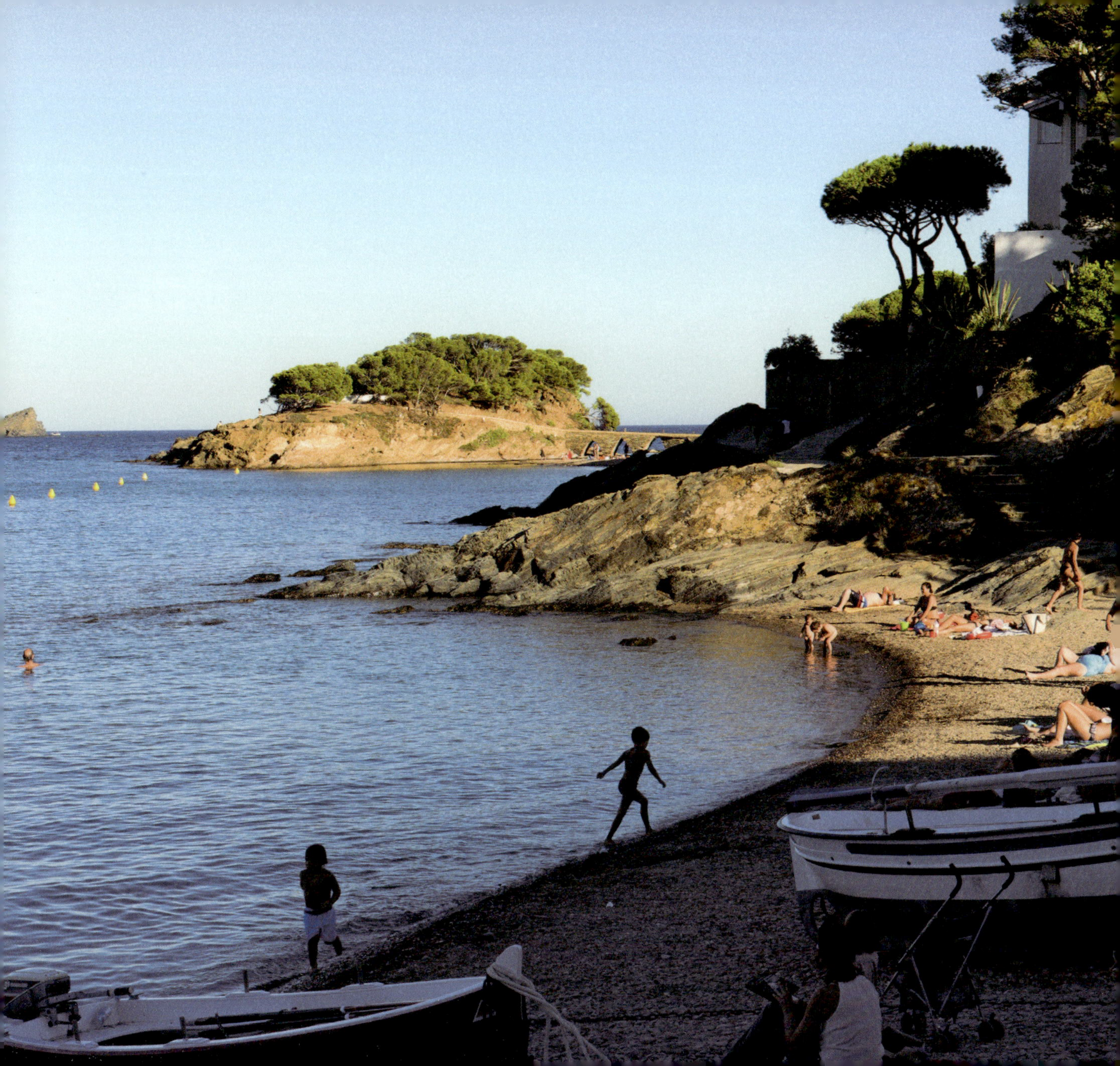

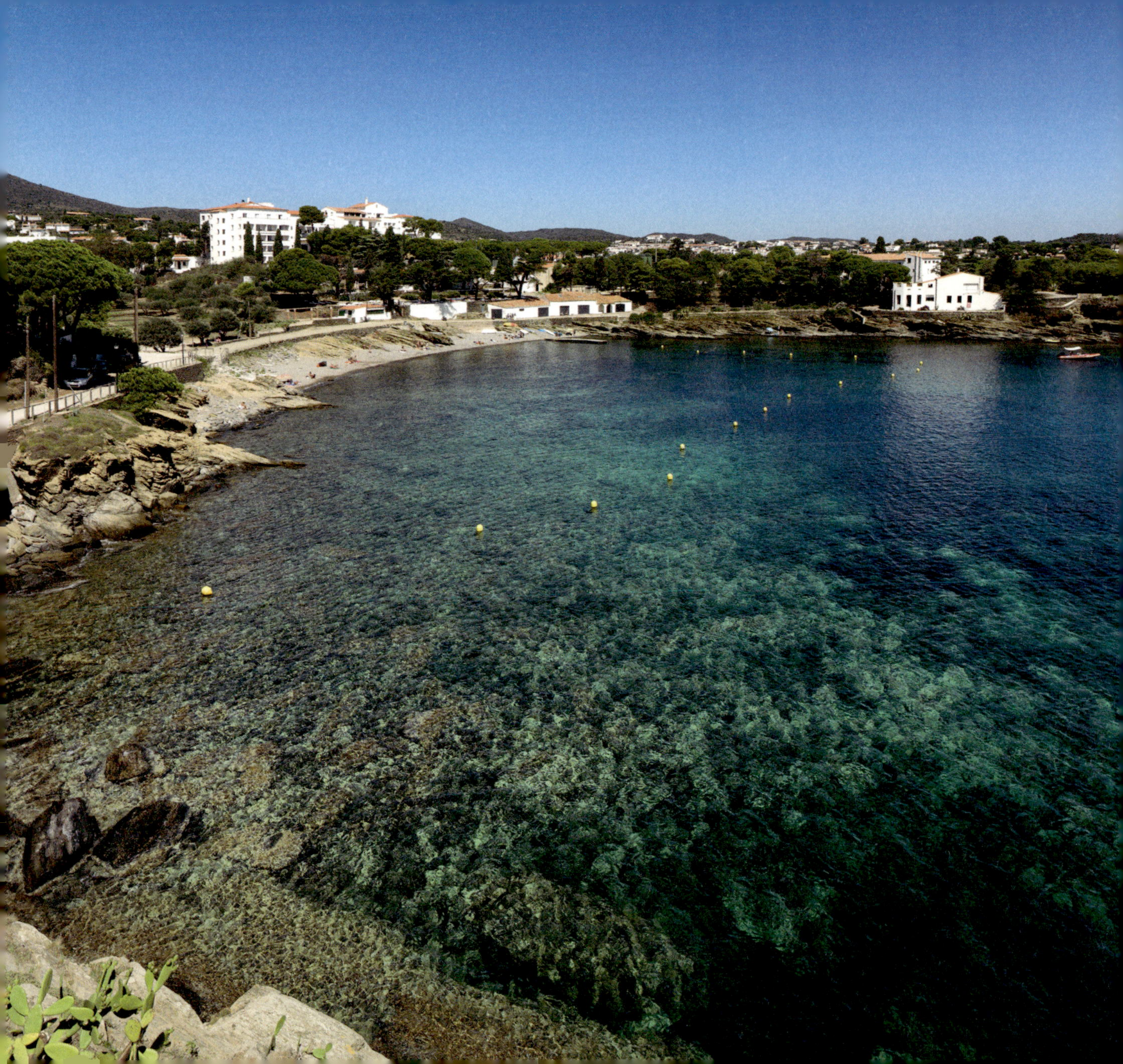

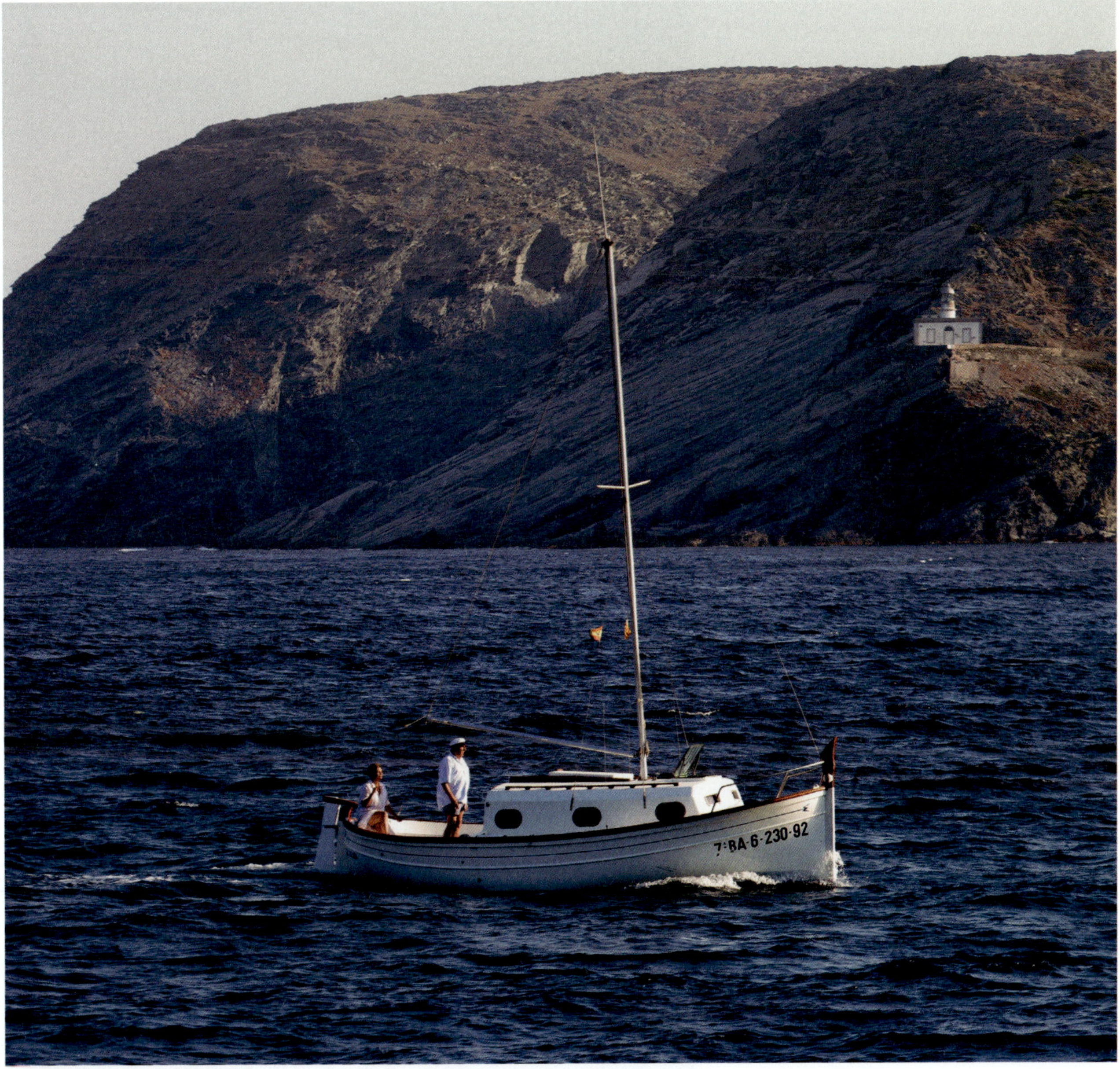

< Sa Conca | Far de Cala Nans

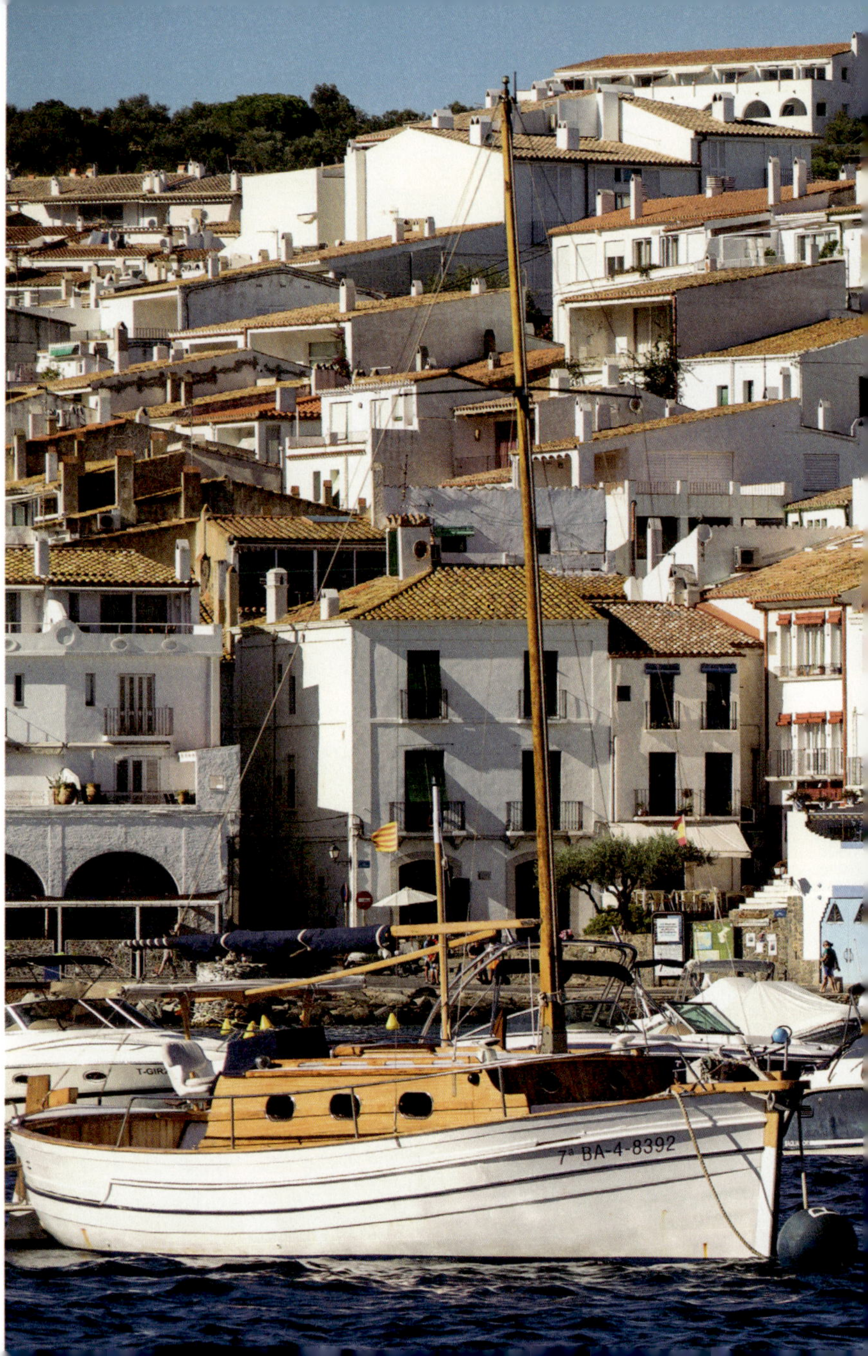

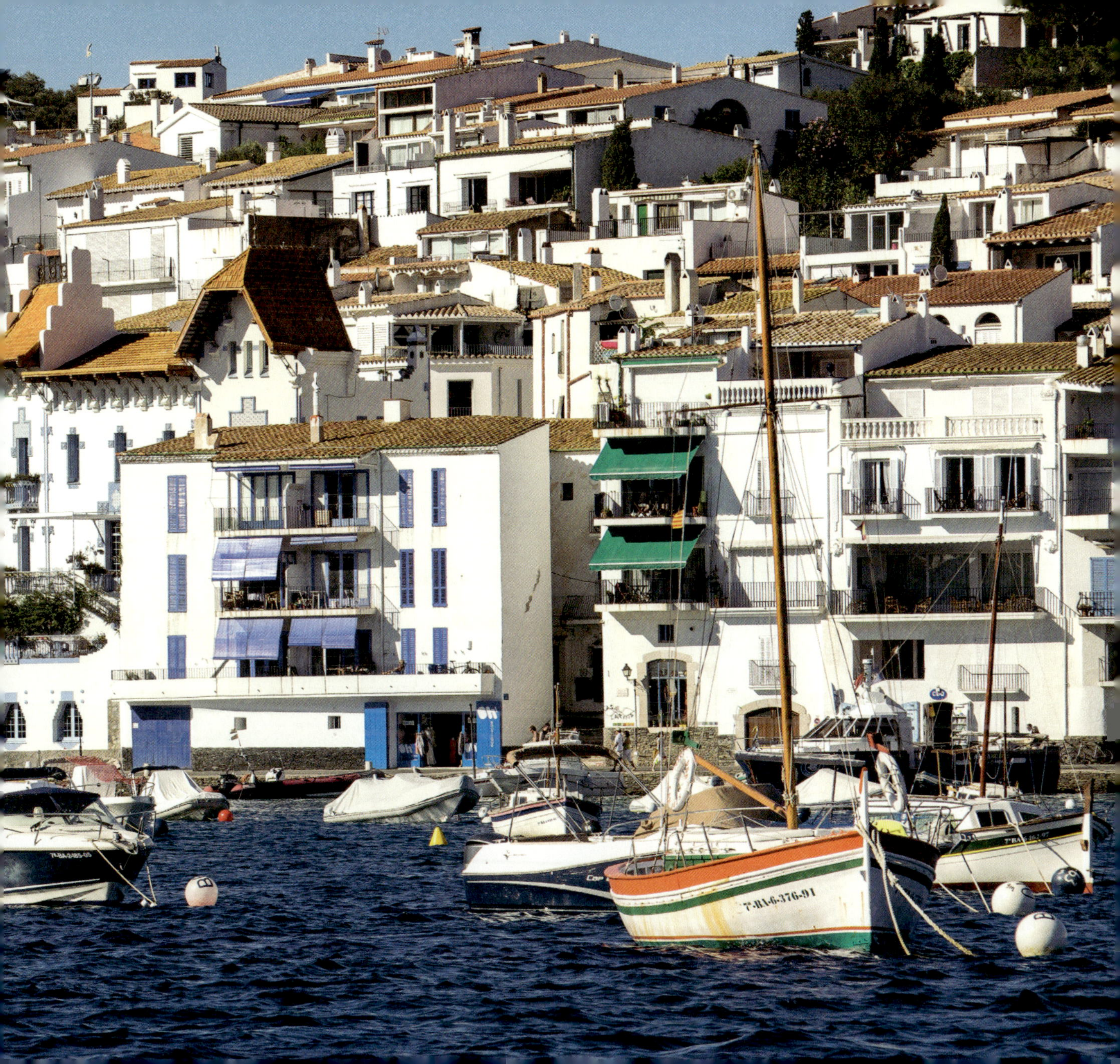
7-BA-6-376-91

Festes tot l'any

El carnaval de febrer, amb la seva popular garotada o menjada de garotes, dóna llicència a tots els personatges de l'imaginari popular. A Cadaqués es viu intensament durant uns dies. A l'estiu, la festa estrella és la Mare de Déu del Carme, amb les seves regates de llaguts i curses de vela llatina. És també a l'estiu quan el Festival Internacional de Música, pioner a la Costa Brava des de 1971, ha dut al poble músics i cantants de prestigi mundial. A l'hivern, l'aplec de Sant Sebastià, a l'ermita del mateix nom, reuneix els veïns en una festa on es ballen *patacades*, una dansa que s'acompanya amb ironies sobre la vida del poble. I finalment, les primeres llums de l'any, les del dia 1, se celebren al far de Cap de Creus amb sardanes i xocolata.

Fiestas todo el año

El carnaval de febrero, con su popular *garotada* (comida de erizos de mar), da licencia a todos los personajes del imaginario popular. En Cadaqués se vive intensamente durante unos días. En verano, la fiesta más importante es la Virgen del Carmen, con sus regatas de barcos y sus carreras de vela latina. Es también en verano cuando el Festival Internacional de Música, pionero en la Costa Brava desde 1971, ha traído al pueblo a músicos y cantantes de prestigio mundial. En invierno, la romería de Sant Sebastià, en la ermita del mismo nombre, reúne a los vecinos en una fiesta donde se bailan *patacades*, una danza que se acompaña con ironías sobre la vida del pueblo. Y, finalmente, las primeras luces del año, las del día 1, se celebran en el faro del Cap de Creus con sardanas y chocolate.

Festivals all year round

The February carnival, with its popular *garotada* (sea urchin meal), is a chance to give rein to all the characters of popular imagination. Carnival is experienced at full speed for a few days in Cadaqués. In summer, the most important festival is the Virgin of Carme, with regattas of boats and lateen sail races. Summer also sees the International Music Festival, a pioneer event on the Costa Brava from 1971, bringing world famous musicians and singers to the village. In winter comes the annual pilgrimage of Sant Sebastià, in the hermitage of the same name, bringing together the locals in a festival where they dance *patacades*, accompanied by ironic lyrics regarding village life. Finally, at first light of New Year, on the 1 of January, a celebration is held in the Cap de Creus lighthouse with *sardanes* and chocolate.

Des fêtes toute l'année

Le carnaval, avec son populaire déjeuner d'oursins (*garotada*), donne licence à tous les personnages de l'imaginaire populaire. À Cadaqués, on le vit intensément. En été, la fête la plus importante est celle de la Vierge du Carmel, avec ses régates de bateaux et ses courses de voile latine. En été, le Festival International de Musique, pionnier sur la Costa Brava depuis 1971, amène au village des musiciens et des chanteurs de renommée mondiale. En hiver, le pèlerinage de Sant Sebastià, réunit les habitants pour une fête où l'on danse les *patacades*, une danse accompagnée par des commentaires ironiques sur la vie du village. Et enfin, on célèbre les premières lueurs de l'année au 1er janvier, sur le phare du Cap de Creus, avec des sardanes et du chocolat chaud.

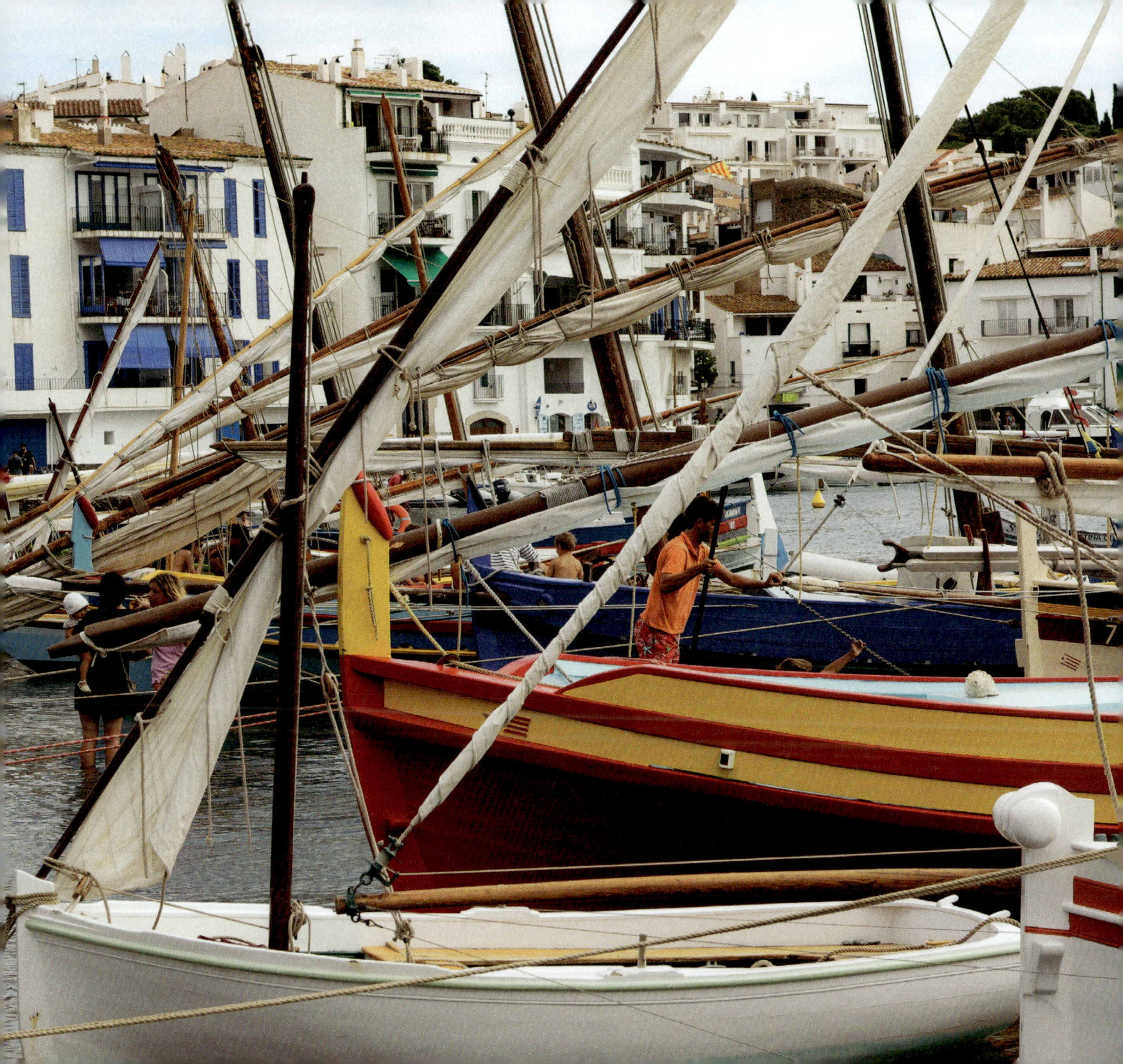

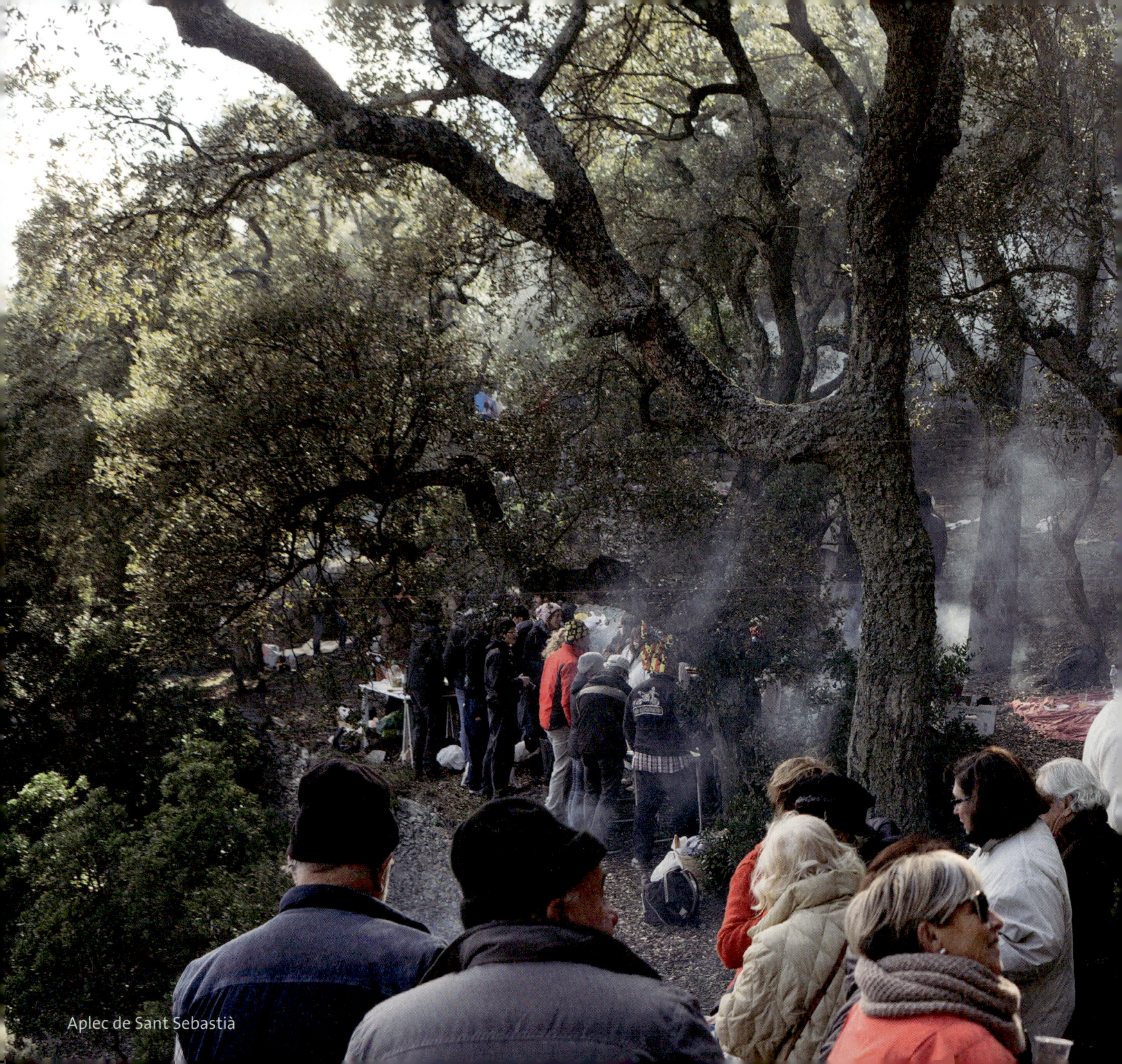
Aplec de Sant Sebastià

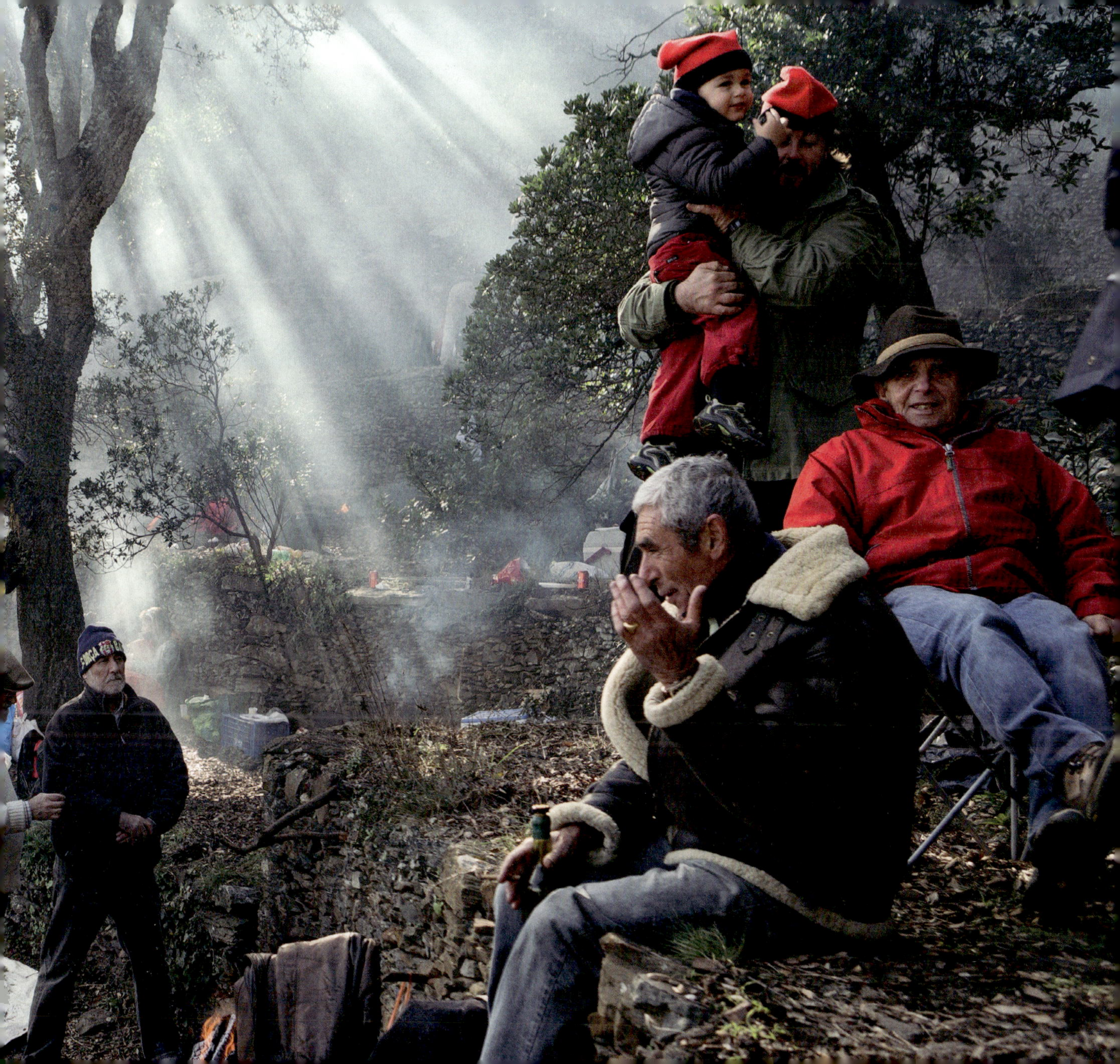

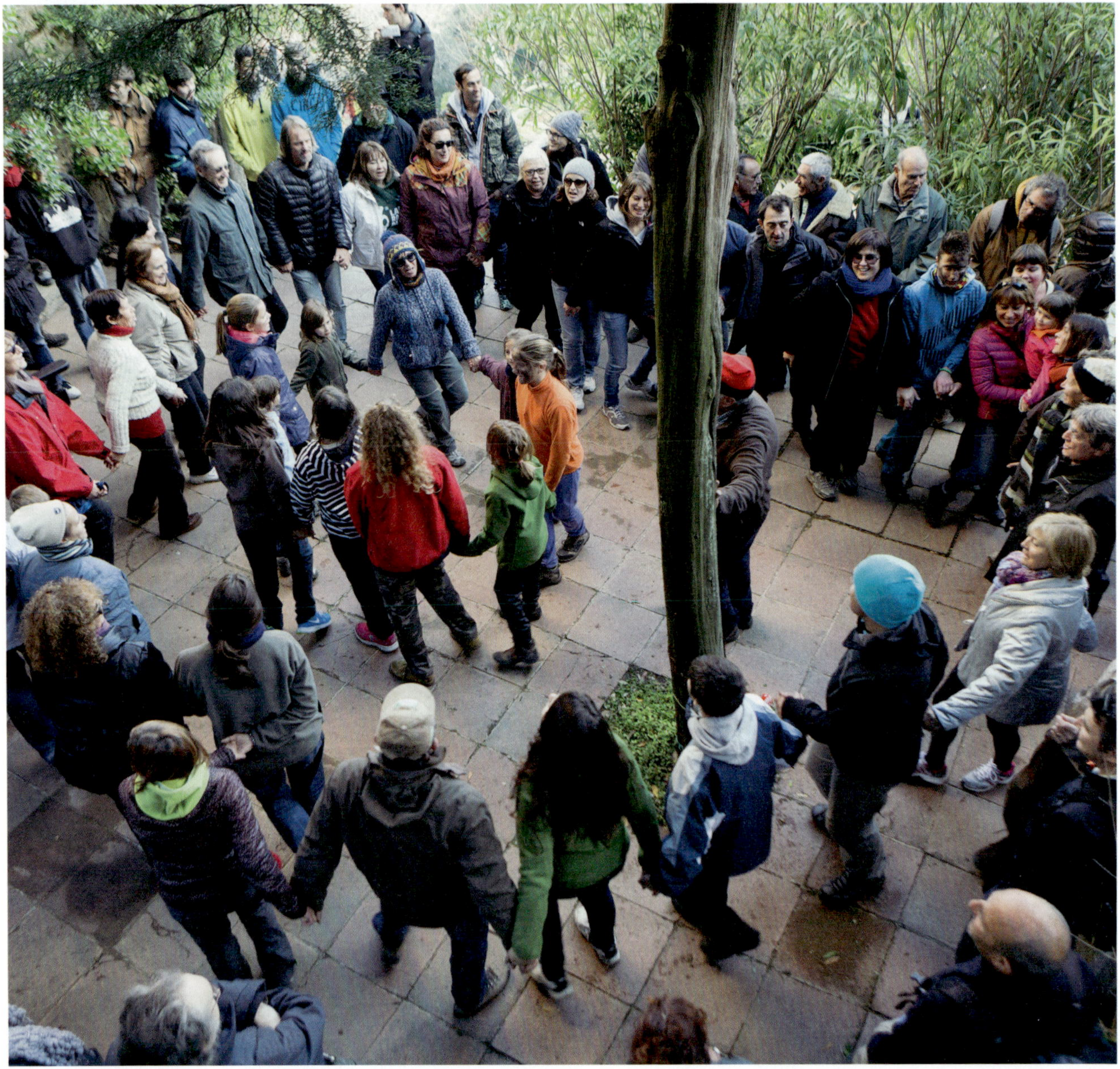

Aplec de Sant Sebastià

Les *patacades*

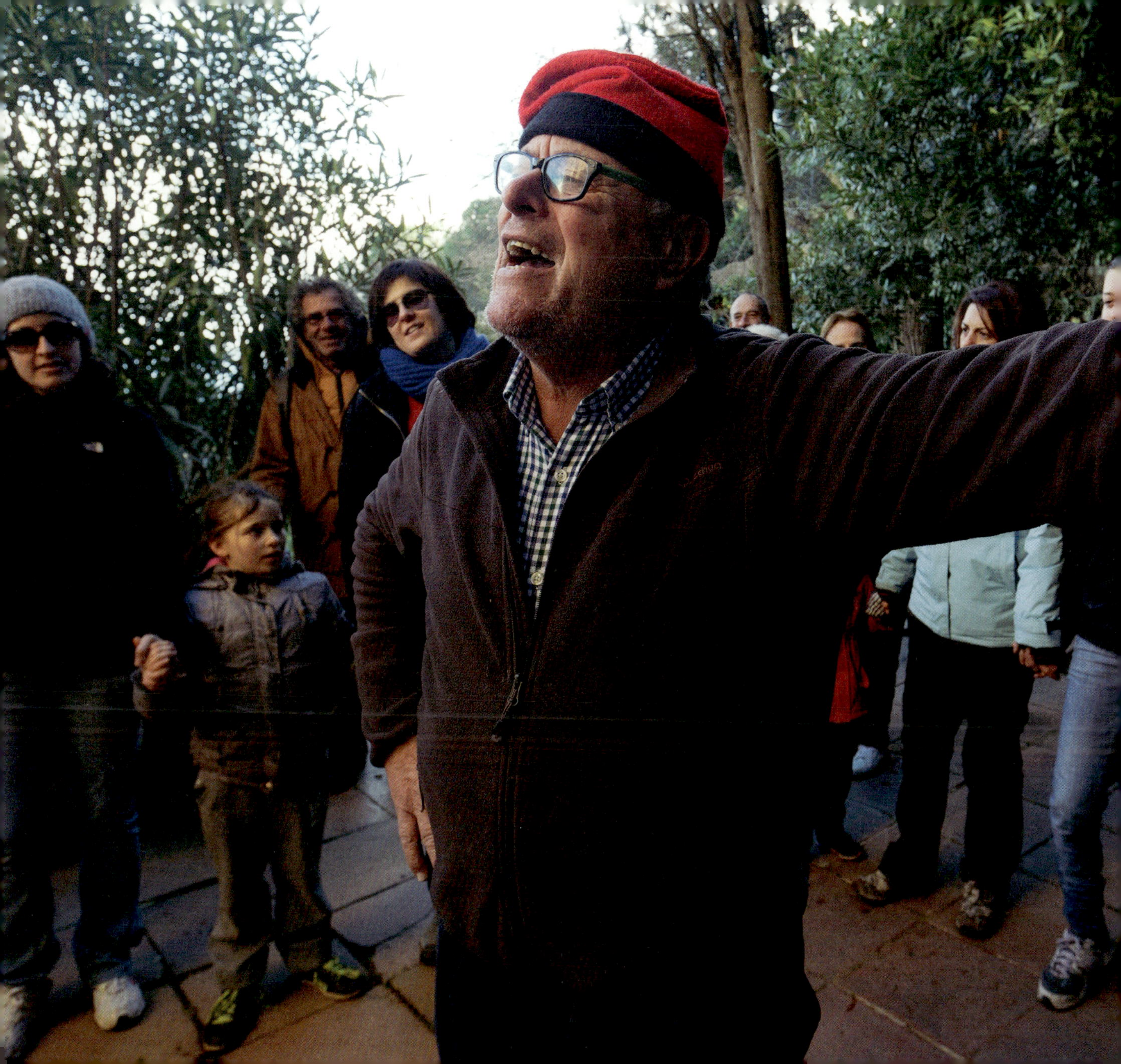

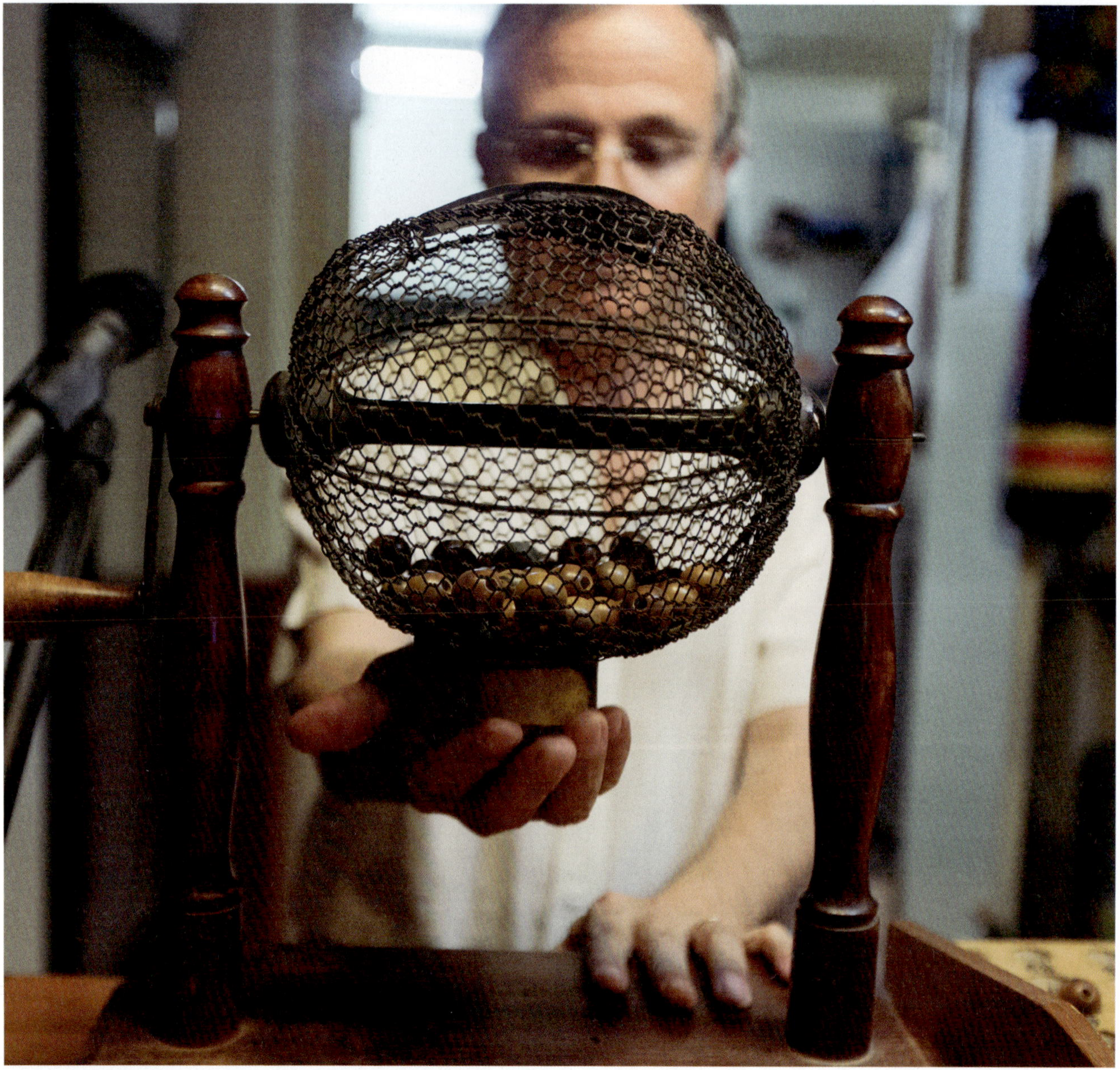

Quina de Nadal, Casino de Cadaqués

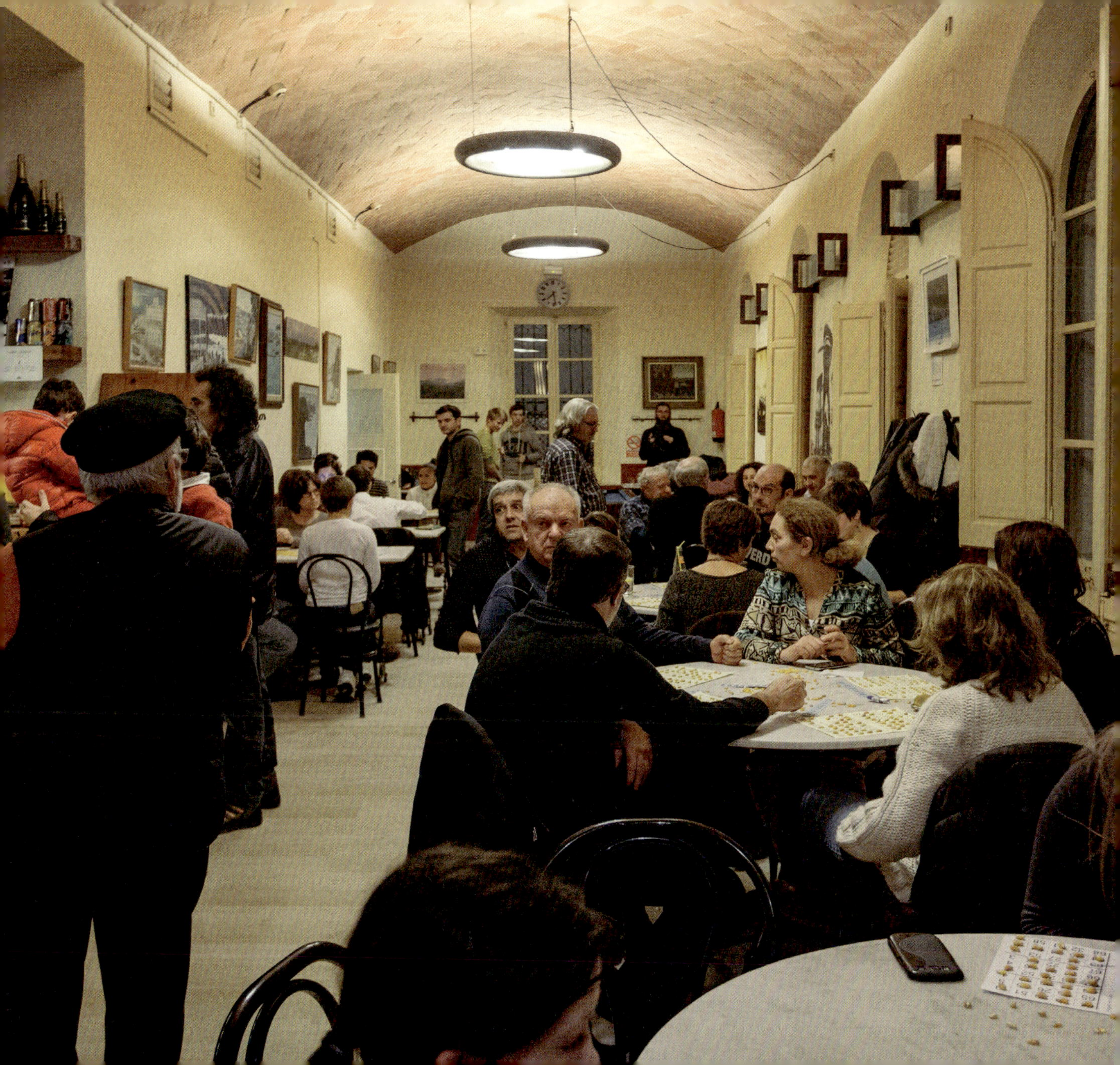

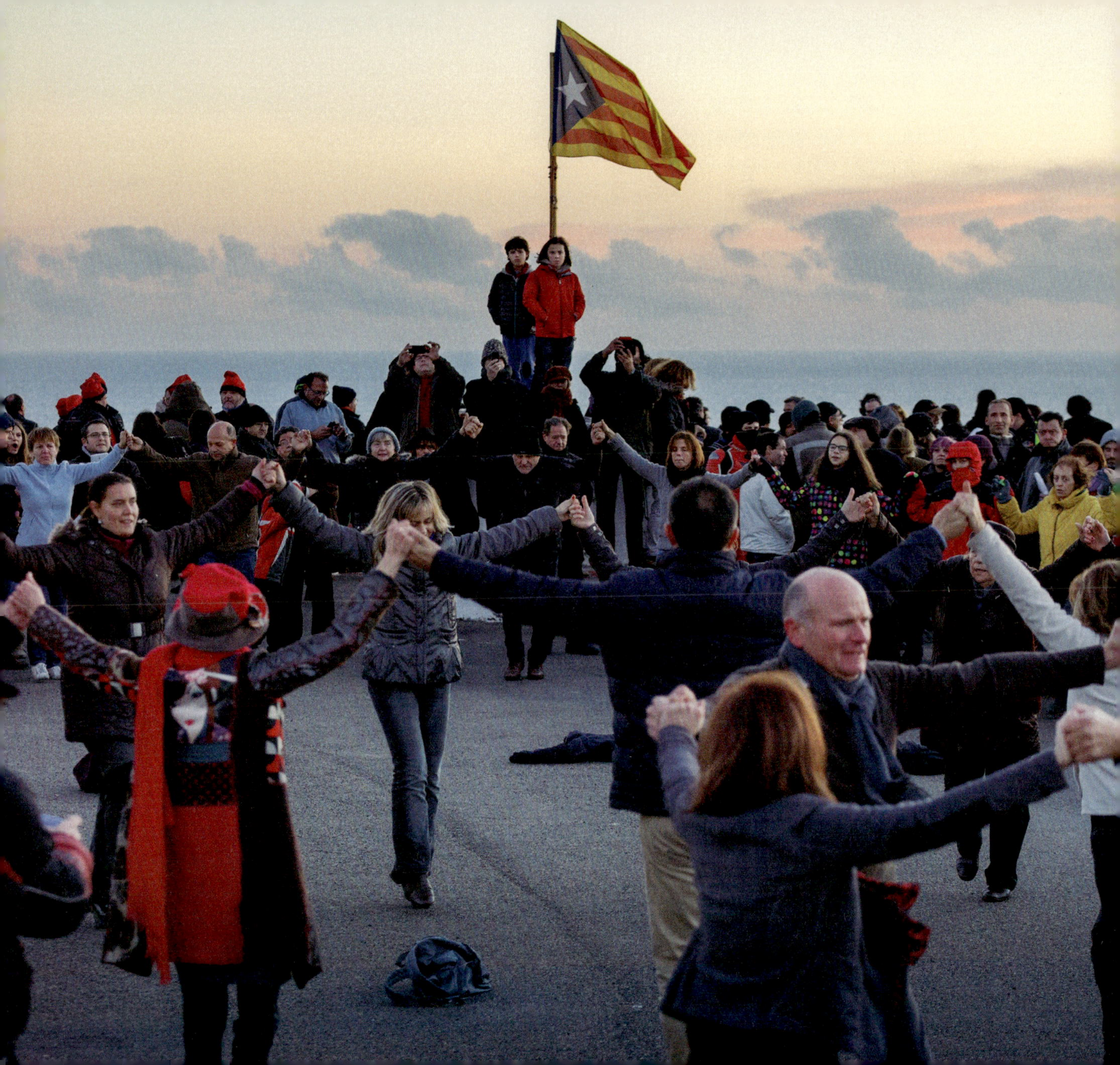

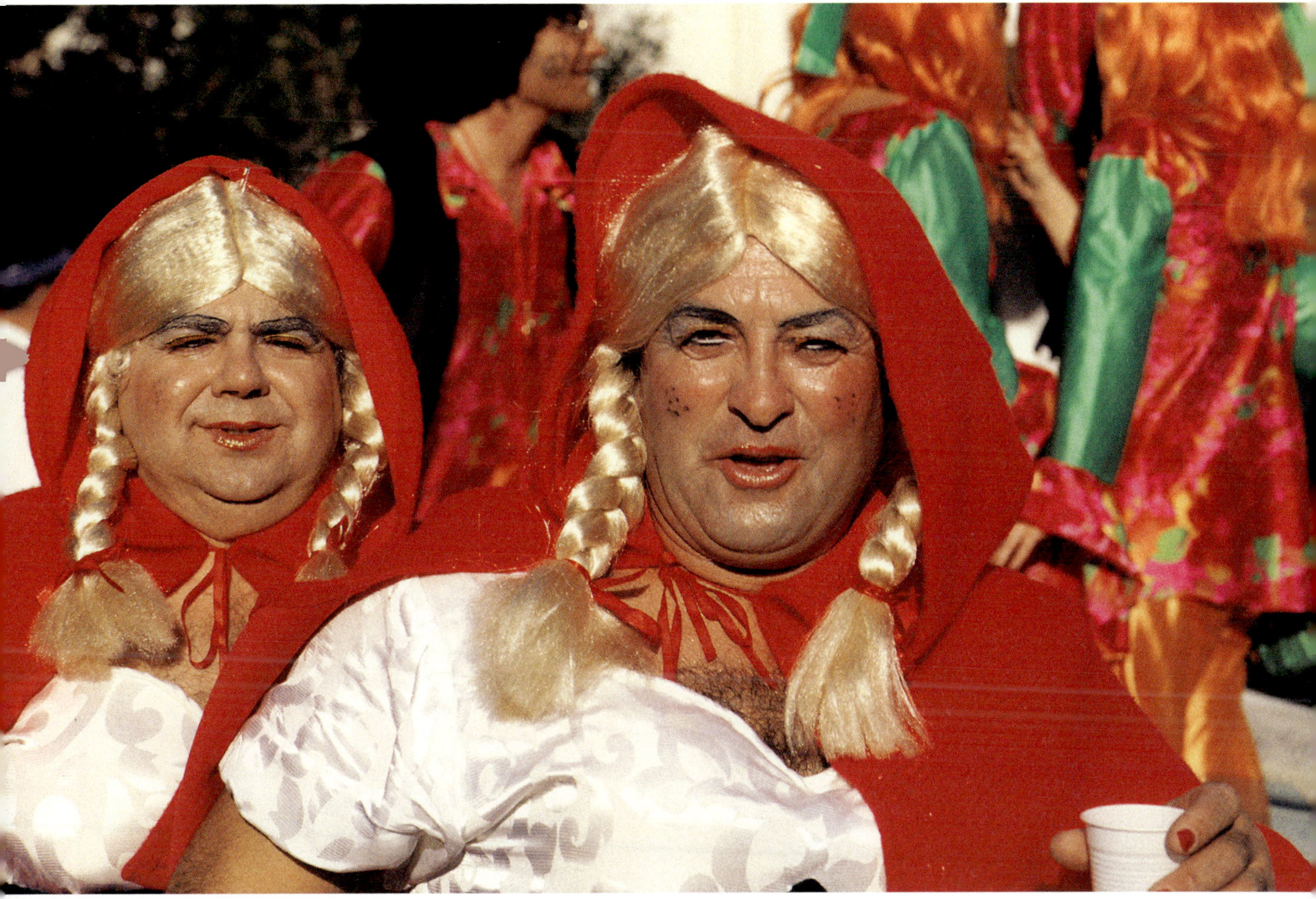

< Aplec del Sol Ixent, Cap de Creus | Carnaval

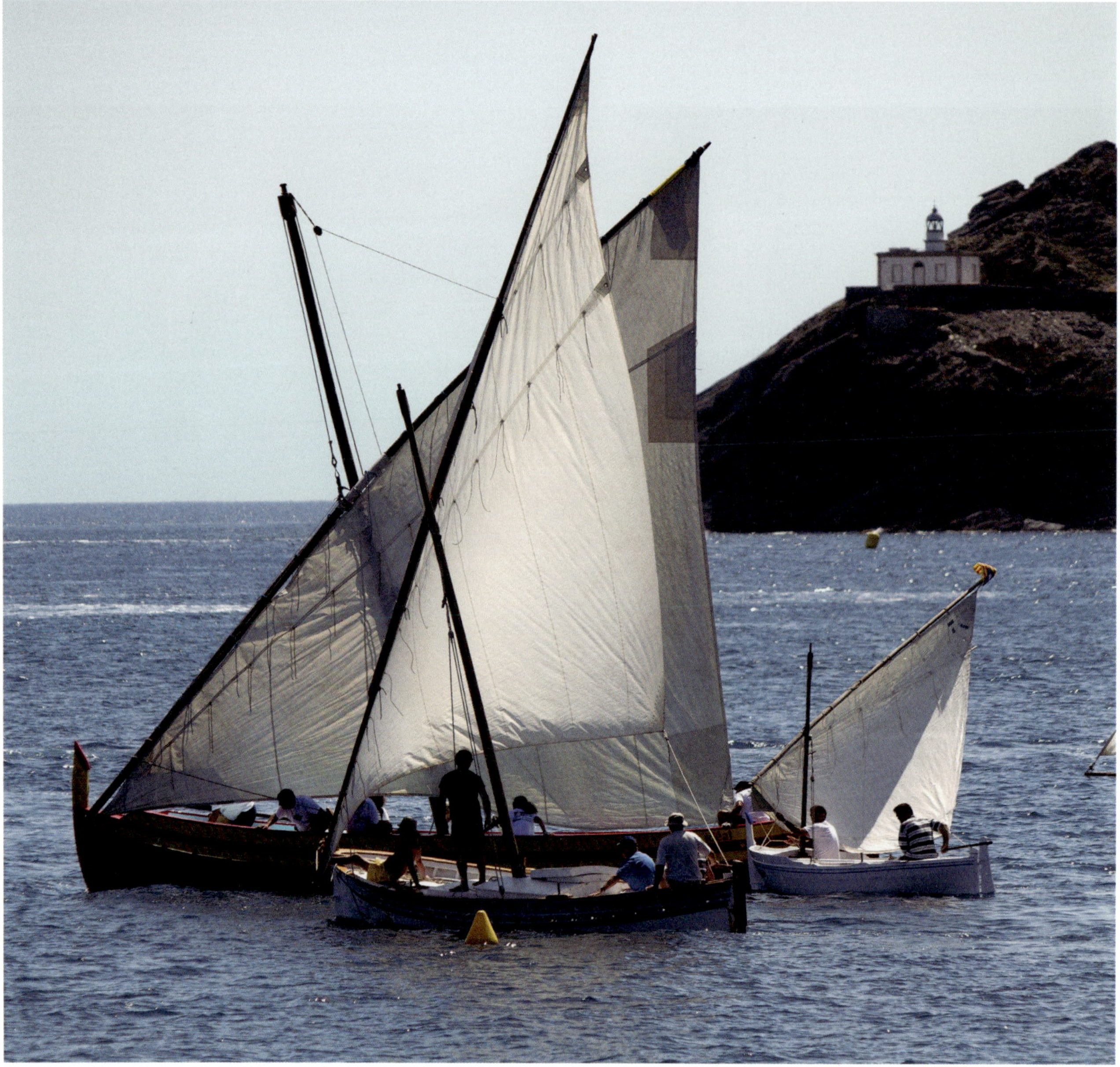

Trobada de Vela Llatina

Festa del Carme

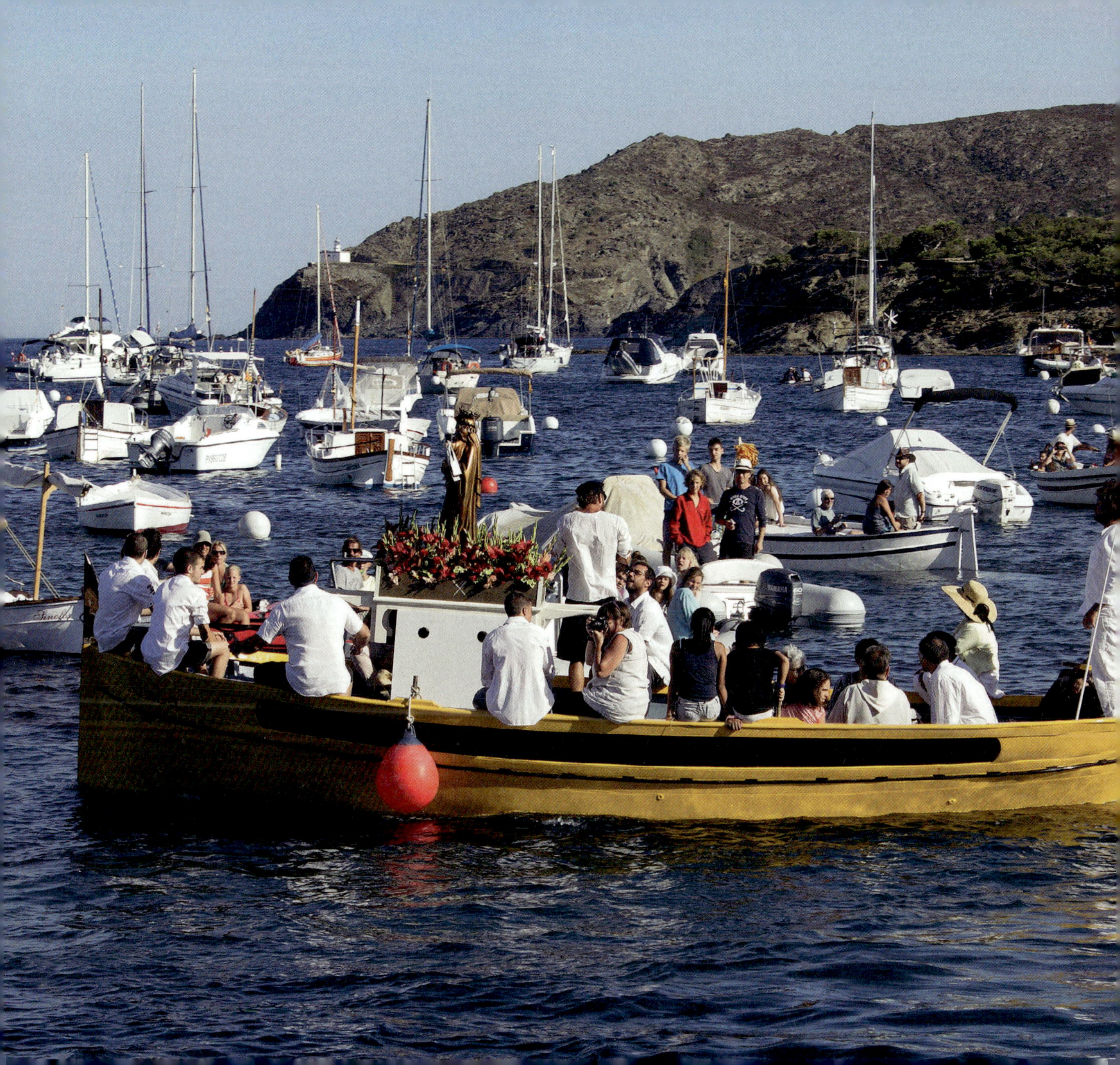

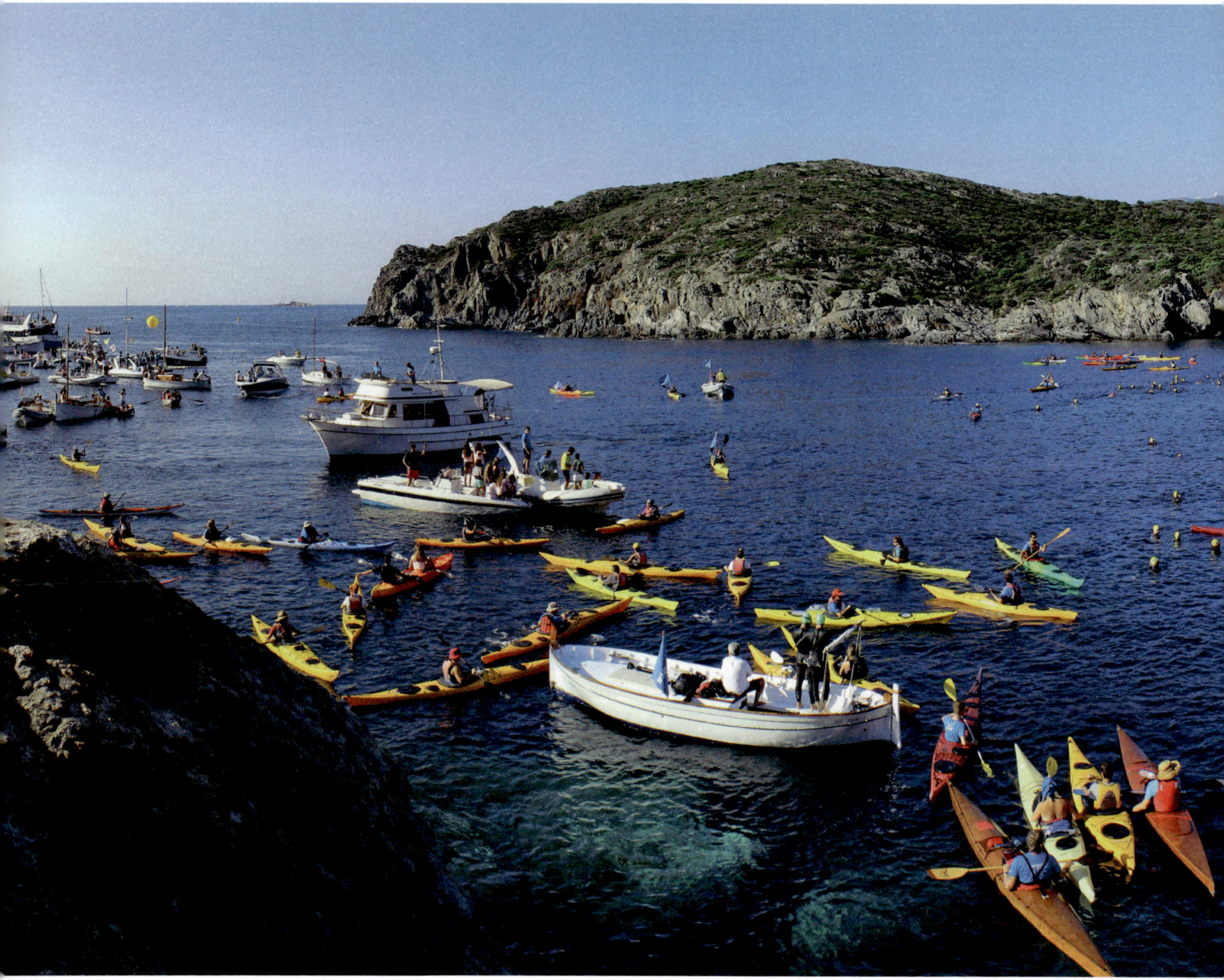

Marnaton, Cala Jugadora

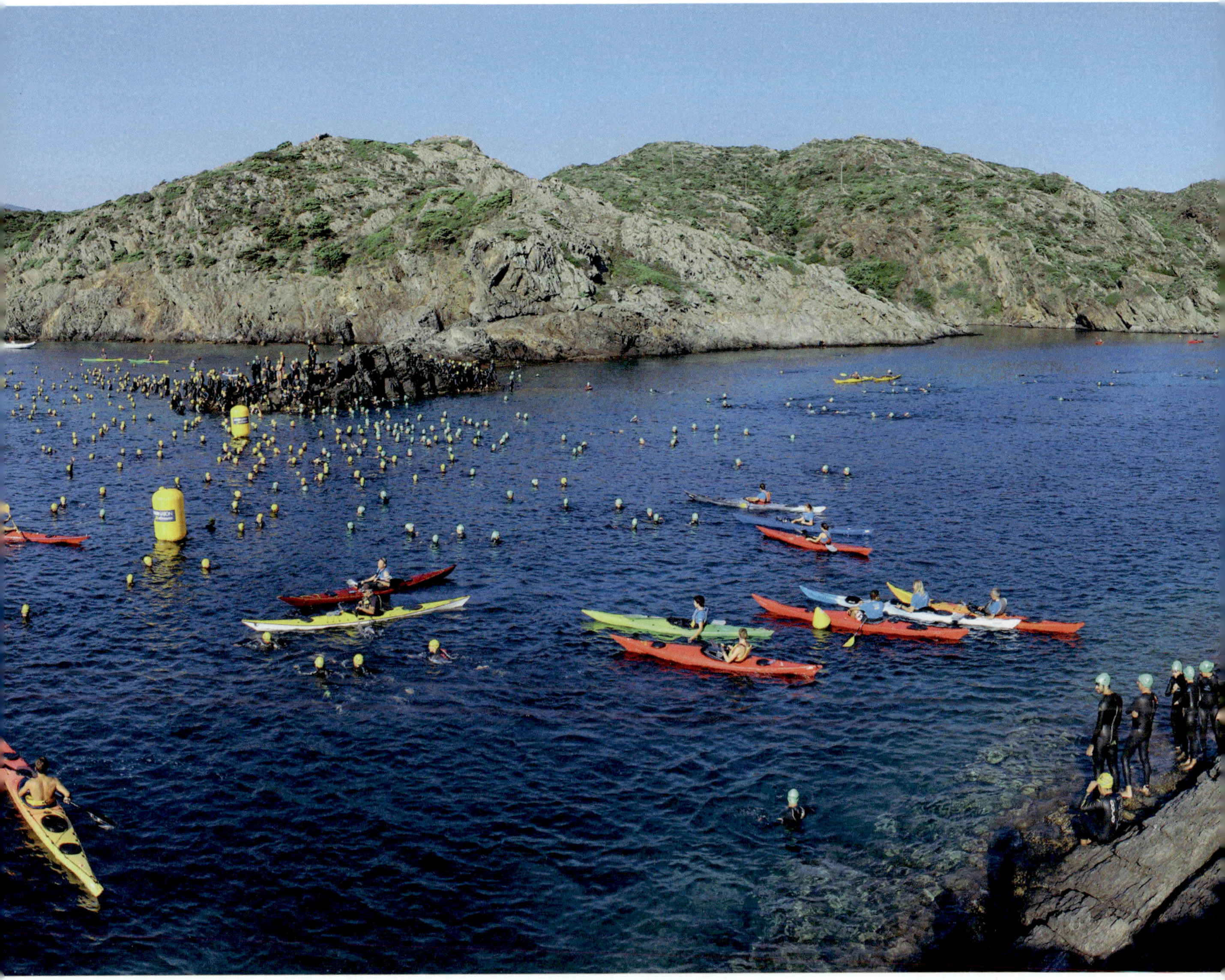

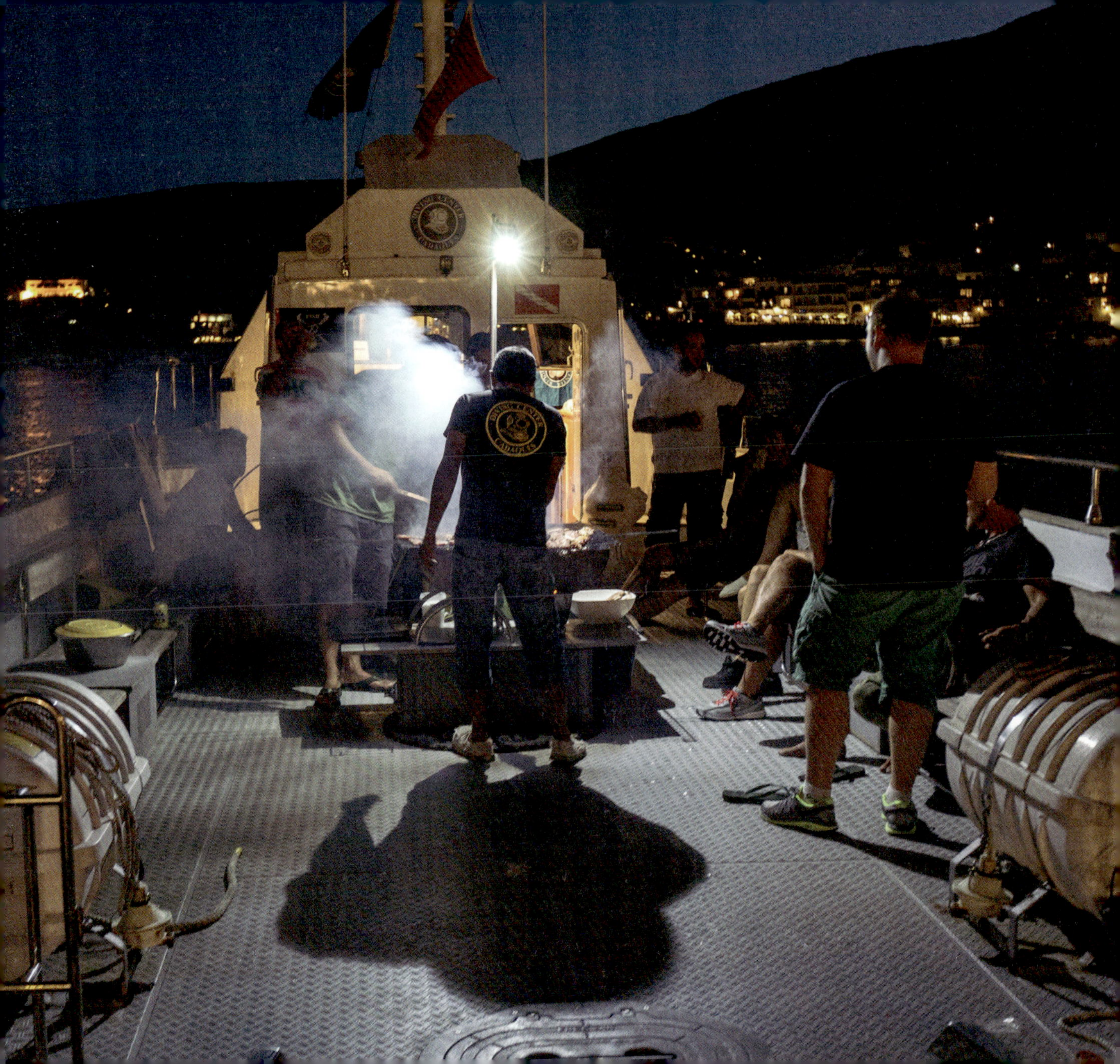

Fogons de mar

El repertori gastronòmic que ofereix Cadaqués es troba entre els millors fogons de la costa. En escenaris diversos, l'oferta és prou àmplia per abastar tots els gustos i totes les butxaques. Ja que la pesca és diferent en cada moment de l'any, el millor és demanar quin és el peix fresc del dia. Sard, sorell, verat... aromes de mar i gustos essencials. La llista és molt llarga però si voleu dos clàssics exquisits, proveu el suquet i el llobarro al forn. Les garotes o eriçons de mar es pesquen a la tardor i a l'hivern. Els musclos de roca de les cales de Cap de Creus no s'obliden fàcilment. I per postres, dolços. Els taps de Cadaqués, convenientment flamejats al rom, poden ser el comiat d'una taula memorable.

Fogones de mar

El repertorio gastronómico que ofrece Cadaqués se encuentra entre los mejores fogones de la costa. En escenarios diversos, la oferta es suficientemente amplia para abarcar todos los gustos y todos los bolsillos. Ya que la pesca es diferente en cada momento del año, lo mejor es pedir el pescado fresco del día: sardina, jurel, caballa... aromas de mar y gustos esenciales. La lista es muy larga pero si queréis dos clásicos exquisitos, probad el *suquet* (un típico guiso de pescado) y la lubina al horno. Los erizos de mar, las *garotes*, se pescan en otoño e invierno. Los mejillones de roca de las calas de Cap de Creus no se olvidan fácilmente. Y para postre, dulces. Los *taps* de Cadaqués convenientemente flameados con ron, pueden ser la despedida de una mesa memorable.

From the sea to the stove

Cadaqués' gastronomic repertoire ranks amongst the best to be found along the coast. In different settings, there is enough on offer to cover all tastes and all budgets. Since the fish caught varies throughout the year, it is best to order the fresh fish of the day. Sardine, horse mackerel, Atlantic mackerel... aromas from the sea and essential flavours. The list is very long indeed but if you want two exquisite classics, try the *suquet* (a typical fish stew) and the baked sea bass. The sea urchins, the *garotes*, are caught in autumn and winter. The rock mussels from the Cap de Creus coves are not easily forgotten. And for dessert, sweets. The *taps* from Cadaqués conveniently flambéed with rum, could be a delicious farewell to a delicious meal.

Fourneaux de mer

Le répertoire gastronomique proposé par Cadaqués se trouve parmi les meilleurs de la côte. Dans différents lieux, l'offre est suffisamment variée pour satisfaire tous les goûts et toutes les bourses. Comme la pêche est différente à chaque moment de l'année, le mieux est de demander le poisson frais du jour. Sardine, saurel, maquereau... des arômes de mer et des goûts essentiels. La liste est très longue mais si vous voulez deux classiques exquis, goûtez au *suquet* (un plat typique de poisson) et au bar au four. Les *garotes* (oursins) se ramassent en automne et en hiver. Les moules de roche des criques du Cap de Creus ne s'oublient pas facilement. Et pour le dessert, des pâtisseries. Les *taps* de Cadaqués, bien flambés au rhum, peuvent conclure brillamment un repas mémorable.

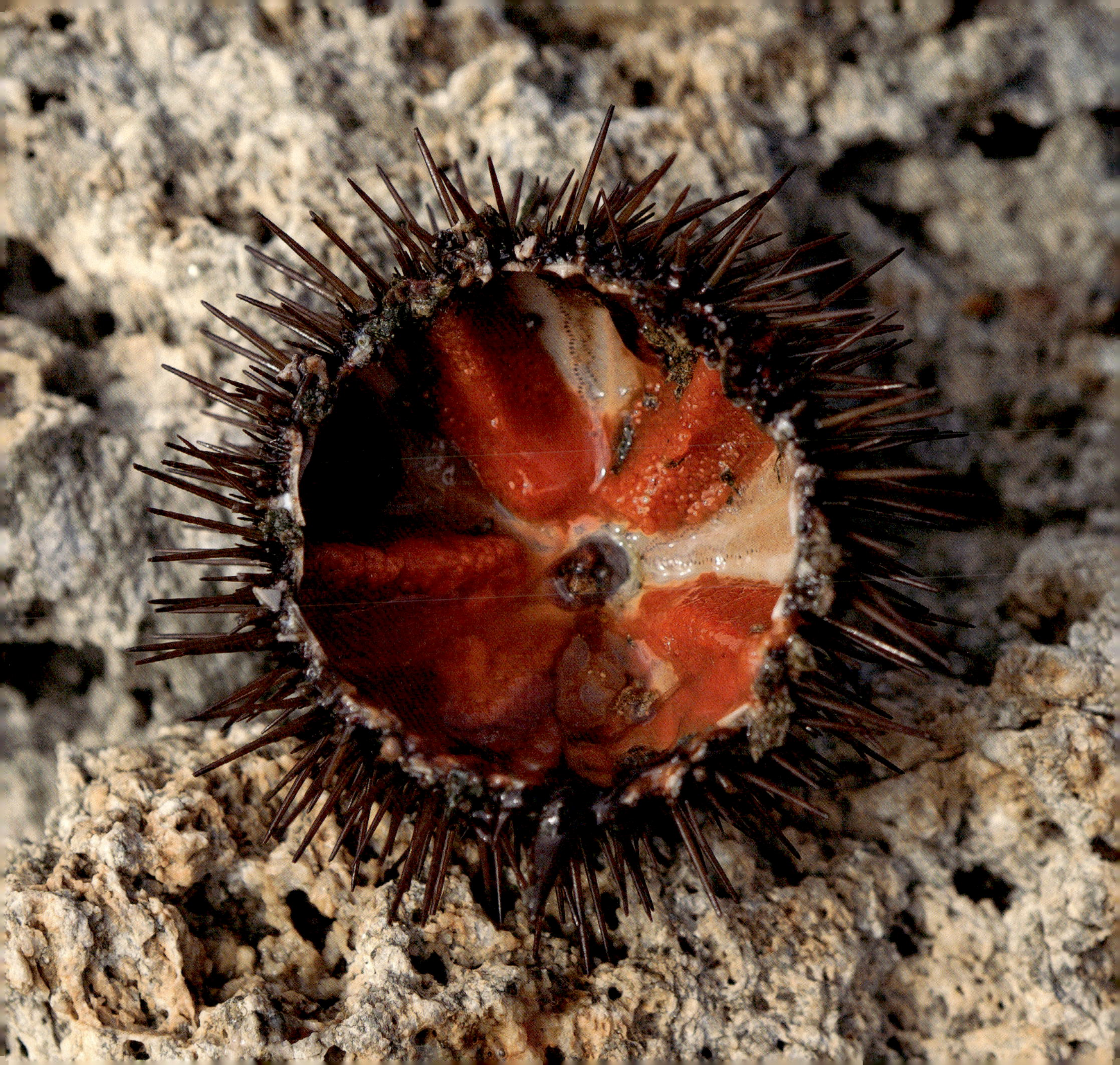

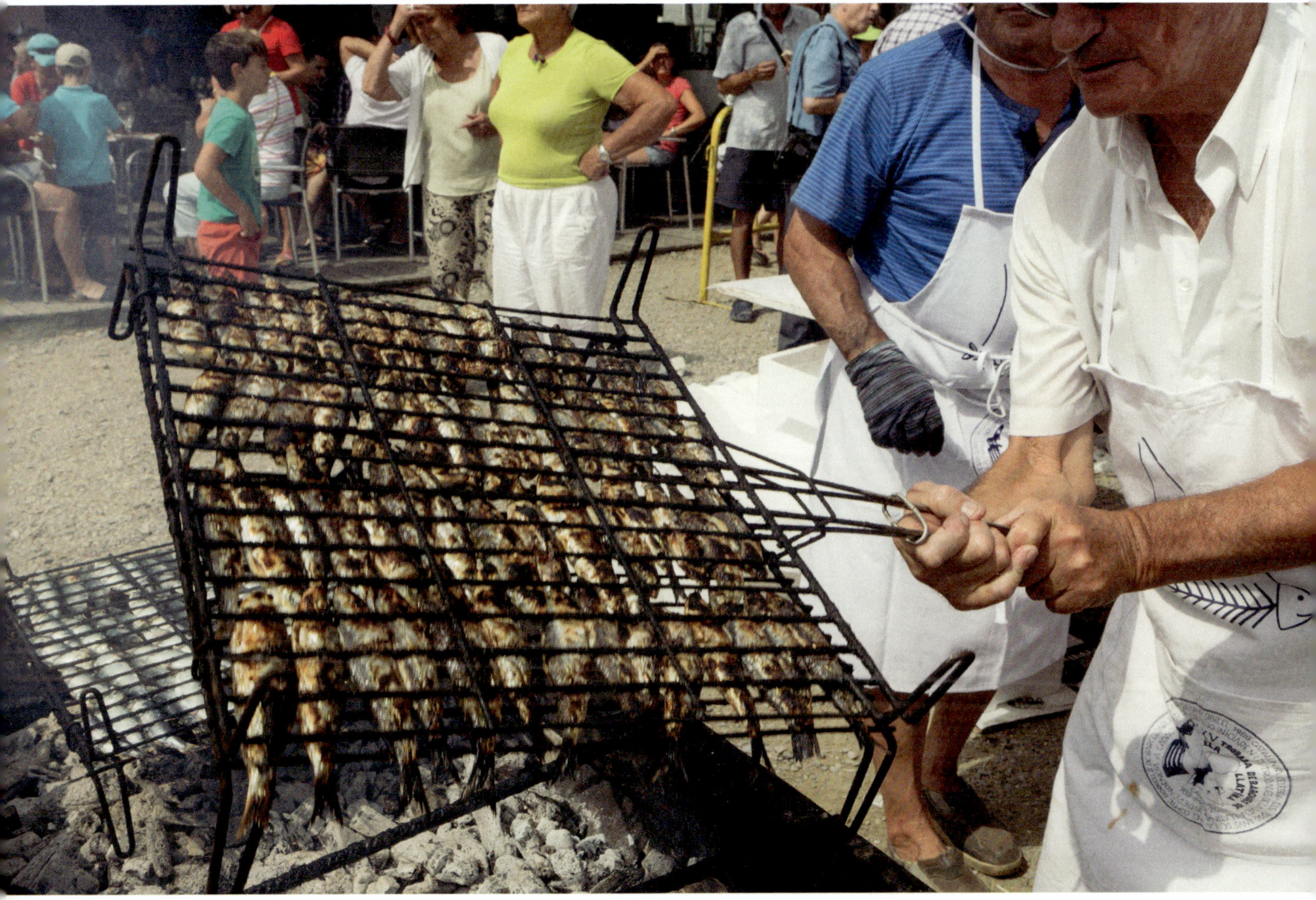

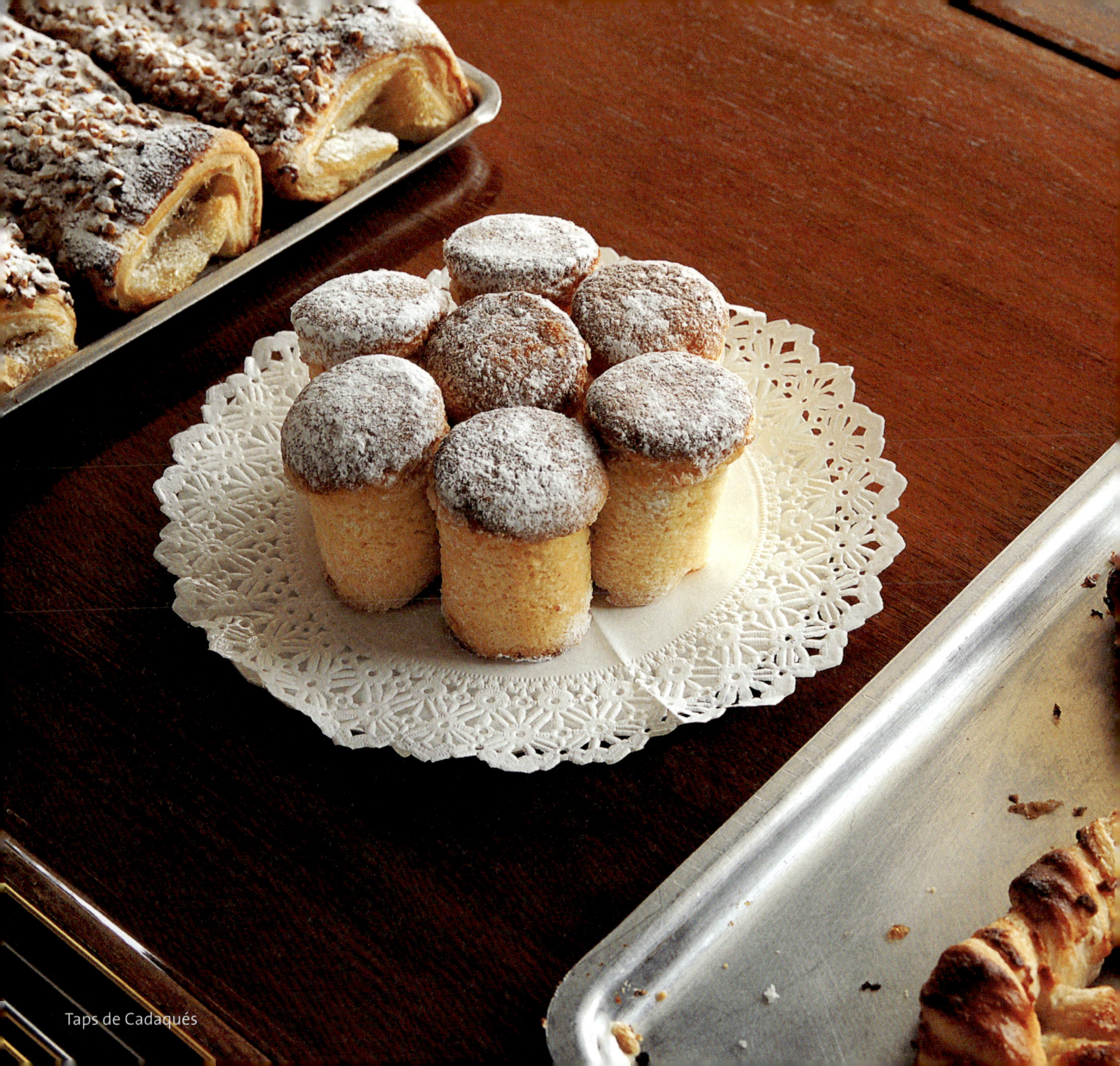

Taps de Cadaqués

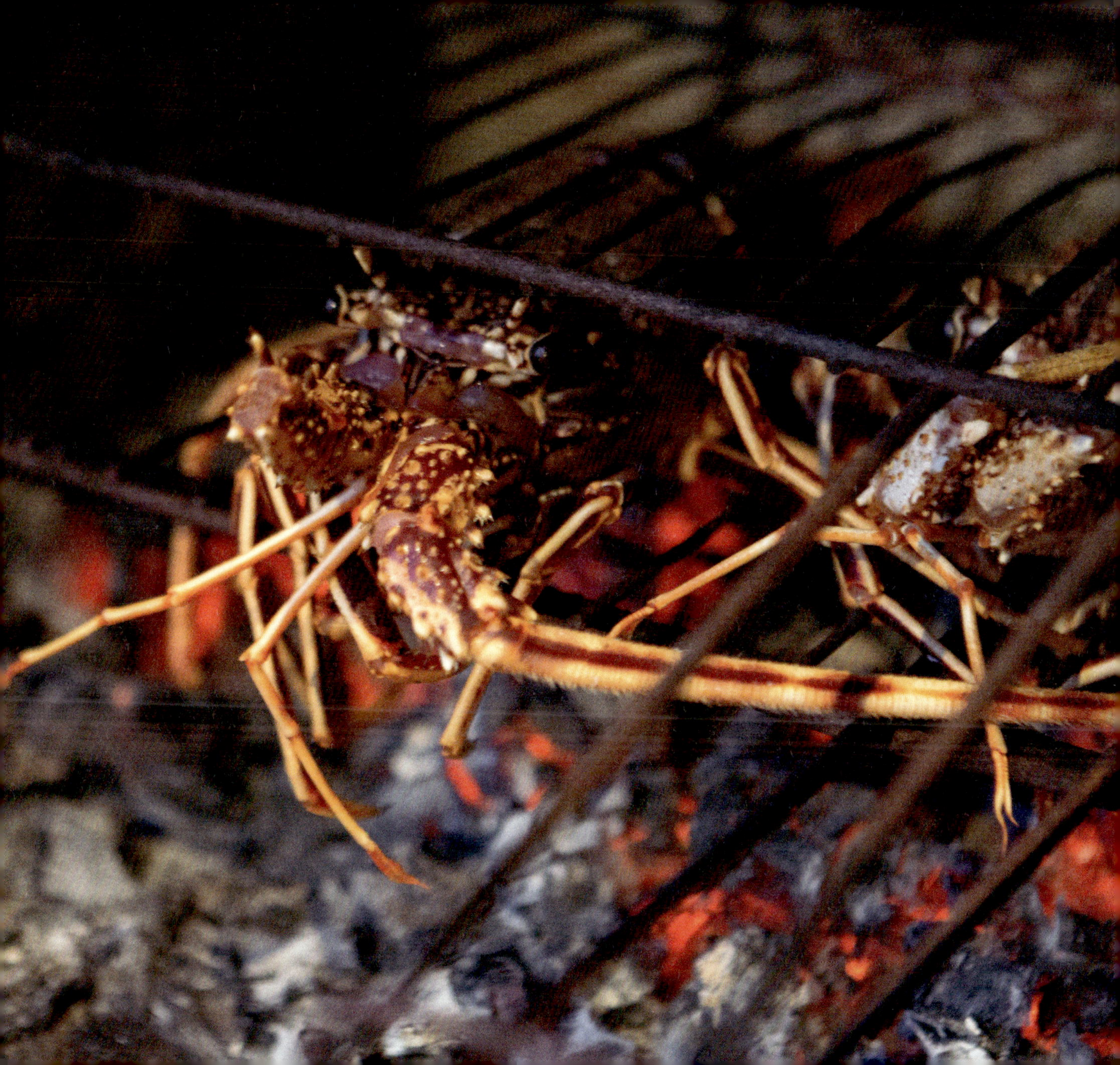

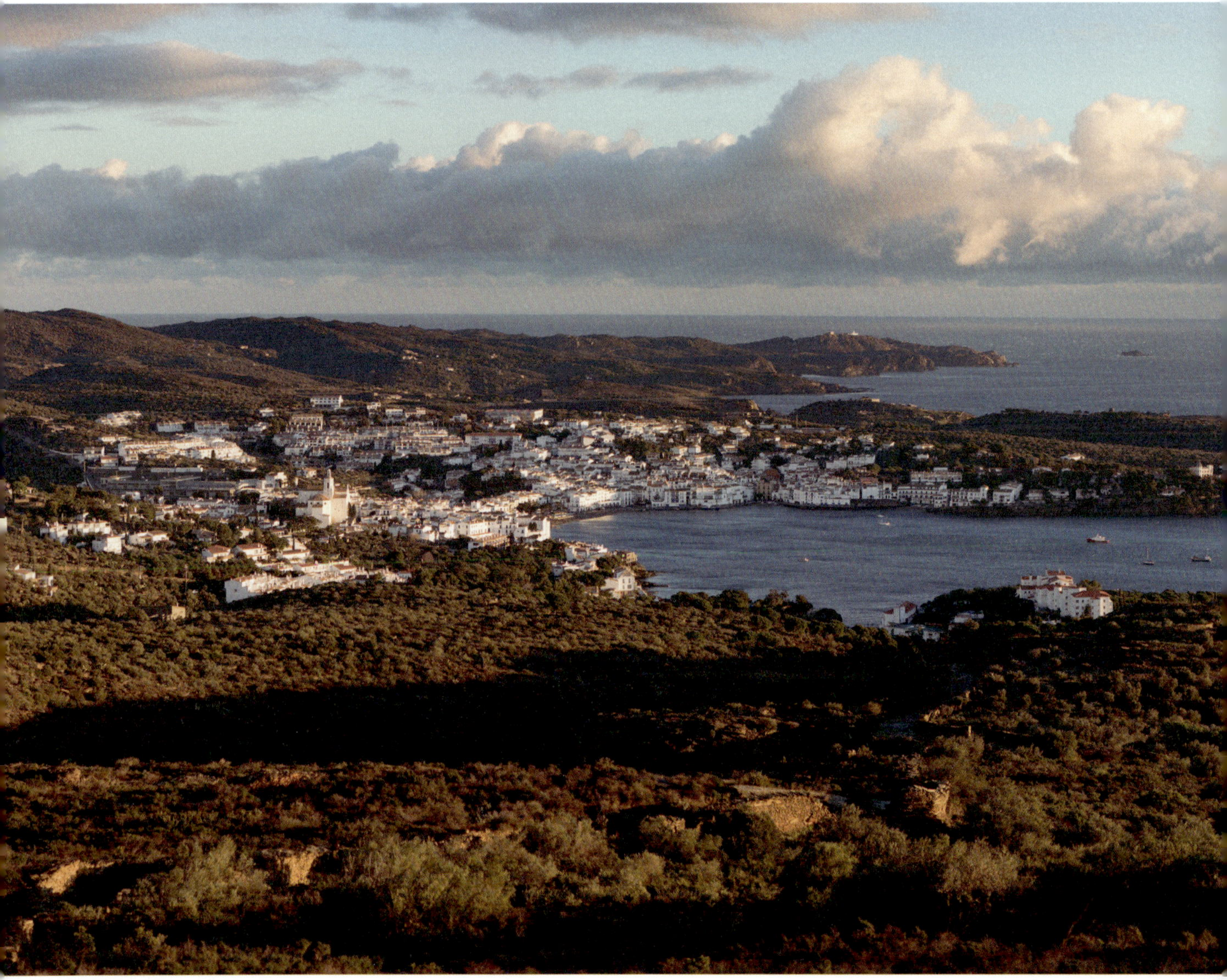

Badia de Cadaqués

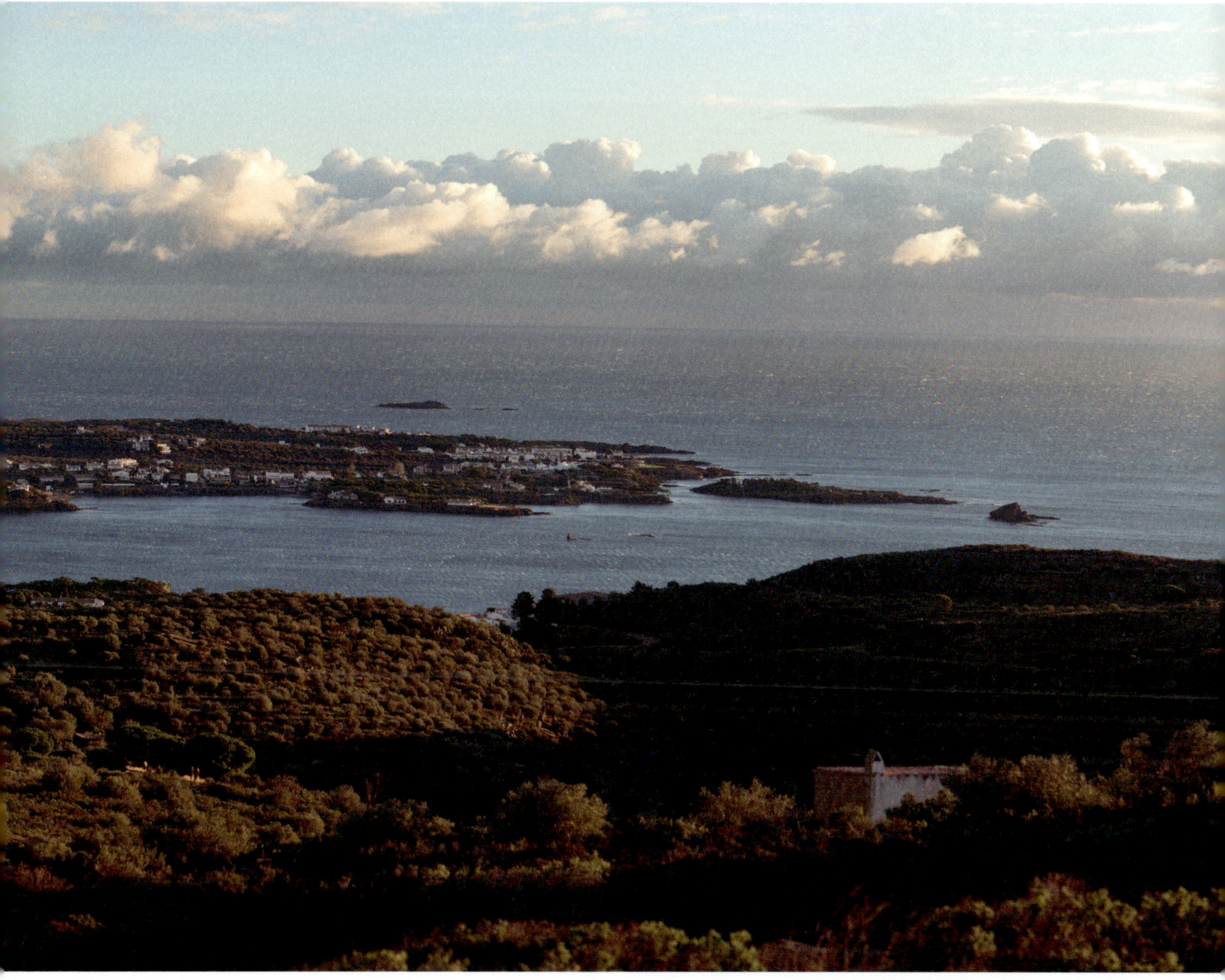

Portlligat

No sabrem mai quina hagués estat la sort de la petita badia de Portlligat si Salvador Dalí no n'hagués fet el seu lloc en el món. El que sí és cert és que, ja abans d'ell, per als pescadors de Cadaqués, aquesta badia tancada o lligada per dues illes que la protegeixen del mar obert, era un dels racons més preuats del terme. Dalí va convertir-la en un paisatge de projecció universal. En la seva elecció, va tenir bon ull, molt bon ull.

Ubicada al nord del poble de Cadaqués, la badia de Portlligat forma un port natural d'aigües tranquilles i llum excepcional tancat per l'illa de Portlligat i per l'illa diminuta de sa Farnera. Des de 1953, per impuls i gestions de Salvador Dalí, un patronat protegeix la badia de la voràgine immobiliària. Per terra, és encerclada per oliveres en un paisatge atàvic i sobri que anuncia el que comença més amunt: la geologia mineral de Cap de Creus. Per mar, el seu relleu

No sabremos nunca cual hubiera sido la suerte de la pequeña bahía de Portlligat si Salvador Dalí no la hubiera convertido en su lugar en el mundo. Lo que sí es cierto es que, ya antes que él, para los pescadores de Cadaqués, esta bahía cerrada por dos islas que la protegen del mar abierto, era uno de los rincones más preciados del término. Dalí la convirtió en un paisaje de proyección universal. En su elección, tuvo buen ojo, muy buen ojo.

Ubicada al norte del pueblo de Cadaqués, la bahía de Portlligat forma un puerto natural de aguas tranquilas y luz excepcional cercado por la isla de Portlligat y por la isla diminuta de Sa Farnera. Desde 1953, por el impulso y las gestiones de Salvador Dalí, un patronato protege la bahía de la vorágine inmobiliaria. Por tierra, está circundada por olivos en un paisaje atávico y sobrio que anuncia lo que empieza más al norte: la geología mineral del Cap de Creus. Por mar, su relieve

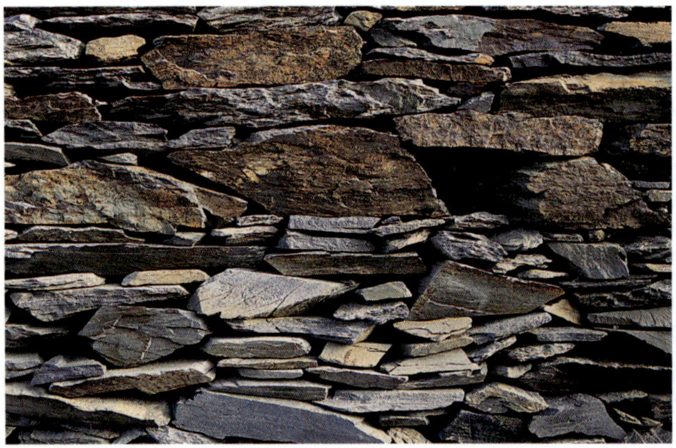

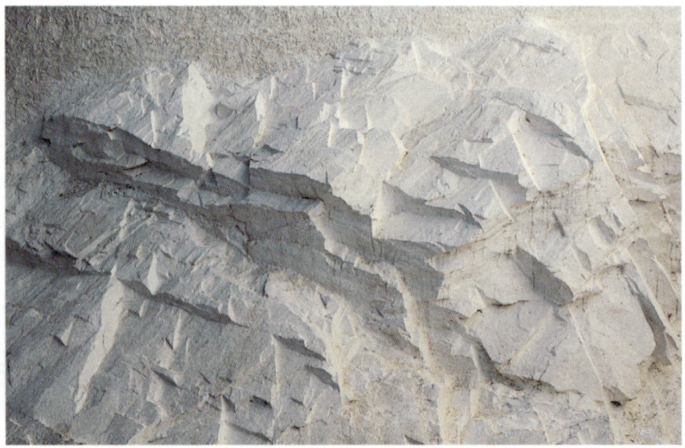

We will never know what would have been the fate of the small bay of Portlligat if Salvador Dalí had not converted it into his place in the world. What is true is that, even before him, for the fishermen of Cadaqués, this bay closed by two isles that protect it from the open sea, was one of the most appreciated corners in the district. Dalí turned it into a universally projected landscape. He had a sharp eye in his choice, a very sharp eye indeed.

Situated to the north of the village of Cadaqués, the bay of Portlligat forms a natural port of calm waters and exceptional light surrounded by the isle of Portlligat and by the tiny isle of Sa Farnera. Since 1953, at the behest of and with the involvement of Salvador Dalí, a foundation protects the bay from the property development whirlpool. On the land, it is surrounded by olive groves in an atavistic and sober landscape that heralds an advance notice of what begins a little

On ne saura jamais quel aurait été le destin de la petite baie de Portlligat si Salvador Dalí n'en avait pas fait son lieu en ce monde. Ce qui est vrai, c'est qu'avant lui déjà, pour les pêcheurs de Cadaqués, cette baie fermée par deux îles qui la protègent de la mer ouverte, était l'un des recoins les plus appréciés du lieu. Dalí en fit un paysage de portée universelle. Dans son choix, il eut de l'intuition, une très bonne intuition.

Située au nord du village de Cadaqués, la baie de Portlligat forme un port naturel aux eaux tranquilles et à la lumière exceptionnelle, fermé par l'île de Portlligat et par l'îlot de Sa Farnera. Depuis 1953, grâce à l'impulsion et aux démarches de Salvador Dalí, un patronat protège la baie des spéculations immobilières. Côté terre, elle est entourée d'oliviers dans un paysage atavique et sobre, qui annonce ce qui commence plus au nord : la géologie minérale du Cap de Creus. Côté mer, son relief de terre presque circulaire

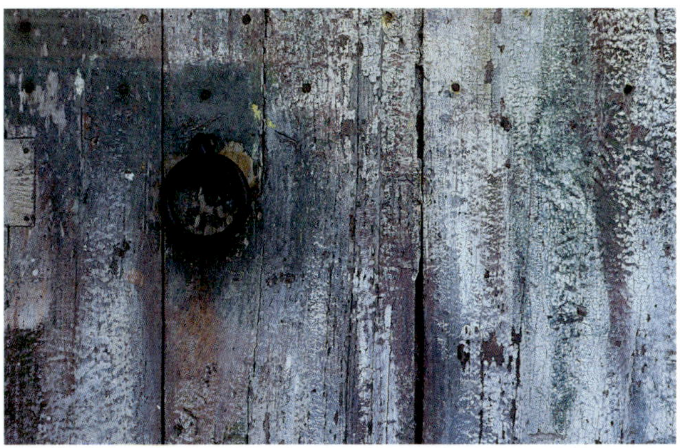

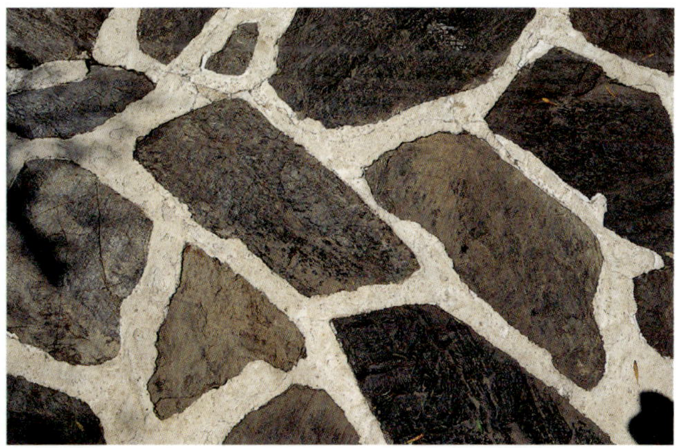

de terra quasi circular la fa una badia característica. Com deia l'escriptor Josep Pla, "aquesta és, en efecte, una de les cales d'aquesta costa que produeixen la il·lusió de viure en la pura intimitat del mar." És això el que comprovaven els pescadors quan hi fondejaven buscant un recer de calma. És això el que hi va saber veure Salvador Dalí, que coneixia l'indret des de les sortides familiars en barca de quan era nen. És això el que encara avui s'experimenta quan un es troba davant de la badia.

L'illa de Portlligat o illa del Correu —el carter del poble hi va viure durant anys—, amb el seu mig quilòmetre de llargària en forma de dragó, és una illa de vegetació pobra –matolls i algun arbust– on dècades enrere hi havia algunes cases habitades per gent del poble. Més endavant, als anys setanta, una colònia llibertària s'hi instal·lava espontàniament cada estiu. Avui, tots els edificis han estat enderrocats i és deshabitada. Des de 1989, el Pla Especial de Protecció de l'illa de Portlligat té cura de preservar-la. Però aquesta illa és, per damunt de tot, un perfil que identifica la badia. Reproduït incansablement per la mà hàbil de Salvador Dalí, avui ja forma part de l'imaginari col·lectiu. Tant se val que no coneguem Portlligat; en arribar-hi, el seu relleu de mar voltat per terra i les seves aigües planes ens resulten familiars, sorprenentment familiars. Com també la seva llum. Una llum, als ulls de Dalí, "centenària, pobra, serena i intrèpida com el front concís de Minerva".

Al fons de la badia, hi ha el nucli de Portlligat, antic refugi de pescadors convertit de fa anys en lloc d'estiueig i presidit per la casa de Salvador Dalí. Un nucli tan antic com el poble de Cadaqués on els pescadors

de tierra casi circular la convierte en una bahía característica. Como decía el escritor Josep Pla, "esta es, en efecto, una de las calas de esta costa que producen la ilusión de vivir en la pura intimidad del mar". Es esto lo que comprobaban los pescadores cuando fondeaban buscando un cobijo de calma. Es esto lo que supo ver Salvador Dalí, que conocía bien el lugar desde las salidas familiares en barca cuando era niño. Es esto lo que todavía hoy se experimenta cuando uno se encuentra ante la bahía.

La isla de Portlligat o la isla del Correu (Correo) —el cartero del pueblo vivió en ella durante años—, con su medio kilómetro de longitud en forma de dragón, es una isla de escasa vegetación —matojos y arbustos— donde décadas atrás existían casas habitadas por gente del pueblo. Posteriormente, ya en los setenta, una colonia libertaria se instalaba en ella de forma espontánea cada verano. Hoy en día, todos los edificios han sido demolidos y está deshabitada. Desde 1989, el Plan Especial de Protección de la isla de Portlligat la preserva. Pero ésta es, por encima de todo, un perfil que identifica la bahía. Reproducido incansablemente por la hábil mano de Salvador Dalí, hoy ya forma parte del imaginario colectivo.

No importa si no conocemos Portlligat; al llegar, su relieve de mar envuelto por tierra y sus aguas planas nos resultan familiares, sorprendentemente familiares. Como también su luz. Una luz, a ojos de Dalí, "centenaria, pobre, serena e intrépida como la frente concisa de Minerva".

Al fondo de la bahía, está el núcleo de Portlligat, antiguo refugio de pescadores convertido desde hace años en lugar de veraneo y presidido por la casa de Salvador Dalí. Un núcleo tan antiguo como el pue-

further north: the mineral geology of Cap de Creus. From the sea, its almost circular land relief turns it into a typical bay. As the writer Josep Pla said, “it is, in fact, one of the coves on the coast that creates the illusion of living in the pure intimacy of the sea”. This is what the fishermen found when they anchored in search of a calm shelter. This is what Salvador Dalí was able to see, knowing the spot well from his family boat trips when he had been a boy. This is what one still experiences today when facing the bay.

The isle of Portlligat or the isle of Correu (Post Office) —the village postman lived on it for many years—, half a kilometre long and in the shape of a dragon, is an isle with little vegetation —scrubland and bushes— where decades before there had been houses inhabited by people from the village. Later on, by the seventies, a hippy colony set up home on it spontaneously every summer. Today, all the buildings have been demolished and it is uninhabited. Since 1989, the Special Protection Plan for the isle of Portlligat conserves it. This is, nonetheless, above all else a profile that identifies the bay. Reproduced untiringly by the skilful hand of Salvador Dalí, it today forms part of the collective memory. It does not matter if we do not know Portlligat; on arriving, its relief of the sea enveloped by land and its calm waters are familiar to us, surprisingly familiar. As is its light. A light, in the eyes of Dalí, “one hundred years old, poor, serene and intrepid like the concise forehead of Minerva”.

At the back of the bay is the hamlet of Portlligat, the old fishermen's refuge which was many years ago turned into a summer retreat and overlooked by Salvador Dalí's house. It is a hamlet as old as the village of Cadaqués, where the fishermen anchored

en fait une baie caractéristique. Comme disait l'écrivain Josep Pla, « c'est, en effet, l'une des criques de cette côte qui produit l'illusion de vivre dans la pure intimité de la mer ». C'est ce que savaient les pêcheurs lorsqu'ils sondaient la mer à la recherche d'un abri calme. C'est ce que sut voir Salvador Dalí, qui connaissait bien l'endroit depuis les sorties en bateau de son enfance. C'est ce que l'on sent encore lorsque l'on se trouve face à la baie.

L'île de Portlligat ou île del Correu (du courrier), ainsi nommée parce que le facteur du village y habita pendant des années, avec son demi kilomètre de longueur et sa forme de dragon, est une île à la végétation rare, — quelques arbustes et buissons —, où il y a quelques décennies, existaient des maisons habitées par des gens du village. Plus tard, dans les années soixante-dix, une colonie libertaire s'y installait spontanément tous les étés. Aujourd'hui, tous les édifices ont été démolis et elle est inhabitée. Depuis 1989, le Plan spécial de Protection de l'île de Portlligat la préserve. Mais elle est surtout une silhouette qui permet d'identifier la baie. Reproduite inlassablement par la main habile de Salvador Dalí, elle fait aujourd'hui partie de l'imaginaire collectif. Peu importe si l'on ne connaît pas Portlligat ; en arrivant, son relief maritime entouré de terre et ses eaux plates semblent familières, étonnement familières. Comme sa lumière. Une lumière, qui, aux yeux de Dalí, était « centenaire, pauvre, sereine et intrépide comme le front concis de Minerve ».

Au fond de la baie, se trouve le hameau de Portlligat, ancien refuge de pêcheurs devenu, depuis lors, un lieu de villégiature estivale présidé par la maison de Salvador Dalí. Un petit village aussi ancien que

hi ancoraven quan hi havia mala mar. Alguns van acabar alçant-hi una barraca on guardaven els estris de pesca i hi feien nit. Per a ells, la petita platja de Portlligat era el lloc on assecaven les xarxes, és a dir, ses estenedors. Les barraques centenàries dels pescadors són l'origen del Portlligat que coneixem avui. Conserven la seva arquitectura mínima de materials elementals i xemeneies acabades en piràmide per protegir el foc de la tramuntana. Avui, a més de les antigues cases dels pescadors convertides en segones residències, a Portlligat hi ha un element insòlit que ja forma part del paisatge: la casa de Salvador Dalí,

blo de Cadaqués, donde los pescadores ancoraban cuando había mar de fondo. Algunos de ellos acabaron levantado una barraca para guardar los aperos de pesca y pasar la noche. Para ellos, la pequeña playa de Portlligat era el sitio donde poner a secar las redes, es decir, los tendederos. Las barracas centenarias de los pescadores son el origen del Portlligat que conocemos actualmente. Conservan su arquitectura mínima de materiales elementales y chimeneas acabadas en pirámide para proteger el fuego de la tramontana. Hoy, además de las antiguas casas de los pescadores convertidas en segundas residencias, en Portlligat hay

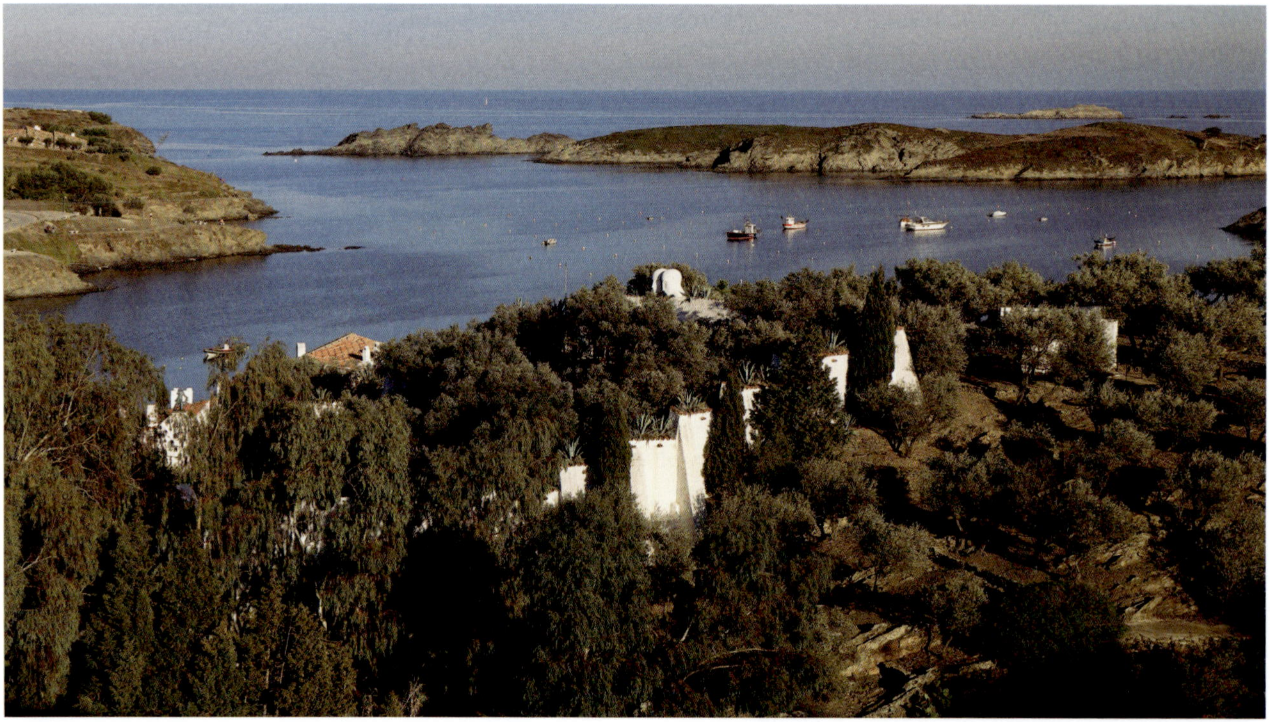

Badia de Portlligat

when there had been a swell. Some of them ended up building a hut to keep their fishing tackle and spend the night. For them, the small beach of Portlligat was the spot for drying the nets, in other words, the clothesline. The hundred-year-old fishermen's huts are the origin of the Portlligat that we know today. They preserve their minimal architecture of elemental material and chimneys finished in a pyramid to protect the fire from the Tramuntana wind. Today, as well as the old fishermen's houses converted into second homes, in Portlligat there is an unusual element that now forms part of the landscape: Salvador Dalí's

Cadaqués, où les pêcheurs ancraient leurs embarcations quand il y avait des lames de fond. Certains d'entre eux finirent par y construire des cabanes pour garder le matériel de pêche et passer la nuit. Pour eux, la petite plage de Portlligat était l'endroit idéal pour mettre les filets à sécher, c'est-à-dire, les étendoirs. Les cabanes centenaires de pêcheurs ont donné naissance au Portlligat que l'on connaît actuellement. Elles conservent leur architecture minimale, faites de matériaux élémentaires et de cheminées terminées en forme de pyramide pour protéger le feu de la tramontane. Aujourd'hui, en plus des anciennes maisons

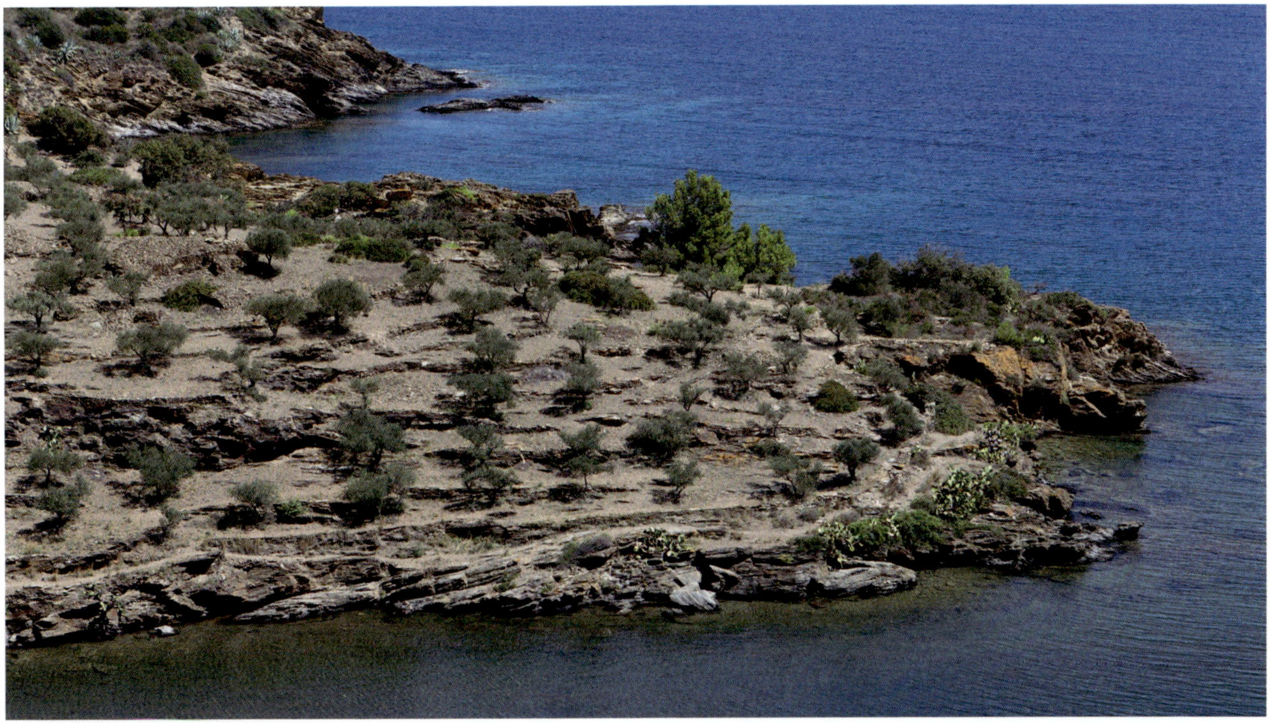

Es Jonquet

que emergeix en blocs cúbics i picades d'ullet surreals. Aquesta, junt amb el Teatre-Museu de Figueres i el castell de Púbol al Baix Empordà, és un dels tres espais imprescindibles per tot aquell que es vol apropar a l'univers Dalí.

Aquesta va ser l'única residència fixa a la llarga vida del pintor. Aquí, Dalí hi va viure, hi va pintar, hi va estimar i hi va convocar personatges de tot el món. Des de 1930 i quasi fins a la seva mort, Portlligat va ser un paisatge vital i pictòric bàsic. Quan Dalí va comprar la primera barraca de pescadors l'any 1930, allà no hi havia res, ni llum, ni aigua, ni res. Portlligat era un lloc lluny de tot on estimar Gala... i on pintar. A la nit, treballava amb *petromax*, un sistema que utilitzaven les barques de nit per pescar a l'encesa. Amb els anys, va anar adquirint diferents barraques —fins a vuit— per formar el conjunt que avui veiem. Cada tardor, "quan s'acabaven els diners", Dalí i Gala canviaven el silenci mineral de Portlligat pel brogit de París o Nova York. A la primavera, deixaven la ciutat "com qui deixa una olla plena de tripa" i tornaven al refugi uterí de Portlligat. Un lloc que va ser, durant anys, un reducte de silenci. Finalment, als anys setanta i vuitanta, els autocars arribaven a Portlligat per veure al pintor, ni que fos un moment, al jardí. Vuit anys més tard de la seva mort, l'any 1997 va ser oberta com a Casa-Museu.

Però Portlligat té, a més del nucli central, un conjunt de platges i cales minúscules. Cap al sud, seguint la riba on atraquen els pescadors, s'arriba a la llarga cala Calders i al passatge de ses Boquelles, el punt de màxima proximitat entre la costa i l'illa del Correu. En direcció contrària, cap al nord, de la Platja de Portlligat surt un passeig asfaltat fins a

un elemento insólito que ya forma parte del paisaje: la casa de Salvador Dalí, que emerge en bloques cúbicos y guiños surreales. Ésta, junto con el Teatro-Museo de Figueres y el Castillo de Púbol, es uno de los tres espacios imprescindibles para todo aquel que quiera acercarse al universo de Dalí.

Esta fue la única residencia fija durante la larga vida del pintor. Aquí Dalí vivió, pintó, amó y convocó a personajes de todo el mundo. Desde 1930 y casi hasta su muerte, Portlligat fue un paisaje vital y pictórico básico. Cuando Dalí compró la primera barraca de pescadores en 1930, ésta no contaba con nada, ni luz, ni agua, ni nada. Portlligat era un lugar alejado de todo, un lugar donde amar a Gala... y donde pintar. Por la noche trabajaba con *petromax*, una linterna de fuel utilizada en las barcas que pescaban al candil. Con los años fue adquiriendo diferentes barracas —hasta ocho— para formar el conjunto que hoy conocemos. Cada otoño, "cuando se agotaba el dinero", Dalí y Gala cambiaban el silencio mineral de Portlligat por el ajetreo de París o Nueva York. En primavera, dejaban la ciudad "como quien deja una olla llena de tripa" y volvían al refugio uterino de Portlligat. Un lugar que fue, durante años, un reducto de silencio. Finalmente, en los años setenta y ochenta, los autocares llegaban a Portlligat para ver al pintor, ni que fuera un momento, en el jardín. En 1997, ocho años después de la muerte del pintor, la casa fue abierta al público.

Pero Portlligat tiene, además del núcleo central, un conjunto de playas y calas minúsculas. Hacia el sur, siguiendo la orilla donde atracan los pescadores, se llega a la larga Cala Calders y al pasaje de Ses Boquelles, el punto de máxima proximidad entre la costa y la isla del Correu. En dirección contraria, hacia el

house, which emerges in cube-shaped blocks and surreal suggestions. This building, along with the Theatre-Museum of Figueres and the Castle of Púbol, is one of the three essential spaces for anyone who wishes to approach and understand Dalí's universe.

This was the only permanent residence throughout the painter's long life. Here Dalí lived, painted, loved and invited figures from all over the world. From 1930 and almost until his death, Portlligat was a vital basic pictorial landscape. When Dalí bought the first fishermen's hut in 1930, it had absolutely nothing: no electricity or running water: nothing at all. Portlligat was a spot far away from everything, a spot to love Gala... and to paint. At night he worked with *petromax*, a lantern fuel used on the boats that fished by oil lamp. As the years passed by, he bought up different huts —eight in all— to form the whole building that we know today. Every autumn, "when the money ran out", Dalí and Gala changed the rocky silence of Portlligat for the hustle and bustle of Paris or New York. In spring they left the city, "like one leaves the pot full of tripe", and returned to the womb-like refuge of Portlligat. A refuge that was, for many years, a silent retreat: finally, however, in the seventies and eighties, the coaches arrived at Portlligat to see the painter, if only for a fleeting moment, in the garden. In 1997, eight years after the painter's death, the house was opened to the public.

Portlligat also has, apart from the central hamlet, a series of beaches and tiny coves. Southwards, following the shoreline where the fishermen dock, one reaches the long Cala Calders and the Ses Boquelles crossing, the closest point between the coast and the isle of Correu. In the opposite direction, towards the

de pêcheurs transformées en résidences secondaires, on trouvera à Portlligat un élément insolite qui fait déjà partie du paysage : la maison de Salvador Dalí, qui émerge en blocs cubiques et en clins d'œil surréalistes. Celle-ci, avec le Théâtre-Musée Dalí de Figueres et le château de Púbol, est l'un des trois espaces indispensables pour tous ceux qui souhaitent s'approcher de l'univers de Dalí.

Portlligat fut la seule résidence fixe du peintre pendant toute sa vie. C'est ici que Dalí vécut, peignit, aima et accueillit des personnages du monde entier. Depuis 1930 et pratiquement jusqu'à sa mort, Portlligat fut un paysage vital et pictural fondamental. Quand Dalí fit l'acquisition de la première cabane de pêcheurs en 1930, il n'y avait ni eau, ni électricité, ni rien. Portlligat était un lieu éloigné de tout, un lieu pour aimer Gala, un lieu pour peindre... La nuit, il travaillait avec un *petromax*, une lanterne de fuel utilisée dans les bateaux pour la pêche à la lanterne. Avec les années, il fit l'acquisition de différentes cabanes, jusqu'au nombre de huit, pour former l'ensemble que l'on connaît aujourd'hui. Chaque automne, « quand il n'y avait plus d'argent », Dalí et Gala troquaient le silence minéral de Portlligat pour l'agitation de Paris ou New York. Au printemps, ils quittaient la ville saturés et retournaient au refuge utérin de Portlligat. Un lieu qui, pendant des années, fut un refuge de silence. Finalement, dans les années soixante-dix et quatre-vingt, les autocars allaient jusqu'à Portlligat pour voir le peintre, même un instant, dans son jardin. En 1997, huit ans après la mort du peintre, la maison fut ouverte au public.

Mais Portlligat, en plus de sa partie habitée, c'est aussi un ensemble de plages et de criques minuscules. Vers le sud, en suivant la rive où les pêcheurs

la cala de Sant Antoni. Podem seguir més enllà. Un camí vora el mar ens durà, per cales silencioses, fins al far de Cap de Creus: Jonquet, Guillola, cala Bona i Jugadora. El verd agrisat de les oliveres arriba fins a l'aigua en una ruta inoblidable per la Costa Brava més mineral.

Per accedir a Portlligat, es pot seguir el camí de ronda des de Cadaqués que passa per la platja des Caials, important centre d'immersió i d'arqueologia submarina. Si es prefereix la ruta interior, en cotxe o a peu, passarem per la minúscula ermita de Sant Baldiri. De l'ermita surt un camí per on els pescadors accedien a un mirador proper per observar el temps i l'estat del vent a Cap de Creus. A prop de l'ermita hi ha el cementiri de Cadaqués, un dels més bells de la Costa Brava. Un trajecte centenari de molt bon caminar. Un passeig que s'ho val.

norte, sale un paseo asfaltado que va desde la Platja de Portlligat hasta la cala de Sant Antoni. Podemos seguir más allá: un camino cercano al mar nos conducirá hasta el faro de Cap de Creus a través de calas silenciosas: Jonquet, Guillola, Cala Bona y Jugadora. El verde agrisado de los olivos llega hasta el agua en una ruta inolvidable por la Costa Brava más mineral.

Para acceder a Portlligat, se puede coger el camino de ronda que, desde Cadaqués, pasa por la playa de Es Caials, importante centro de inmersión y de arqueología submarina. Si se prefiere la ruta interior, en coche o a pie, pasaremos por la minúscula ermita de Sant Baldiri. De la ermita sale un camino por el que los pescadores accedían a un mirador para observar el tiempo y el estado del viento en el Cap de Creus. Cerca de la ermita se encuentra el cementerio de Cadaqués, uno de los más bellos de la Costa Brava. Un trayecto centenario de muy buen andar. Un paseo que merece la pena.

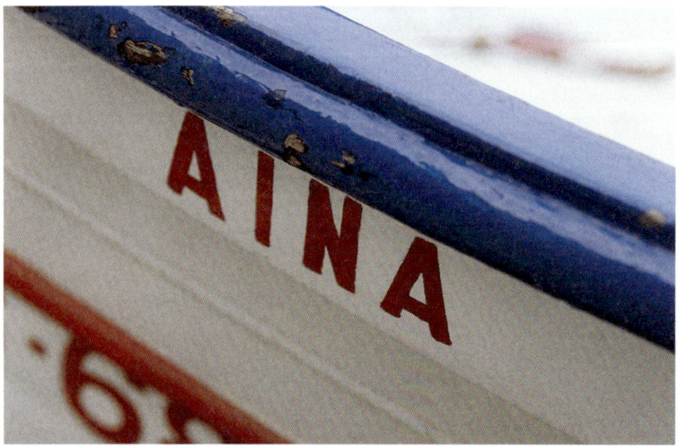

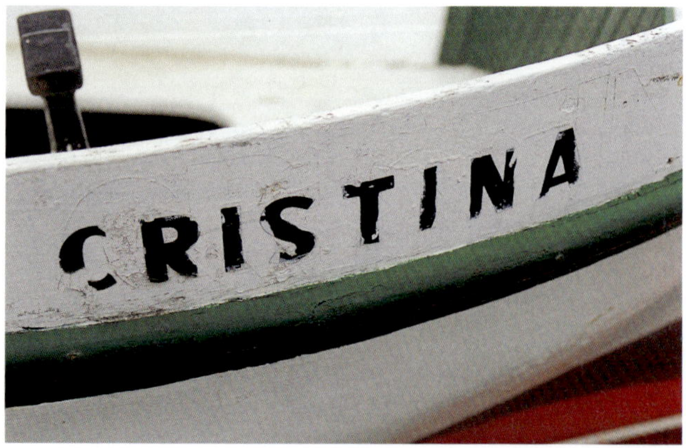

north, is an asphalted path that goes from the Platja de Portlligat to the cove of Sant Antoni. We can continue further on: a path close to the sea will lead us to the Cap de Creus lighthouse along silent coves: Jonquet, Guillola, Cala Bona and Jugadora. The greyish green of the olive groves reaches down as far as the water on an unforgettable route along the most mineral part of the Costa Brava.

To get to Portlligat, one can take the coastal path that, from Cadaqués, passes by the Es Caials beach, an important diving and underwater archaeology centre. If you prefer the inland route, by car or on foot, we will pass by the small hermitage of Sant Baldiri. A path leaves from the hermitage by which the fishermen reached a viewpoint to see what the weather was like and the state of the wind at Cap de Creus. Close to the hermitage is the cemetery of Cadaqués, one of the most beautiful on the Costa Brava.

An easy-to- follow centenary route: a stroll that is well worth the effort.

amarrent leurs embarcations, on arrive à la longue Cala Calders et au passage de Ses Boquelles, le point de la côte où celle-ci est la plus proche de l'île du Correu. En direction contraire, vers le nord, une promenade asphaltée commence, qui va de la Platja de Portlligat à la Cala de Sant Antoni. On peut continuer plus loin : un chemin près de la mer conduit jusqu'au phare de Cap de Creus à travers des criques silencieuses : Jonquet, Guillola, Cala Bona et Jugadora. Le vert gris des oliviers arrive jusqu'à l'eau sur une route inoubliable, dans la Costa Brava la plus minérale.

Pour accéder à Portllligat, on peut emprunter le chemin de ronde qui, depuis Cadaqués, passe par la plage d'Es Caials, un important centre de plongée et d'archéologie sous-marine. Si l'on préfère la route intérieure, en voiture ou à pied, on passera par le minuscule ermitage de Sant Baldiri. De l'ermitage, un chemin commence par lequel les pêcheurs accédaient à un mirador pour observer le temps et l'état du vent au Cap de Creus. Près de l'ermitage se trouve le cimetière de Cadaqués, l'un des plus beaux de la Costa Brava. Un trajet centenaire très agréable. Une promenade qui en vaut la peine.

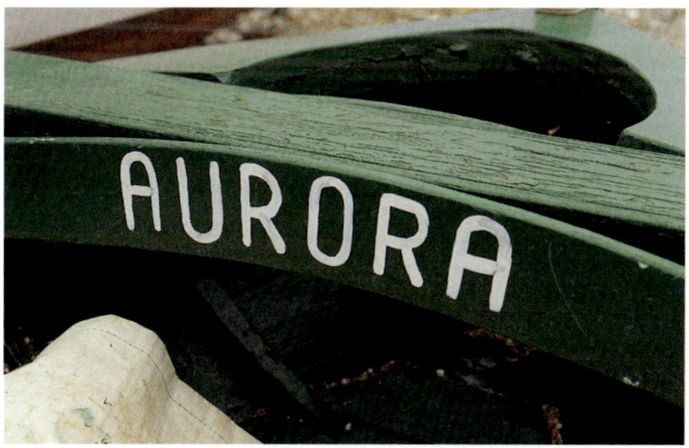

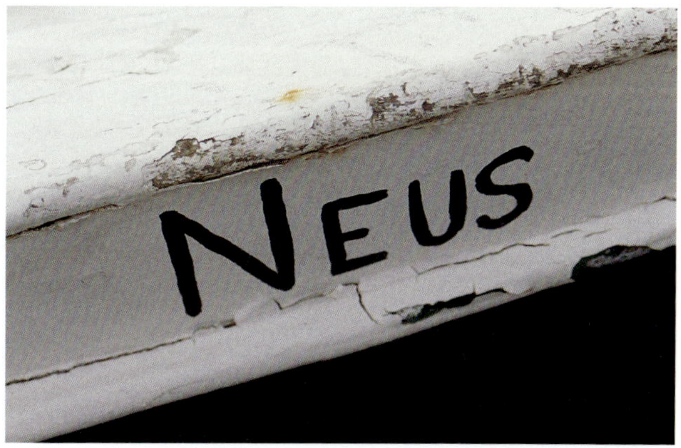

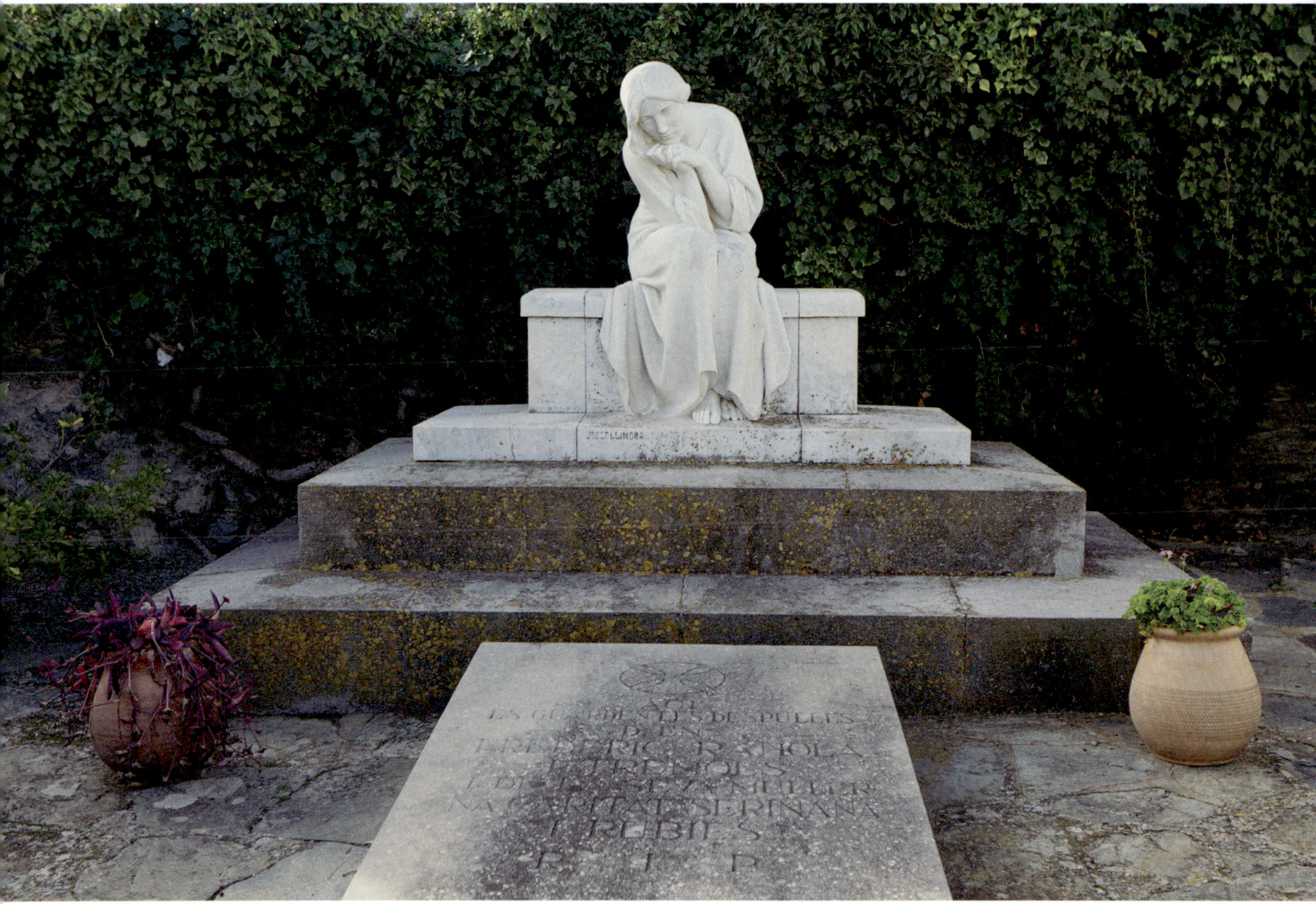

Noia, Josep Llimona

Sant Baldiri

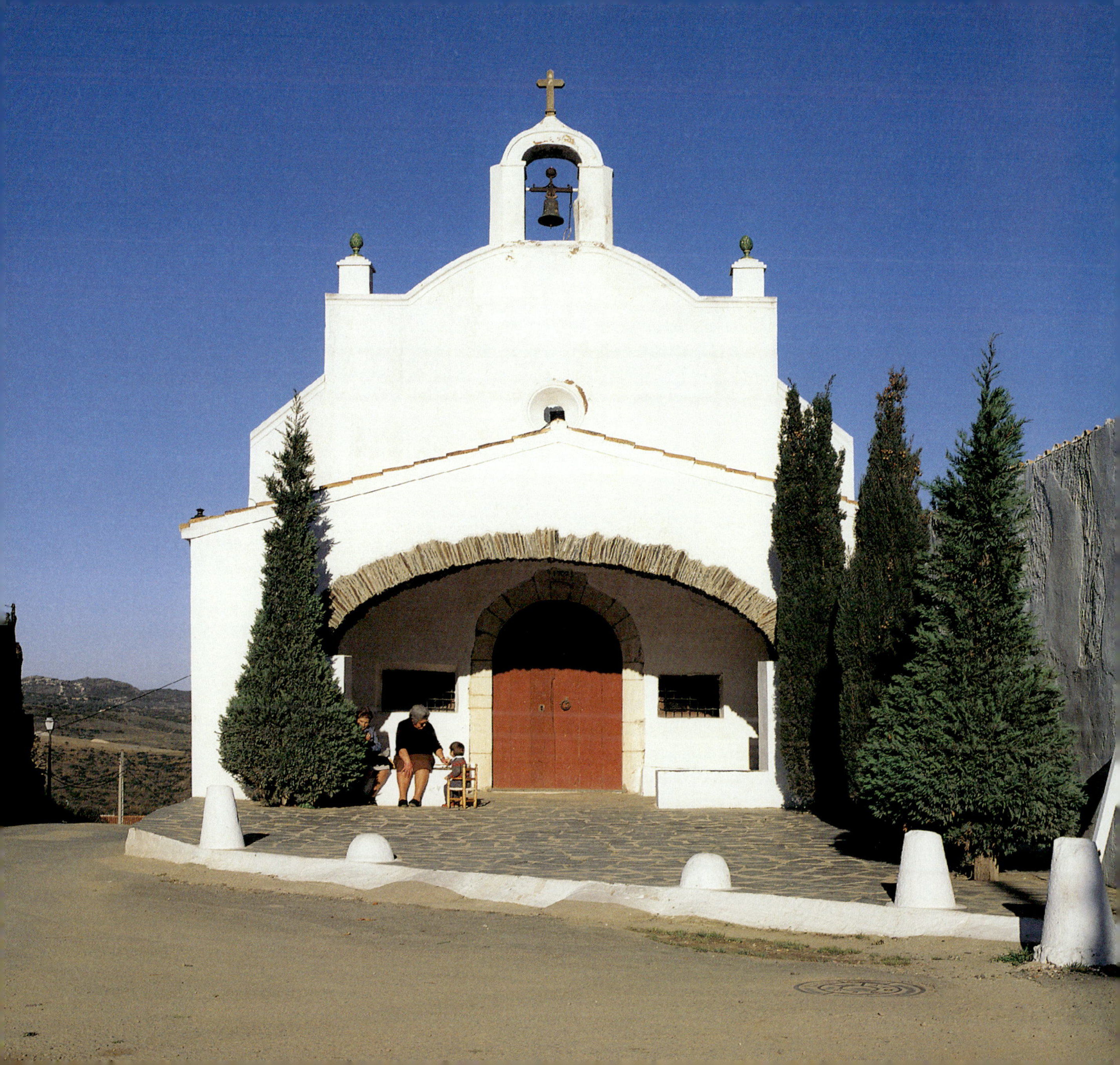

Tots els blaus de Portlligat

"Un dels indrets més àrids, minerals i planetaris de la terra. Els matins ofereixen una alegria salvatge i amarga [...]; els capvespres hi són sovint morbosament tristos, [...] a la tarda, [...] l'aigua està tan tranquil·la que reflecteix els drames del cel crepuscular." Va ser Salvador Dalí qui va conèixer i va pintar tots i cadascun dels blaus de Portlligat. A l'hivern, a l'estiu, de dia i de nit. De la seva mà, aquesta cala ignorada va esdevenir un paisatge reconegut arreu. Un indret que, tot i rebre nombrosos visitants, encara conserva les tonalitats i el cromatisme lluminós que van captivar el pinzell i la mirada del pintor.

Todos los azules de Portlligat

"Uno de los lugares más áridos, minerales y planetarios de la tierra. Las mañanas ofrecen una alegría salvaje y amarga [...]; los atardeceres son a menudo morbosamente tristes, [...] por la tarde, [...] el agua está tan en calma que refleja los dramas del cielo crepuscular." Fue Salvador Dalí quien conoció y pintó todos y cada uno de los azules de Portlligat. En invierno, en verano, de día y de noche. De su mano, esta cala ignorada se convirtió en un pasaje reconocido en todas partes. Un paraje que, a pesar de recibir numerosos visitantes, todavía conserva las tonalidades y el cromatismo luminoso que cautivaron el pincel y la mirada del pintor.

All the blues of Portlligat

"One of the driest, most mineral and planetary spots on the earth. The mornings provide wild and bitter joy [...]; the dusks are often morbidly sad, [...] in the evening, [...] the water is so still that it reflects the dramas of the twilight sky". It was Salvador Dalí who knew and painted each and every one of the blues of Portlligat. In winter, in summer, by day and by night. By his hand, this forgotten cove became a spot recognised all over the world. A spot which, despite receiving many visitors, still preserves the shades and luminous colours that captivated the painter's brush and glance.

Tous les bleus de Portlligat

« L'un des lieux les plus arides, minéraux et planétaires de la terre. Les matins sont d'une joie sauvage et amère [...] ; les crépuscules sont souvent tristes, presque morbides, [...] l'après-midi [...] l'eau est tellement calme qu'elle reflète les drames du ciel crépusculaire » . C'est Salvador Dalí qui connut et peignit tous et chacun des bleus de Portlligat. En hiver, en été, la nuit et le jour. De par sa main, cette crique inconnue devint un paysage reconnu dans le monde entier. Un lieu qui, malgré le nombre de visiteurs importants qu'il reçoit, conserve encore les tonalités et le chromatisme lumineux qui captivèrent le pinceau et le regard du peintre.

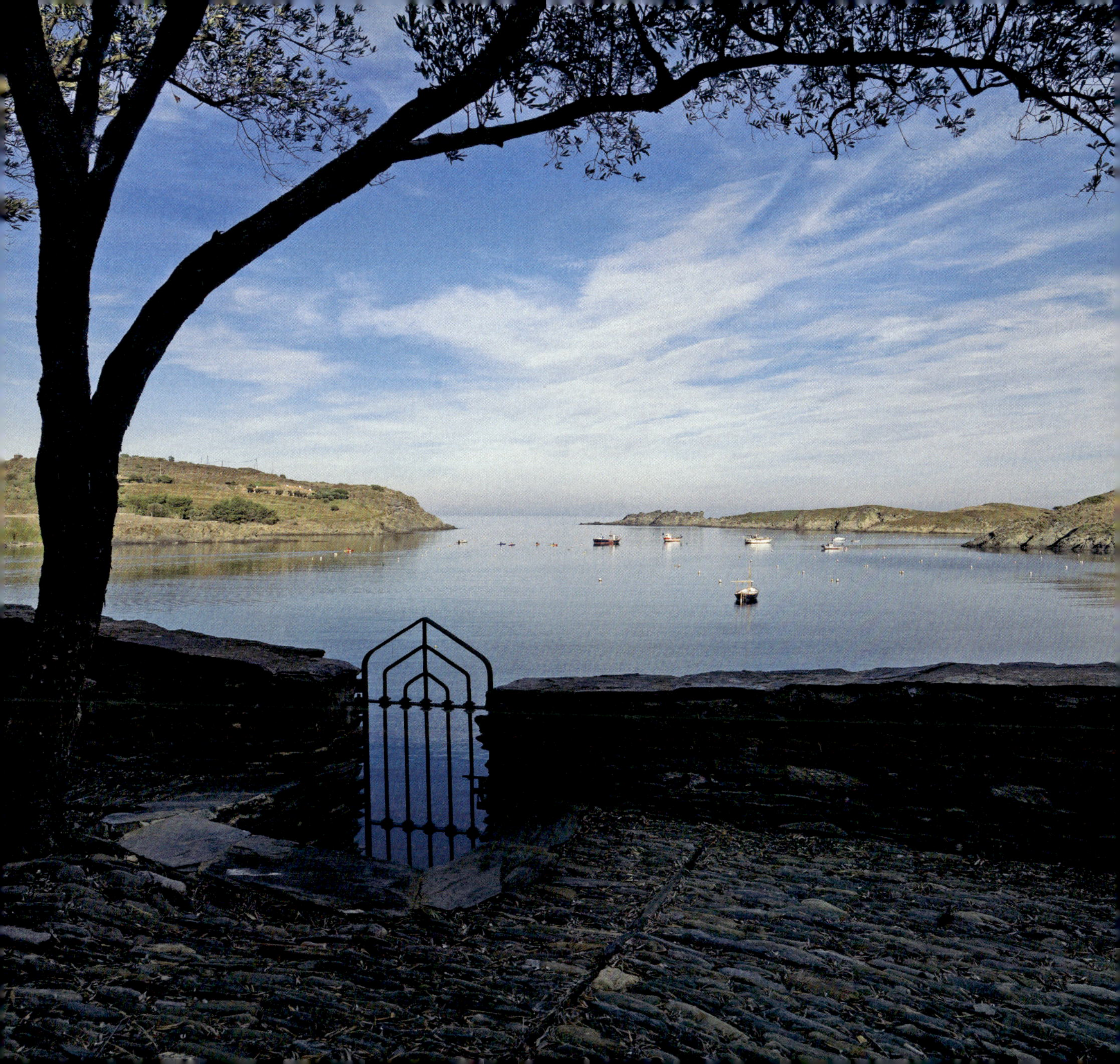

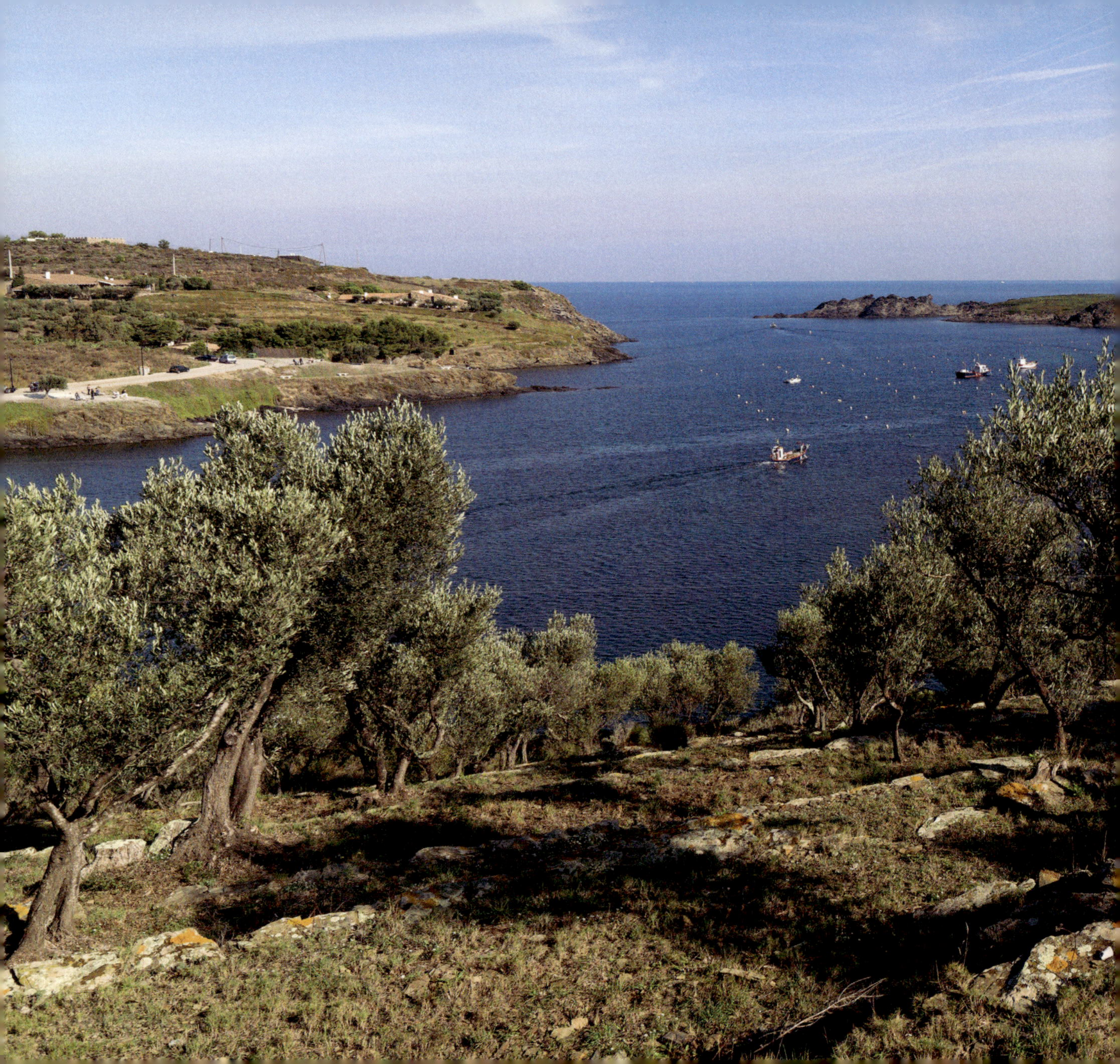

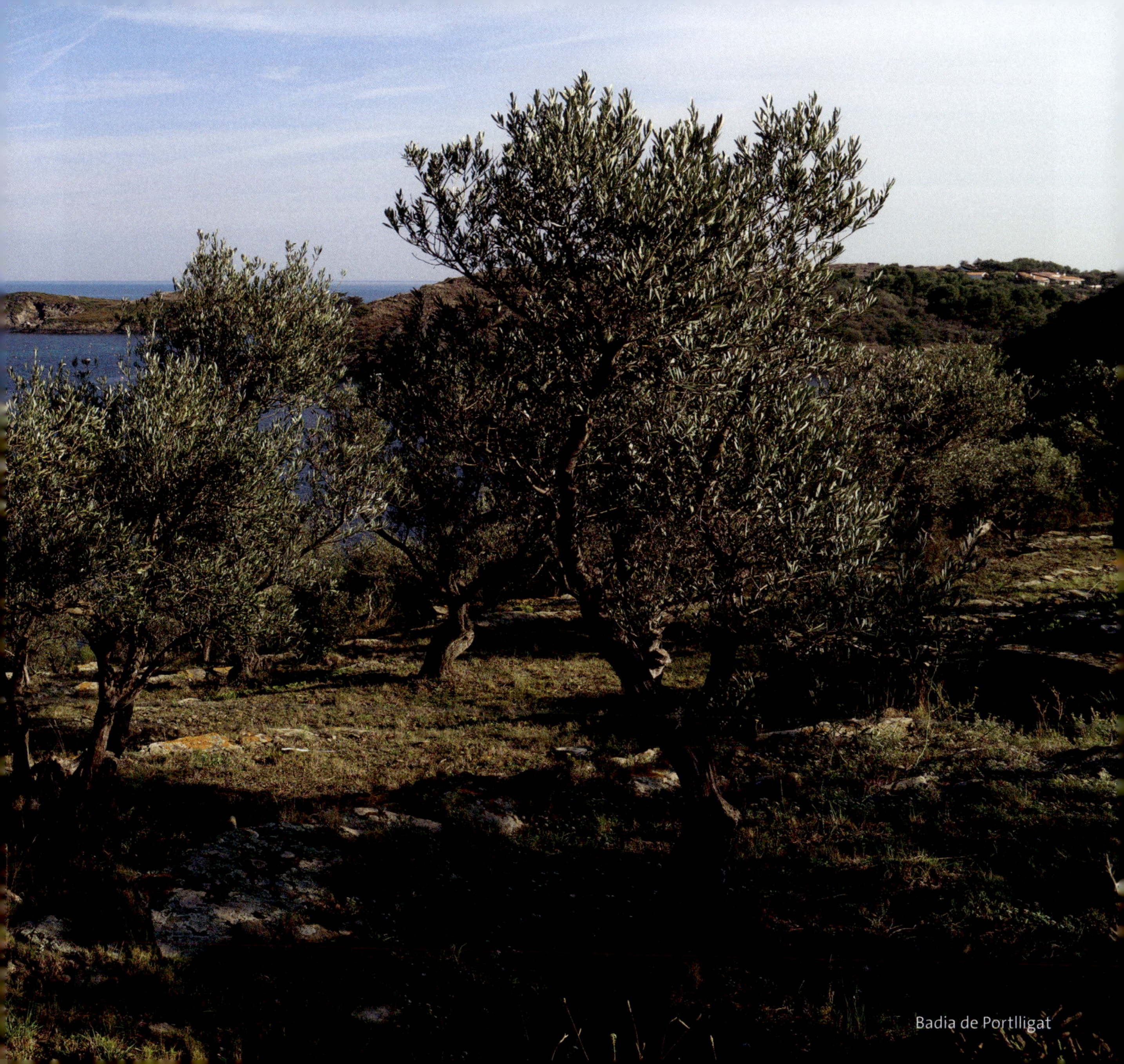
Badia de Portlligat

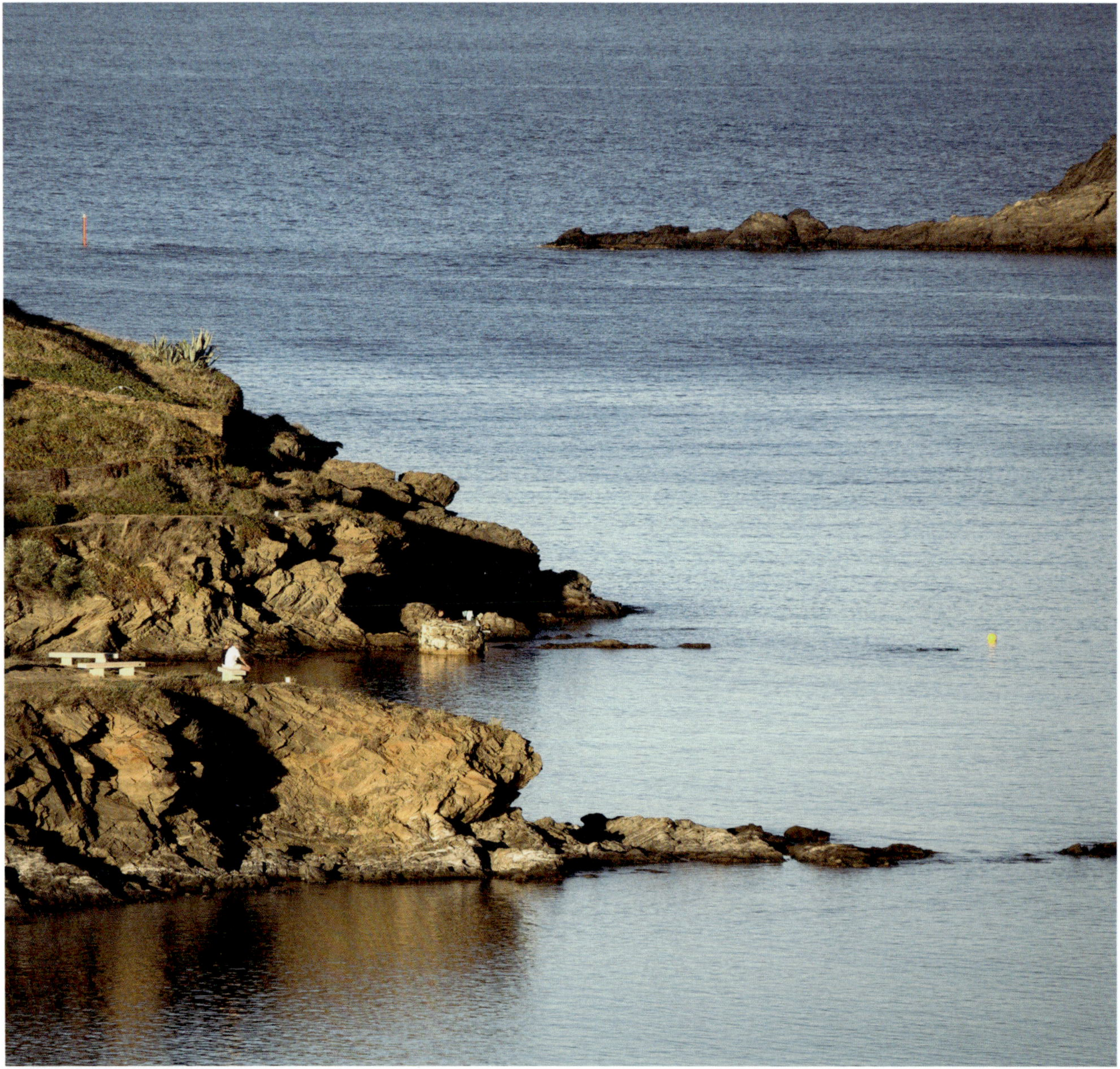

Punta d'en Noves

Platja de Sant Antoni

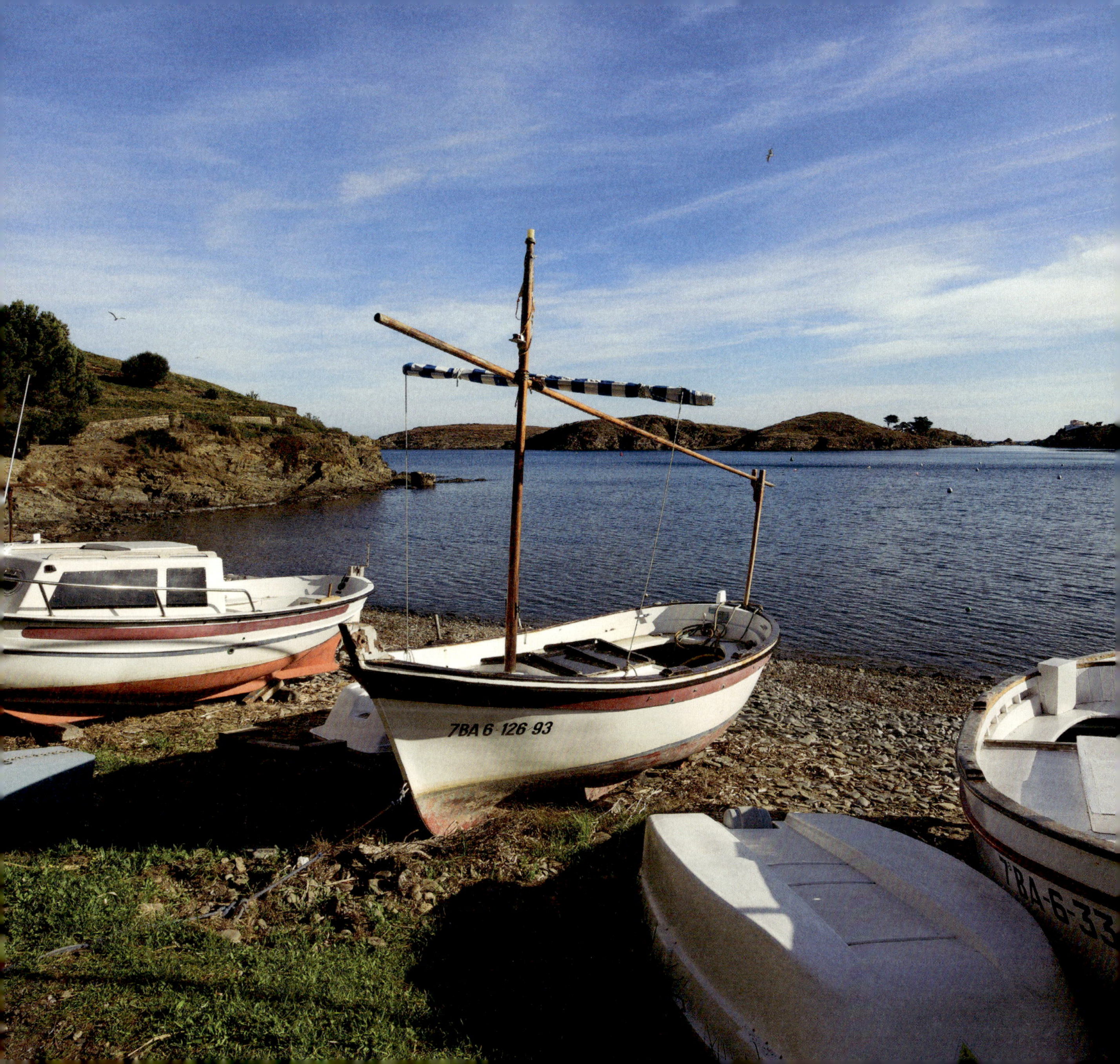
7BA 6-126-93

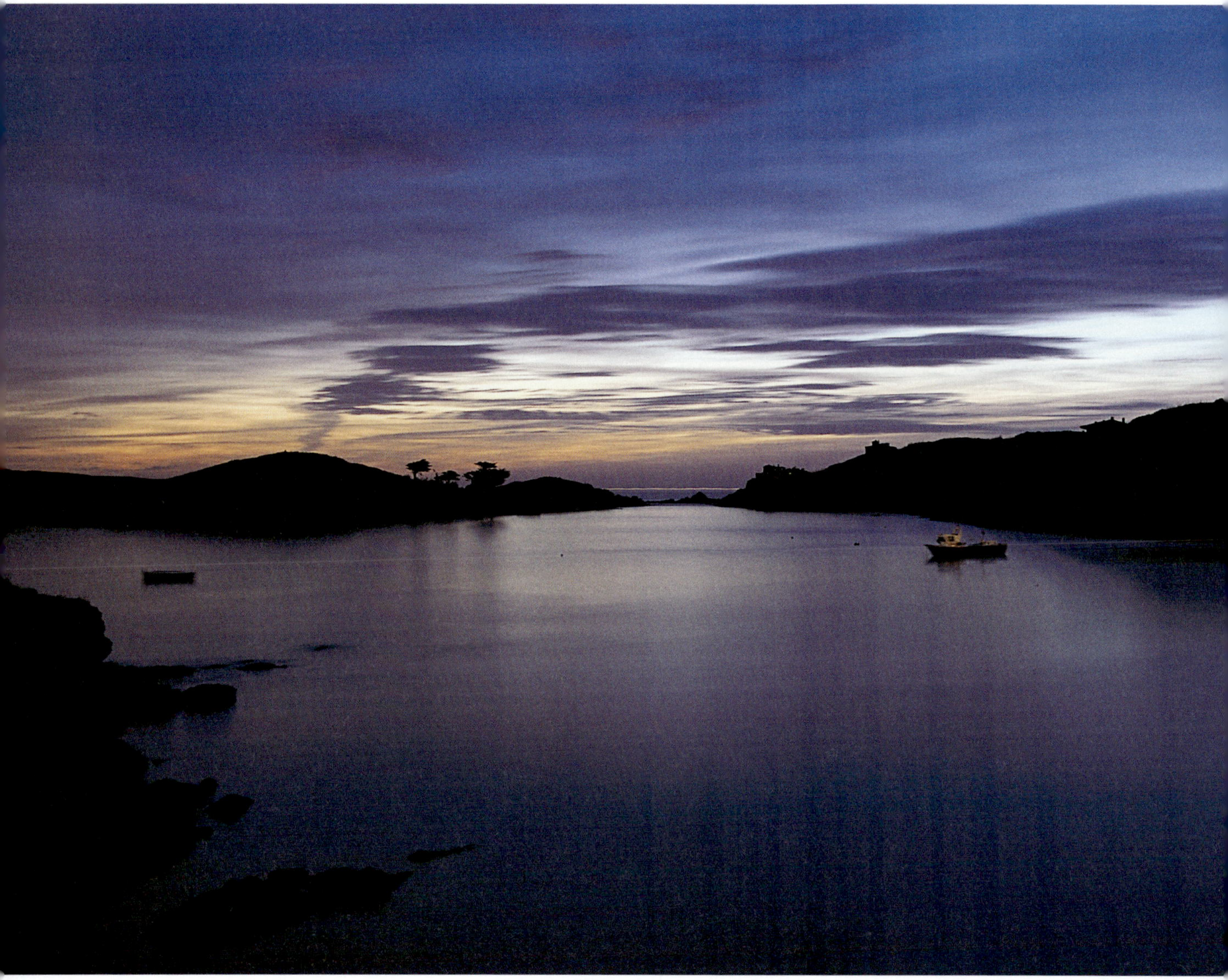

Badia de Portlligat

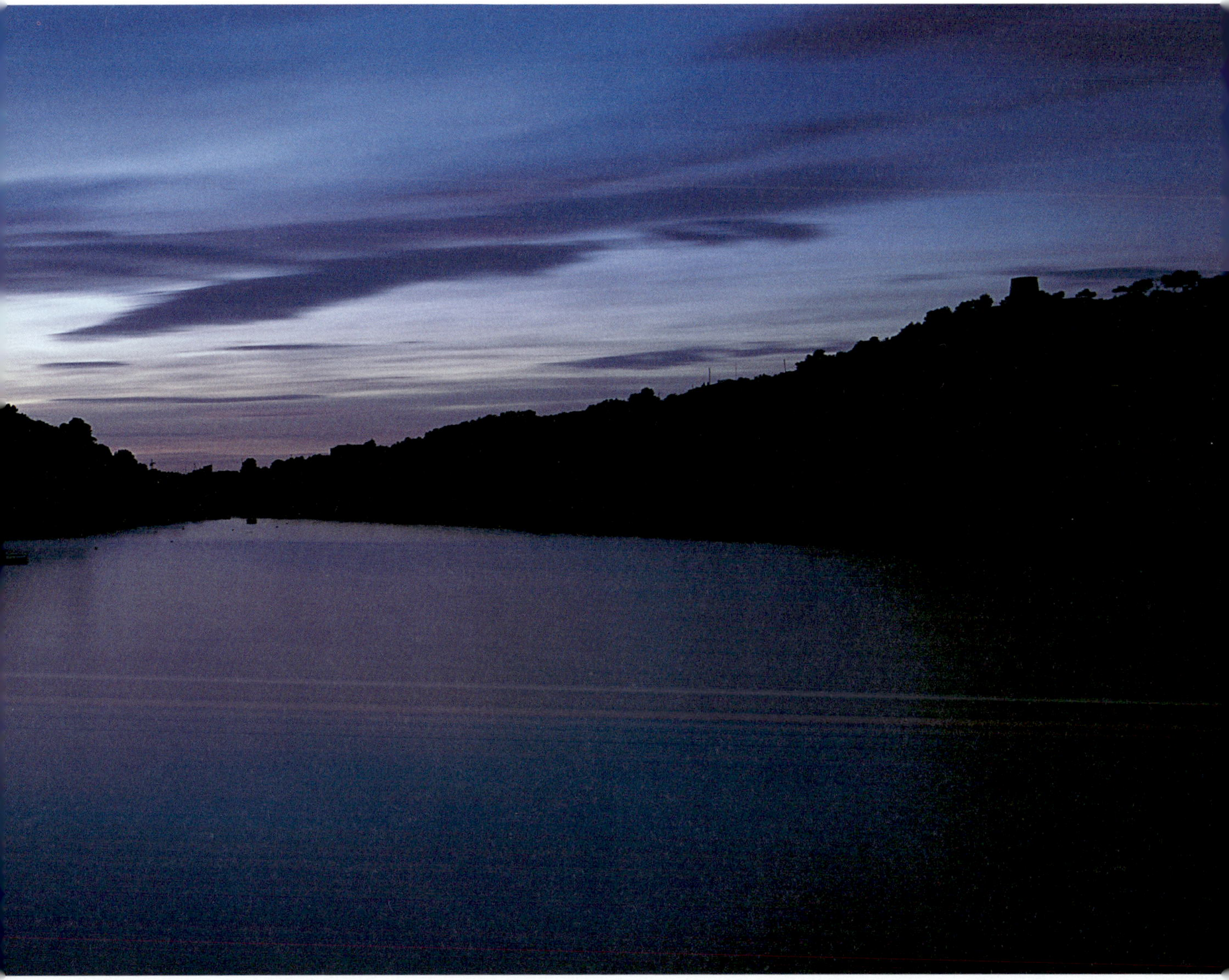

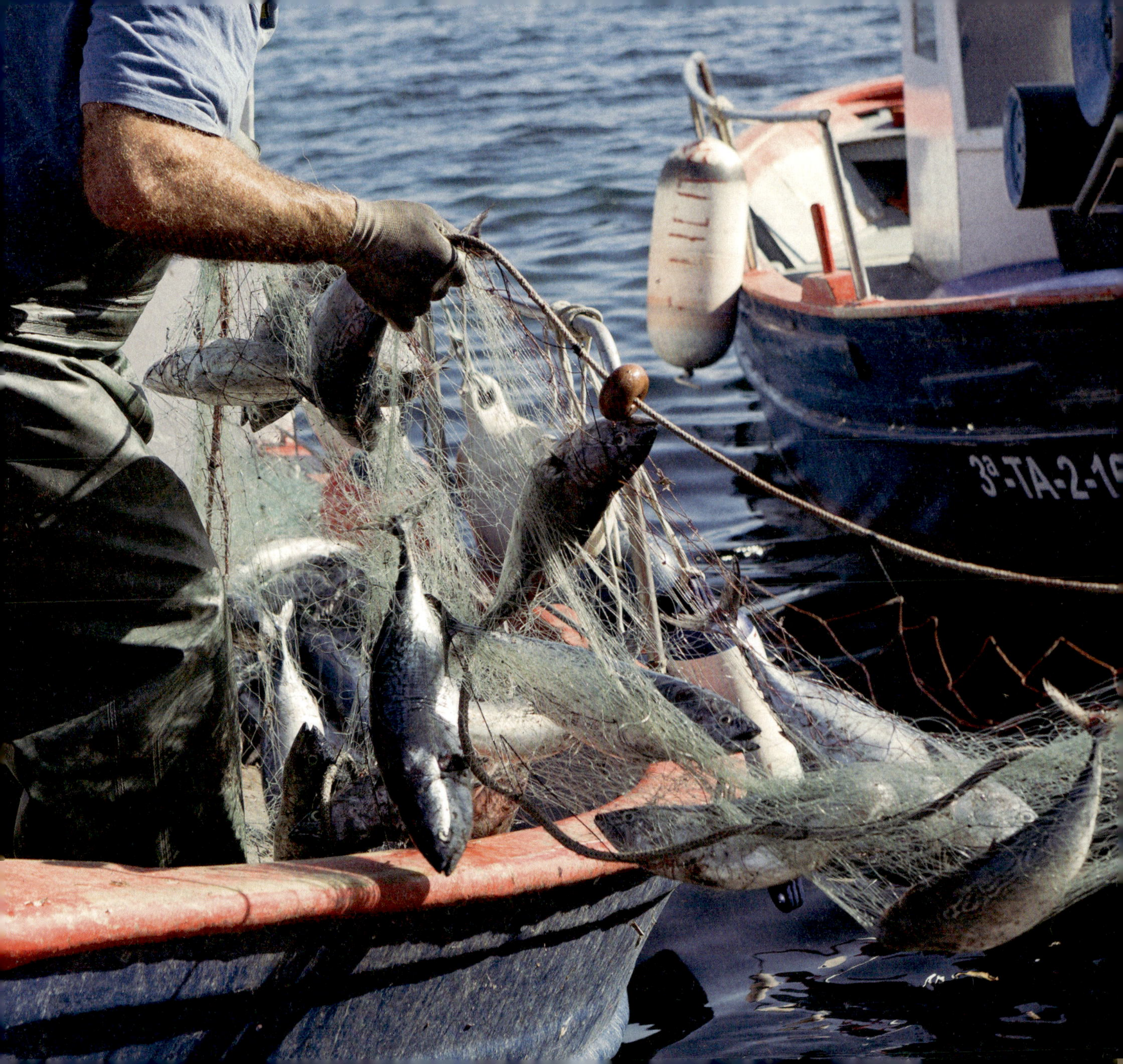
3ª-TA-2-1

Barques i pescadors

Per als pescadors de Cadaqués, Portlligat era un bon recer per a les embarcacions. Avui, el turisme ha acabat desplaçant l'activitat pesquera però el poble, en el seu passat mariner, havia desenvolupat els seus mètodes de pesca propis com l'encesa i l'art. Per a la pesca a l'encesa, es necessitava un llagut gros que transportava la xarxa i diverses barques on es cremava la llenya per atraure els peixos en la foscor de la nit. Al seu torn, l'art consistia a tirar al mar una gran xarxa. Quan aquesta era plena, els pescadors, en dos o més grups de cinc o sis persones, tibaven amb totes les seves forces des de terra fins que aconseguien hissar-la i la dipositaven a la platja o a les roques. La tasca de buidar les xarxes sovint era una festa.

Barcas y pescadores

Los pescadores de Cadaqués consideraban que Portlligat era un buen refugio para las embarcaciones. Hoy, el turismo ha acabado desplazando la actividad pesquera pero el pueblo, durante su pasado marinero, había desarrollado sus propios métodos de pesca como el candil o el arte. Para la pesca al candil se necesitaba un laúd grande que transportaba las redes y varias barcas en las que ardía el fuego que atraía a los peces en la oscuridad de la noche. El arte consistía en lanzar al mar una gran red. Una vez llena, los pescadores, en dos o más grupos de cinco o seis, tiraban con todas sus fuerzas desde tierra hasta que conseguían izarla y depositarla en la playa o en las rocas. A menudo, la faena de vaciar las redes se convertía en una fiesta.

Boats and fishermen

The fishermen of Cadaqués thought that Portlligat was a good shelter for boats. Today, tourism has been responsible for displacing the fishing activity but the locals, throughout their seafaring past, had developed their own methods such as oil lamp or net fishing. For oil lamp fishing they needed a large sailboat that transported the nets and several boats that would burn the lamps that attracted the fish in the darkness of the night. The art lay in casting a giant net out to sea. Once full, the fishermen, in two or more groups of five or six, pulled with all their strength towards land until they managed to hoist it and land it on the beach or on the rocks. The work of emptying the nets often turned into a big festival.

Bateaux et pêcheurs

Les pêcheurs de Cadaqués considéraient que Portlligat était un bon refuge pour les embarcations. Aujourd'hui, le tourisme a fini par dépasser la pêche, mais le village, dans son passé marin, avait développé ses propres méthodes de pêche, comme la pêche à la lanterne ou « à l'art ». Pour la pêche à la lanterne, il fallait un bateau assez grand pour transporter les filets et plusieurs bateaux où brûlait le feu qui attirait les poissons dans l'obscurité de la nuit. Quant à la pêche « à l'art », elle consistait à lancer un grand filet à la mer. Une fois rempli, les pêcheurs, en deux ou plusieurs groupes de cinq ou six, tiraient de toutes leurs forces de la rive pour le hisser et le déposer sur la plage et dans les rochers. Souvent, le travail consistant à vider les filets se transformait en une fête.

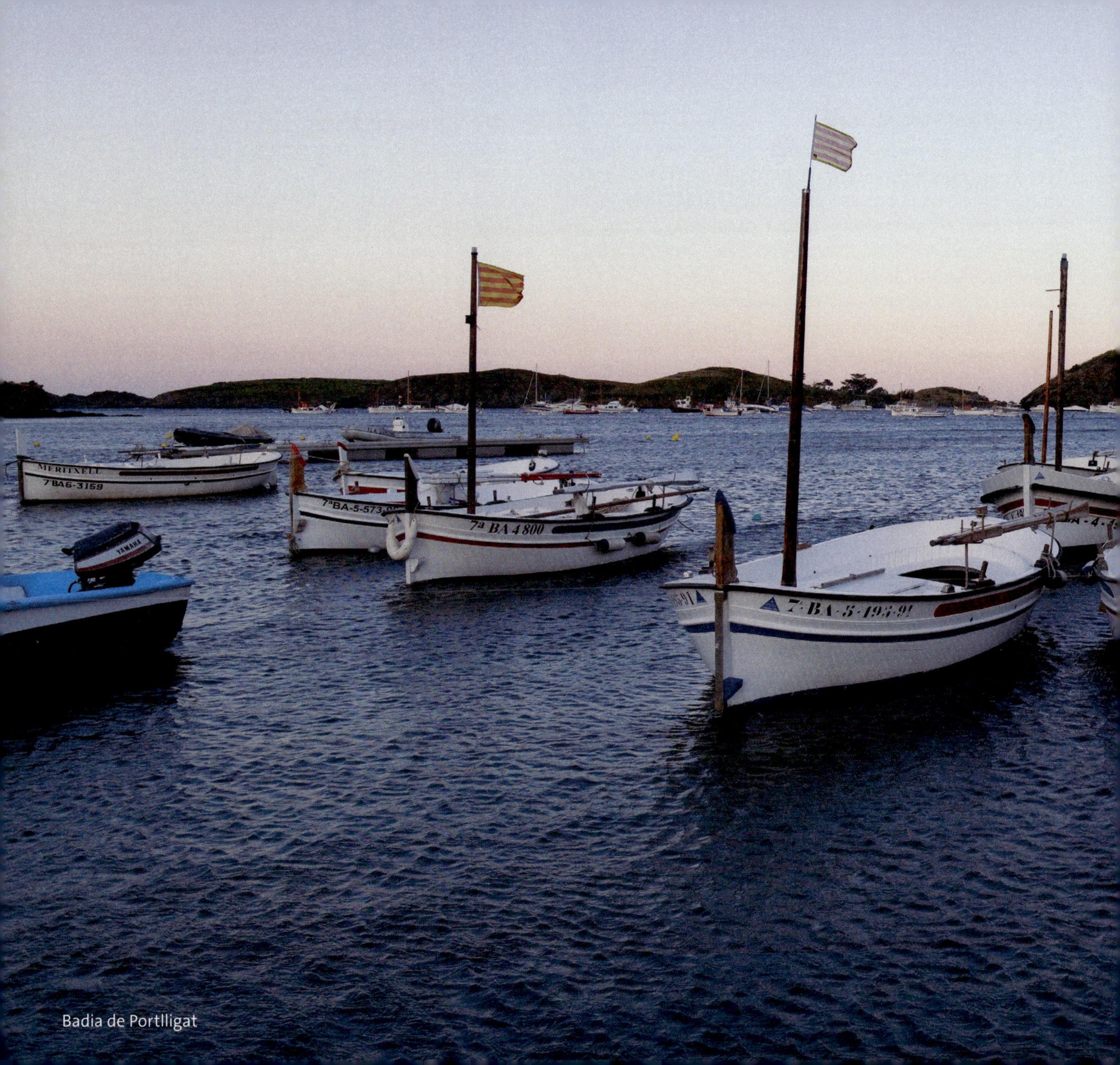

Badia de Portlligat

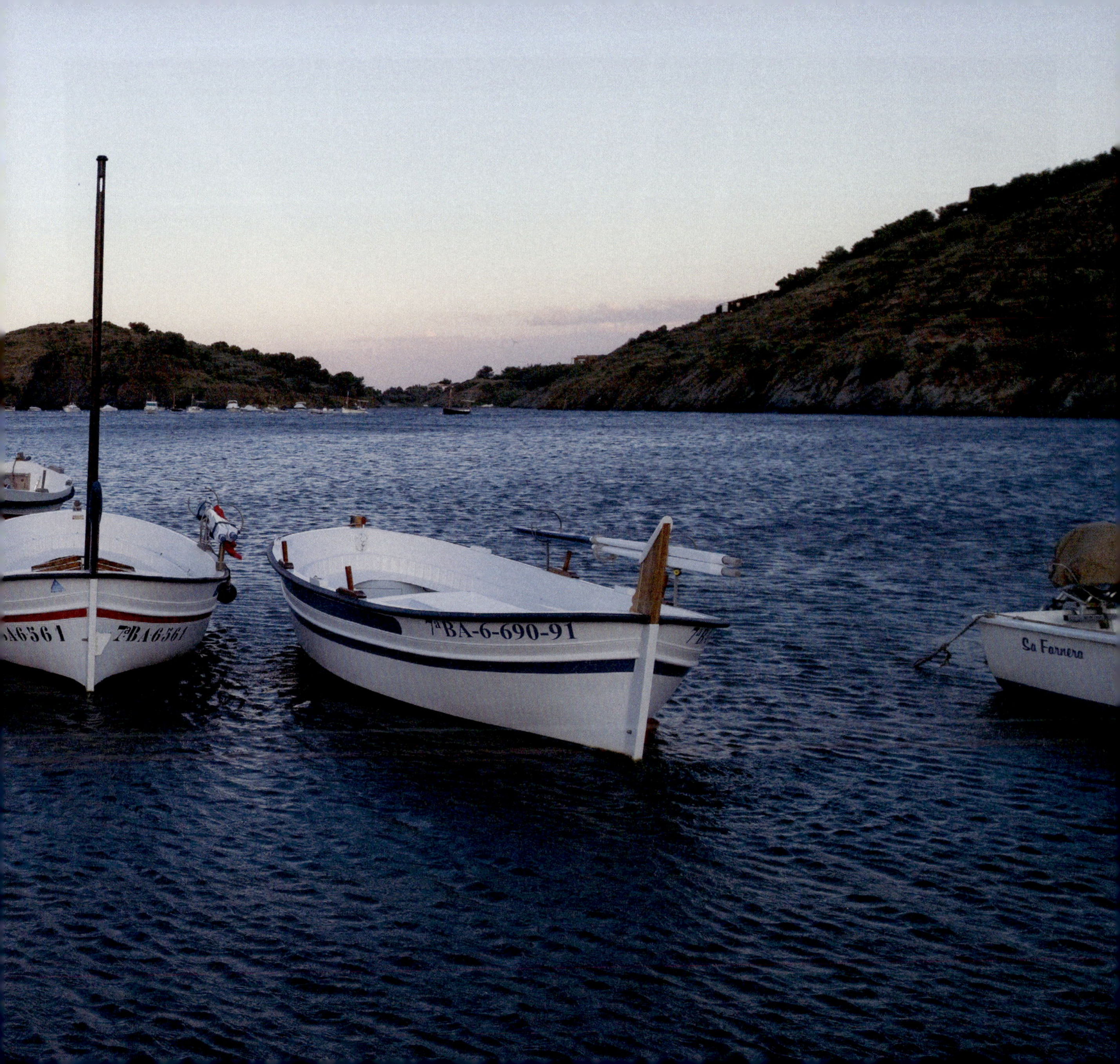

BA-6561
7ªBA-6561
7ªBA-6-690-91
Sa Farnera

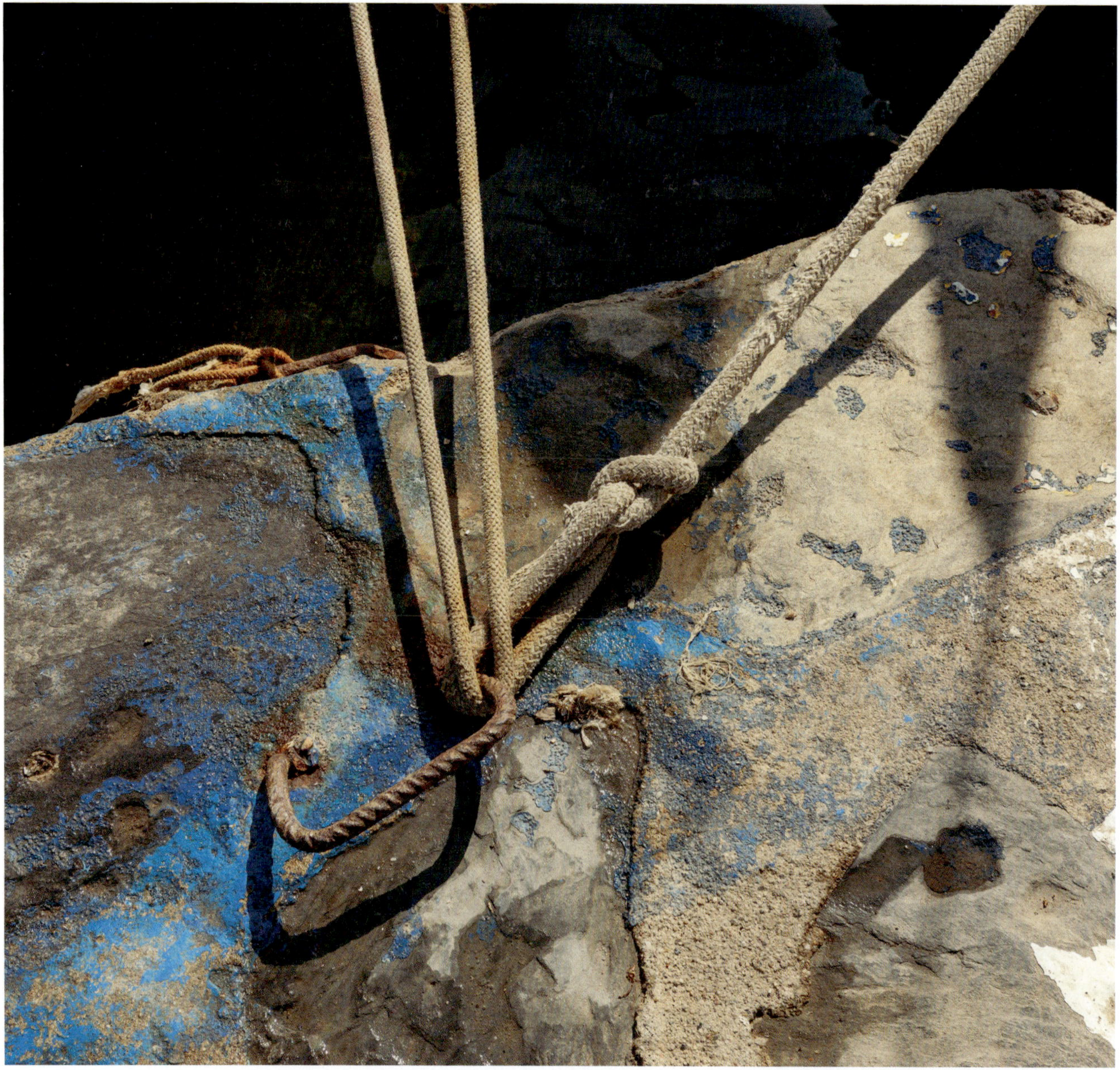

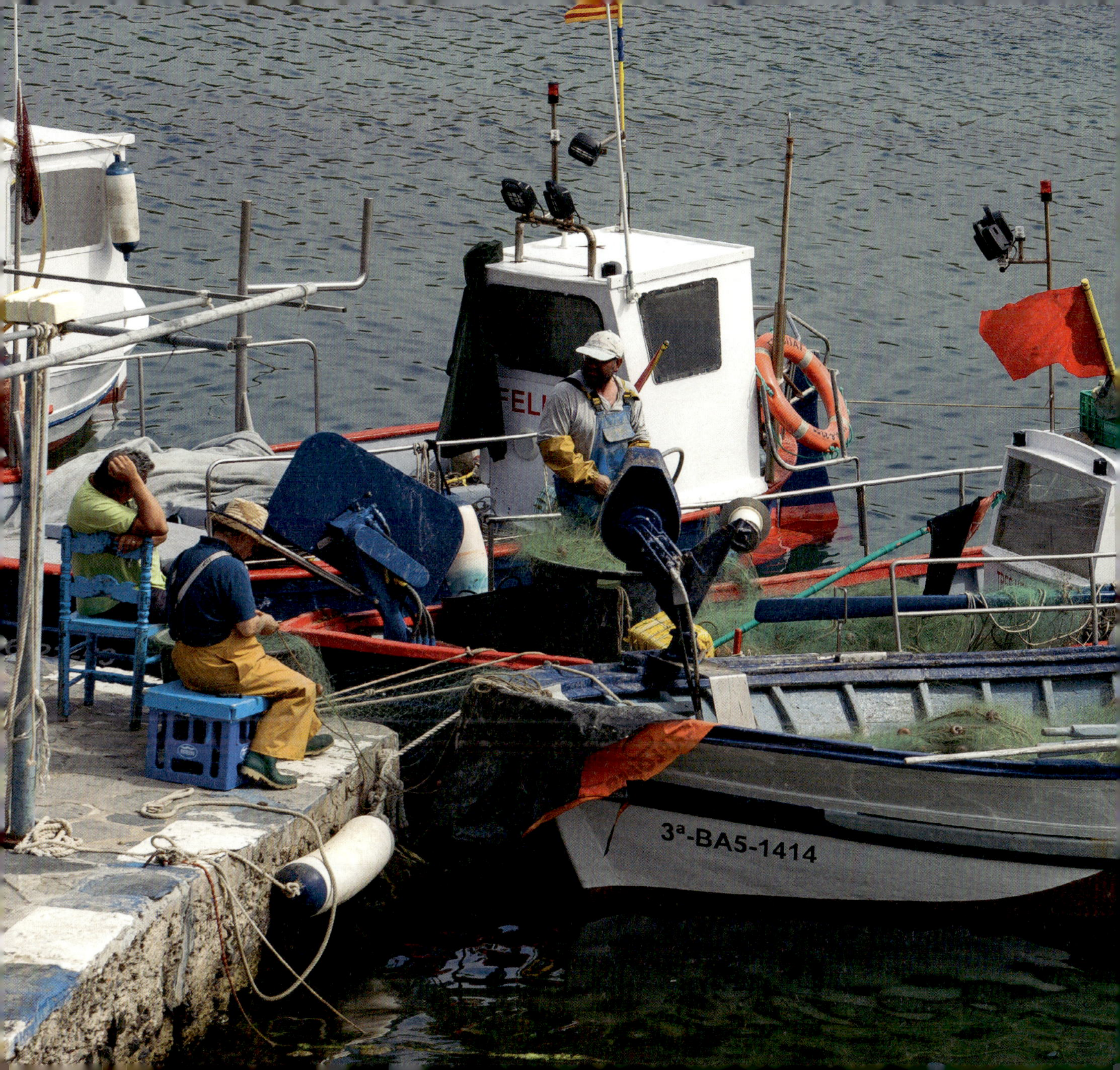
3ª-BA5-1414

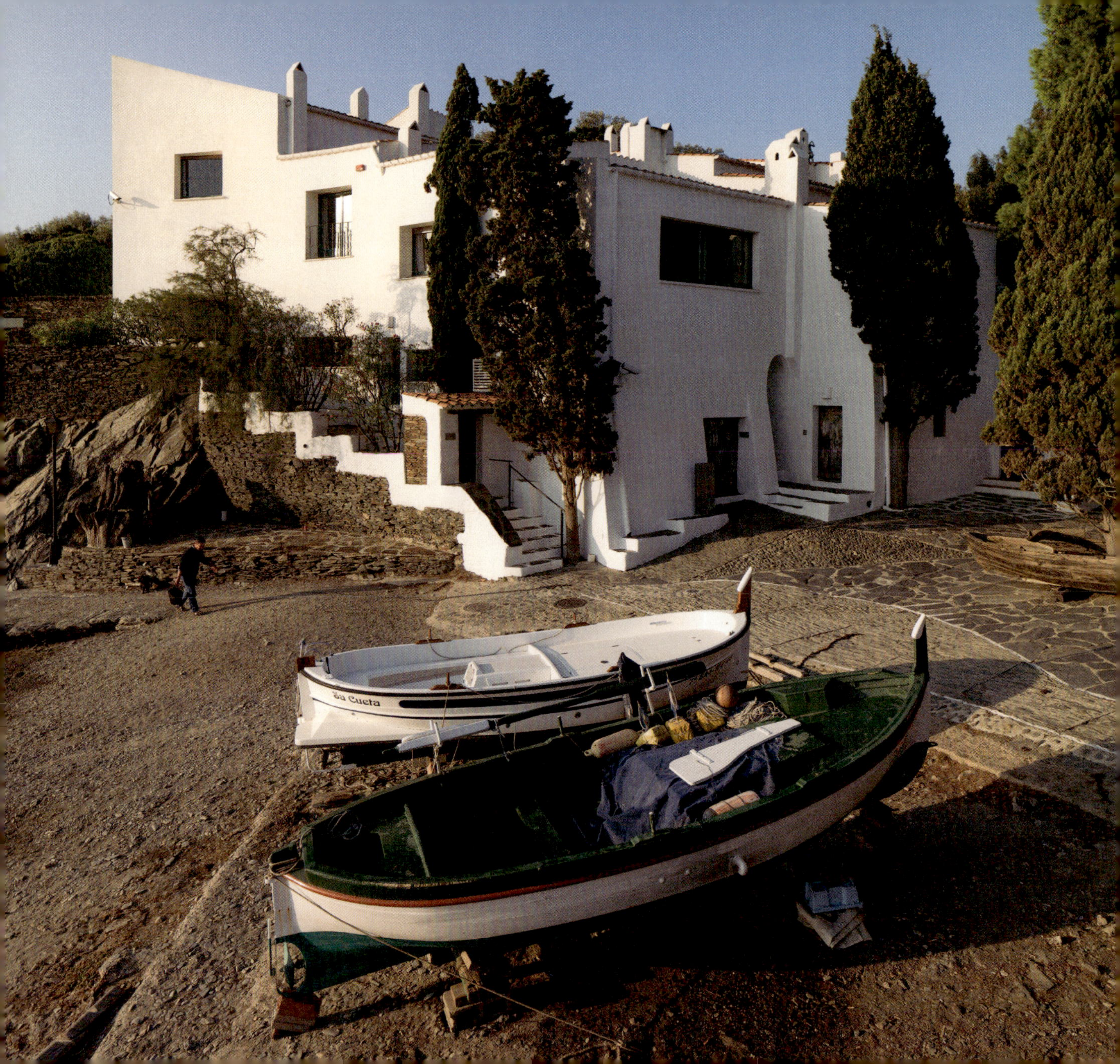
Sa Cueta

Una casa única

Es fa difícil imaginar la platja de Portlligat sense la casa de Salvador Dalí. Edificada partint de diferents barraques de pescadors —Dalí va comprar la primera l'any 30—, el pintor volia que els teulats formessin un paisatge esglaonat que baixés fins al mar. El mestre d'obres va materialitzar amb precisió el seu desig. El resultat, un conjunt de blocs cúbics que mantenen la simplicitat de les barraques originàries i on destaquen els ous de guix enormes del teulat i la malenconia dels caps de *Castor i Pòl·lux*. Els materials autòctons (la calç, la pissarra i l'espart) van ser utilitzats sàviament. A l'exterior, davant la primera barraca, Dalí va voler-hi els xiprers centenaris i la seva singular barca-xiprer, que ens convida a visitar un edifici únic. Només ens cal entrar-hi.

Una casa única

Es difícil imaginar la playa de Portlligat sin la casa de Salvador Dalí. Edificada a partir de barracas de pescadores —Dalí compró la primera en 1930—, el pintor quería que los tejados formaran un paisaje escalonado que bajara hasta el mar. El maestro de obras materializó con precisión su deseo. El resultado, un conjunto de bloques cúbicos que mantiene la simplicidad de las barracas originarias y donde destacan los enormes huevos de yeso del tejado y las melancólicas cabezas de *Cástor y Pólux*. Los materiales autóctonos (la cal, la pizarra y el esparto) se utilizaron sabiamente. En el exterior, delante de la primera barraca, Dalí colocó los cipreses centenarios y su singular barca-ciprés que nos invita a visitar un edificio único. Ya tan sólo nos queda cruzar la puerta.

A unique house

It is difficult to imagine the beach at Portlligat without Salvador Dalí's house. Built from the fishermen's huts —Dalí bought the first in 1930—, the painter wanted the roofs to form a staggered landscape that dropped down to the sea. The master of works produced his desire most accurately. The result, a series of cubic blocks that maintain the simplicity of the original huts and where enormous plaster eggs stand out from the roof as well as the melancholic heads of *Castor and Pollux*. The autochthonous materials (lime, slate and esparto) were used wisely. On the exterior, in front of the first hut, Dalí placed the hundred-year-old cypress trees and his unique boat-cypress that invites us to visit a unique building. Now all we have to do is go through the door.

Une maison unique

Il est difficile d'imaginer la plage de Portlligat sans la maison de Salvador Dalí. Édifiée à partir de cabanes de pêcheurs, — Dalí fit l'acquisition de la première cabane en 1930 —, le peintre voulait que les toits forment un paysage échelonné qui descende jusqu'à la mer. Le maître d'œuvres matérialisa son souhait avec précision. Le résultat est un ensemble de blocs cubiques qui conserve la simplicité des cabanes originelles et où se détachent les énormes œufs de plâtre du toit et les têtes mélancoliques de *Castor et Polux*. Les matériaux autochtones (la chaux, l'ardoise et le sparte) ont été savamment utilisés. À l'extérieur, devant la première cabane, Dalí plaça les cyprès centenaires et une barque-cyprès singulière, qui invitent le visiteur à entrer dans un bâtiment unique. Il ne reste plus qu'à franchir la porte.

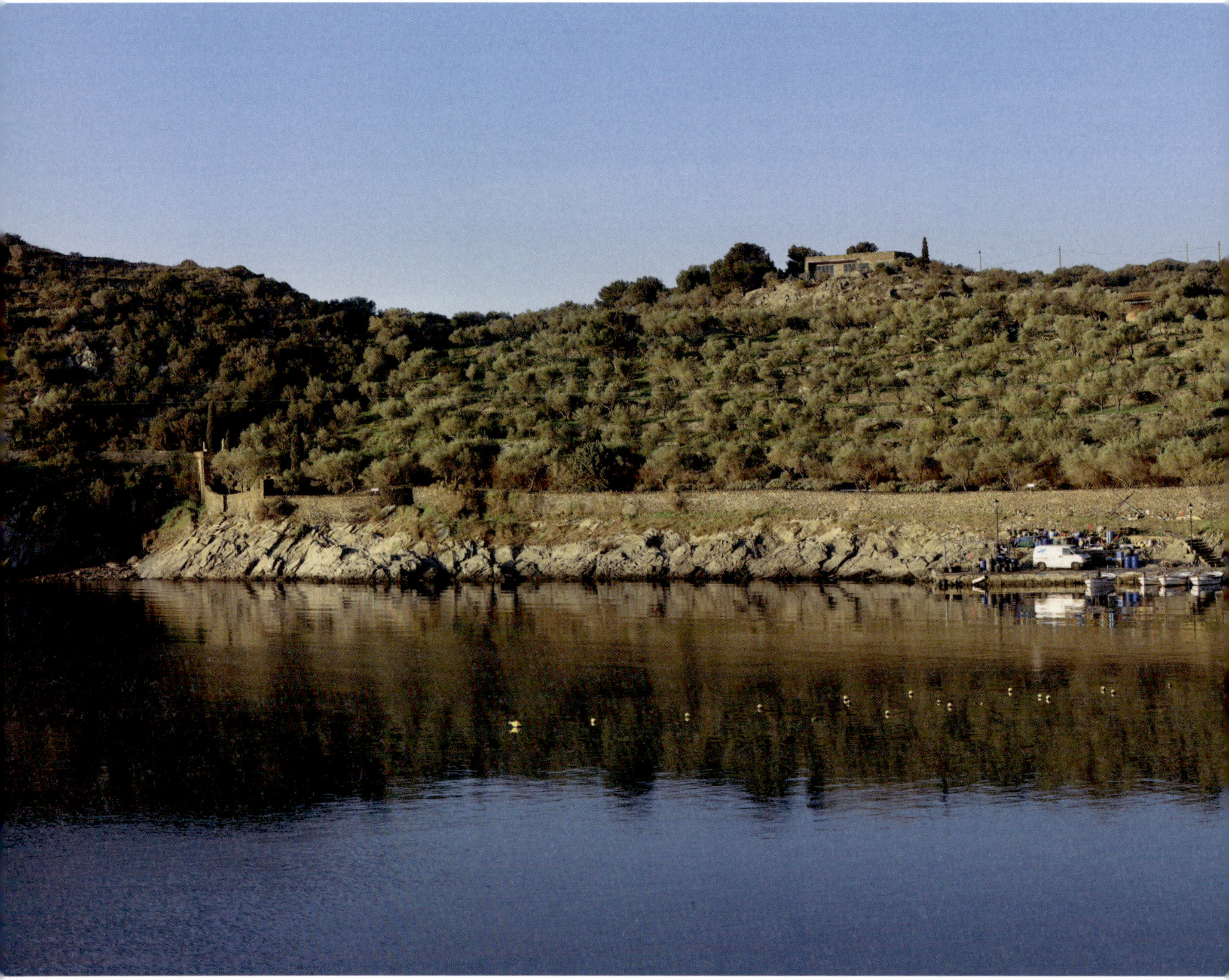

Casa-Museu Salvador Dalí

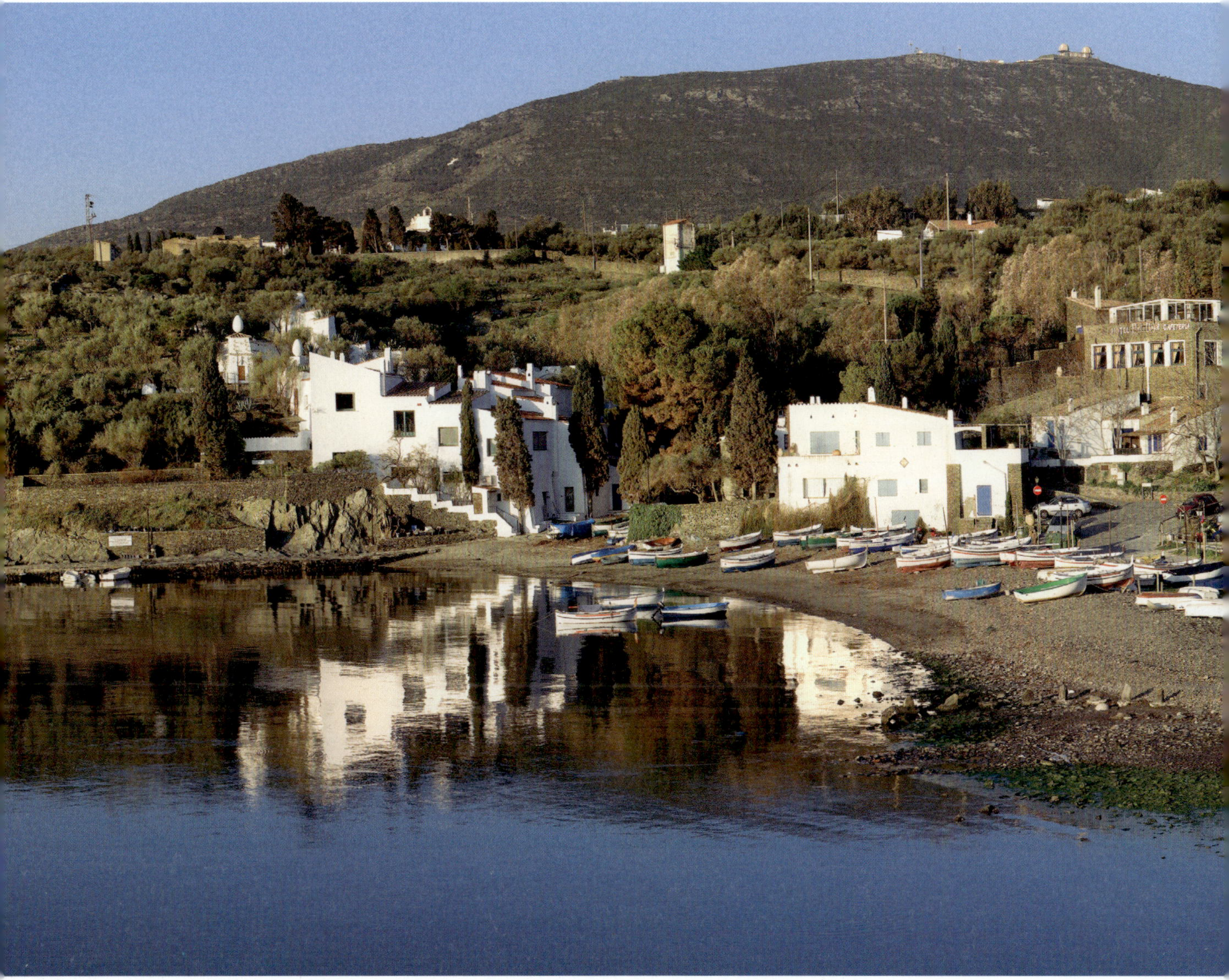

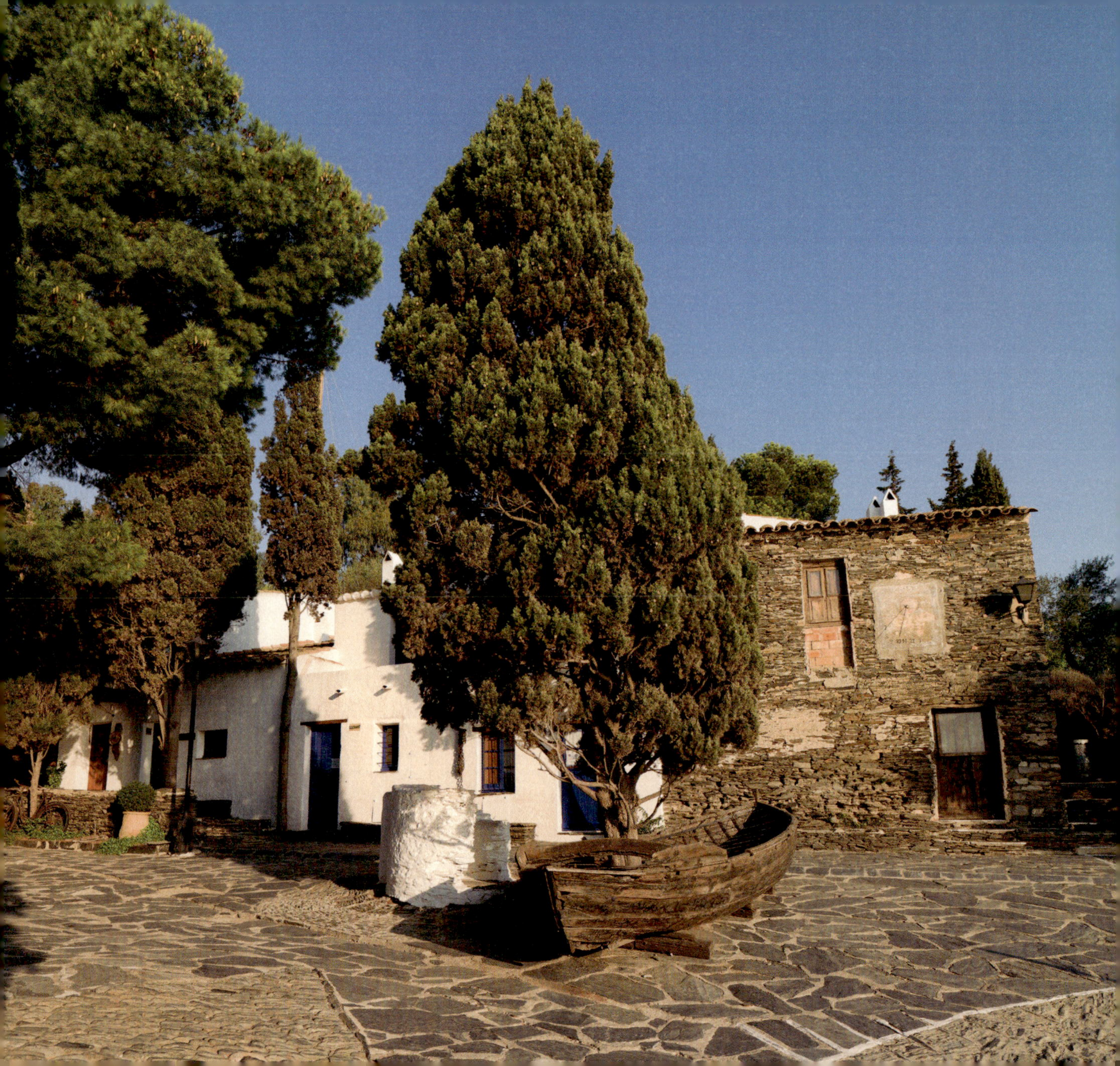

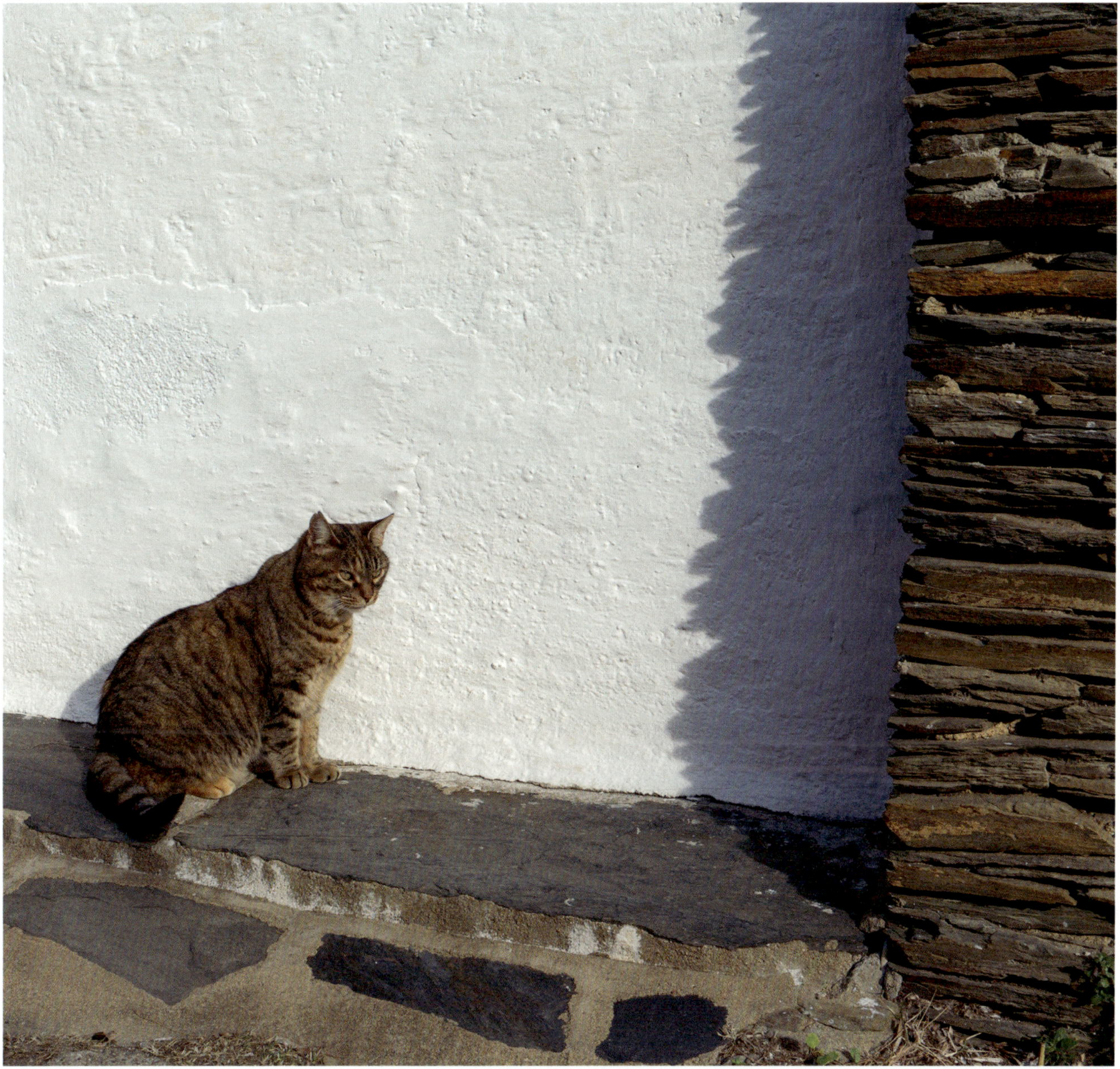

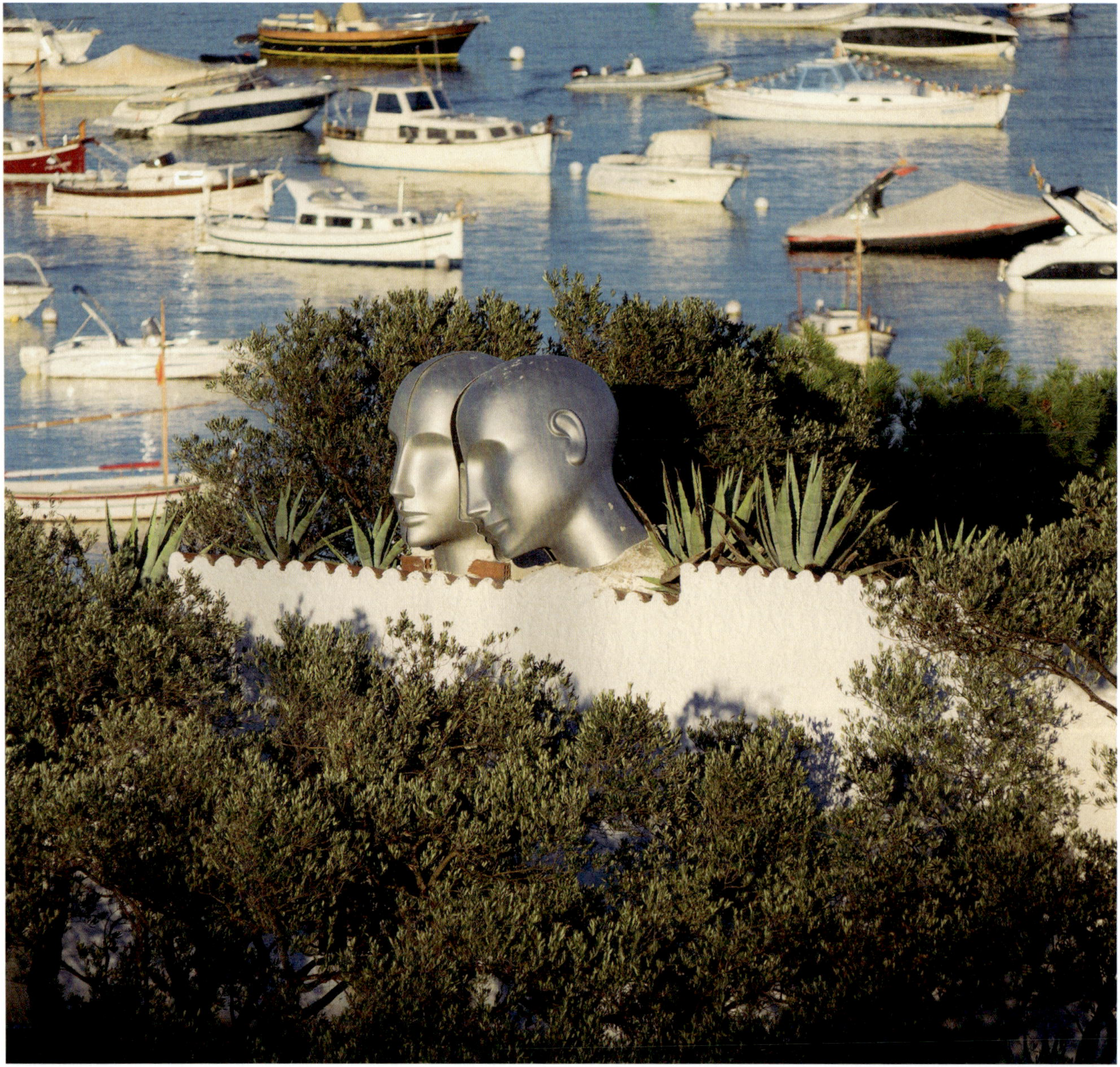

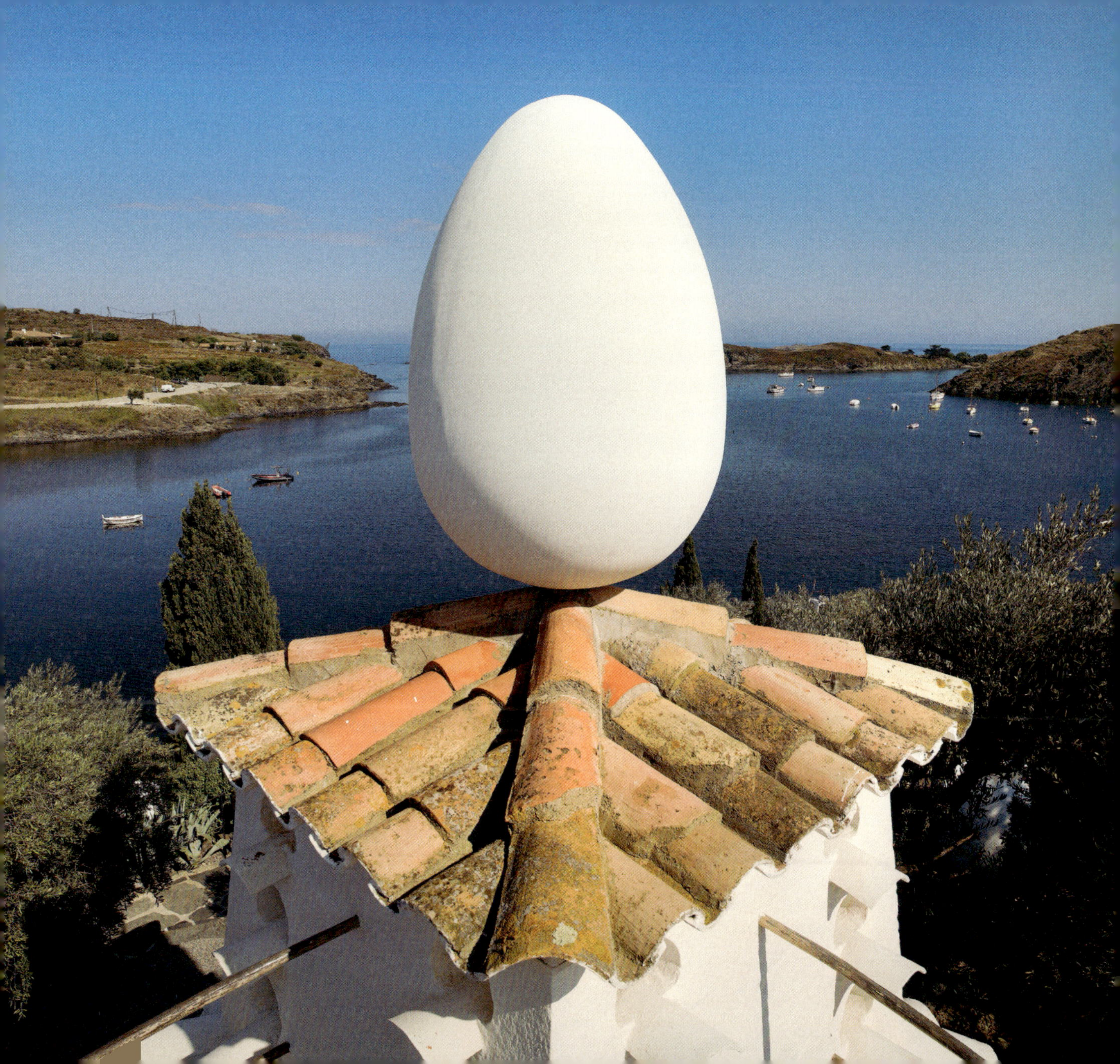

Univers Dalí

Un ós immens ens haurà donat la benvinguda. Accedirem als diferents espais de la casa separats per desnivells enlloc de portes, de manera que reflecteixen les diferents barraques originàries. El menjador i la biblioteca són un primer tast de la sobrietat de la casa, enriquida tan sols amb els elements d'un univers certament personal.

Universo Dalí

Uno oso inmenso nos habrá dado la bienvenida. Accederemos a los diferentes espacios de la casa separados por desniveles en lugar de puertas, de manera que reflejan las diferentes barracas originarias. El comedor y la biblioteca son un primer sorbo de la sobriedad de la casa enriquecida tan sólo por los elementos de un universo realmente personal.

Dalí Universe

An enormous bear will have welcomed us in. We get to the different rooms in the house by going from one level to another rather than passing through a door, thus reflecting the original layout of the different original huts. The dining room and library represent a first sip of sobriety in the house enriched only by the elements of a really personal universe.

Universe Dalí

Un ours immense souhaite la bienvenue au visiteur. On accèdera aux différents espaces de la maison séparés par des dénivellations tenant lieu de portes, qui renvoient aux différentes cabanes d'origine. La salle à manger et la bibliothèque sont les premières gorgées de la sobriété de la maison, uniquement enrichie par les éléments d'un univers vraiment personnel.

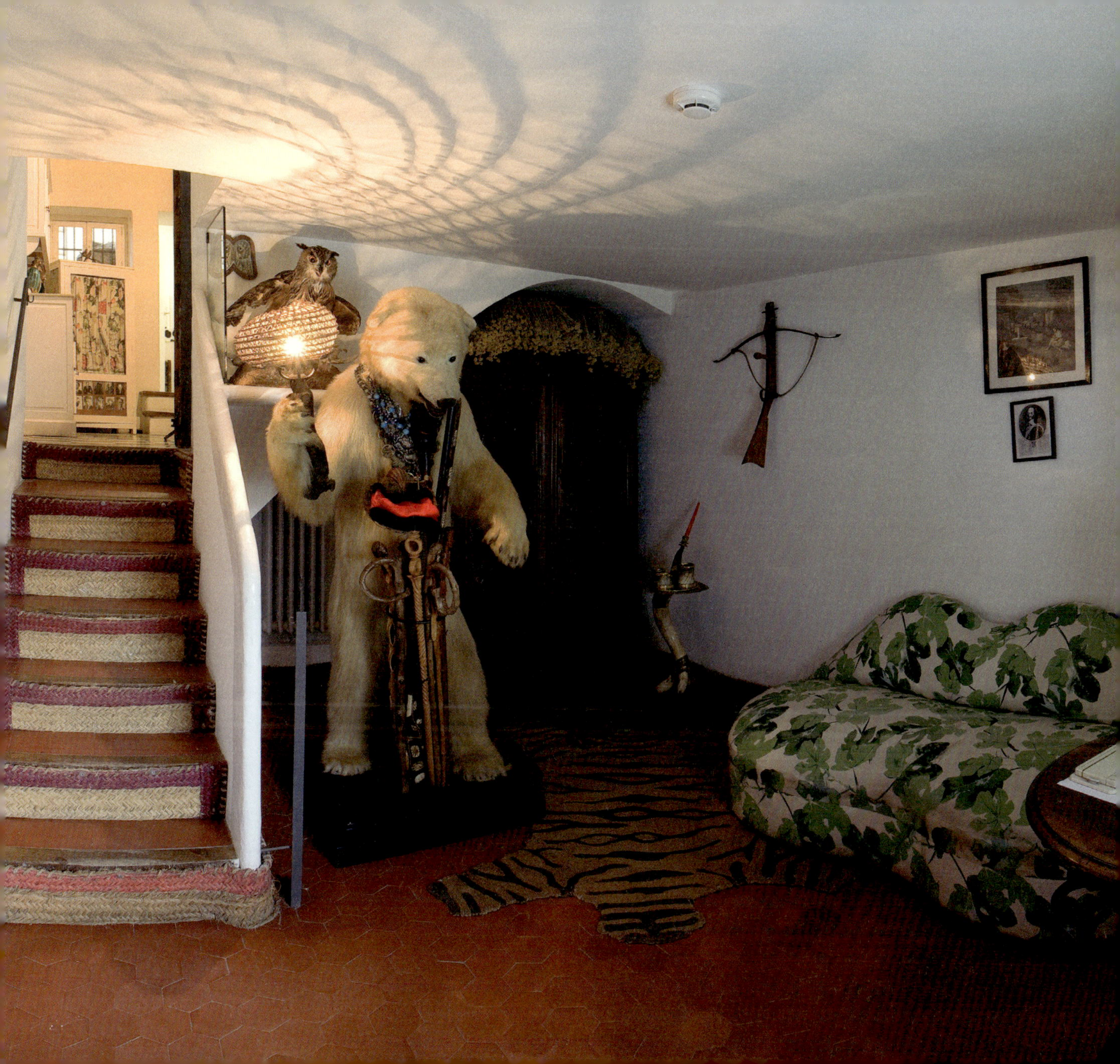

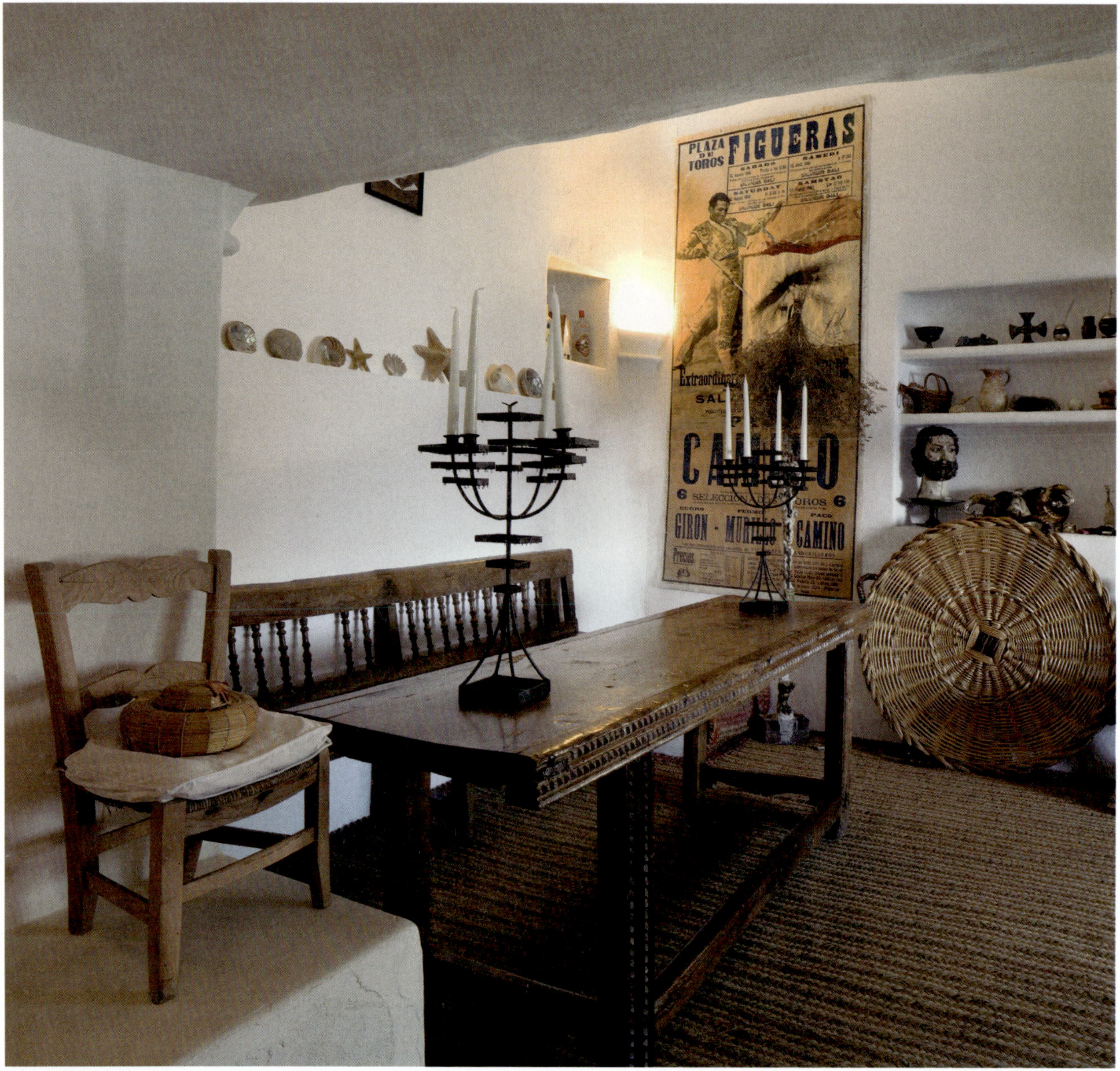
PLAZA DE TOROS
FIGUERAS
GIRON
CAMINO

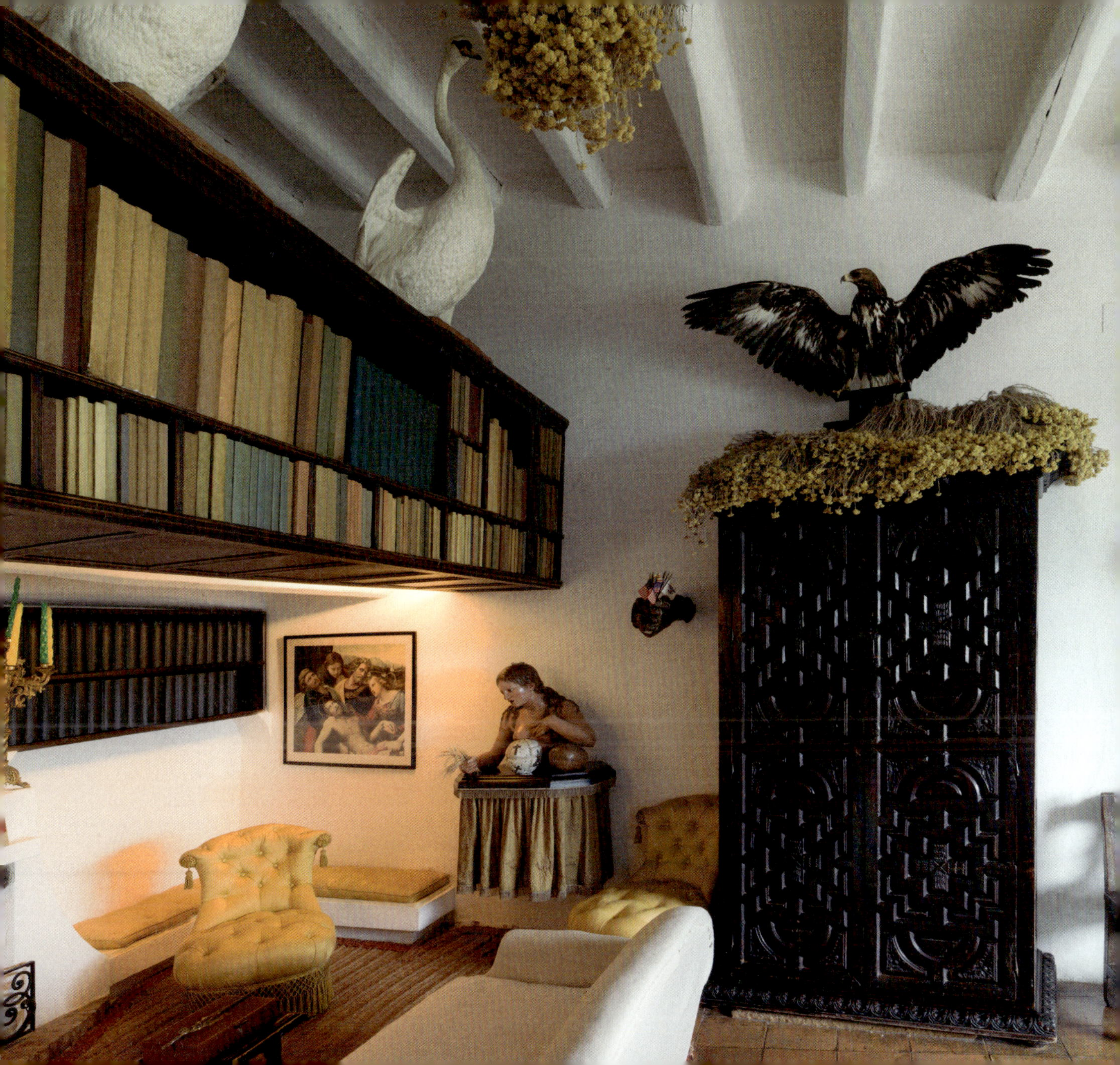

El treball pacient del pintor

Aquí, a l'estudi, rere uns finestrals de paisatge privilegiat, Dalí va pintar-hi alguns dels seus millors quadres. Pintava, en un treball pacient i amb una vida espartana, assegut a la petita cadira de boga. A més del clàssic cavallet, per a les teles de grans dimensions el pintor va encarregar un bastiment metàl·lic que s'accionava per fer-les pujar i baixar, i poder treballar a l'alçada adequada. Es conserven tots els detalls i objectes del pintor tant en la seva faceta pictòrica com en la seva tasca d'alquimista o experimentador, al seu taller d'efectes òptics, on s'accedeix per una de les escales que configuren l'univers de la Casa-Museu.

El trabajo paciente del pintor

Aquí, en el estudio, tras unos ventanales con un paisaje privilegiado, Dalí pintó algunos de sus mejores cuadros. Con un trabajo paciente y una vida espartana, pintaba sentado en una pequeña silla de anea. Además del clásico caballete, el pintor hizo construir un andamio metálico que se accionaba para subir y bajar las telas más grandes, y que le permitía trabajar a la altura adecuada. En el taller de objetos ópticos —al que se accede por una de las escaleras que configuran el universo de la Casa-Museo— se conservan todos los detalles y objetos del pintor, tanto los de su faceta pictórica como los de sus labores de alquimista o experimentador.

The patient work of the painter

Here, in the studio, behind some large windows with a magnificent view, Dalí produced some of his best paintings. Working with patience and leading a spartan life, he painted sitting on a small bulrush stool. As well as the classical easel, he built a metallic framework that he operated to move up and down the bigger format canvases, and which enabled him to work at the correct height. In the workshop of optical objects —reached by one of the stairways that form part of the universe of the House-Museum— all the painter's details and objects are preserved, both those of his painting side and his work as an alchemist and experimentalist.

Le patient travail du peintre

Ici, dans l'atelier, derrière les baies s'ouvrant sur un paysage privilégié, Dalí créa certaines de ses meilleures oeuvres. Avec un travail patient, menant une vie spartiate, il peignait assis sur une petite chaise en paille. En plus du chevalet classique, le peintre fit construire un petit échafaudage métallique qu'il utilisait pour monter et descendre les toiles les plus grandes et qui lui permettait de travailler à la bonne hauteur. Dans l'atelier d'objets optiques, auquel on accède par l'un des escaliers qui configurent l'univers de la Maison-Musée, sont conservés tous les détails et objets du peintre, aussi bien ceux ayant trait à son activité picturale qu'à ceux de ses travaux d'alchimiste ou de chercheur.

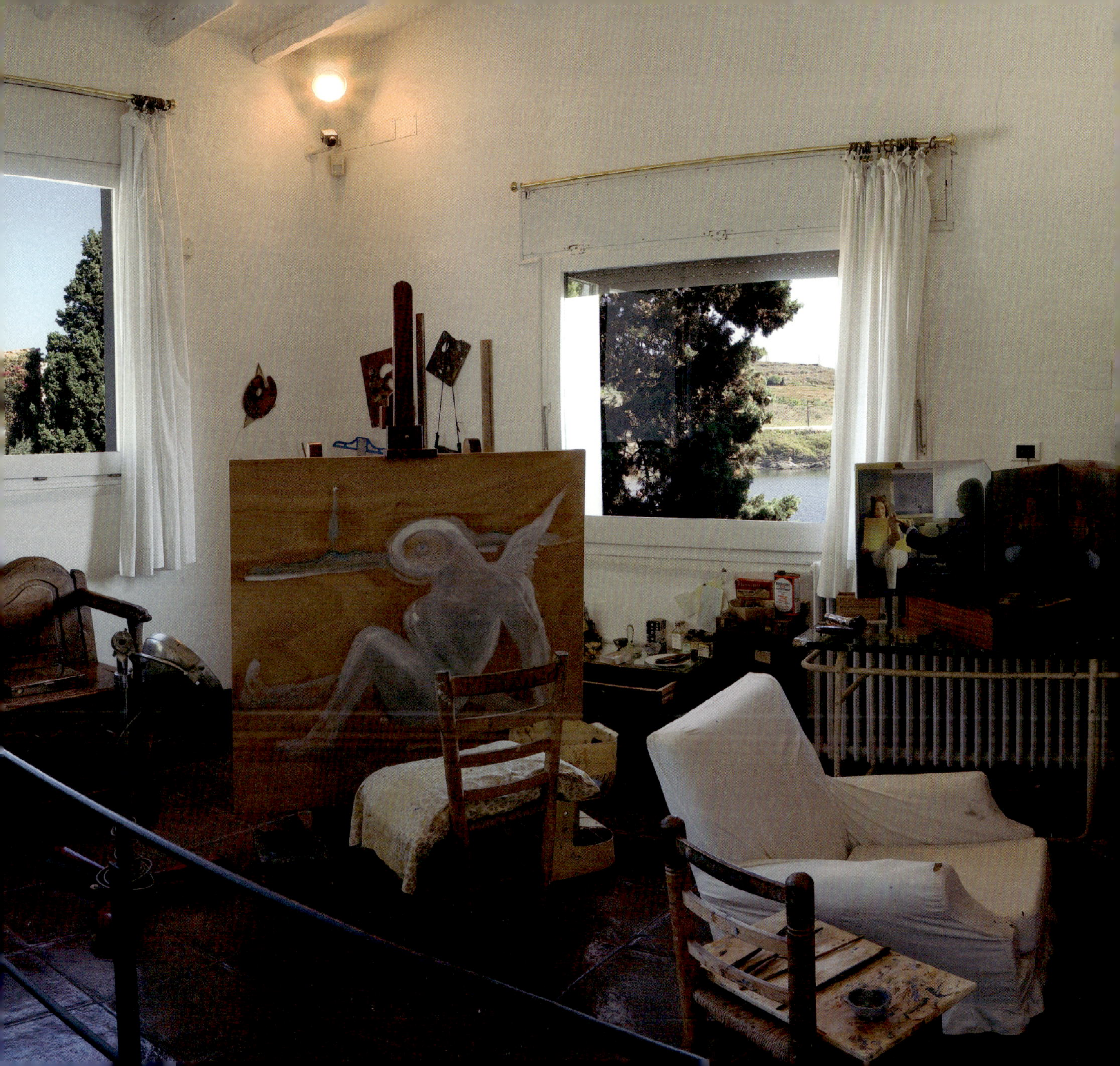

A l'hivern, París i Nova York. Quan a l'estiu, Dalí i Gala tornaven a Portlligat, de la seva vida pública només en restaven les fotografies amb què Gala decorava el vestidor. Després de les habitacions i el vestidor, ens espera la sala oval, el recer secret de Gala.

En invierno, París y Nueva York. Cuando Gala y Dalí volvían a Portlligat en verano, de su vida pública sólo quedaban las fotografías con las que Gala decoraba el vestidor. Después de las habitaciones y el vestidor, nos espera la sala oval, el escondite secreto de Gala.

In winter, Paris and New York. When Gala and Dalí returned to Portlligat in summer, from their private life only the photos that Gala decorated the dressing room with remain. After the bedrooms and the dressing room, the oval room awaits us, Gala's secret hideaway.

En hiver, Paris et New York. Quand Gala et Dalí revenaient à Portlligat en été, il ne restait de leur vie publique que les photos avec lesquelles Gala décorait le vestiaire. Après les chambres et le vestiaire, c'est la salle ovale, le refuge secret de Gala.

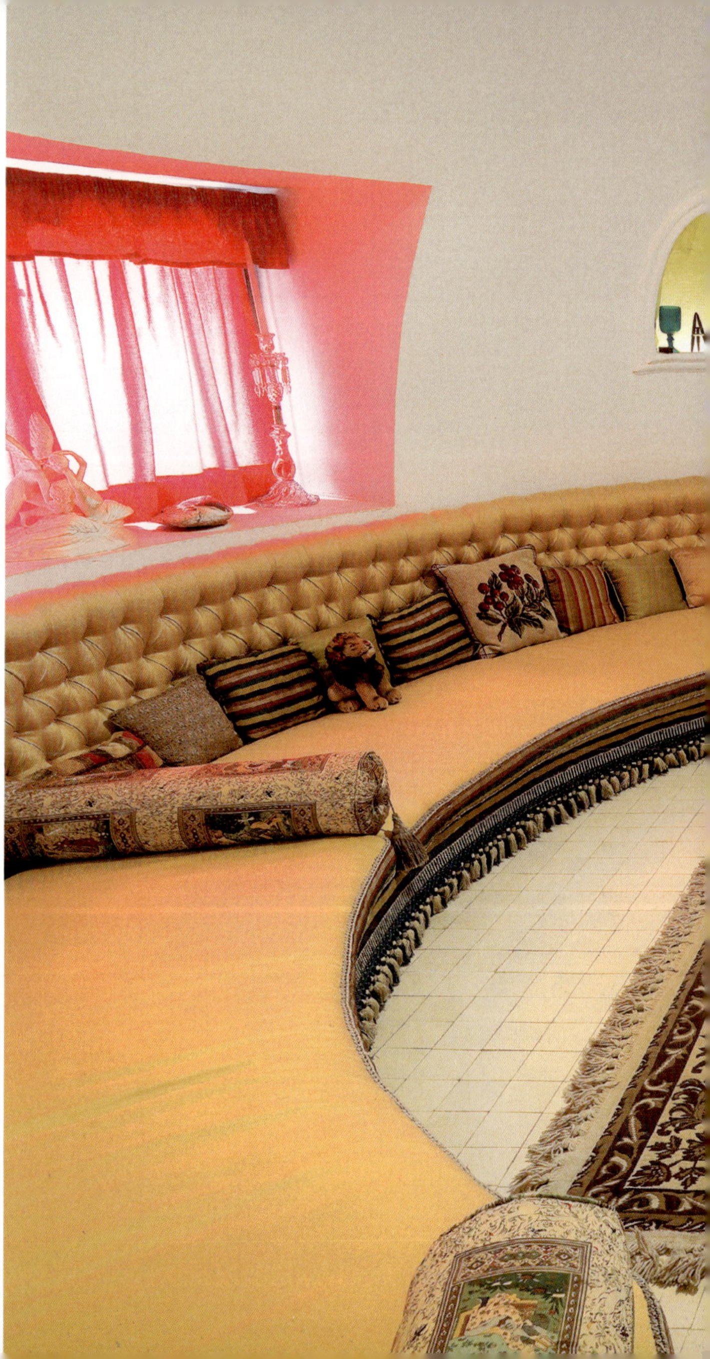

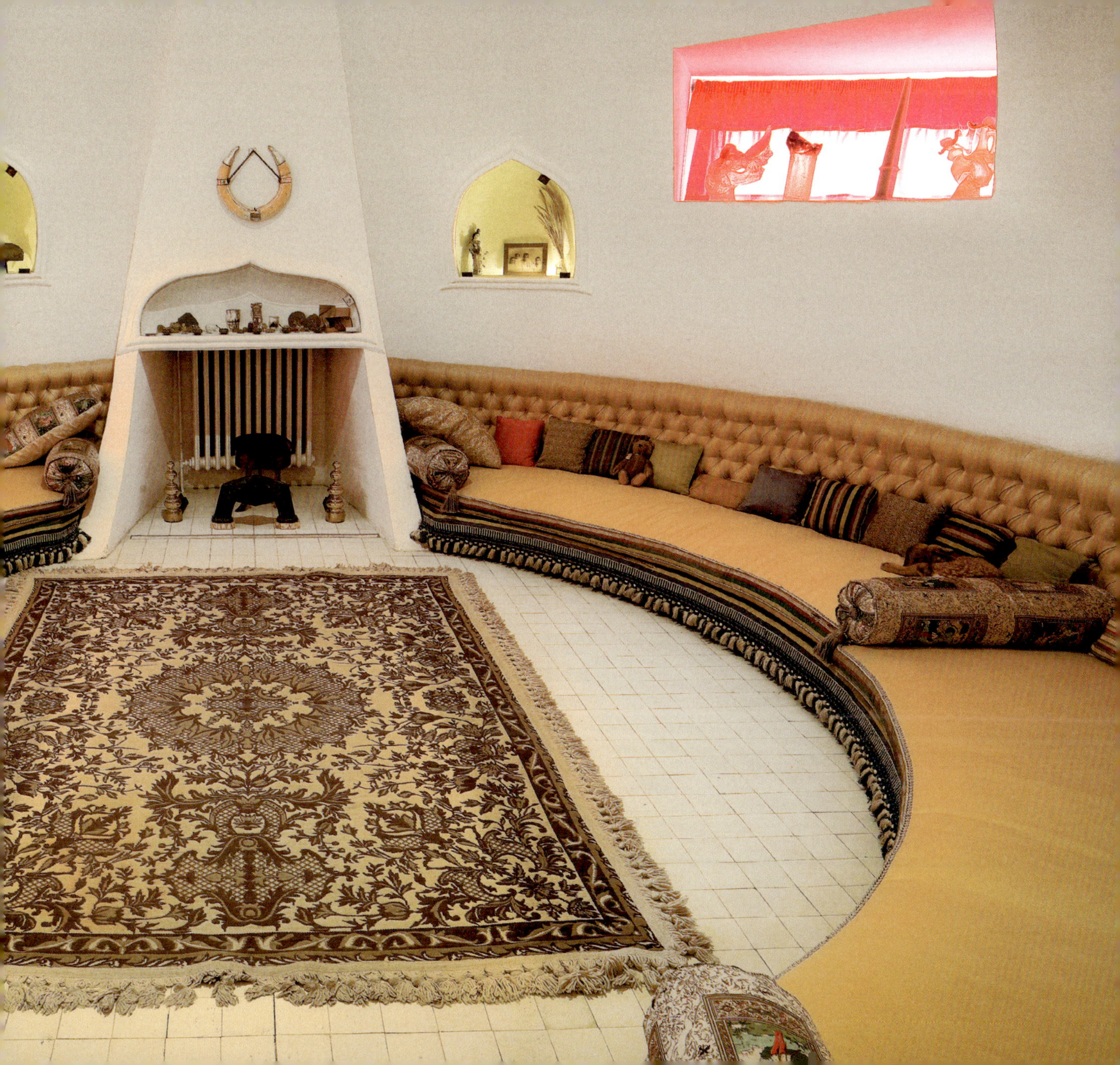

I a fora... el jardí. Un jardí fet de blanc i d'oliveres que poc a poc s'atreveix a incorporar totes les llicències i transgressions del kitsch. Només cal veure la part de la piscina.

Y afuera... el jardín. Un jardín hecho de blanco y de olivos que poco a poco se atreve a incorporar todas las licencias y transgresiones del kitsch. Sólo hay que fijarse en la zona de la piscina.

And outside... the garden: a garden made in white and olive greens that gradually dares to incorporate all the outrageous style and transgressions of kitsch. You just need to look at the swimming pool area to see how.

Et dehors, le jardin... Un jardin fait de blanc et d'oliviers qui, peu à peu, ose introduire toutes les licences et transgressions du kitsch. Il n'y a qu'à regarder le coin de la piscine.

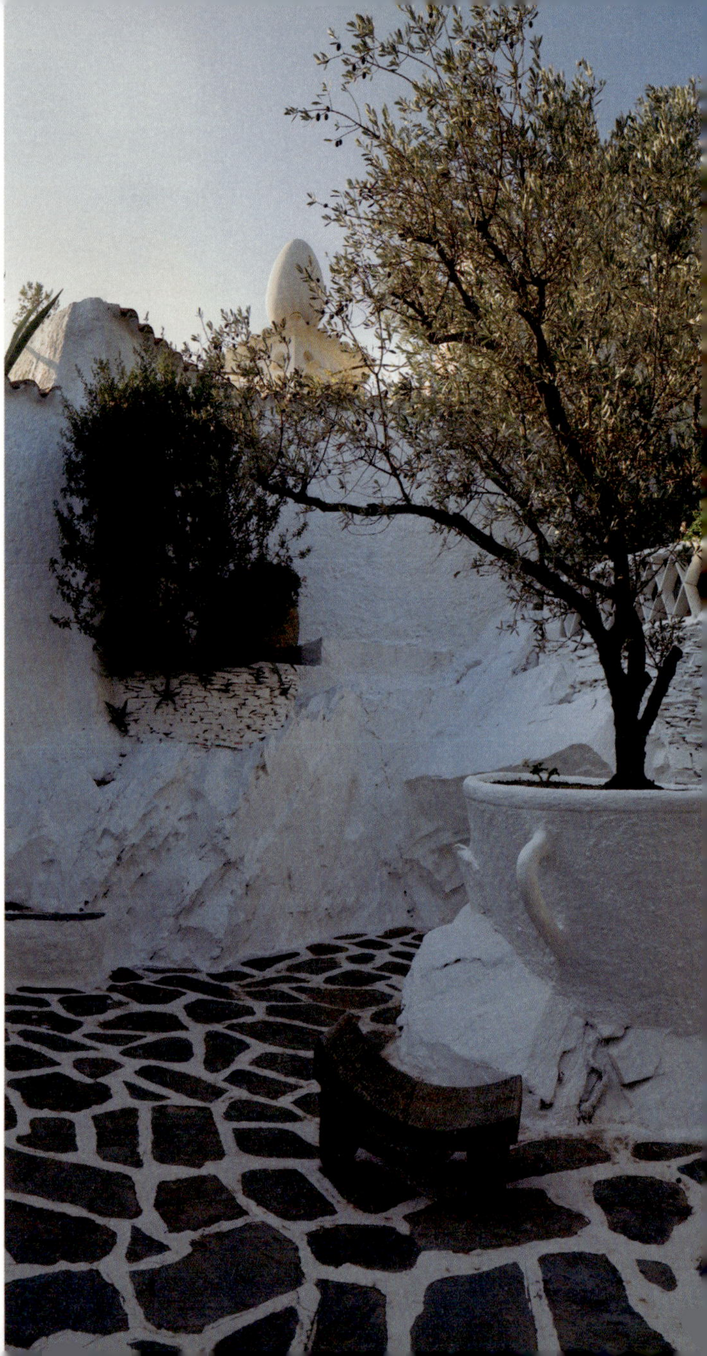

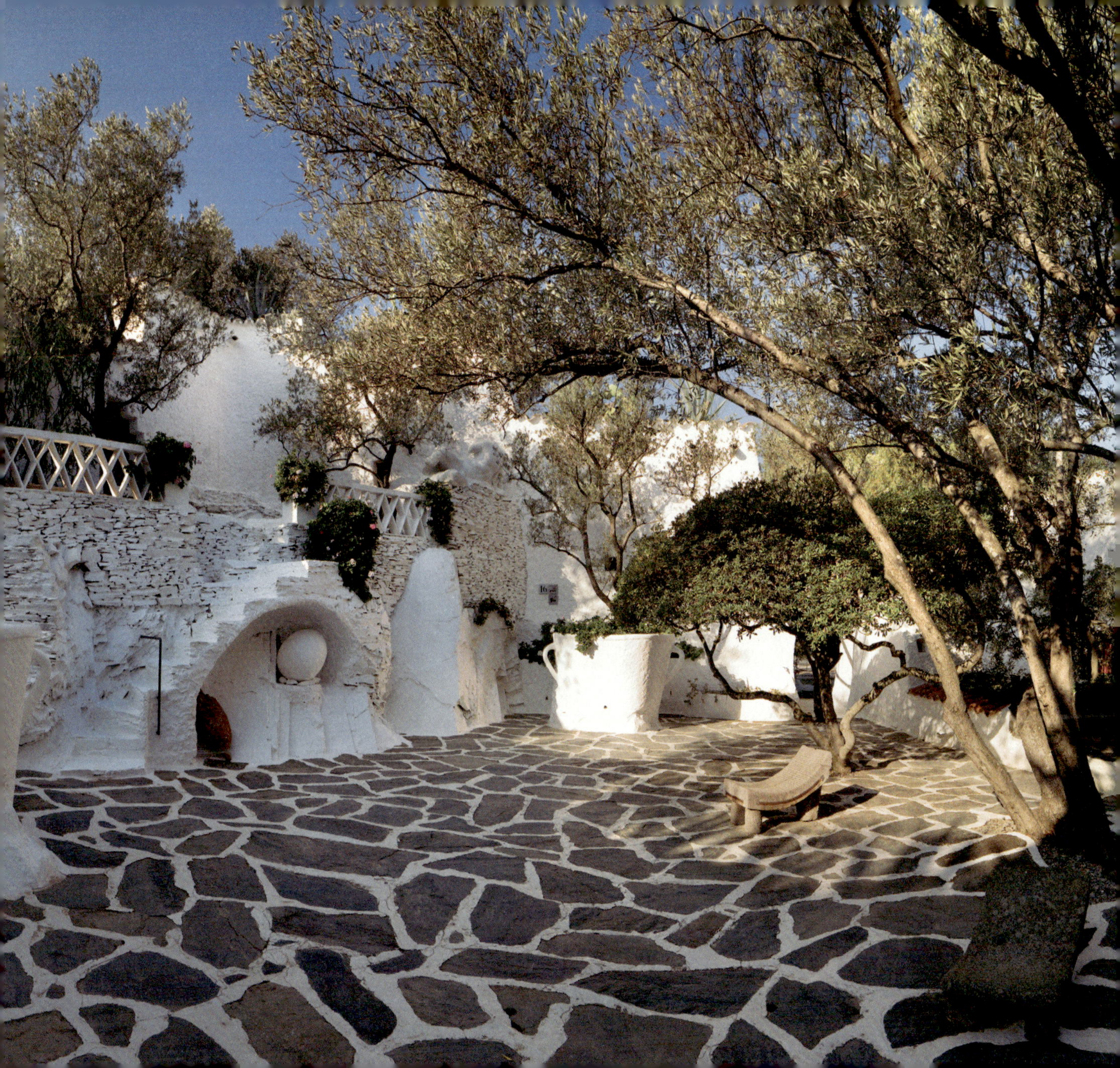

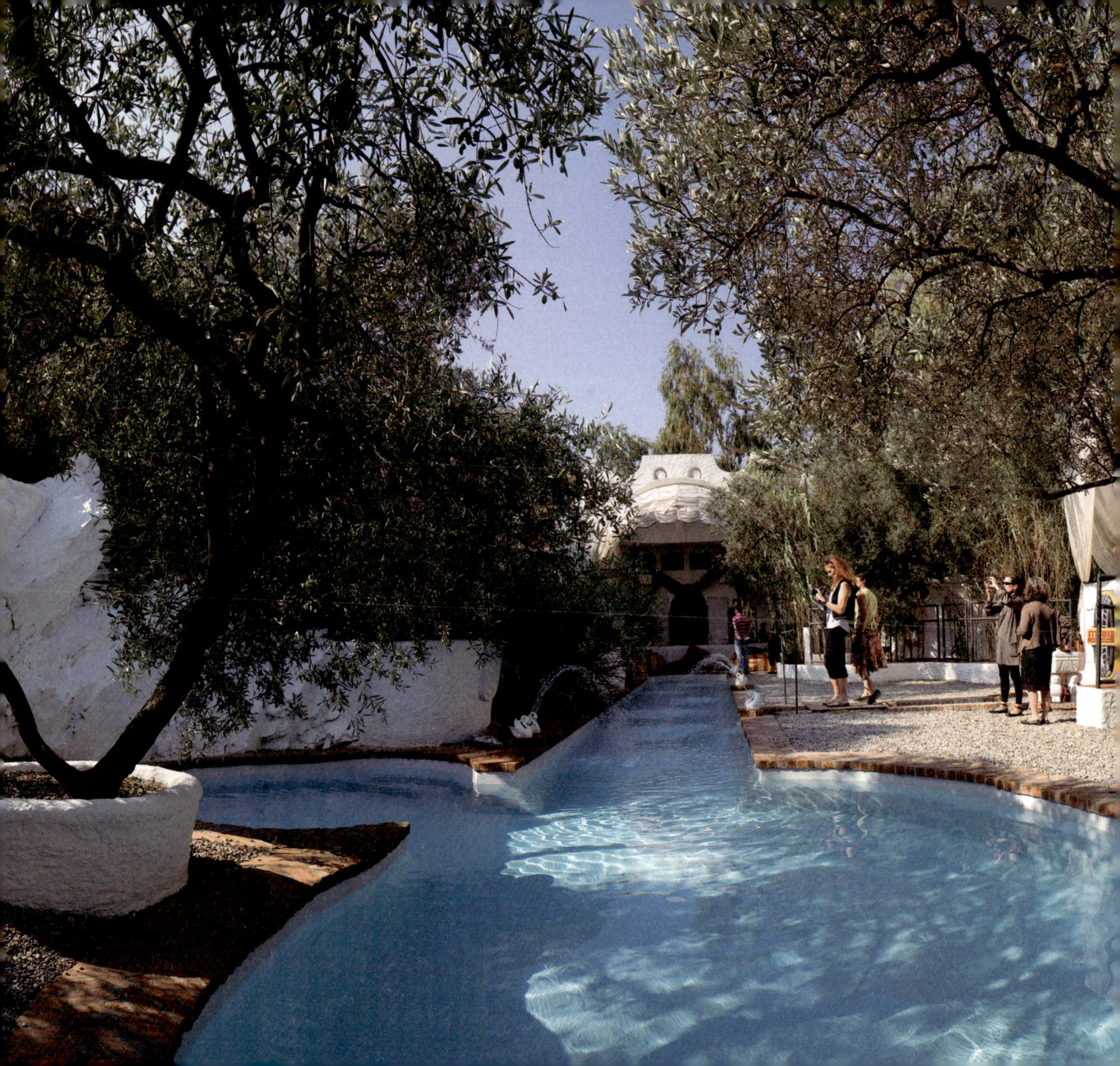

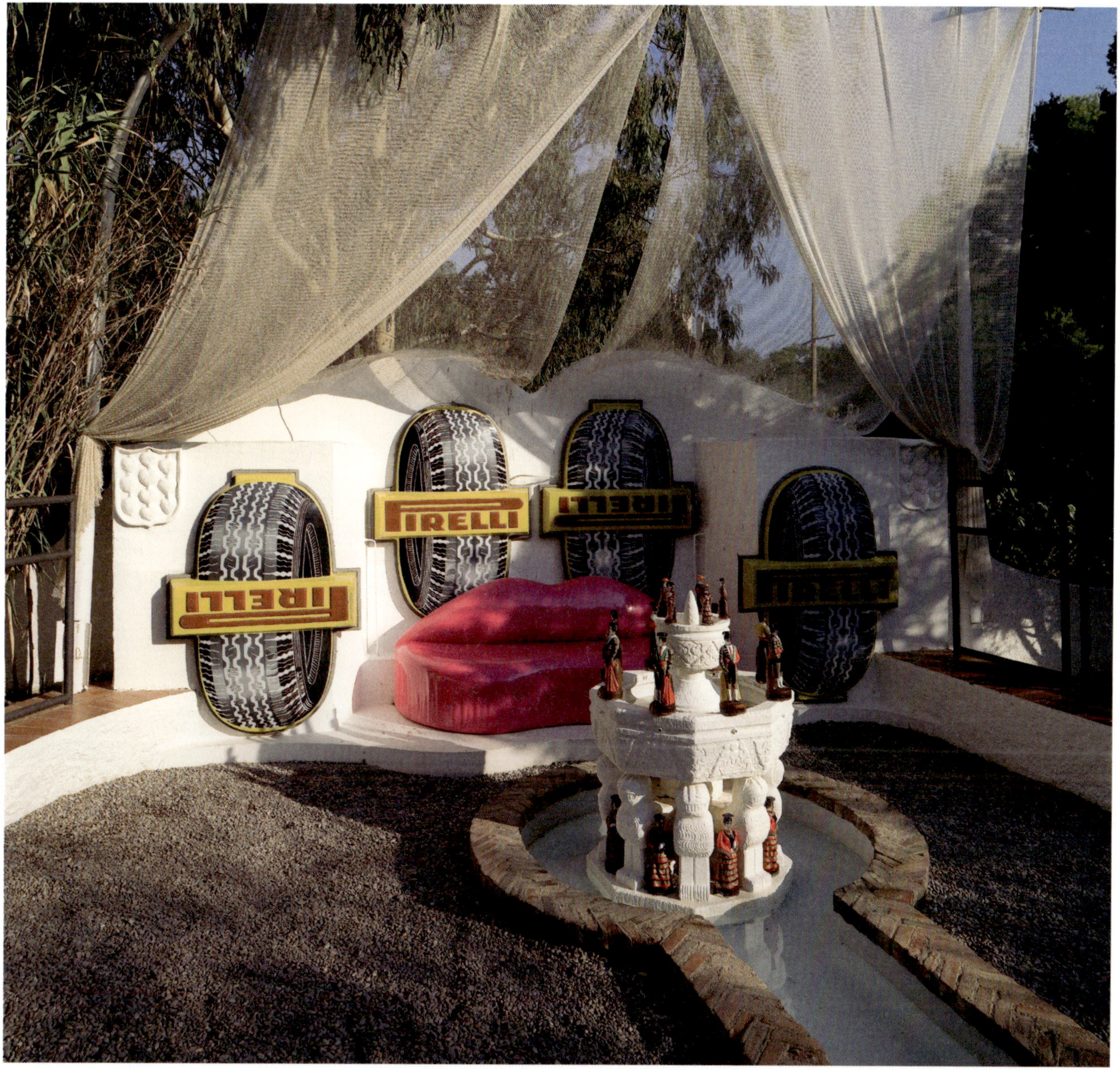
PIRELLI

Cap de Creus

Diuen que els antics hi alçaren un temple a Afrodita. No se n'ha trobat cap rastre però a les cròniques romanes es coneix com cap *Aphrodisium*. Per als navegants ha estat sempre el cap del Diable. Per a nosaltres, i des de temps medievals, degut a les ermites, monestirs i creus de terme de quan es va cristianitzar la zona, és el Cap de Creus.

Cap de Creus és una península que s'endinsa a la Mediterrània fins a 10 km respecte de la línia general de la Costa Brava. Des de l'aire, té una forma ramificada amb aparença de fulla de plàtan. Des de la terra, és un paratge mineral d'una dura bellesa i d'un gran interès geològic. Des del mar, és una costa molt retallada que conté alguns dels punts de més difícil navegació del Mediterrani. Un territori muntanyós d'unes 9.900 hectàrees allà on els Pirineus, convulsos, arriben a l'aigua. Des de 1998, una llei que el declarà Parc Natural protegeix la península de

Cuentan que los antiguos levantaron en este cabo un templo en honor a Afrodita. No se ha hallado ningún rastro de él pero en las crónicas romanas el lugar es conocido como cabo *Aphrodisium*. Para los navegantes ha sido siempre el cabo del Diablo. Para nosotros, desde la época medieval, debido a las ermitas, monasterios y a las cruces con que se marcaron los términos al cristianizarse la zona, es el Cap de Creus.

Cap de Creus es una península que se adentra diez kilómetros en el Mediterráneo respecto a la línea general de la Costa Brava. Desde el aire, tiene una forma ramificada con apariencia de hoja de plátano. Desde tierra es un paraje mineral de una belleza dura y un enorme interés geológico. Desde el mar es una costa muy recortada que contiene algunos de los puntos de más difícil navegación en el Mediterráneo. Un territorio montañoso de unas 9.900 hectáreas donde los Pirineos, convulsos, llegan al agua. Cap de Creus

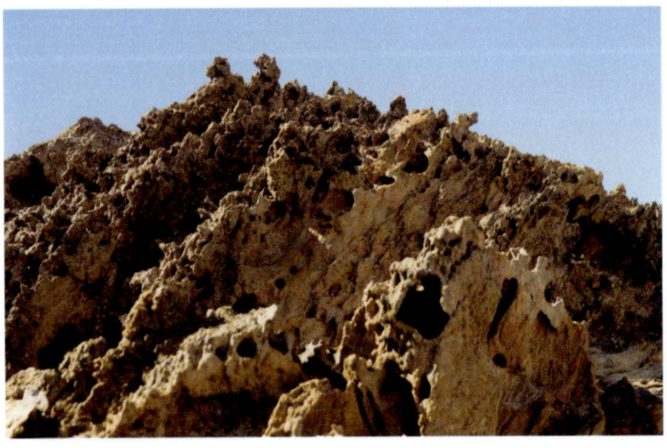

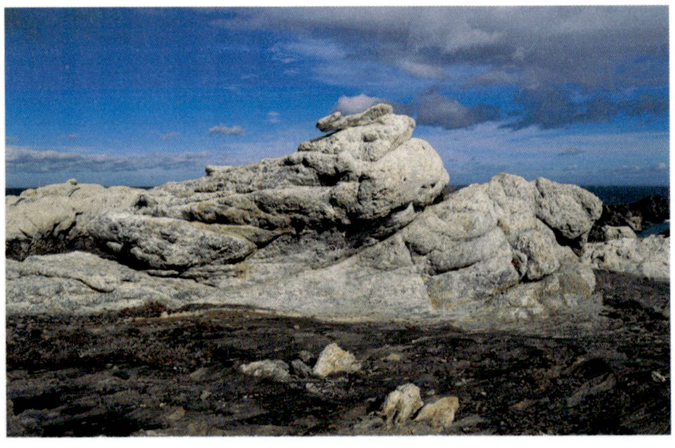

It is said that in ancient times they erected a temple in honour of Aphrodite on this cape. No remains have ever been found of it but in Roman chronicles the place is known as cape *Aphrodisium*. For seafarers it has always been the cape of the Devil. For us, since medieval times, due to the hermitages, monasteries and crosses with which the district boundaries were marked on Christianisation of the area, it has been the Cap de Creus.

Cap de Creus is a peninsula that projects ten kilometres into the Mediterranean compared to the general line that the Costa Brava follows. From the air it has a branching effect with the appearance of a plane tree leaf. From land it is a mineral world of hard beauty and great geological interest. From the sea it is a very rugged coastline that contains some of the most difficult navigational points in the Mediterranean. It is a mountainous area of 9,900 hectares

On dit que les Anciens dressèrent sur ce cap un temple en l'honneur d'Aphrodite. On en n'a trouvé aucun vestige, mais dans les chroniques romaines, le lieu est connu sous le nom de cap *Aphrodisium*. Pour les navigateurs, il a toujours été le cap du Diable. Pour nous, depuis l'époque médiévale, à cause des ermitages, monastères et des croix qui marquaient les communes lors de l'évangélisation de la région, c'est le Cap de Creus.

Le Cap de Creus (cap des croix) est une péninsule de 10 km, qui pénètre dans la Méditerranée par rapport à la ligne générale de la Costa Brava. Vu des airs, il a une forme ramifiée comme une feuille de platane. De la terre, c'est un lieu minéral d'une beauté dure et d'un énorme intérêt géologique. De la mer, c'est une côte très découpée, qui contient certains des points les plus difficiles pour la navigation en Méditerranée. Un territoire montagneux

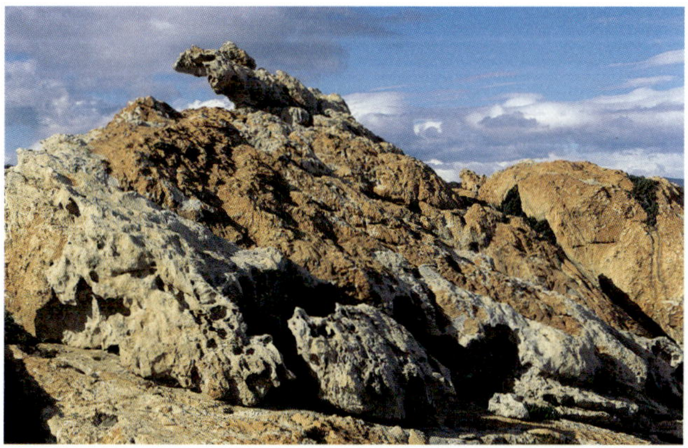

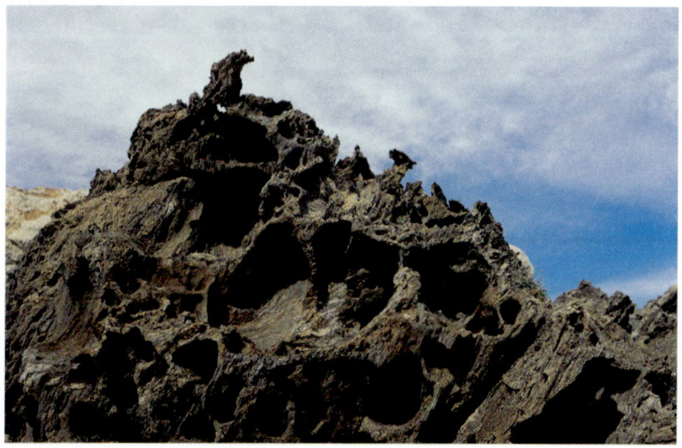

Cap de Creus, el seu entorn marí i la serra de Verdera. La cala Tamariua, al terme del Port de la Selva, i la punta Falconera, al terme de Roses, en són els seus límits nord i sud.

En temps medievals, la península del Cap de Creus es poblà de vinyes i feixes, masos i ramats, molins fariners i una multitud de barraques de pedra seca que humanitzaren un paisatge rebel. Avui és buida. Des de la fil·loxera de finals del XIX i els incendis posteriors, Cap de Creus és un paisatge nu lliurat al vent. El bestiar boví, que passa l'estiu a les zones altes dels Pirineus, hi pastura cada hivern com un vestigi de l'antiga transhumància. Quant a la resta, són només els caminants curiosos i els geòlegs atents qui en coneixen els seus racons.

Dos elements fan de Cap de Creus un paisatge únic: els efectes de la tramuntana, vent de component nord intens, i la composició geològica del seu sòl. La tramuntana ha modelat un relleu abrupte i accidentat, i ha determinat la seva vegetació. Les aigües de torrents i rieres han originant un paisatge escarpat i de barrancs pronunciats habitat per matolls, màquies i altres arbusts que, degut a l'efecte mecànic del vent, han adoptat formes peculiars. Hi creixen càdecs, un arbust estrany en aquesta costa que hipotèticament explicaria l'etimologia de Cadaqués com un lloc de càdecs o cadaquers. Però Cap de Creus és un punt d'interès internacional sobretot per la seva singular geologia.

La pegmatita és una roca clara i arrodonida que rarament es combina amb l'esquist com ho fa a Cap de Creus. L'esquist, al seu torn, és fosc i laminat; l'aigua l'estova amb paciència i la tramuntana, corrosiva com la sal i la sorra que conté, el cisella amb

fue declarado Parque Natural en 1998 para proteger su territorio, el entorno marino y la sierra de Verdera. La Cala Tamariua, en el término de El Port de la Selva, y la Punta Falconera, en el término de Roses, son sus límites al norte y al sur respectivamente.

En la época medieval, la península del Cap de Creus se pobló de viñas y bancales, masías y rebaños, molinos harineros y una multitud de barracas de piedra seca que humanizaron un paisaje rebelde. Hoy está vacía. Tras la filoxera de finales del siglo XIX y los incendios posteriores, Cap de Creus es un paisaje desnudo entregado al viento. El ganado bovino, que pasa el verano en las zonas altas de los Pirineos, pasta cada invierno como un vestigio de la antigua trashumancia. En cuanto a lo demás, son sólo los caminantes curiosos y los geólogos atentos quienes conocen sus rincones.

Dos elementos hacen del Cap de Creus un paisaje único: los efectos de la tramontana, viento de componente norte intenso, y la composición geológica de su suelo. La tramontana ha modelado un relieve abrupto y accidentado y ha determinado su vegetación. Las aguas de los torrentes y las rieras han originado un paisaje escarpado de barrancos pronunciados habitado por matojos, maquias y otros arbustos que, debido al efecto mecánico del viento, han adoptado formas peculiares. También crecen enebros (*càdecs* en catalán), un extraño arbusto de cuya voz derivaría, según alguna hipótesis, el nombre de Cadaqués. Pero Cap de Creus es un punto de interés internacional especialmente por su singular geología.

La pegmatita es una roca clara y redondeada que raramente se combina con el esquisto tal y como lo hace en el Cap de Creus. El esquisto, a su vez, es

where the agitated Pyrenees reach the sea. Cap de Creus was declared a Natural Park in 1998 in order to protect it, the marine environs and the Verdera mountain range. Cala Tamariua, in the district of El Port de la Selva, and Punta Falconera, in Roses, are the northern and southern borders respectively.

In medieval times the Cap de Creus peninsula was populated by vines and terraces, farms and flocks of sheep, flour mills and a multitude of dry stone huts that gave a rebellious landscape a human touch. Today it is empty. After the phylloxera pest at the end of the 19th century, and the later fires, Cap de Creus is a bare landscape exposed to the wind. The cattle, which spend summer in the high parts of the Pyrenees, graze here in winter as if they were a vestige of the ancient seasonal migration. The only other presence is that of the curious walkers and alert geologists who know its hidden corners.

Two elements make Cap de Creus a unique landscape; the effects of the Tramuntana, the intense northerly wind, and the geological composition of its ground. The Tramuntana has carved out an abrupt and dramatic relief and has determined its plantlife. The water from the torrents and streams have moulded a craggy landscape of deep ravines inhabited by thicket, scrubland and other bushes which, due to the mechanical effect of the wind, have taken on peculiar shapes. There are also junipers (*càdecs* in Catalan), a strange bush whose name, according to some theories, would be the origin of the name of Cadaqués. Cap de Creus, however, is an international place of interest due to its unique geology.

Pegmatite is a light rounded rock that rarely combines with schist in the way it does in Cap de Creus.

de 9 900 hectares environ, dans lequel les Pyrénées rejoignent l'eau dans des convulsions. Cap de Creus fut déclaré Parc naturel en 1998, pour protéger son territoire, l'environnement marin et la Serra de Verdera. Cala Tamariua, sur la commune d'El Port de la Selva et Punta Falconera, sur la commune de Roses, constituent ses limites, respectivement au nord et au sud.

À l'époque médiévale, la péninsule du Cap de Creus se peupla de vignes et de terrasses, de mas et troupeaux, de moulins à farine et d'une multitude de cabanes de pierre sèche, qui humanisèrent un paysage rebelle. Aujourd'hui, elle est vide. Suite au phylloxera du XIXème siècle et aux incendies postérieurs, le Cap de Creus est un paysage nu livré au vent. Les troupeaux bovins, qui passent l'été dans les pâturages élevés des Pyrénées, y paissent chaque hiver, comme un vestige des anciennes transhumances. Quant au reste, seuls les promeneurs curieux et les géologues attentifs connaissent ses recoins.

Deux éléments font du Cap de Creus un paysage unique : les effets de la tramontane, un vent du nord intense, et la composition géologique du sol. La tramontane a modelé un relief abrupt et accidenté et a déterminé sa végétation. Les eaux des torrents et des rivières ont donné naissance a un paysage escarpé de ravins prononcés, habités par des buissons, du maquis et d'autres arbustes qui, à cause de l'effet mécanique du vent, ont adopté des formes particulières. Des genévriers (*càdecs* en catalan) y poussent aussi, étranges arbustes dont le nom serait à l'origine de Cadaqués, selon une hypothèse. Mais Cap de Creus est un point d'intérêt international, surtout à cause de sa géologie singulière.

els anys. Per un acusat procés de metamorfisme, el pas del temps ha erosionat l'esquist i ha format les roques accidentades que veiem avui. Unes roques anguloses que han adoptat una morfologia molt particular. Sobretot a la franja de la costa i en concret a l'anomenat "quilòmetre d'or del Cap de Creus": un tram solitari a la vessant nord del cap. És el tram que va de cala Culip al Pla de Tudela. Allà, el paisatge està fet exclusivament de grans coàguls de pedra que canvien de forma a mesura que et desplaces. Roques que, com escultures zoomòrfiques, prenen la forma atribuïda per l'observador. I així,

oscuro y laminado; el agua lo ablanda con paciencia y la tramontana, corrosiva como la sal y la arena que contiene, lo cincela con los años. Por un acusado proceso de metamorfismo, el paso del tiempo ha erosionado el esquisto y ha formado las rocas accidentadas que vemos hoy. Unas rocas angulosas que han adoptado una morfología muy particular, sobre todo en la franja de la costa y, en concreto, en el llamado "kilómetro de oro del Cap de Creus": un tramo solitario en la vertiente norte del cabo. Es el tramo que va desde Cala Culip hasta el Pla de Tudela. Allí, el paisaje está compuesto exclusivamente de grandes coágu-

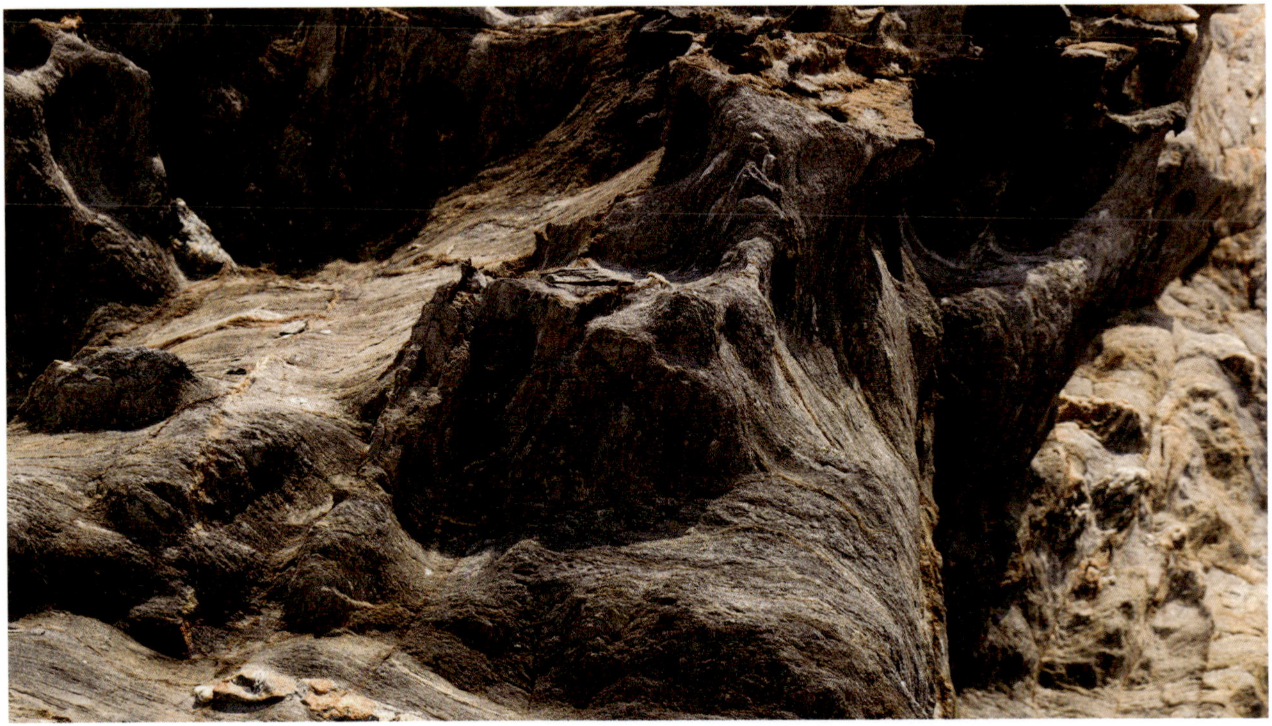

Schist, in contrast, is dark and laminated; the water softens it patiently and the Tramuntana, corrosive like the salt and sand it carries, chisels it as the years pass by. Through a striking process of metamorphism, with the passing of time the schist has become eroded and has formed the uneven rocks we can see today. They are angular rocks that have taken on a very particular morphology, above all on the coastal stretch and, specifically, on the so-called "golden kilometre of Cap de Creus": a solitary section on the northern side of the cape. It is the part that goes from Cala Culip to Pla de Tudela. There the land-

La pegmatite est une roche claire et ronde, qui se combine rarement avec le schiste, comme au Cap de Creus. Le schiste, à son tour, est sombre et laminé ; l'eau le ramollit avec patience et la tramontane, corrosive comme le sel et le sable qu'elle contient, le cisèle avec les années. Par un processus accusé de métamorphisme, le passage du temps a érodé le schiste et formé les roches accidentées que l'on voit aujourd'hui. Des roches très anguleuses, qui ont adopté une morphologie très particulière, surtout sur la frange côtière et concrètement sur ce qu'on appelle « le kilomètre d'or de Cap de Creus » : un tronçon solitaire sur le ver-

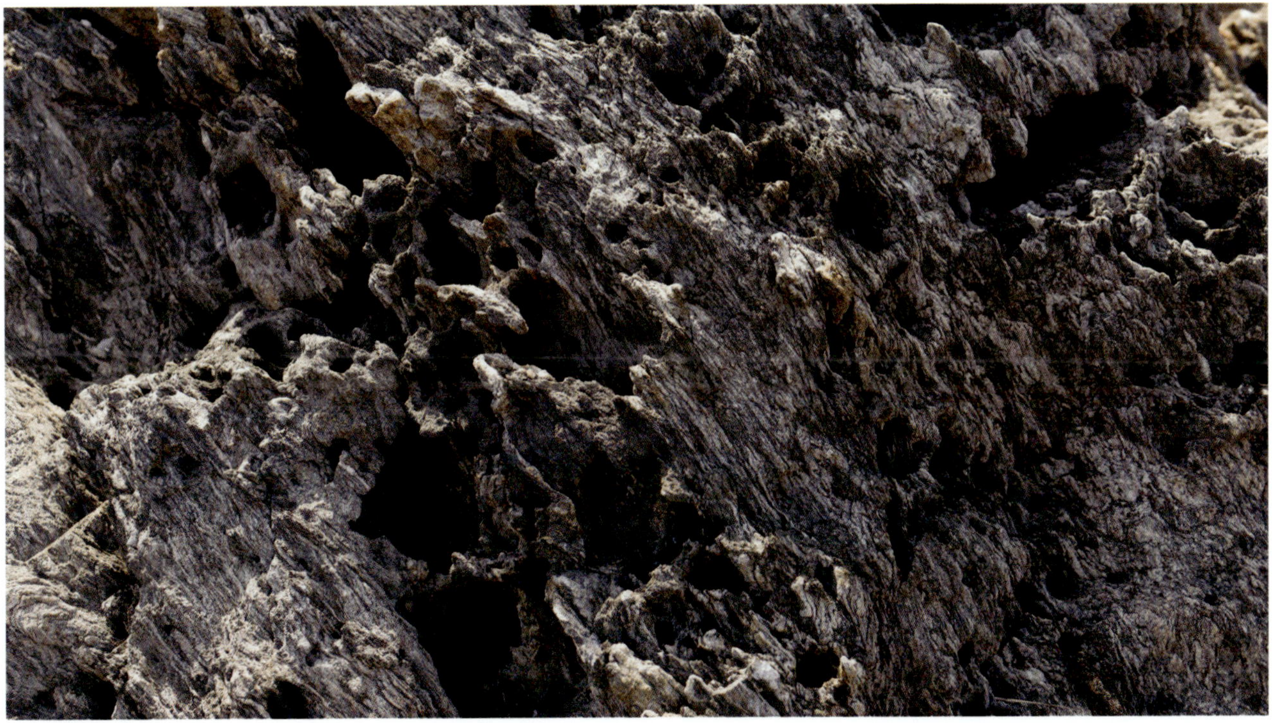

les roques es fan àguila, es fan lleó, es fan tortuga... Dalí no ho va tenir molt difícil per inventar les figures de formes canviants dels seus quadres: només va haver d'obrir els ulls i observar atentament... i és clar, pintar.

De Cadaqués, una carretera ens du a l'extrem oriental del cap. Però el millor trajecte és el camí vell que surt del poble i recorre la pell sinuosa del Cap de Creus per deixar-nos junt al far i a l'antiga caserna de carrabiners. Una caserna a prova de vent edificada el 1914 com a lloc estratègicament fronterer. Allà, davant l'horitzó ample del golf de Lleó, podem entendre que aquest mar de dofins amagui un passat de naufragis i que a les seves cales hi reposi un dels jaciments arqueològics submarins més importants de la Mediterrània. No són els penya-segats —més impressionants a altres punts de la costa— qui fan d'aquesta costa un perill per al navegant, sinó la seva brusquedat en el canvi d'orientació. Davant del far, que s'alça setanta-cinc metres sobre el mar, la costa gira en sec i s'encara al nord. Un gir terriblement acusat que, per als mariners de Cadaqués, separa la Mar d'Amunt de la Mar d'Avall. Cap al nord, el mar s'obre a la tramuntana. Cap al sud, fins a Cadaqués, la costa s'estén calmosa. A l'últim tram de la carretera, abans d'arribar al far, una recta ens permet observar el contrast: a l'esquerra, les roques batudes de Culip i a la dreta, les aigües calmes de cala Jugadora.

El far de Cap de Creus té tots els ingredients per a la literatura. Inaugurat el 1853 on hi havia una antiga torre de guaita, penetra molt endins del mar i és un dels més castigats del país; el vent arriba a bufar-hi a 150 km/h. En aquesta terra de ningú els faroners demanaven aviat el trasllat. Qui recorda les nits

los de piedra que cambian de forma a medida que te desplazas. Rocas que, como esculturas zoomórficas, adoptan la forma que el observador les atribuye. De esta manera, las rocas se hacen águila, león, tortuga... Dalí no lo tuvo muy difícil para inventar las figuras de formas cambiantes de sus cuadros: tan sólo tuvo que abrir los ojos y observar atentamente... y por supuesto, pintar.

Desde Cadaqués, una carretera nos conduce al extremo oriental del cabo. Pero el mejor trayecto es el camino viejo que sale del pueblo y recorre la piel sinuosa del Cap de Creus para dejarnos junto al faro y la antigua caserna de carabineros. Una caserna a prueba de viento edificada en 1914 como punto estratégicamente fronterizo. Allí, ante el horizonte amplio del golfo de León, podemos entender que este mar de delfines esconda un pasado de naufragios y que en sus calas repose uno de los yacimientos arqueológicos submarinos más importantes del Mediterráneo. No son los acantilados —más impresionantes en otros puntos del litoral— los que convierten esta costa en un peligro para el navegante, sino su brusquedad en el cambio de orientación. Delante del faro, que se eleva setenta y cinco metros sobre el mar, la costa gira en seco y se encara al norte. Un giro terriblemente acusado que, para los marineros de Cadaqués, separa el Mar d'Amunt (de arriba) del Mar d'Avall (de abajo). Hacia el norte, el mar se abre a la tramontana. Hacia el sur, hasta llegar a Cadaqués, la costa se extiende calmosa. En el último tramo de la carretera, antes de llegar al faro, una recta nos permite observar el contraste: a la izquierda, las rocas batidas de Culip, y a la derecha, las aguas mansas de Cala Jugadora.

scape is made up exclusively of coagula of rock that change shape as you move past them. Here are rocks like zoomorphic sculptures, taking on the form that the observer gives them. In this way the rocks form eagles, lions, turtles... Dalí had no problem in inventing the figures of changing shapes in his paintings: he just had to open his eyes and look carefully... and of course, paint.

From Cadaqués, a road takes us to the eastern extreme of the cape. The best route, however, is the old path that leaves the village and runs along the sinuous edge of Cap de Creus to take us as far as the lighthouse and the old border guards' barracks. It was a windproof barracks built in 1914 as a strategic border post. There, overlooking the wide horizon of the Golfe du Lion, we can appreciate that this sea of dolphins hides a past of shipwrecks and that in its coves lies one of the important underwater archaeological finds in the Mediterranean. It is not the cliffs —more impressive on other parts of the coast— that turn this coastal area into a danger for the seafarer, but rather the brusqueness in the change of orientation. Before the lighthouse, which stands seventy five metres above the sea, the coastline turns sharply and faces the north. An extremely sharp turn that, for the sailors of Cadaqués, separates the Mar d'Amunt, the northern sea, from that of the south (Mar d'Avall). In the north the sea is open to the Tramuntana. In the south, until reaching Cadaqués, the coast extends calmly. On the last part of the road, before reaching the lighthouse, a straight part enables us to observe the contrast: to the left, the beaten rocks of Culip, and to the right, the calm waters of Cala Jugadora.

sant nord du Cap. C'est le tronçon qui va de Cala Culip au Pla de Tudela. Là, le paysage est composé exclusivement de grands caillots de pierre, qui changent de forme au fur et à mesure que l'on se déplace. Des roches qui, comme des sculptures zoomorphiques, adoptent la forme que l'observateur leur attribue. C'est ainsi que les roches se font aigle, lion, tortue... Dalí n'eut aucun mal à inventer les figures aux formes changeantes de ses œuvres : il n'eut qu'à ouvrir les yeux et observer attentivement... et peindre, bien entendu.

De Cadaqués, une route conduit le voyageur à l'extrémité orientale du cap. Mais le meilleur trajet est le vieux chemin qui quitte le village et parcourt la peau sinueuse du Cap de Creus pour laisser le voyageur à côté du phare et de l'ancienne caserne de carabiniers. Une caserne édifiée en 1914 à l'épreuve du vent et un point stratégique frontalier. Là, devant l'horizon ouvert du golfe du Lion, on peut comprendre que cette mer de dauphins cache un passé de naufrages et que dans ses criques repose l'un des gisements archéologiques sous-marins les plus importants de la Méditerranée. Ce ne sont pas les falaises, plus impressionnantes que sur d'autres points du littoral, qui rendent cette côte dangereuse pour le navigateur, mais le changement brusque d'orientation. Devant le phare, qui s'élève à soixante-quinze mètres sur la mer, la côte change brusquement de cap et fait face au nord. Un tournant terriblement accusé qui, pour les marins de Cadaqués, sépare la Mar d'Amunt (mer d'en haut) de celle du bas (Mar d'Avall). Vers le nord, la mer s'ouvre à la tramontane. Vers le sud, jusqu'à Cadaqués, la côte s'étend dans le calme. Dans le dernier tronçon de route, avant d'arriver au phare, une ligne droite

de vent dels antics faroners del cap del Diable? “Fa 3.000 anys que vetlla el far i ha viscut 700 naufragis. Té la mirada al fons del mar i sempre canta mals presagis.” És el poeta Miquel Desclot qui n’ha guardat la seva memòria.

El faro de Cap de Creus reúne todos los ingredientes para la literatura. Inaugurado en 1853, en el lugar que ocupaba una torre de vigía, el faro penetra en el mar y es uno de los más castigados del país: el viento llega a soplar a 150 km/h. En esta tierra de nadie los fareros pedían muy pronto el traslado. ¿Quién recuerda las noches de viento de los antiguos fareros del cabo del Diablo? “Hace 3.000 años que vela el faro y ha vivido 700 naufragios. Tiene la mirada en el fondo del mar y siempre canta malos presagios.” Es el poeta Miquel Desclot quien ha guardado su memoria.

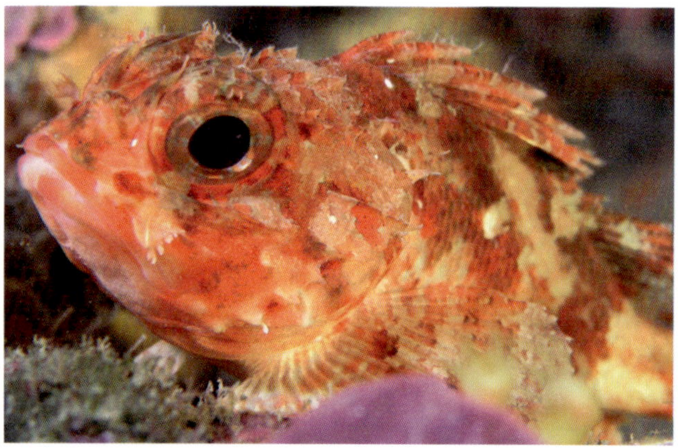

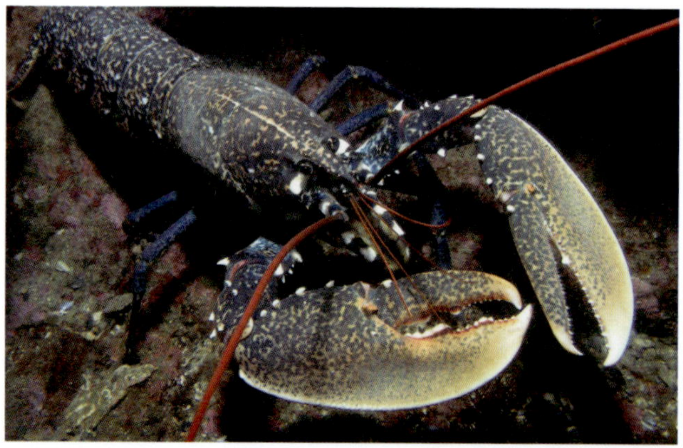

The Cap de Creus lighthouse possesses all the ingredients for a good novel. Opened in 1853, on a spot occupied by a watch tower, the lighthouse sticks out into the sea and is one of the most punished lighthouses in the country: the wind can blow at 150 kph. In this no-man's land the lighthouse keepers soon applied for a transfer. Who remembers the windy nights of the old lighthouse keepers of Devil's cape? "The lighthouse has been keeping watch for 3,000 years and has experienced 700 shipwrecks. It has the look of the bottom of the sea and always cries out bad omens". This is the poet Miquel Desclot who has guarded its memory.

permet d'observer le contraste : à gauche, les rochers battus de Culip et à droite, les eaux calmes de Cala Jugadora.

Le phare du Cap de Creus réunit tous les ingrédients nécessaires à la littérature. Inauguré en 1853, à l'endroit qu'occupait la tour de garde, le phare pénètre dans la mer et est soumis aux éléments, plus que tout autre dans le pays : le vent atteint des vitesses de 150 km/h. Sur ce No man's land, les gardiens du phare ne tardaient pas à demander leur transfert. Qui se souvient des nuits de vent des anciens gardiens du phare du Cap du Diable ? « Cela fait 3 000 ans que le phare veille et il a été témoin de 700 naufrages. Il a le regard fixé sur le fond de la mer et chante toujours ses mauvais présages ». C'est le poète Miquel Desclot qui à gardé son souvenir.

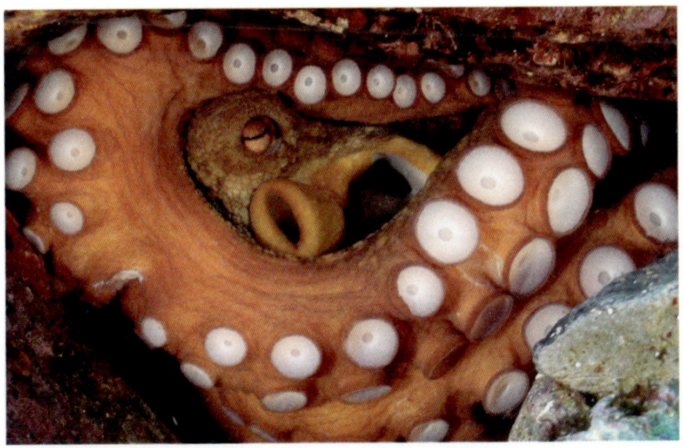

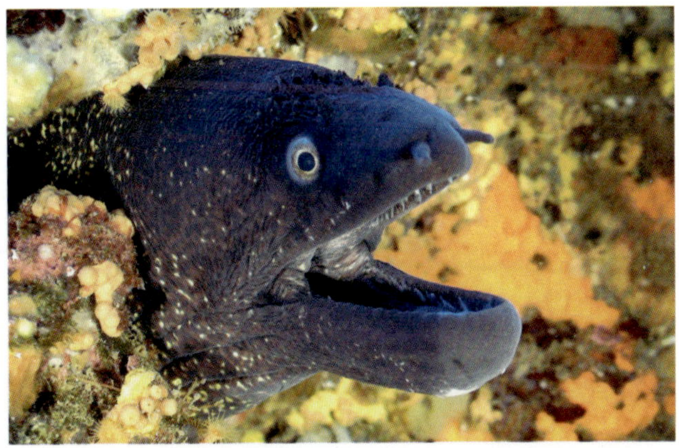

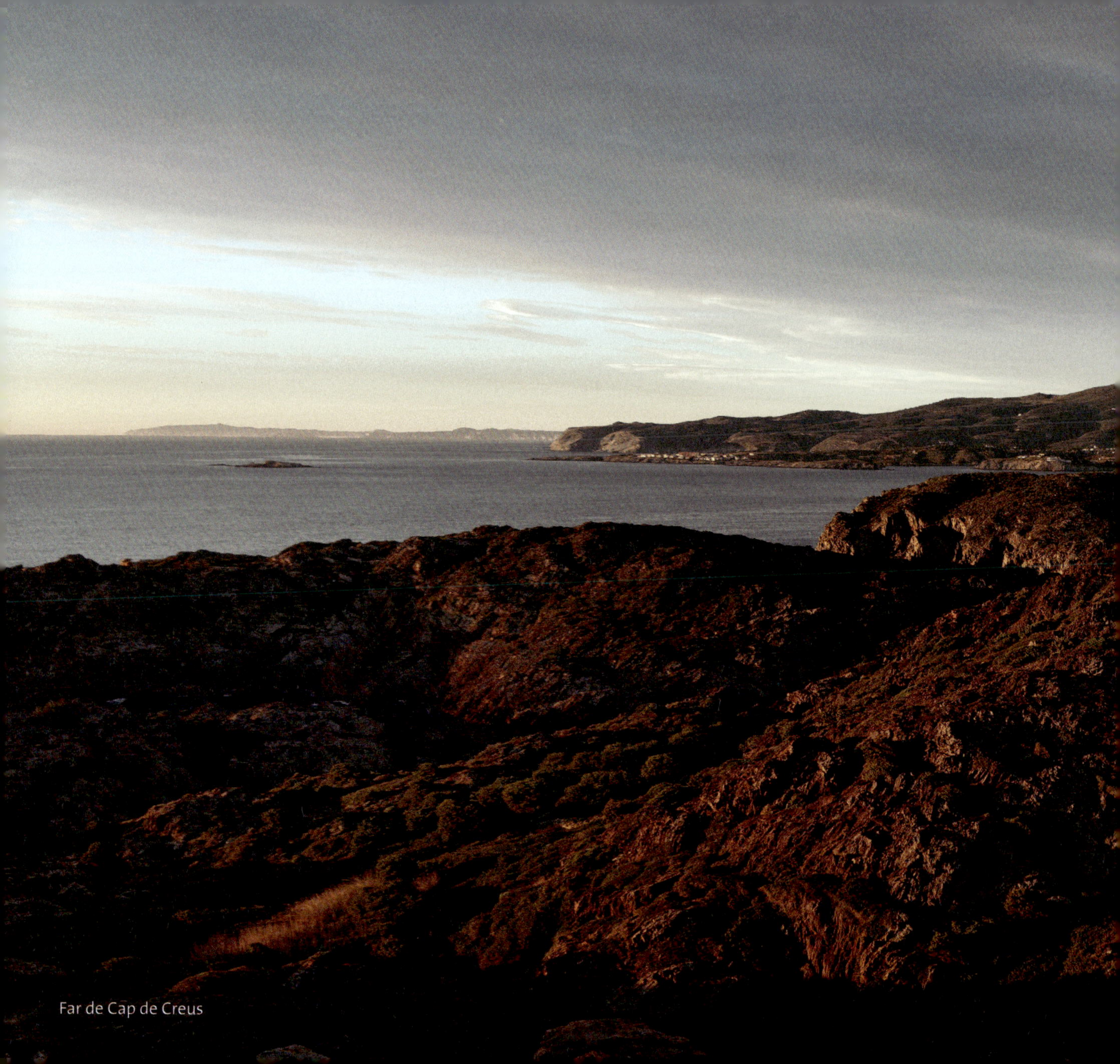

Far de Cap de Creus

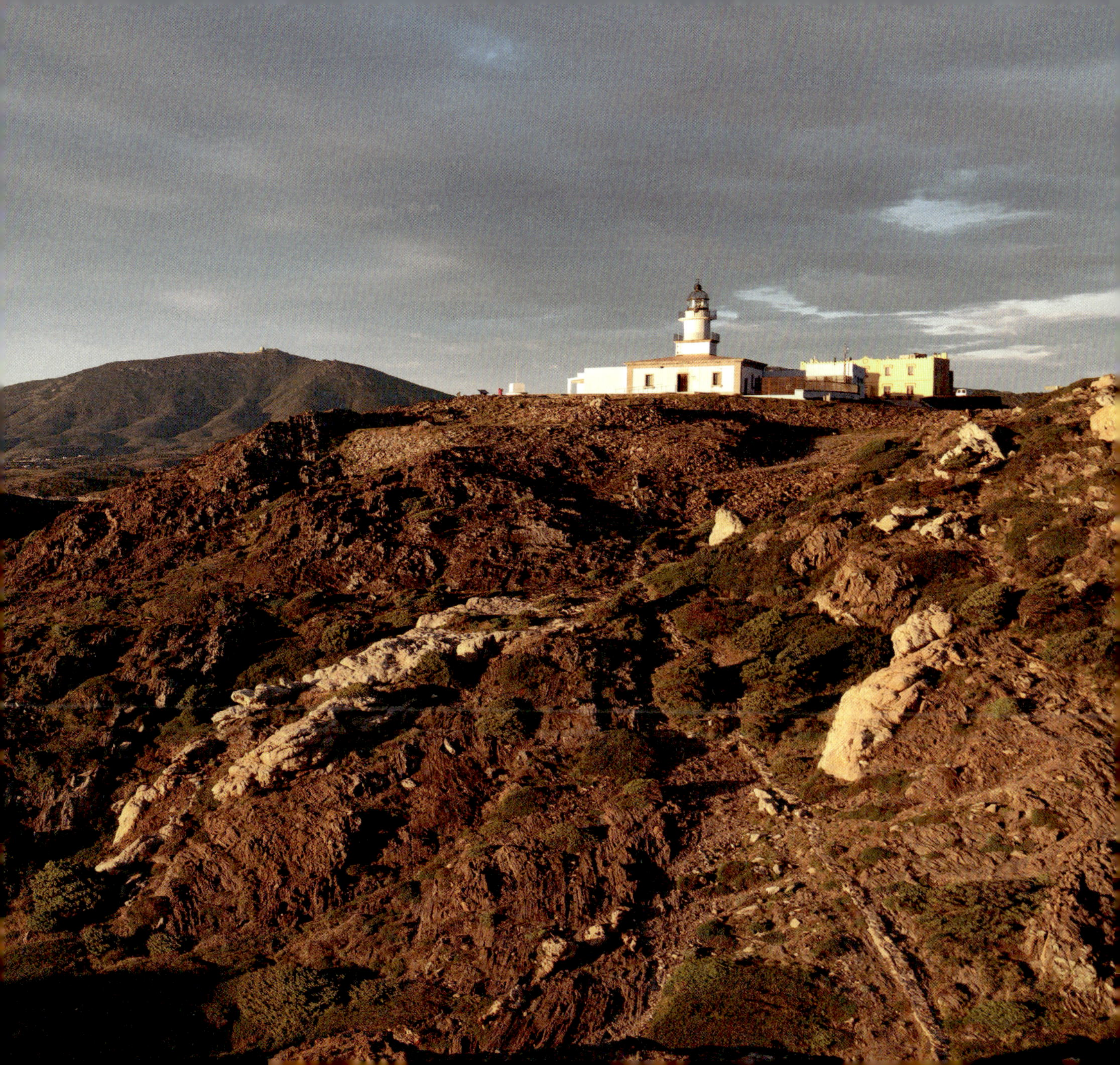

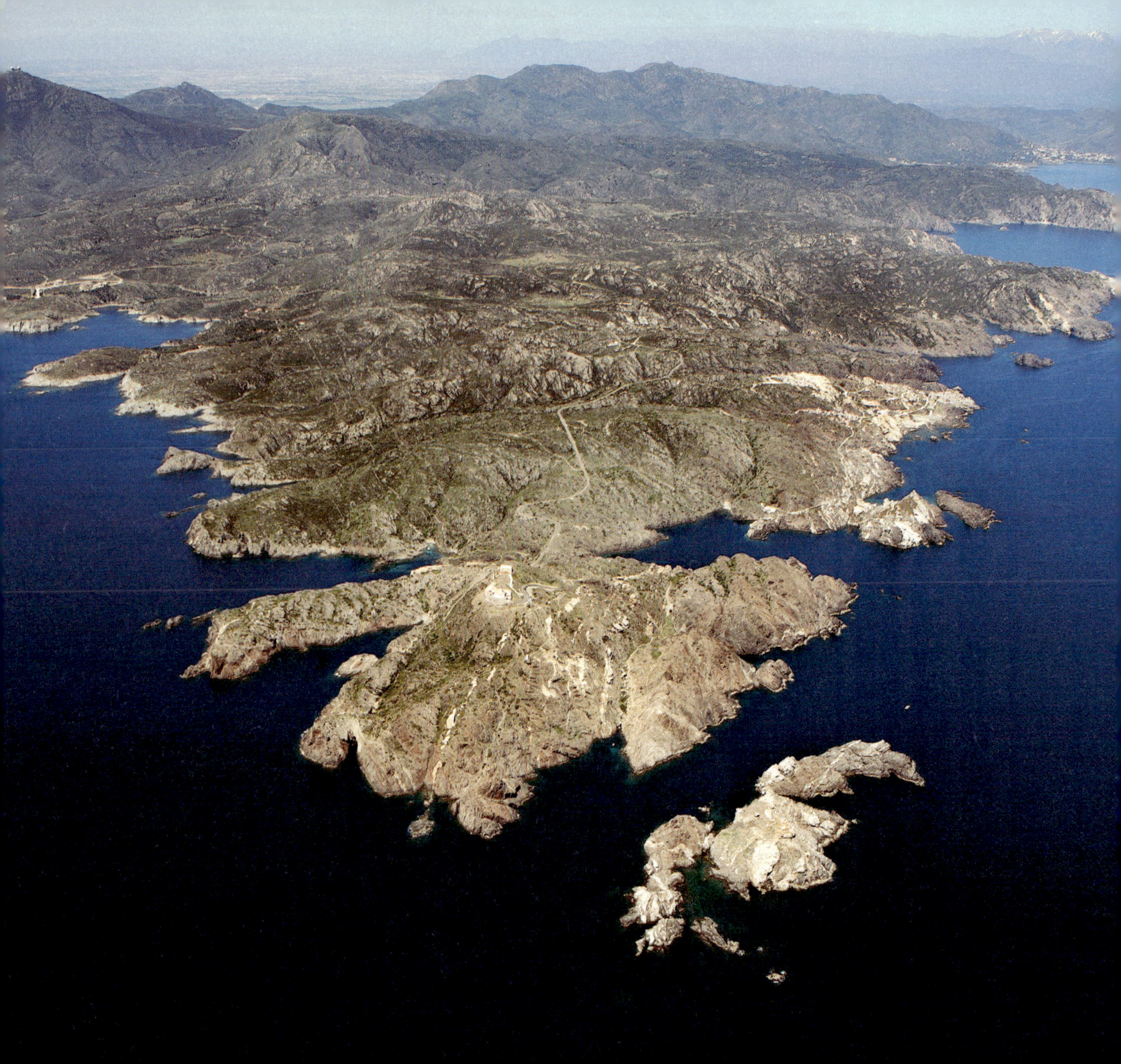

Finisterrae

L'extrem oriental de Cap de Creus, coronat pel far, separa la Mar d'Amunt i la Mar d'Avall. És un punt on la costa dibuixa un gir molt acusat: cap al sud, la costa s'estén calmosa; cap al nord, s'obre a la tramuntana. Des del far, es veu tot el golf de Lleó, tan ample com abasta la mirada. Al davant, l'illa de sa Rata o la Massa d'Or; i més distant, en direcció nord, l'illa de s'Encalladora. El far, eternament batut pel vent, es va edificar a meitats del segle XIX on hi havia una torre de guaita. Avui acull l'Espai Cap de Creus. Rere el far, s'alça la caserna dels carrabiners de 1914 com un punt estratègic pel contraban i la seva situació quasi fronterera. Avui és un restaurant.

Finisterrae

El extremo oriental del Cap de Creus, coronado por el faro, separa el Mar d'Amunt del Mar d'Avall. Es un punto donde la costa dibuja un giro terriblemente acusado: hacia el sur, la costa se extiende calmada; hacia el norte se abre a la tramontana. Desde el faro, se divisa todo el golfo de León, tan vasto como abarca la mirada. Delante, la isla de Sa Rata o la Massa d'Or, y más distante, en dirección norte, la isla de S'Encalladora. El faro, eternamente batido por el viento, se edificó a mitad del siglo XIX en el lugar que ocupaba una torre de vigilancia. Hoy acoge el Espai Cap de Creus. Detrás del faro, se alza la caserna de carabineros de 1914, como un punto estratégico por el contrabando y su situación casi fronteriza. Hoy es un restaurante.

Finisterrae

The eastern end of Cap de Creus, crowned by the lighthouse, separates the Mar d'Amunt from the Mar d'Avall. It is a point where the coastline makes a dramatic turn: towards the south, the coast spreads gently; towards the north it opens to the Tramontana wind. From the lighthouse, you can see the whole of the Gulf of Lion, as vast as the eye can see. Facing is the island of Sa Rata or Massa d'Or, and further still, northwards, the isle of S'Encalladora. The lighthouse, eternally battered by the wind, was built in the mid-19th century on the spot occupied by a surveillance tower. Today it houses the Espai Cap de Creus. Behind the lighthouse stands the border guards' quarters from 1914, as a strategic point for smuggling and it's almost frontier position. Today it is a restaurant.

Finisterrae

L'extrémité orientale du Cap de Creus, couronnée par le phare, sépare le Mar d'Amunt du Mar d'Avall. C'est le point où la côte dessine un tournant terriblement accusé: vers le sud, la côte s'étend dans le calme, tandis que vers le nord elle s'ouvre à tramontane. Du phare, on devise tout le golfe du Lion, aussi vaste que le regard l'embrasse. Devant, l'île de Sa Rata ou la Massa d'Or, et plus loin, vers le nord, l'île de S'Encalladora. Le phare, éternellement battu par le vent, fut édifié au milieu du XIXe siècle, à l'endroit qu'occupait une tour de surveillance. Aujourd'hui, il accueille l'Espai Cap de Creus. Derrière le phare se dresse la caserne de carabiniers de 1914, point stratégique pour la contrebande et de par sa situation presque frontalière. Aujourd'hui, c'est un restaurant.

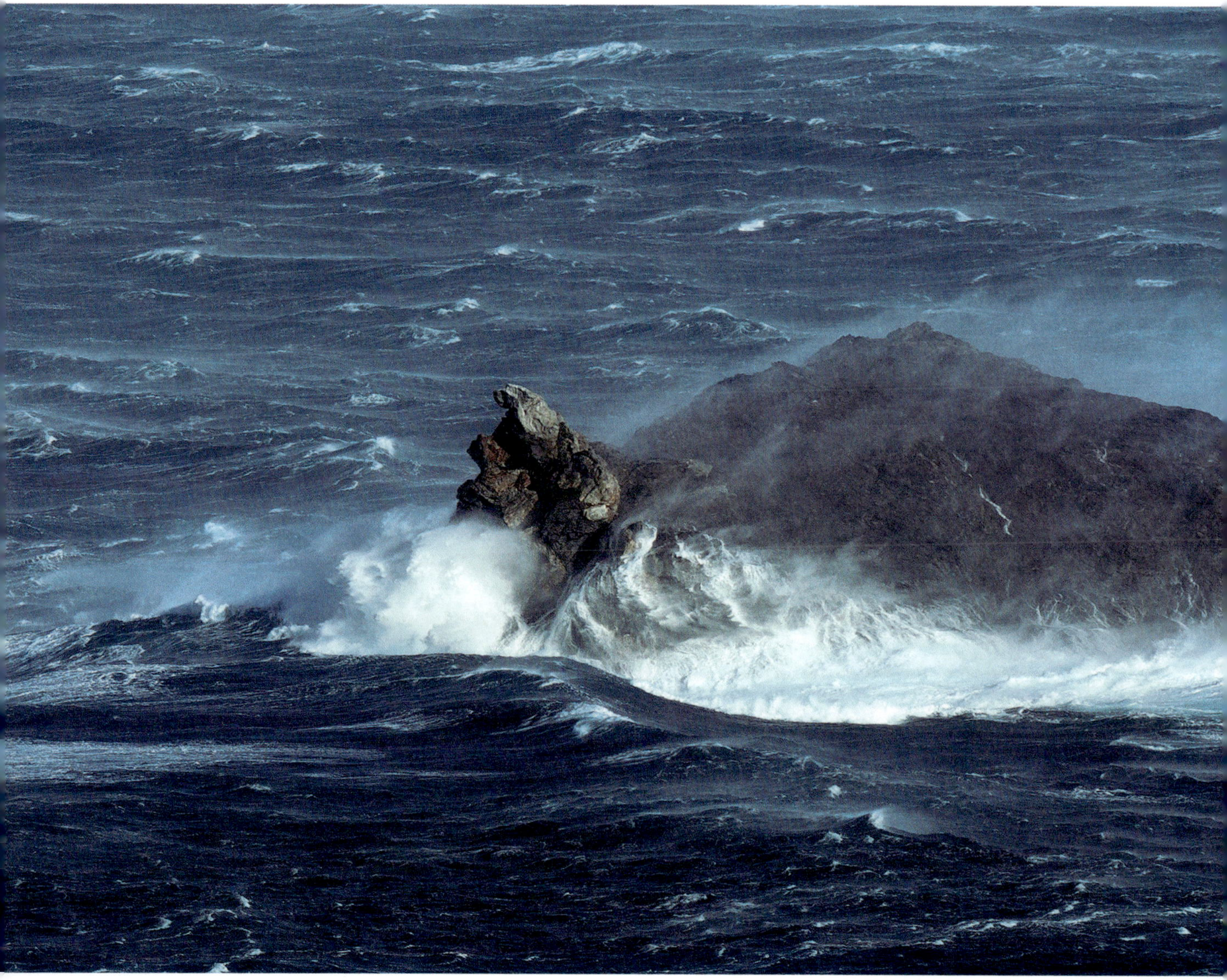

S’Encalladora

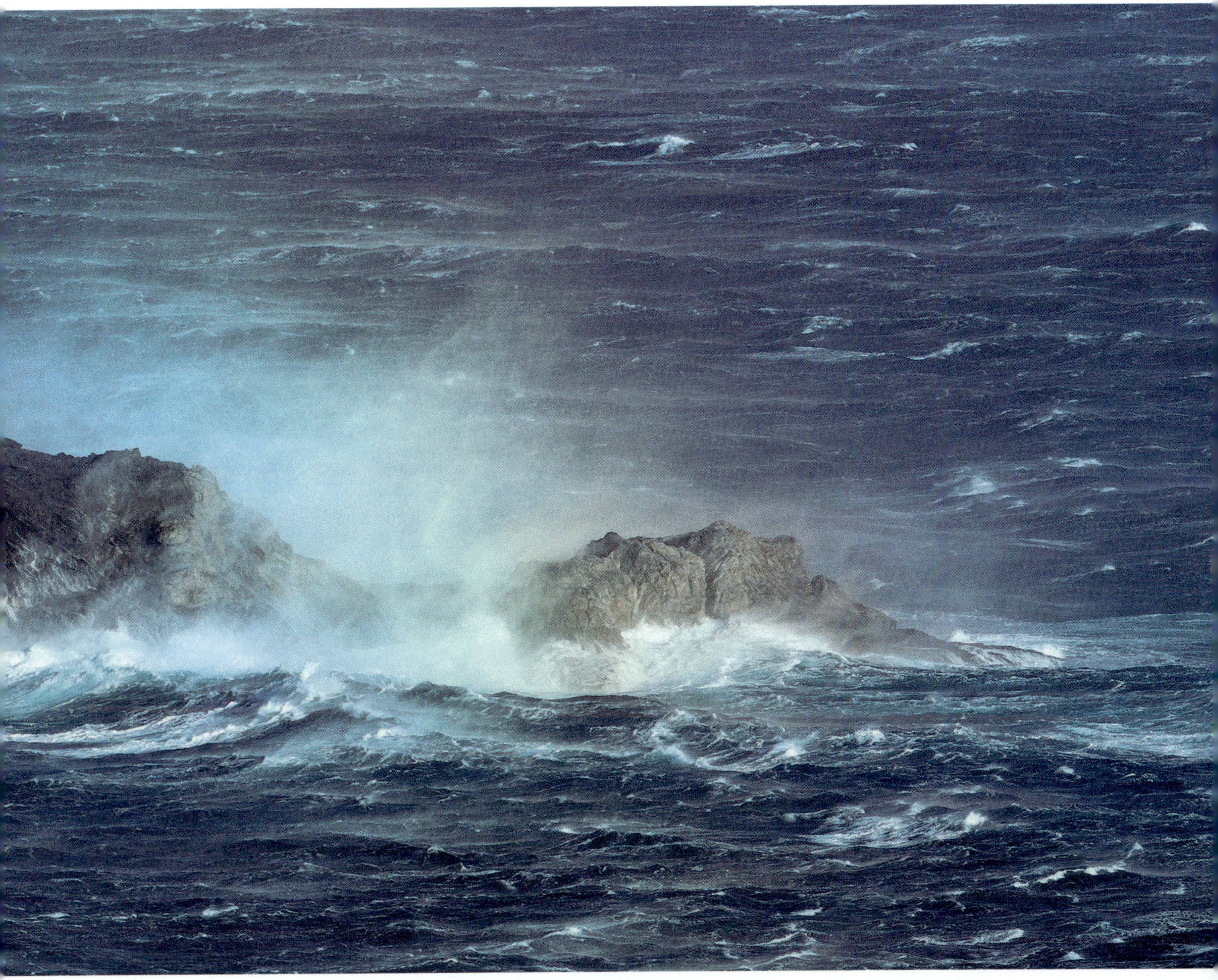

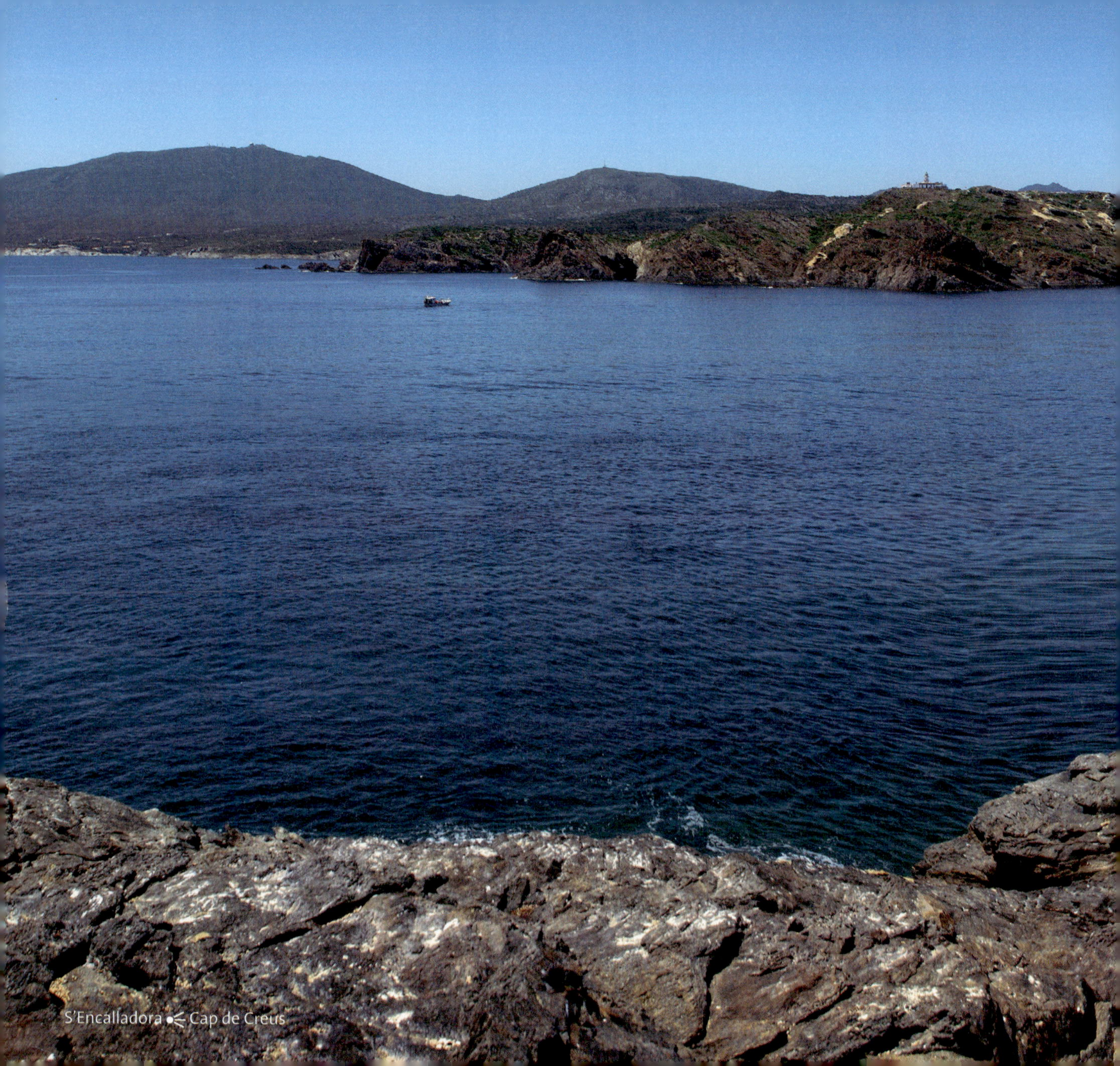
S'Encalladora •⋞ Cap de Creus

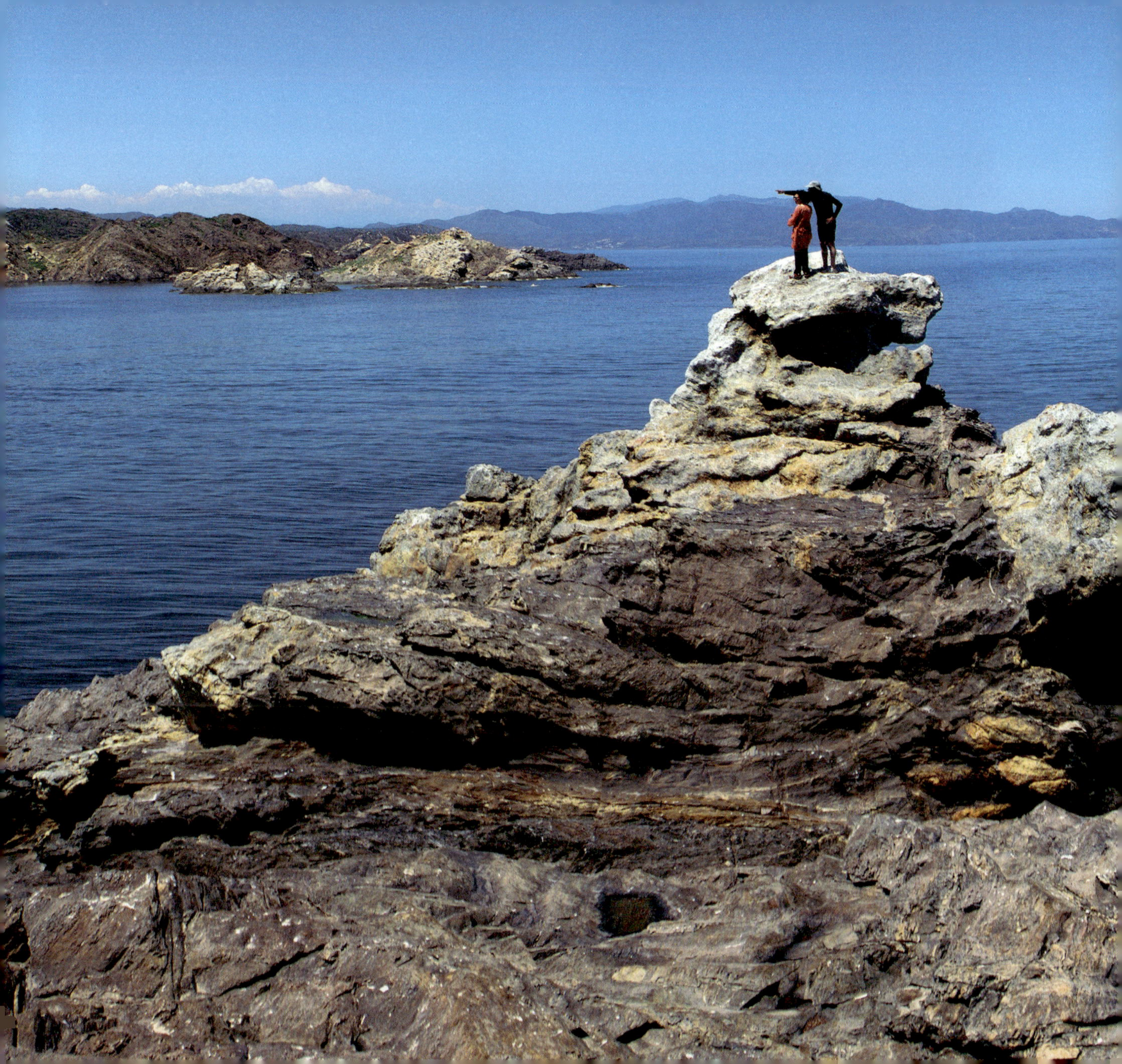

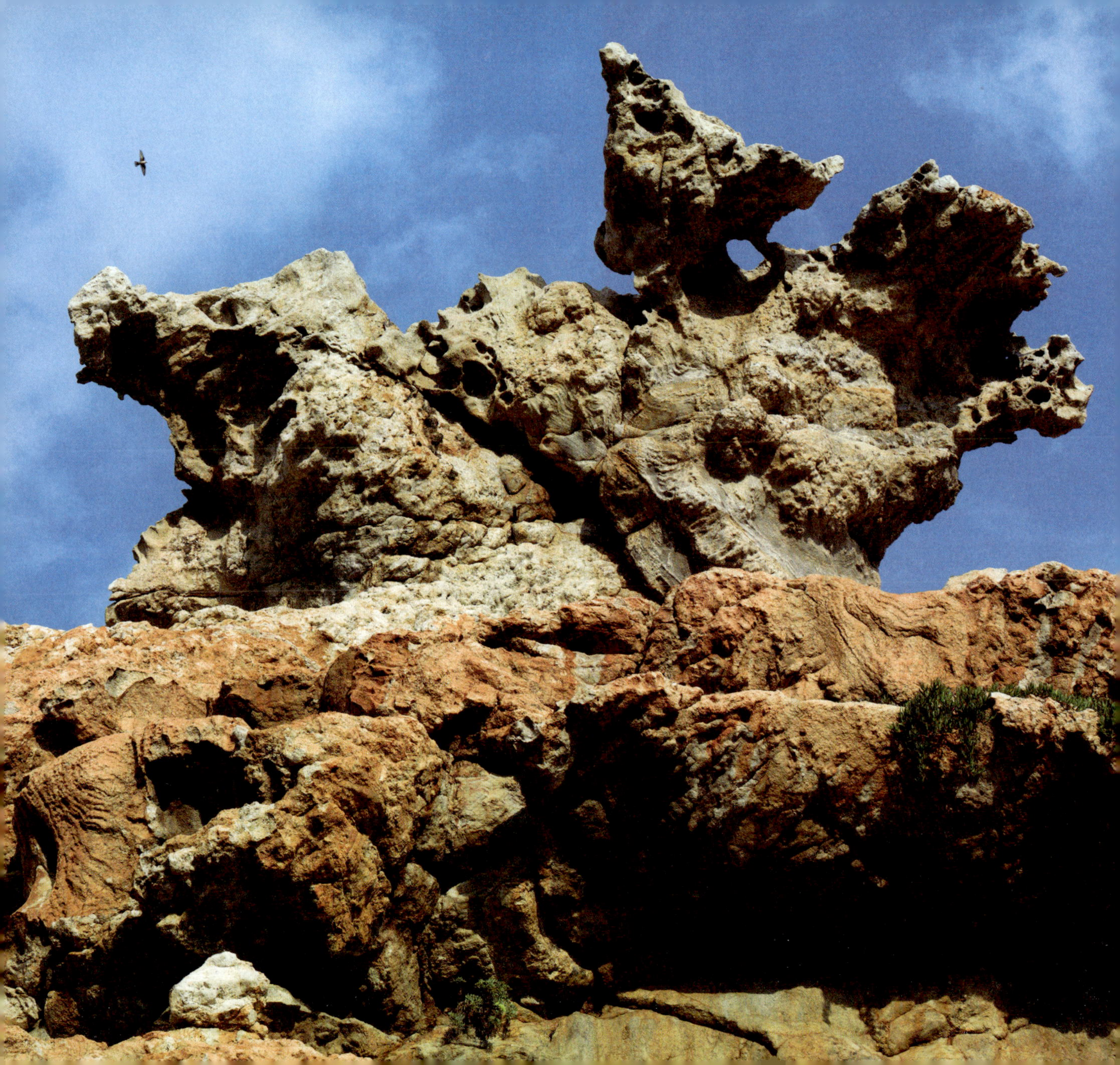

Totes les formes possibles

Un paisatge fet de vent i de pedres. La tramuntana i la sal han modelat les roques amb forats i dibuixos capritxosos. Entre les seves singularitats, destaca la curiosa combinació entre blocs de roques clares i fosques. Els esquists, una roca pissarrosa i fosca, amb els segles s'han confós amb grans blocs blancs de pegmatita. El fort plegament del terreny hi ha inscrit acusats plecs i ondulacions. El resultat, un paisatge mineral on les roques han adoptat la forma atzarosa dels elements. Roques zoomòrfiques que canvien a mesura que et desplaces: lleons, àguiles, camells... A cop d'ull, sembla que a Cap de Creus no hi hagi res. Però només ho sembla, si se sap mirar, aquest paisatge buit conté totes les formes possibles.

Todas las formas posibles

Un paisaje hecho de viento y de piedras. La tramontana y la sal han modelado las rocas con agujeros y dibujos caprichosos. Entre sus singularidades, destaca la curiosa combinación entre bloques de rocas claras y oscuras. Los esquistos, una roca pizarrosa y oscura, se han mezclado, con los siglos, con los grandes bloques blancos de pegmatita. El fuerte plegamiento del terreno ha inscrito acusados pliegos y ondulaciones. El resultado, un paisaje mineral donde las rocas han adoptado la forma azarosa de los elementos. Rocas zoomórficas que cambian a medida que te desplazas: leones, águilas, camellos... A simple vista, Cap de Creus parece no contener nada. Pero sólo lo parece: si se sabe mirar, este paisaje vacío contiene todas las formas posibles.

All possible shapes

A landscape made of wind and rocks. The Tramuntana and the salt have sculpted the rocks with holes and fanciful illustrations. Among its unique forms stands out the curious combination between blocks of light and dark rocks. Schist, a slaty and dark rock, has been mixed, over centuries, with the big white blocks of pegmatite. The strong fold in the land has registered dramatic folds and undulations. The result is a mineral landscape where the rocks have taken on the form randomly chosen by the elements. Zoomorphic rocks that change as you move past them: lions, eagles, camels... At first sight, Cap de Creus seems to contain absolutely nothing. But it only appears so, for if one knows how to look, this empty landscape contains all the shapes possible.

Toutes les formes possibles

Un paysage fait de vent et de pierres. La tramontane et le sel ont modelé les rochers de trous et de dessins capricieux. Parmi les singularités, on remarque la curieuse combinaison de blocs de roches claires et sombres. Les schistes, une roche d'ardoise, sombre, se sont mêlés, avec les siècles, aux grands blocs blancs de pegmatite. Le résultat est un paysage minéral où les rochers ont adopté la forme hasardeuse des éléments. Des roches zoomorphiques qui changent au fur et à mesure qu'on se déplace : des lions, des aigles, des chameaux... À première vue, le Cap de Creus ne semble rien contenir. Mais c'est seulement une apparence ; si l'on sait regarder, ce paysage vide contient toutes les formes possibles.

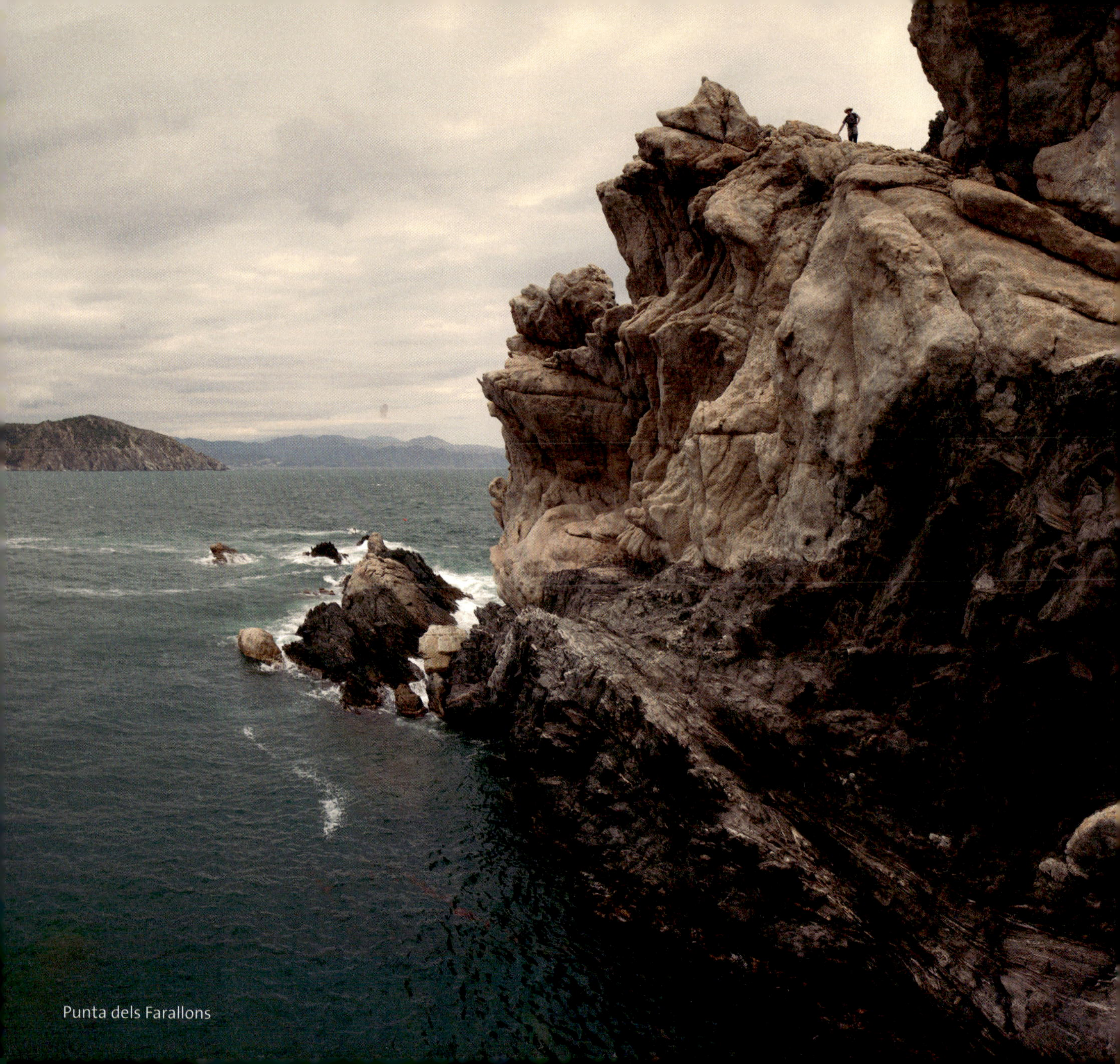

Punta dels Farallons

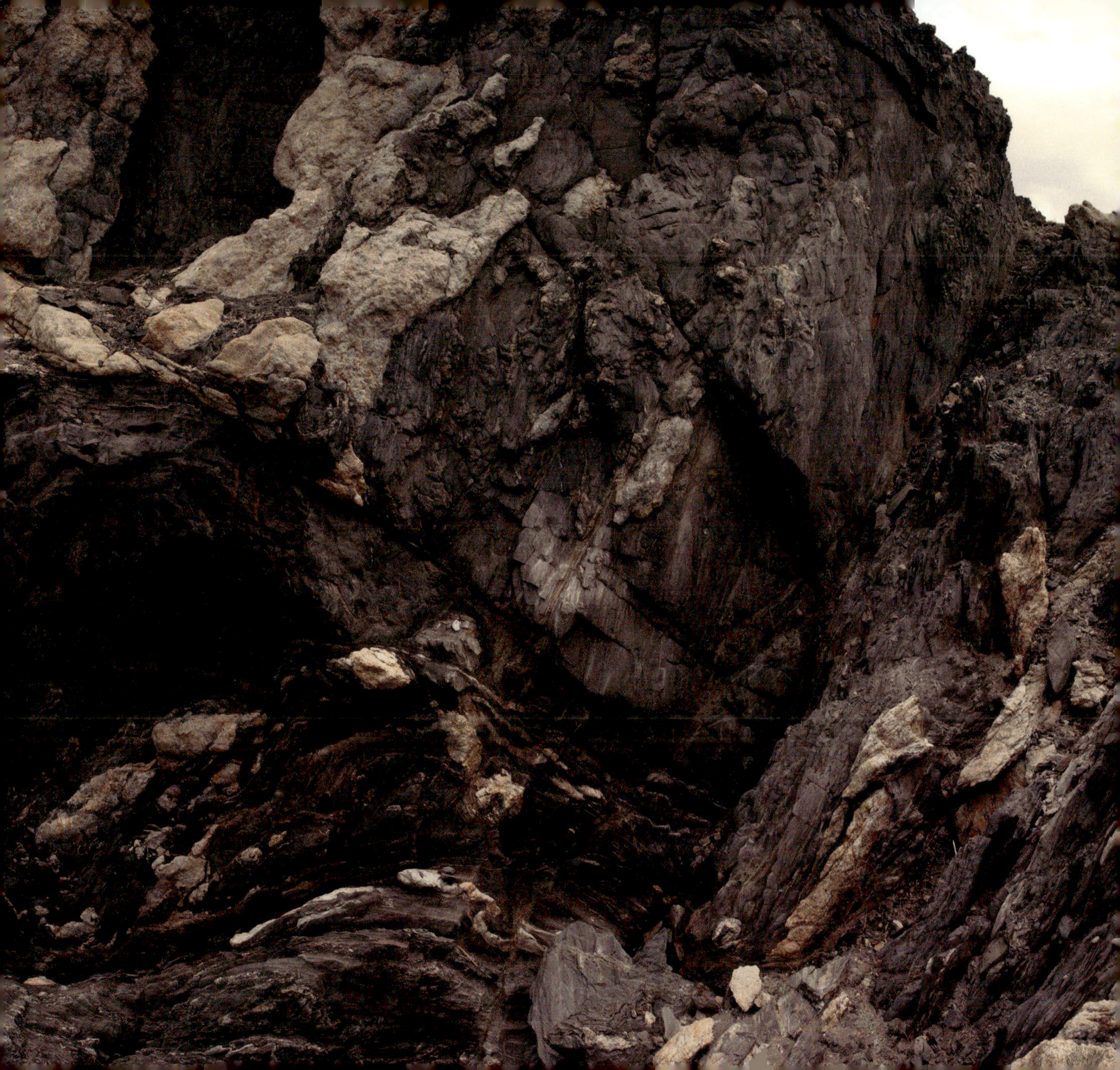

És una zona de mamífers marins, sobretot dofins, i alguna balena que esporàdicament s'apropa a la costa. A les aigües més profundes, es poden observar els bancs de corall, espècie protegida que en el passat va encapçalar el comerç d'aquesta costa. El millor corall vermell, el *sang de toro*, només creix en aigües del Cap de Creus.

Es una zona de mamíferos marinos, sobre todo delfines, y alguna ballena que esporádicamente se acerca a la costa. En aguas más profundas, se pueden observar los bancos de coral, especie protegida que en el pasado encabezó el comercio de esta costa.
El mejor coral rojo, llamado *sangre de toro*, sólo crece en las aguas del Cap de Creus.

It is an area of marine mammals, above all dolphins, and the occasional whale that sporadically approaches the coastline. In deeper waters, one can see the coral reefs, a protected species that was once the main trade of this coast. The best red coral, called *bull's blood*, grows in the waters of Cap de Creus.

C'est une zone de mammifères marins, surtout de dauphins et de quelques baleines qui, sporadiquement, approchent la côte. Dans les eaux plus profondes, on peut observer les bancs de corail, une espèce protégée qui jadis fut l'objet d'un commerce actif sur cette côte. Le meilleur corail rouge, du nom de *sang de taureau*, ne pousse que dans les eaux du Cap de Creus.

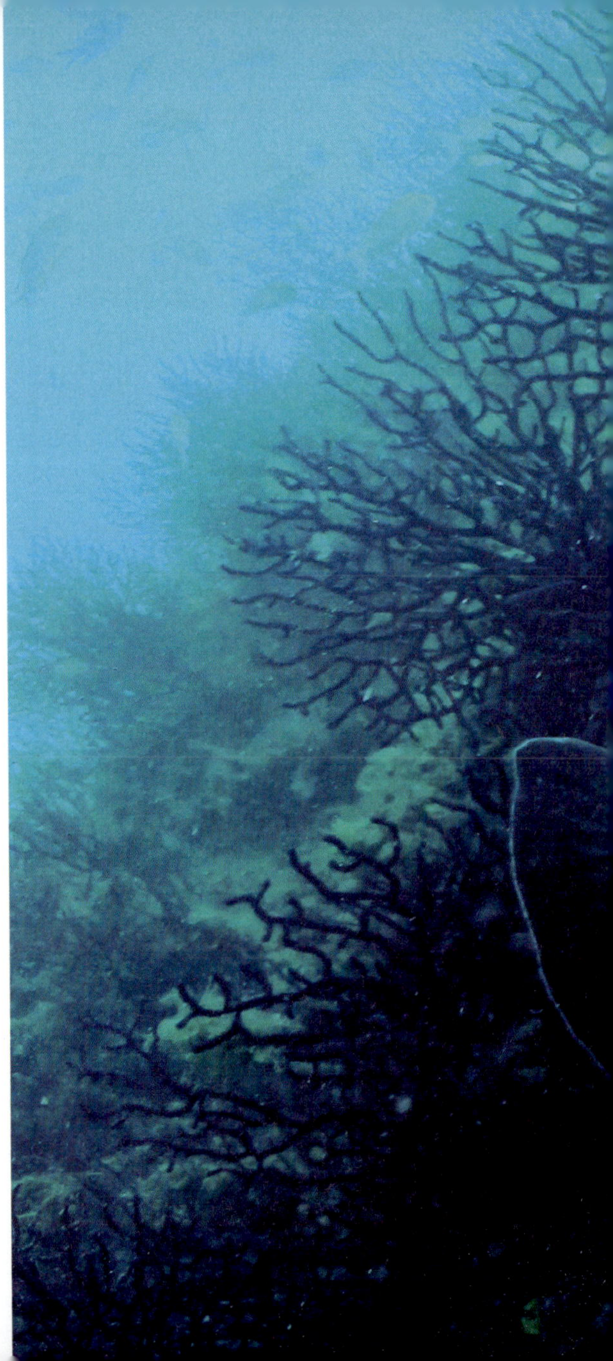

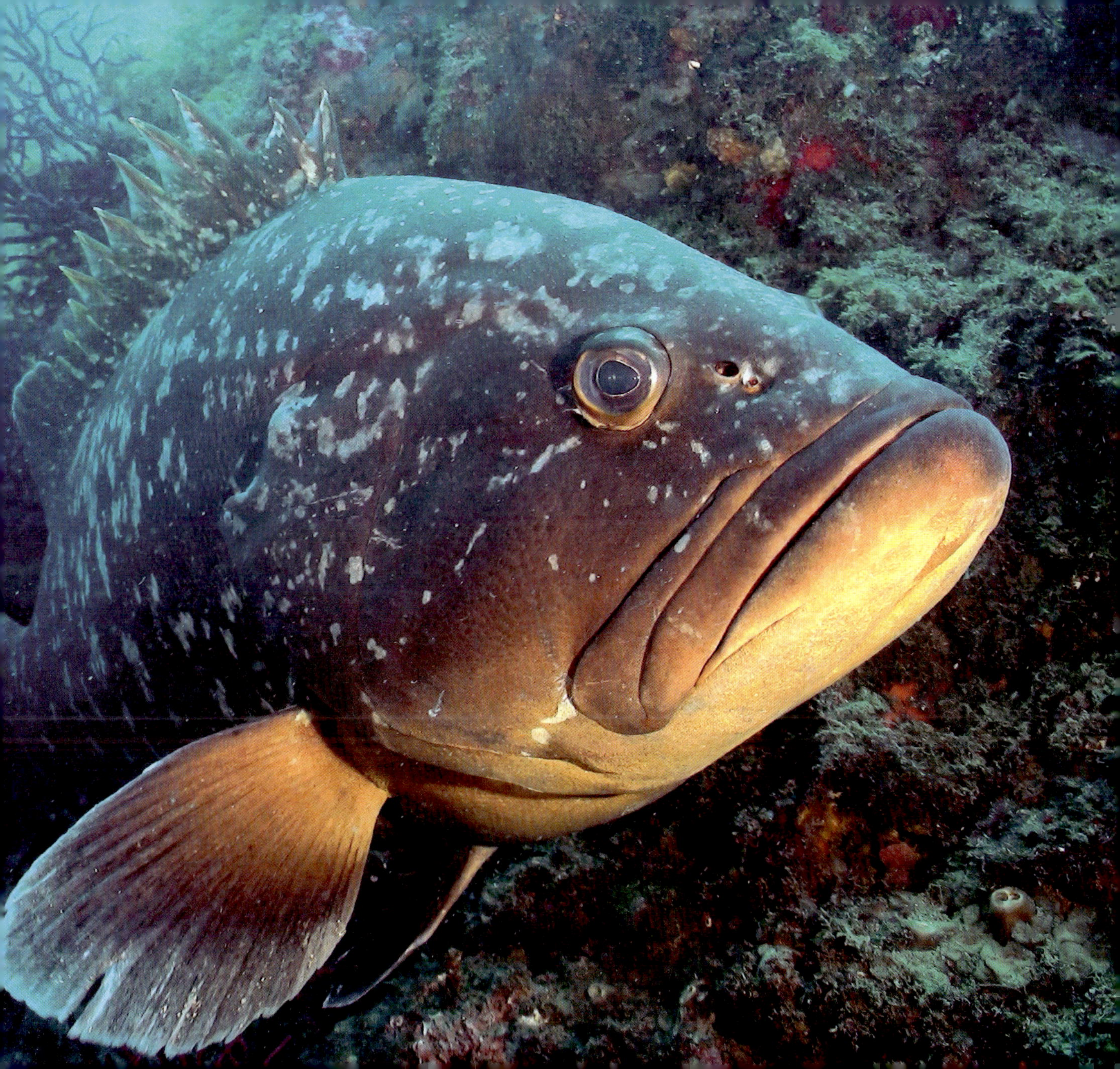

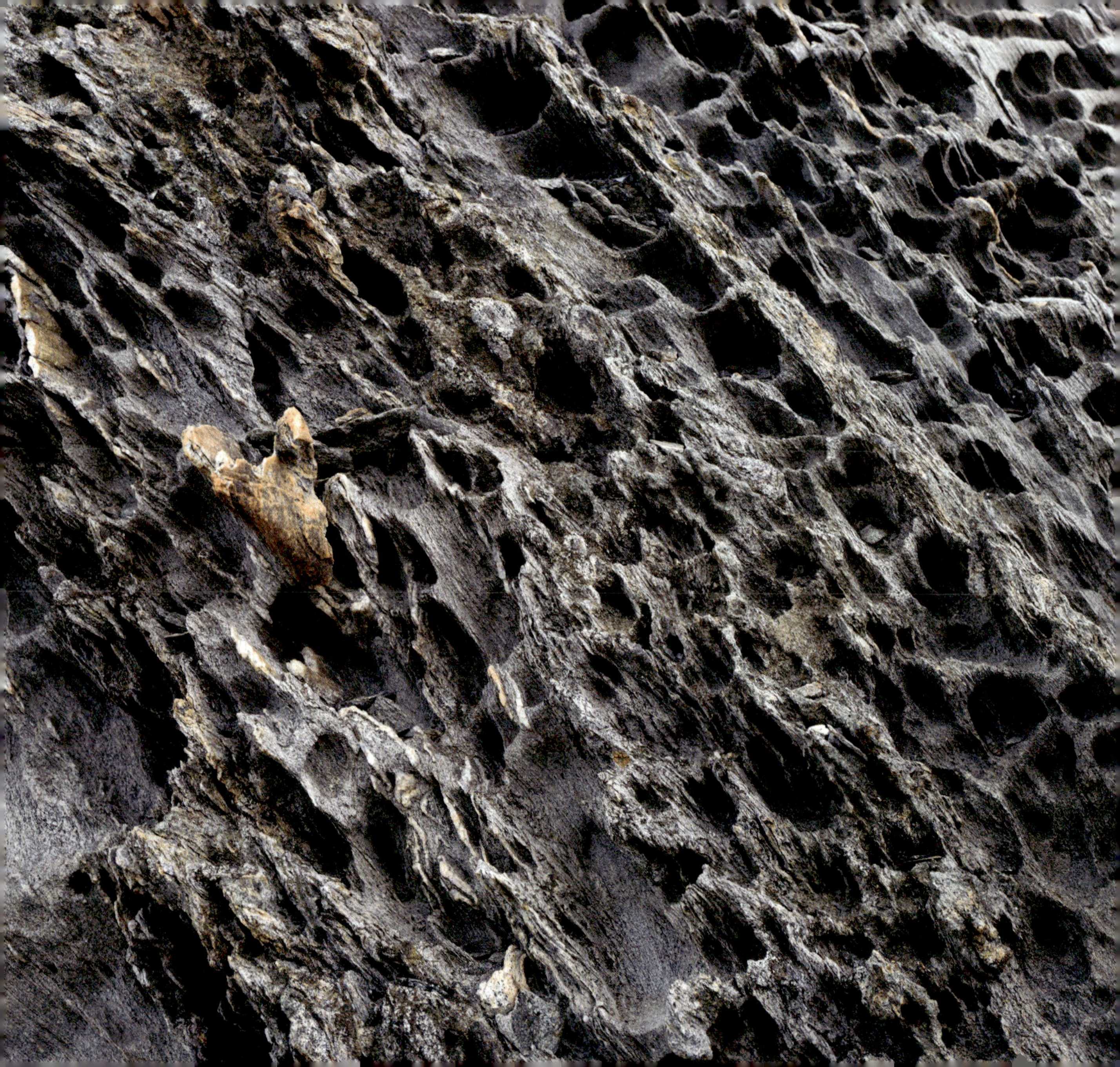

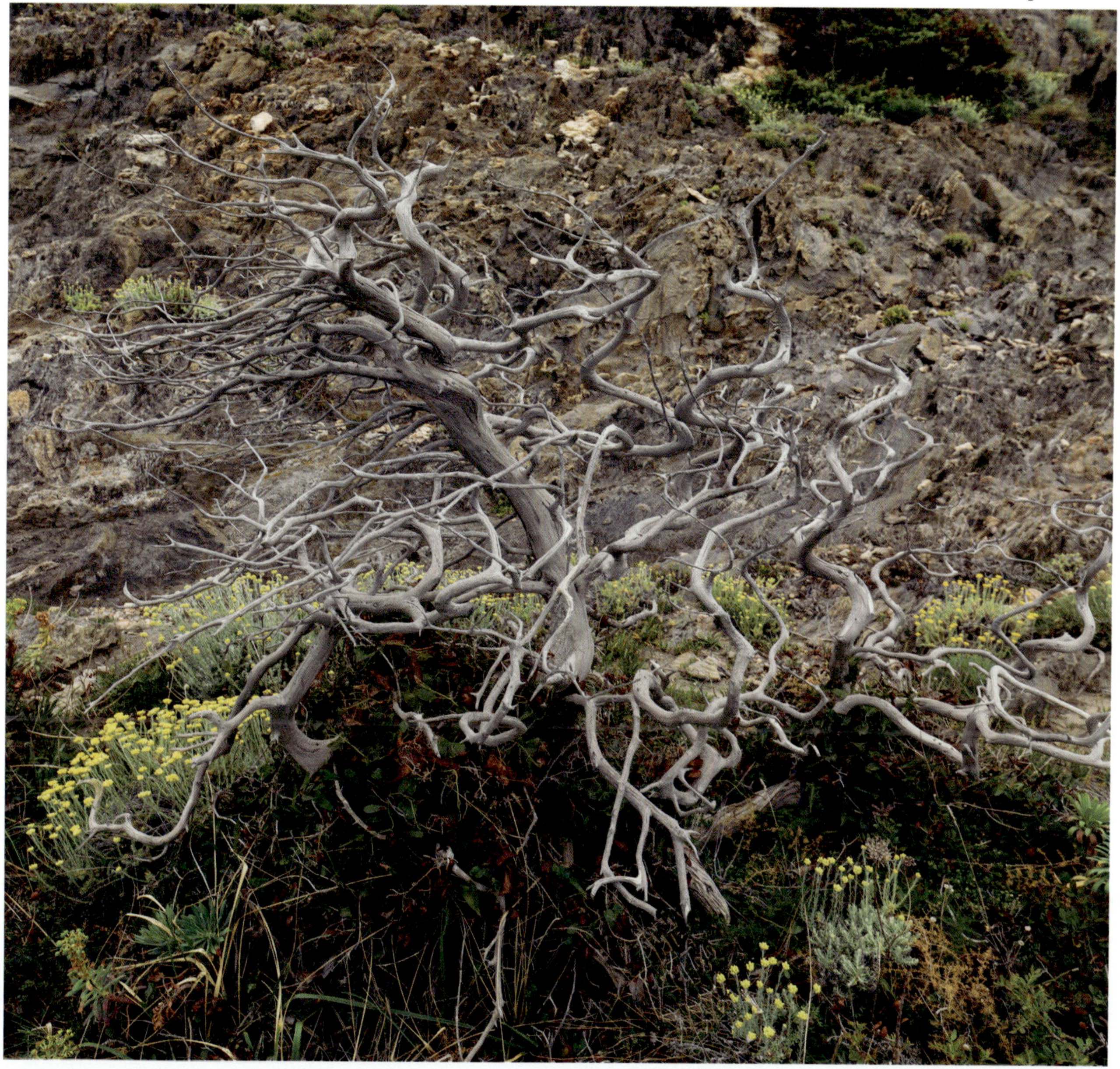

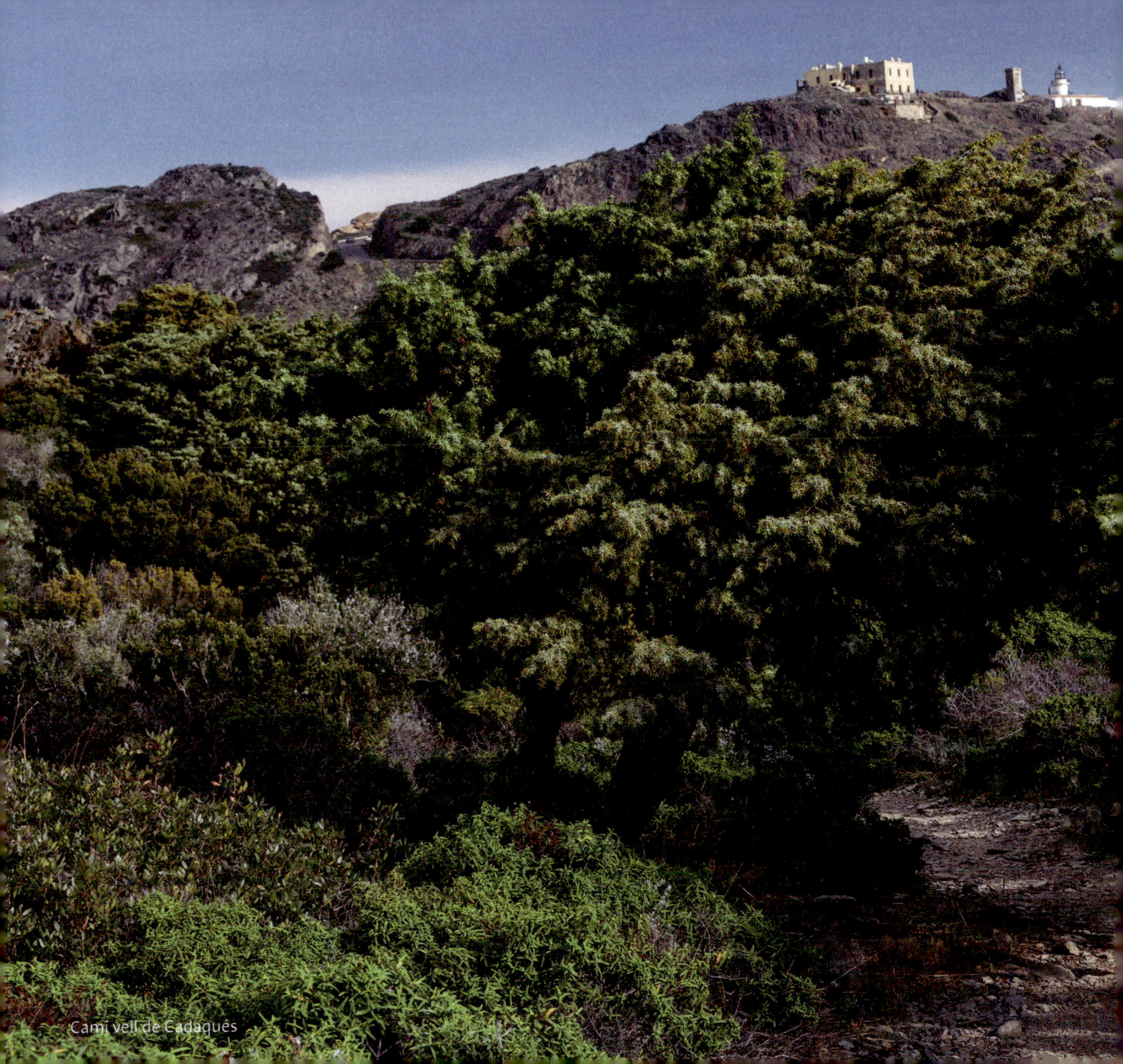

Camí vell de Cadaqués

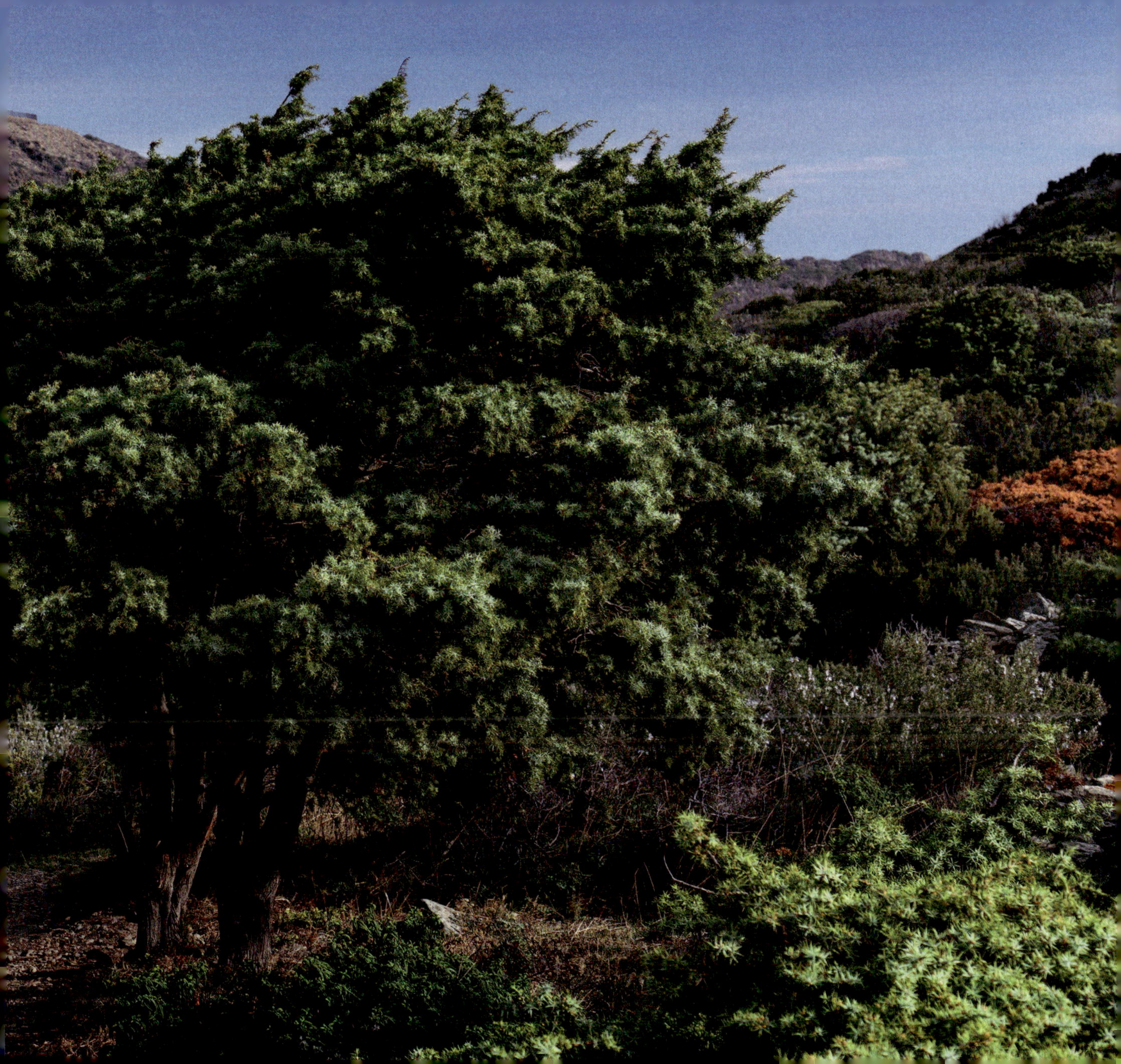

Mar d'Amunt

La península de Cap de Creus dibuixa un perfil marí amb una acusada forma de punxa. Al seu vessant nord, a la Mar d'Amunt, és on el paisatge es fa més solitari i més aspre, més ventat i més rebel. Aquí, els Pirineus arriben a l'aigua, com deia Dalí, "en un grandiós deliri geològic". Des de cala Culip fins al Portaló... un escenari despoblat habitat tan sols per miratges. És aquest el tram de la costa que ha viscut més naufragis i on les tasques de salvament sempre han estat més dificultoses. Remuntar les aigües de la Mar d'Amunt en dies de vent de nord és una maniobra arriscada. Un bon navegant ha de saber-ho. De fet, per a la navegació, aquest sempre ha estat el cap del Diable.

Mar d'Amunt

La península del Cap de Creus dibuja un perfil marino con una acusada forma de punta. En su vertiente norte, en el Mar d'Amunt, es donde el paisaje se hace más áspero y solitario, más ventado y rebelde. Aquí, los Pirineos llegan al agua, como decía Dalí "en un grandioso delirio geológico". Desde la cala Culip hasta el Portaló... un escenario despoblado habitado tan sólo por espejismos. Es este el tramo de la costa que más naufragios ha conocido y donde las labores de salvamento han sido siempre más complicadas. Como el buen navegante sabe, remontar las aguas del Mar d'Amunt en días de viento norte es una maniobra arriesgada. Para la navegación este siempre ha sido el cabo del Diablo.

Mar d'Amunt

The Cap de Creus peninsula draws a sharp pointed form into the sea. It is on its northern side, in the Mar d'Amunt, where the scenery is more rugged and solitary, more windswept and rebellious. It is here where the Pyrenees reach the sea, as Dalí said, "in a grandiose geological delirium". From Cala Culip to Portaló it is an unpopulated setting inhabited only by mirages. This is the section of coastline that has experienced more shipwrecks and where the rescue work has always been more complicated. Like any good seafarer knows, negotiating the waters of the Mar d'Amunt on days with the northerly wind is a risky manoeuvre. For seafaring it has always been Devil's cape.

Mar d'Amunt

La péninsule du Cap de Creus dessine un profil marin en forme de pointe prononcée. C'est dans son versant nord, dans la Mar d'Amunt, que le paysage devient plus âpre et solitaire, plus venteux et rebelle. Ici, les Pyrénées descendent jusqu'à la mer, comme disait Dalí, « dans un délire géologique grandiose ». De Cala Culip jusqu'à Portaló, dans un décor dépeuplé habité uniquement par des mirages. C'est la partie de la côte qui a connu le plus de naufrages et où les tâches de sauvetage ont toujours été plus compliquées. Comme le savent les bons navigateurs, remonter les eaux de la mer d'en haut, les jours où souffle le vent du nord, est une manœuvre risquée. Pour les navigateurs, ce cap a toujours été le Cap du Diable.

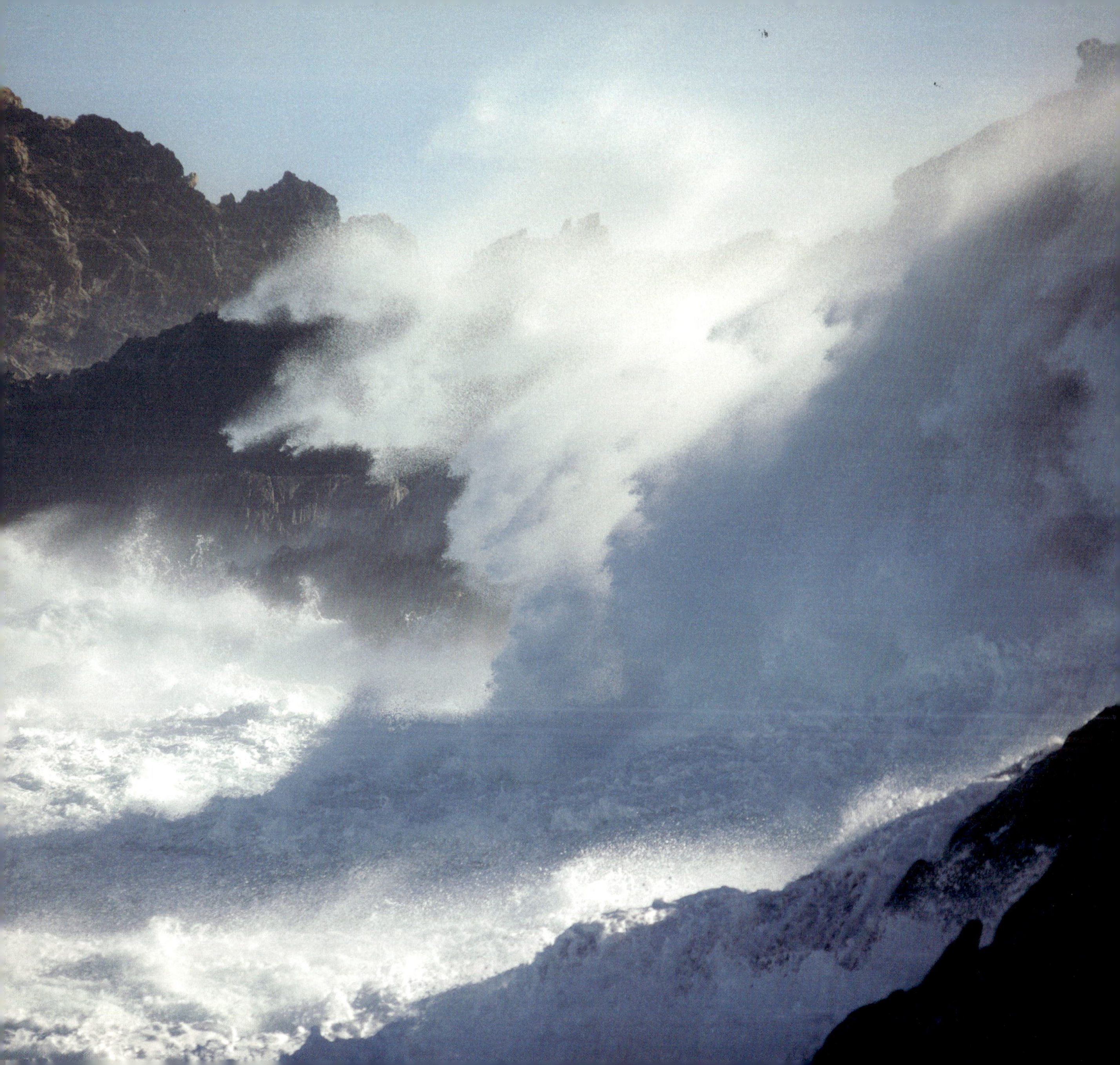

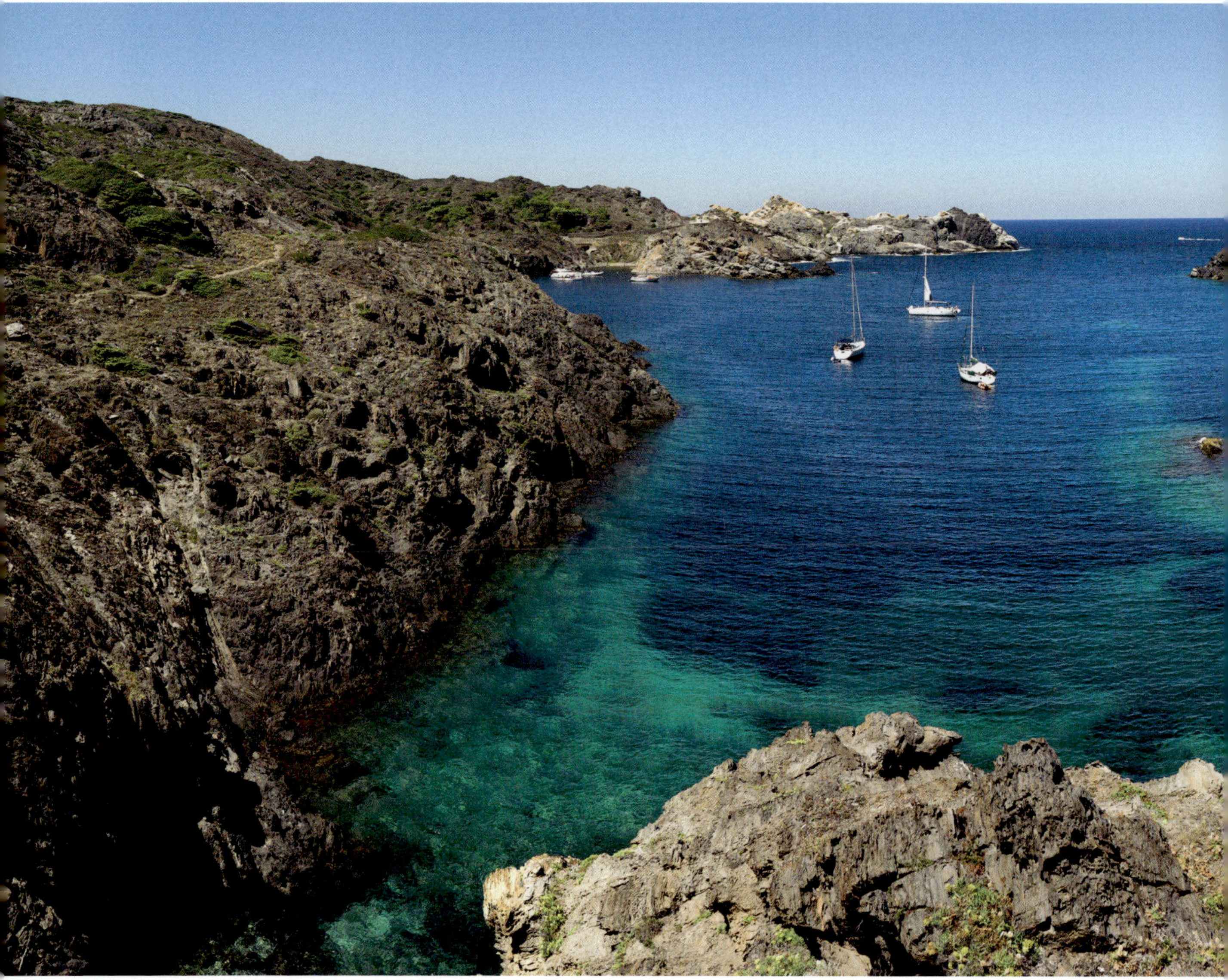

Cala Culip

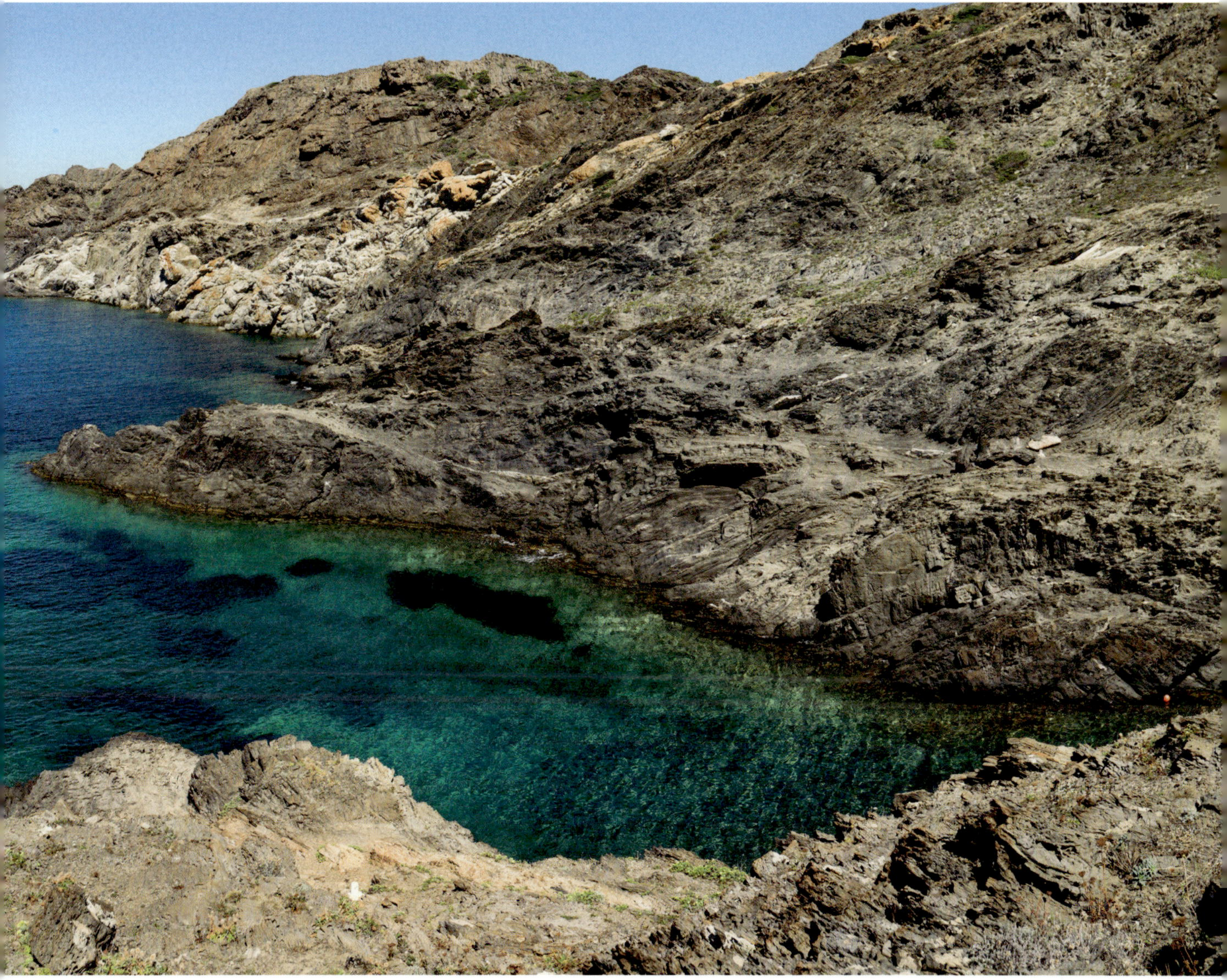

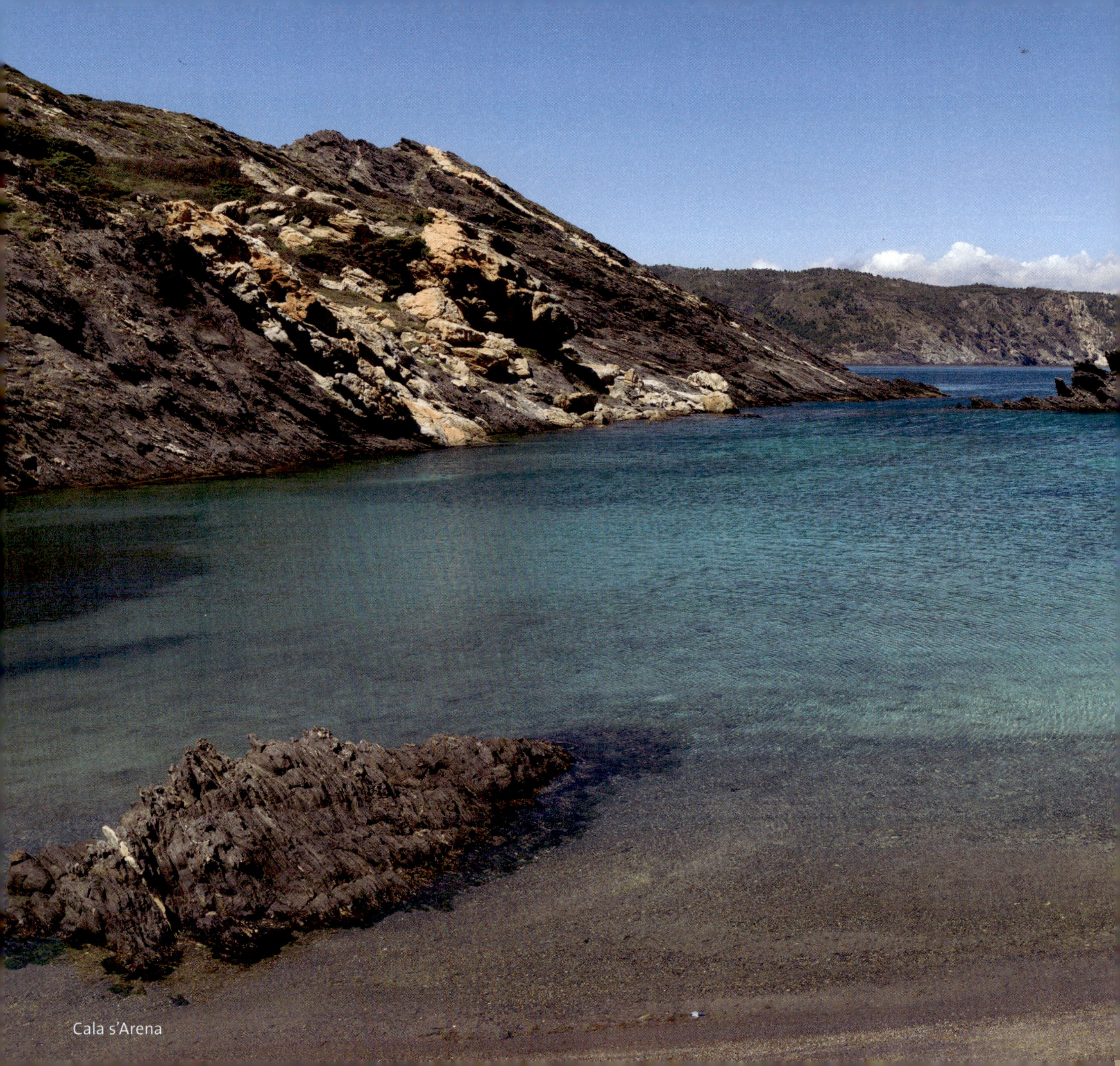

Cala s'Arena

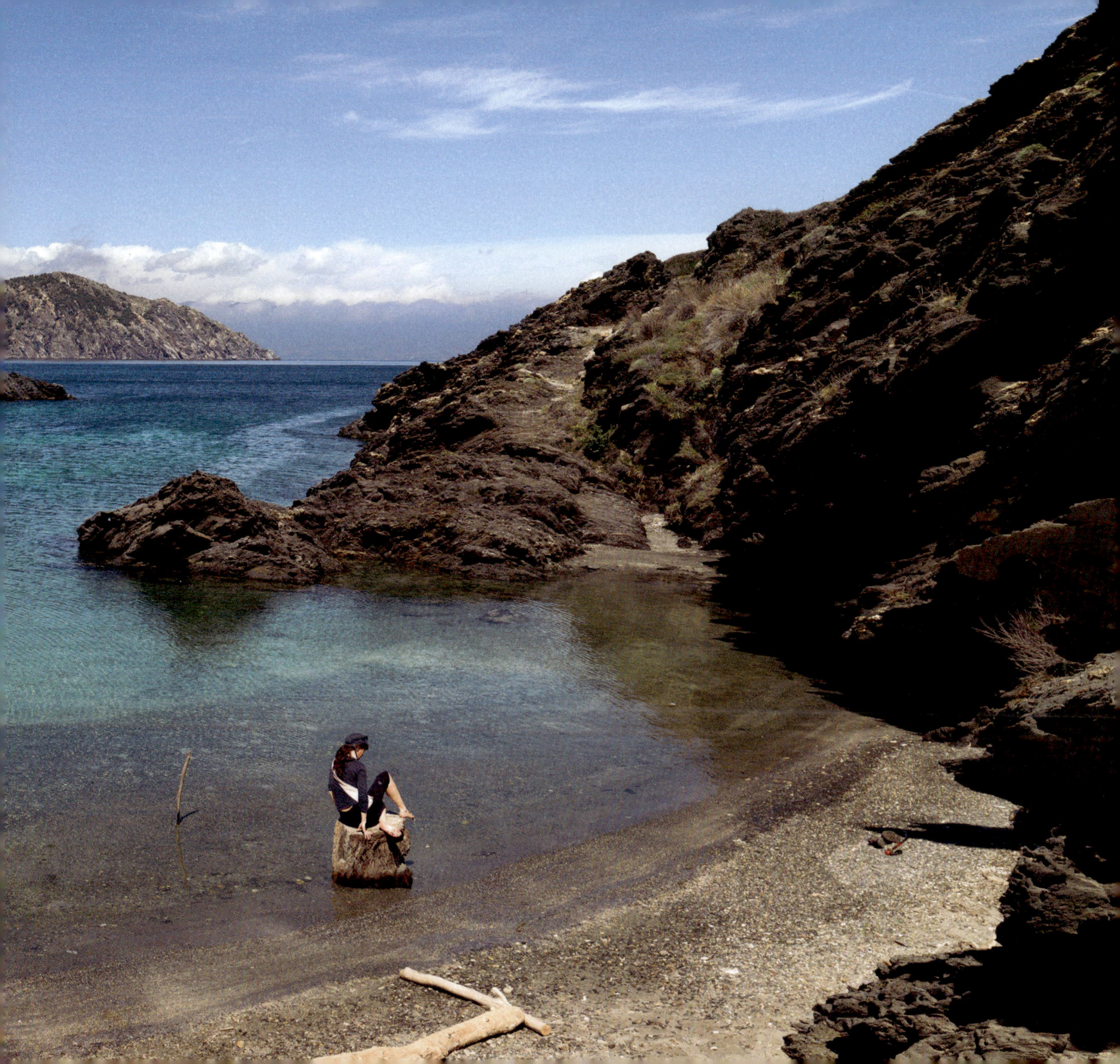

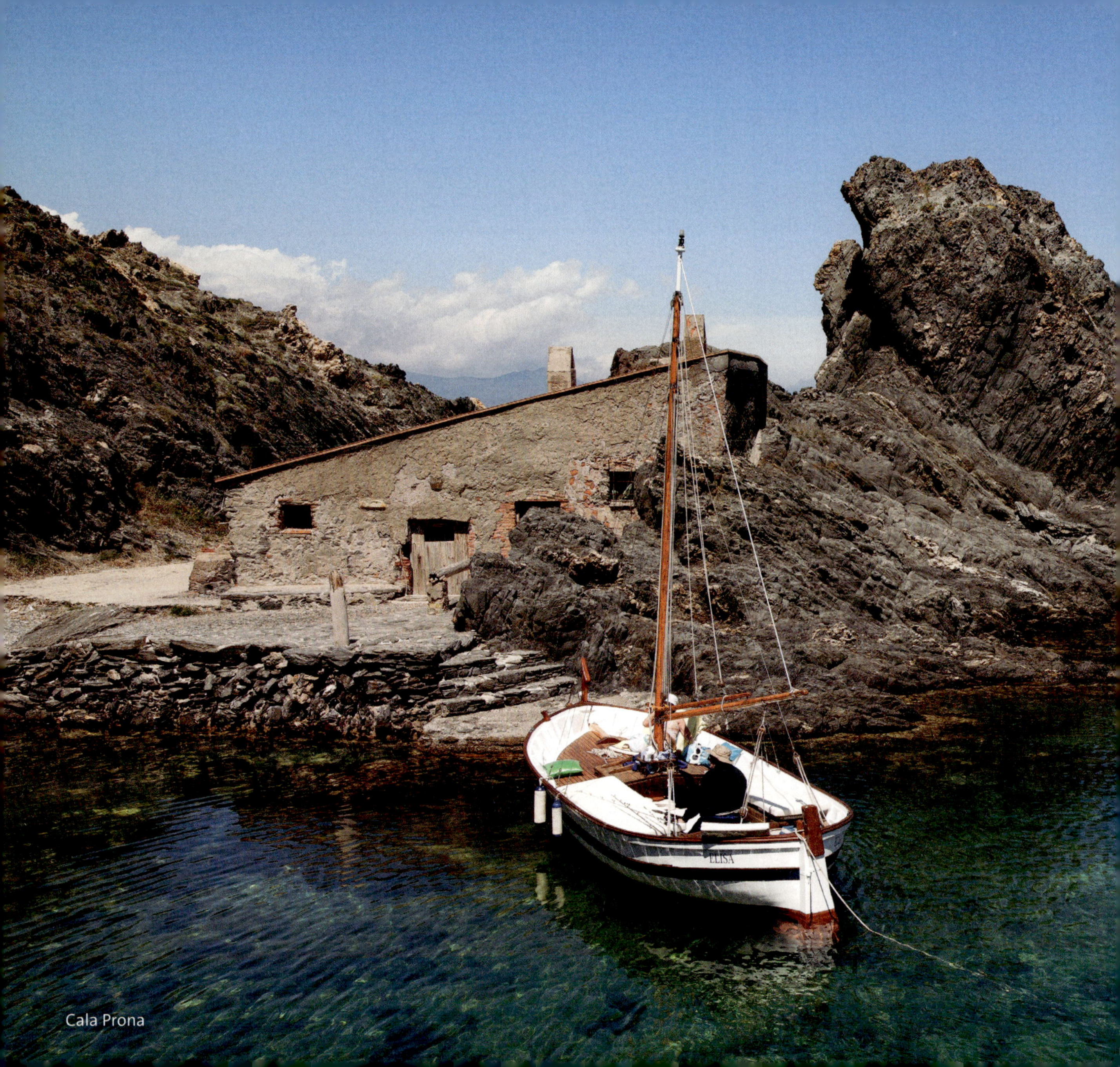

Cala Prona

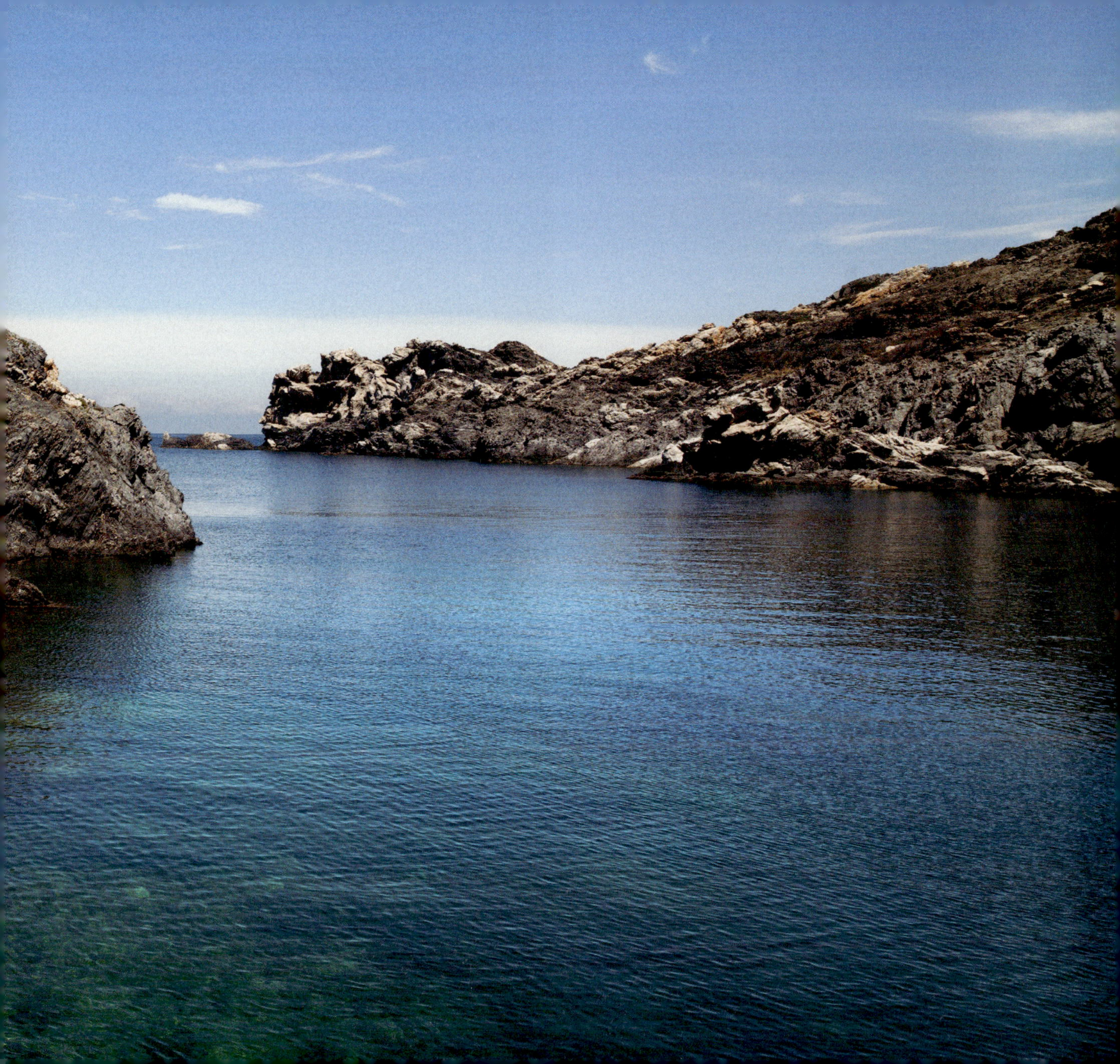

El tram del pla de Tudela a cala Culip ens regala la millor escenografia rocosa. A Tudela, ocupat des de 1962 fins a 2005 per una *ville* de vacances, el Club Méditerranée, hi ha l'Àguila i el Camell, dues de les tres roques estrelles del cap. La tercera reproduïda per Dalí al quadre *El Gran Masturbador*, és a la minúscula cala Culleró.

El tramo que va del Pla de Tudela a Cala Culip nos obsequia con la mejor escenografía rocosa. En Tudela, ocupado desde 1962 hasta el 2005 por una *ville* de vacaciones, el Club Méditerranée, están el Águila y el Camello, dos de las tres rocas estrellas del cabo. La tercera, que fue reproducida por Dalí en el cuadro *El Gran Masturbador*, se encuentra en la minúscula Cala Culleró.

The section that goes from Pla de Tudela to Cala Culip presents us with the best rocky scenery. In Tudela, occupied from 1962 until 2005 by a holiday ville, the Club Méditerranée, are the Águila and the Camello (eagle and camel), two of the three star rock formations of the cape. The third, which was reproduced by Dalí in the painting *The Great Masturbator*, is in the tiny Cala Culleró.

Le tronçon qui va du Pla de Tudela à Cala Culip offre la meilleure scénographie rocheuse. À Tudela, occupé de 1962 à 2005 par un village de vacances du Club Méditerranée, se trouvent l'Aigle et le Chameau, deux des trois rochers étoiles du cap. Le troisième, qui reproduit par Dalí dans son tableau *Le Grand Masturbateur*, se trouve dans la minuscule Cala Culleró.

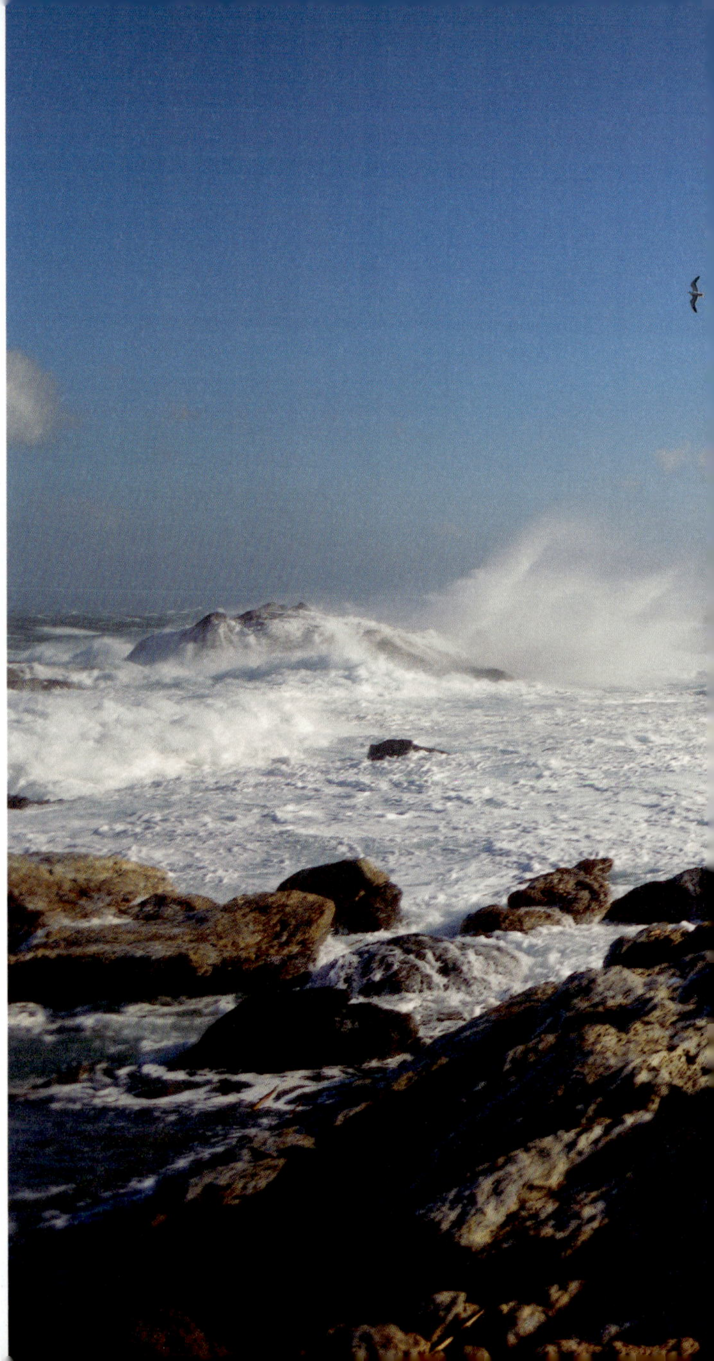

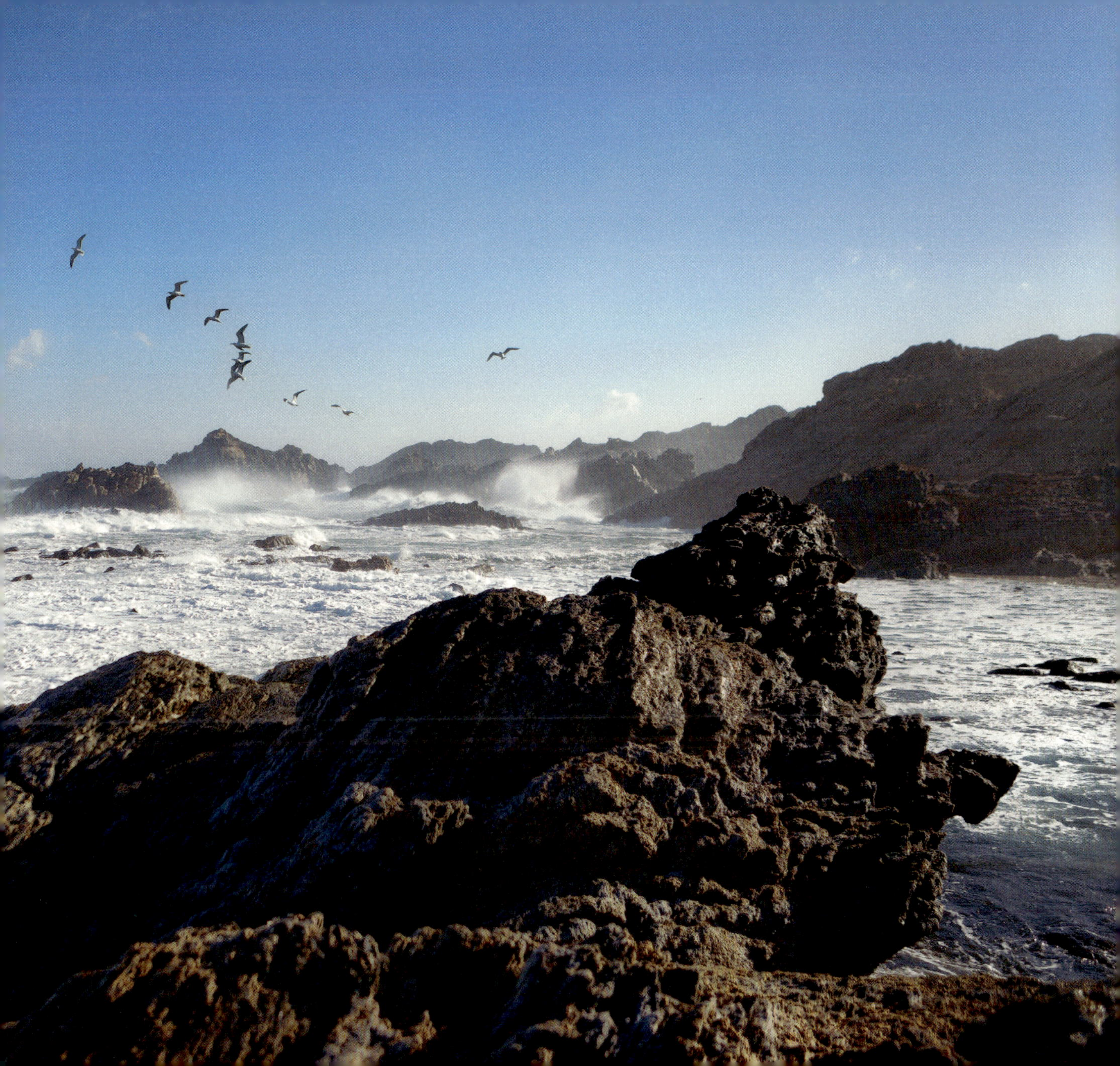

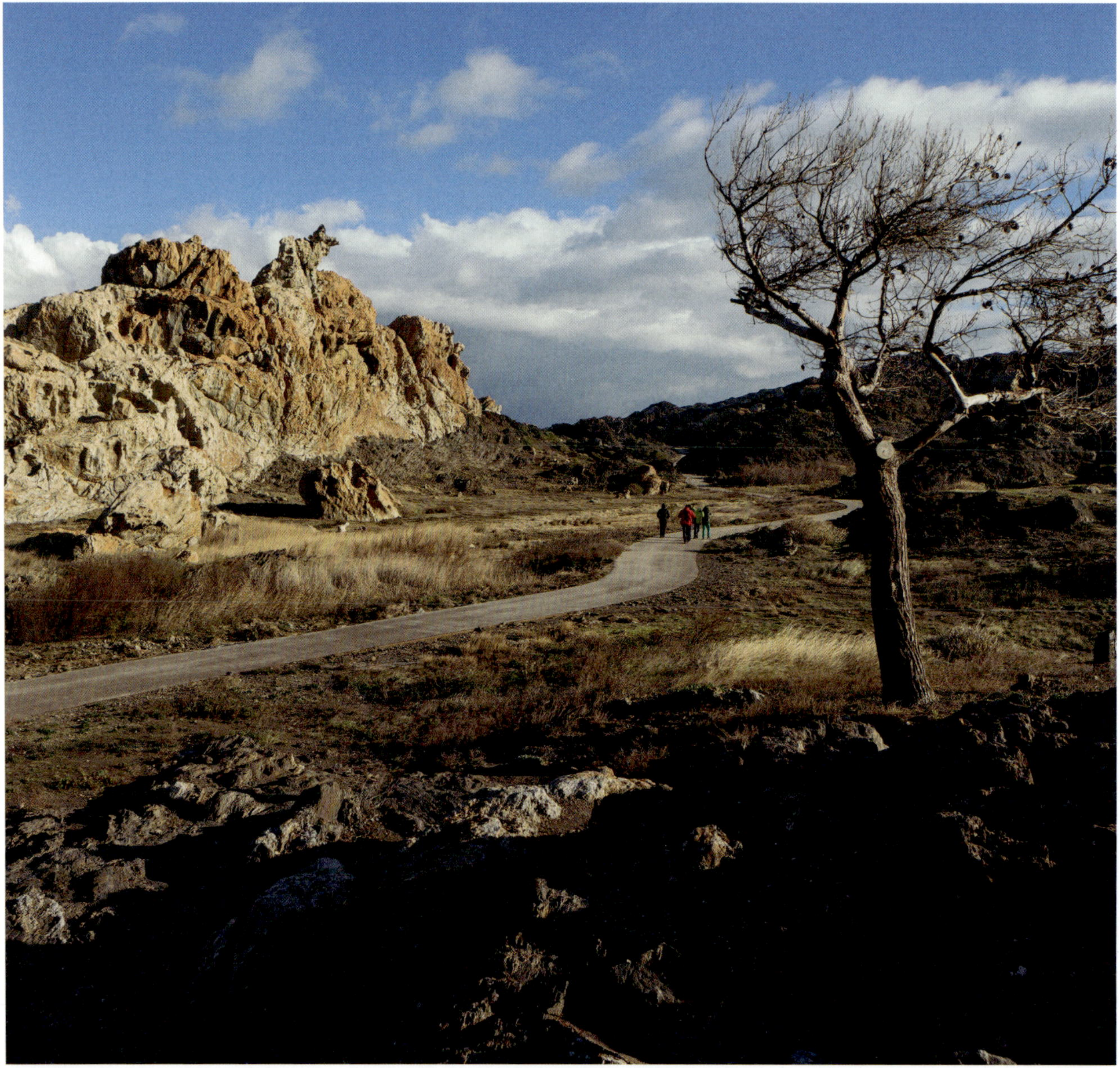

Pla de Tudela

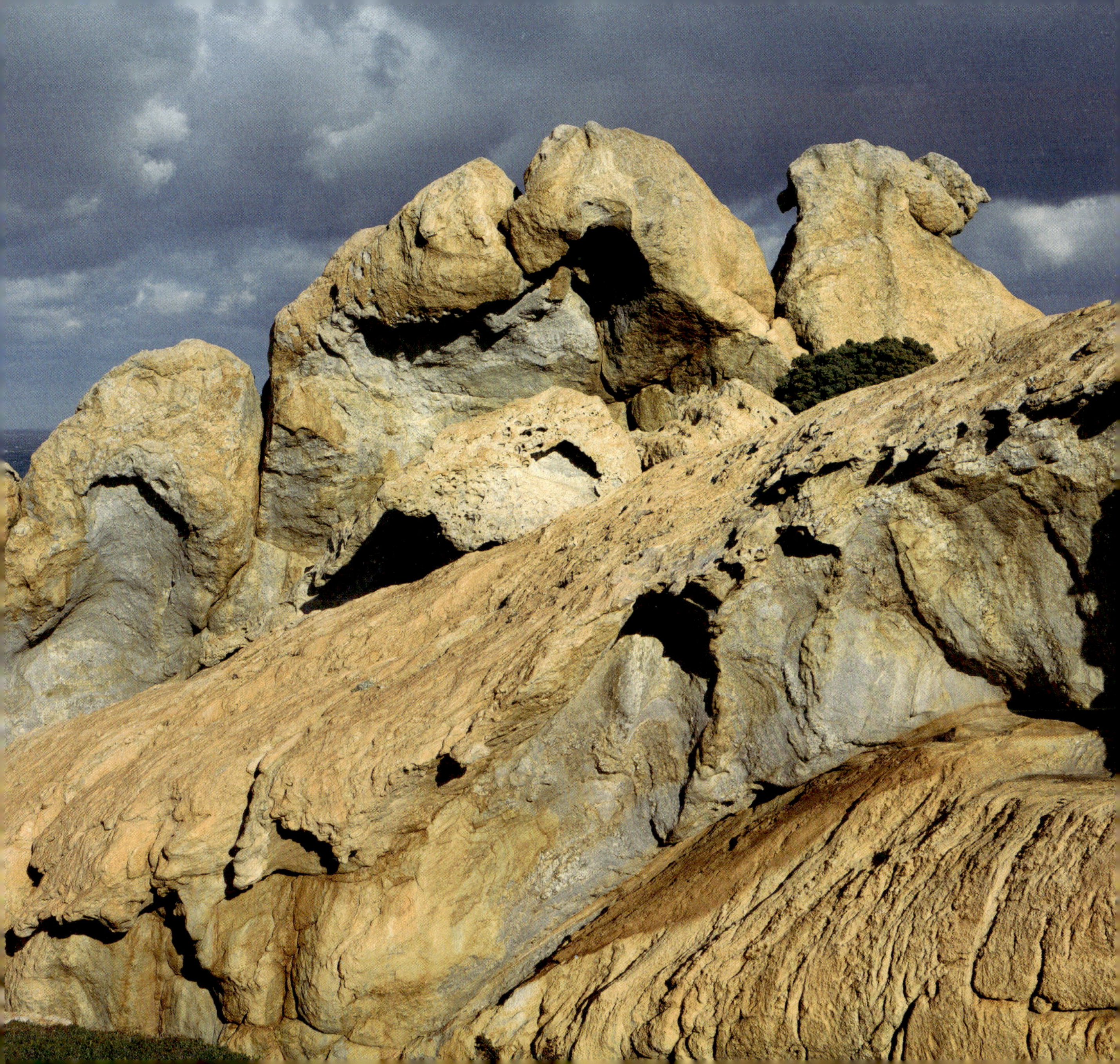

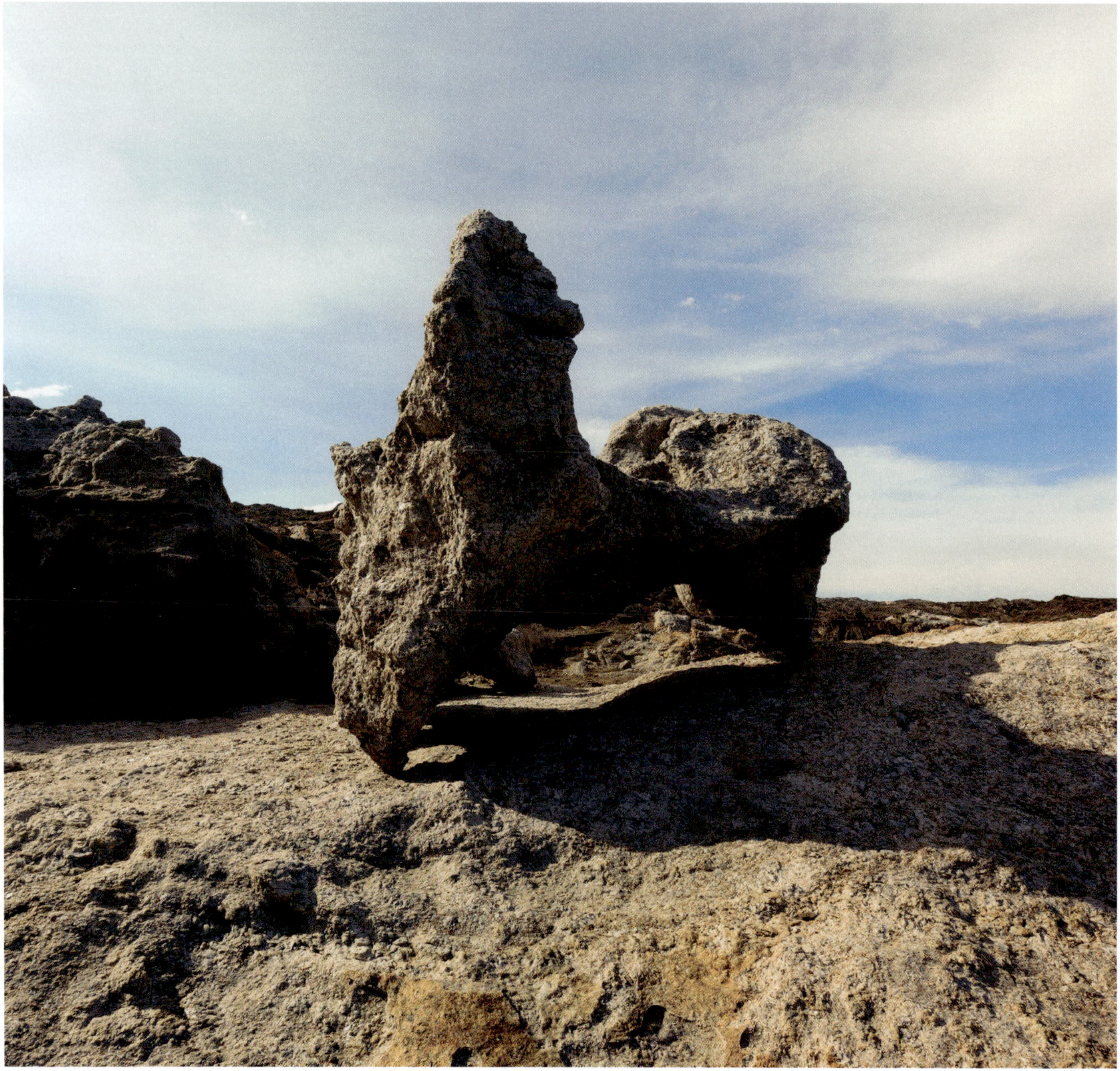

Cala Culleró

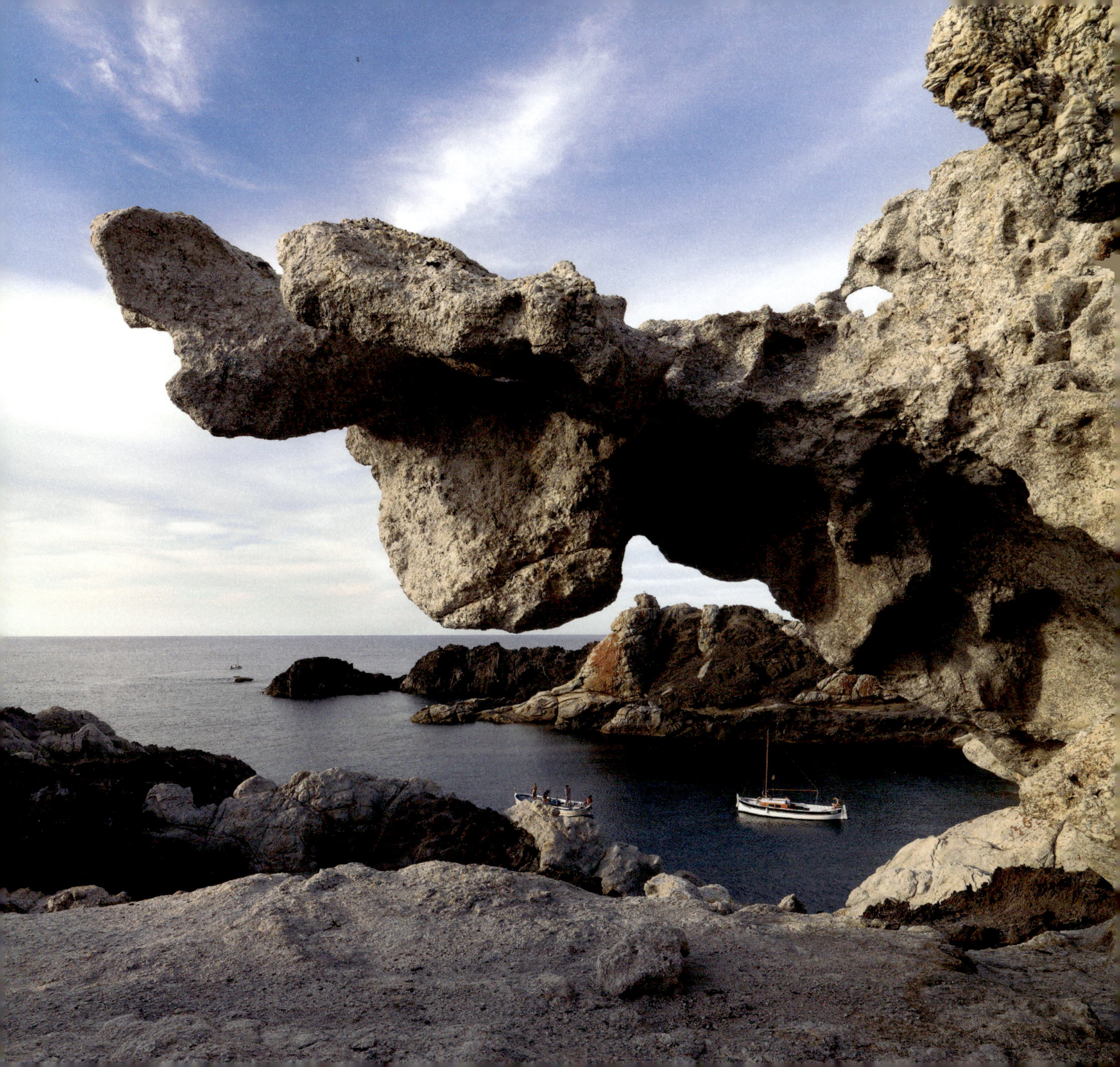

Mar d'Avall

Des del far de Cap de Creus fins a Cadaqués s'estén la Mar d'Avall. Una mar plana a recer de tramuntana en una costa molt retallada on se succeeixen cales, coves, puntes i illots. Jugadora, Guillola, Jonquet... una costa on passar, en paraules de Pla, "vuit dies d'estiu, sense diaris ni noticies, [...] gronxant els somnis i les olles de peix a la popa d'un vaixell." A cala Jugadora es diu que cada temporada els pescadors s'hi jugaven les pesqueres. Segons altres, hi jugaven a cartes quan s'hi protegien a l'espera que millorés el temps. Fos com fos, és una cala amable de bon ancoratge i millor paisatge. A cala Guillola, el clima i la pesca acostumen a ser immillorables. I a cala Jonquet, la llegenda diu que hi desembarcaven sovint els contrabandistes.

Mar d'Avall

Desde el faro de Cap de Creus hasta Cadaqués se extiende el Mar d'Avall. Un mar plano a resguardo de la tramontana en una costa muy recortada donde se suceden calas, cuevas, puntas e islotes. Jugadora, Guillola, Jonquet... una costa donde pasar, en palabras de Pla, "ocho días de verano, sin diarios ni noticias, [...] donde mecer los sueños y ollas de pescado en el popa de un barco." Se dice que en Cala Jugadora los pescadores cada temporada se jugaban los sitios donde pescar. Según otros, jugaban a cartas cuando se protegían a la espera de que el tiempo amainase. Sea como sea, es una cala amable de buen anclaje y mejor paisaje. En Cala Guillola, el clima y la pesca acostumbran a ser inmejorables. En cuanto a Cala Jonquet, cuenta la leyenda que en ella desembarcaban a menudo los contrabandistas.

Mar d'Avall

From Cap de Creus lighthouse to Cadaqués extends Mar d'Avall, a calm sea sheltered from the Tramuntana on a rough coast with a succession of coves, caves, headlands and islets... a coastline to spend, in the words of Pla, "eight days of summer, without newspapers or news, [...] where both dreams and the pots of fish in the stern of a boat sway". They say that every year in Cala Jugadora fishermen played cards for the fishing sites. Others claim that they played when they were sheltering from the bad weather and waiting for the calm. Whatever the case, it is a gentle cove and good place to anchor with lovely scenery. In Cala Guillola, the weather and the fishing are usually unbeatable. In Cala Jonquet the legend is that it was the regular smugglers' cove.

Mar d'Avall

Du phare du Cap de Creus jusqu'à Cadaqués s'étend la Mar d'Avall. Une mer plate protégée de la tramontane sur une côte très découpée où se succèdent les grottes, les criques, les pointes et les îlots. Jugadora, Guillola, Jonquet... une côte où passer, d'après Josep Pla, « huit jours d'été, sans journaux ni nouvelles [...] où bercer les rêves et des casseroles de poisson à la poupe d'un bateau. On dit qu'à chaque saison, les pêcheurs jouaient les lieux de pêche. Selon d'autres sources, ils jouaient aux cartes lorsqu'ils s'abritaient en attendant une accalmie. Quoi qu'il en soit, c'est une crique aimable au paysage agréable où jeter l'ancre. Dans la Cala Guillola, le climat et la pêche sont incomparables, la plupart du temps. Quant à Cala Jonquet, la légende dit que les contrebandiers y débarquaient souvent.

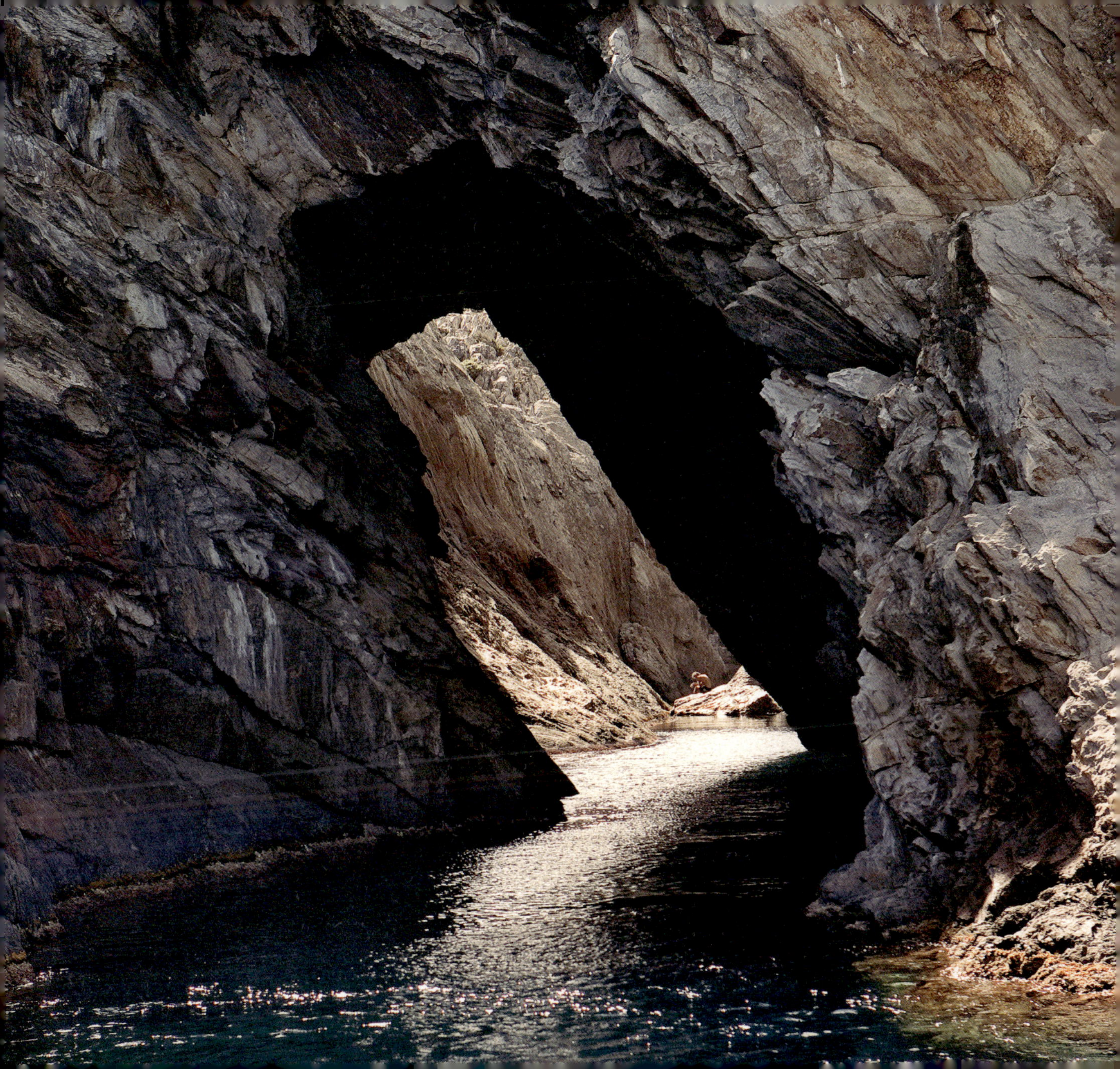

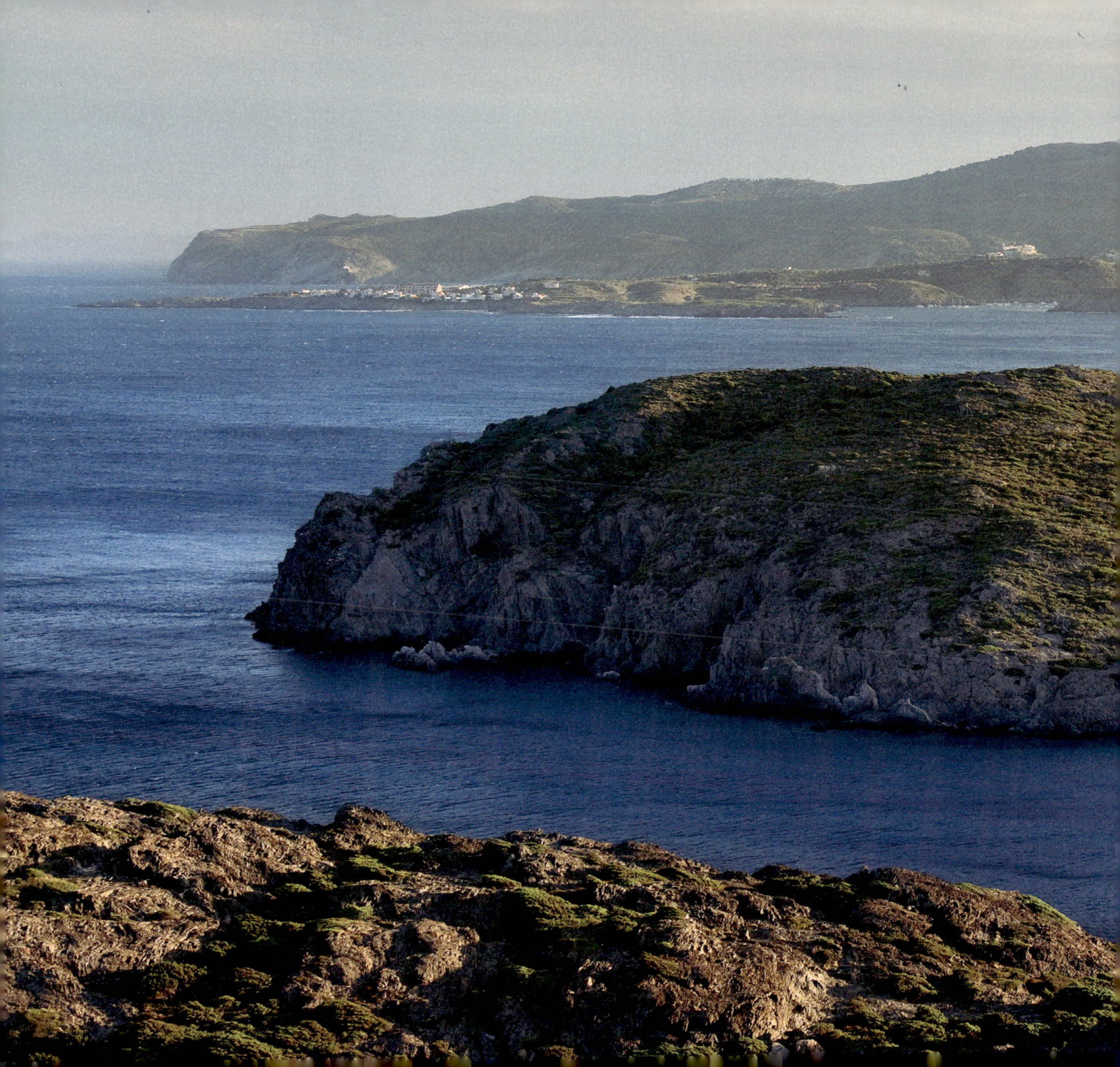

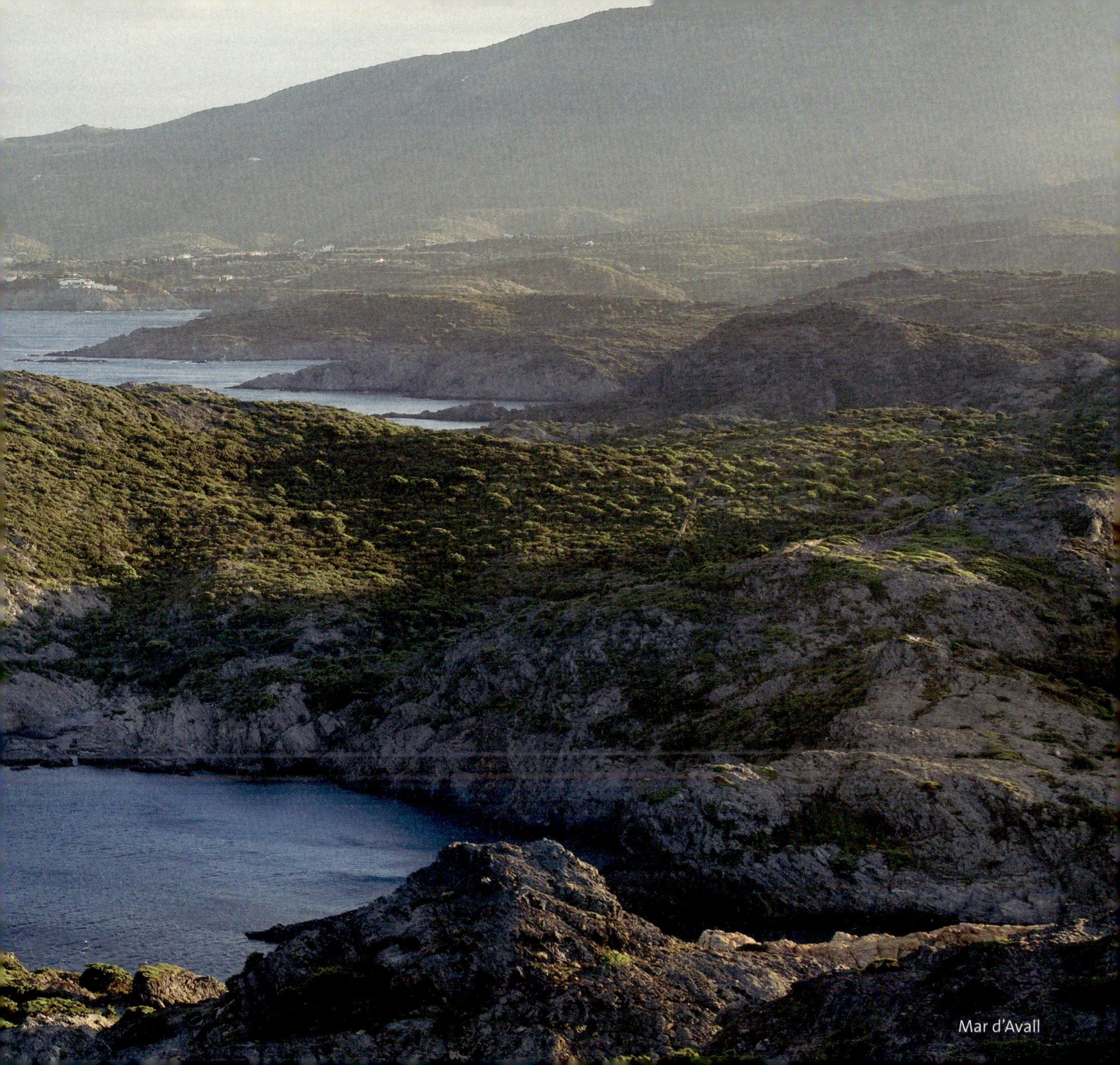

Mar d’Avall

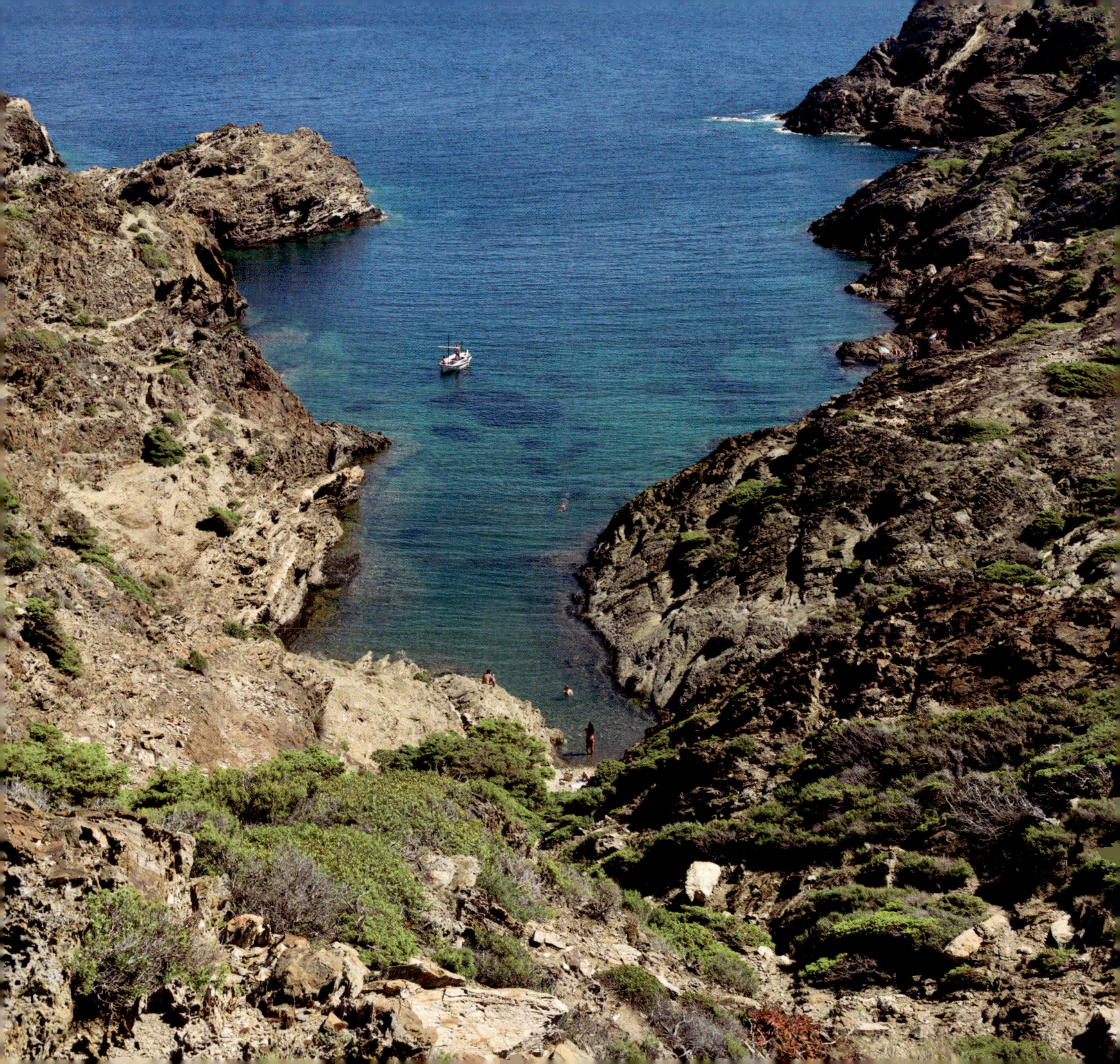

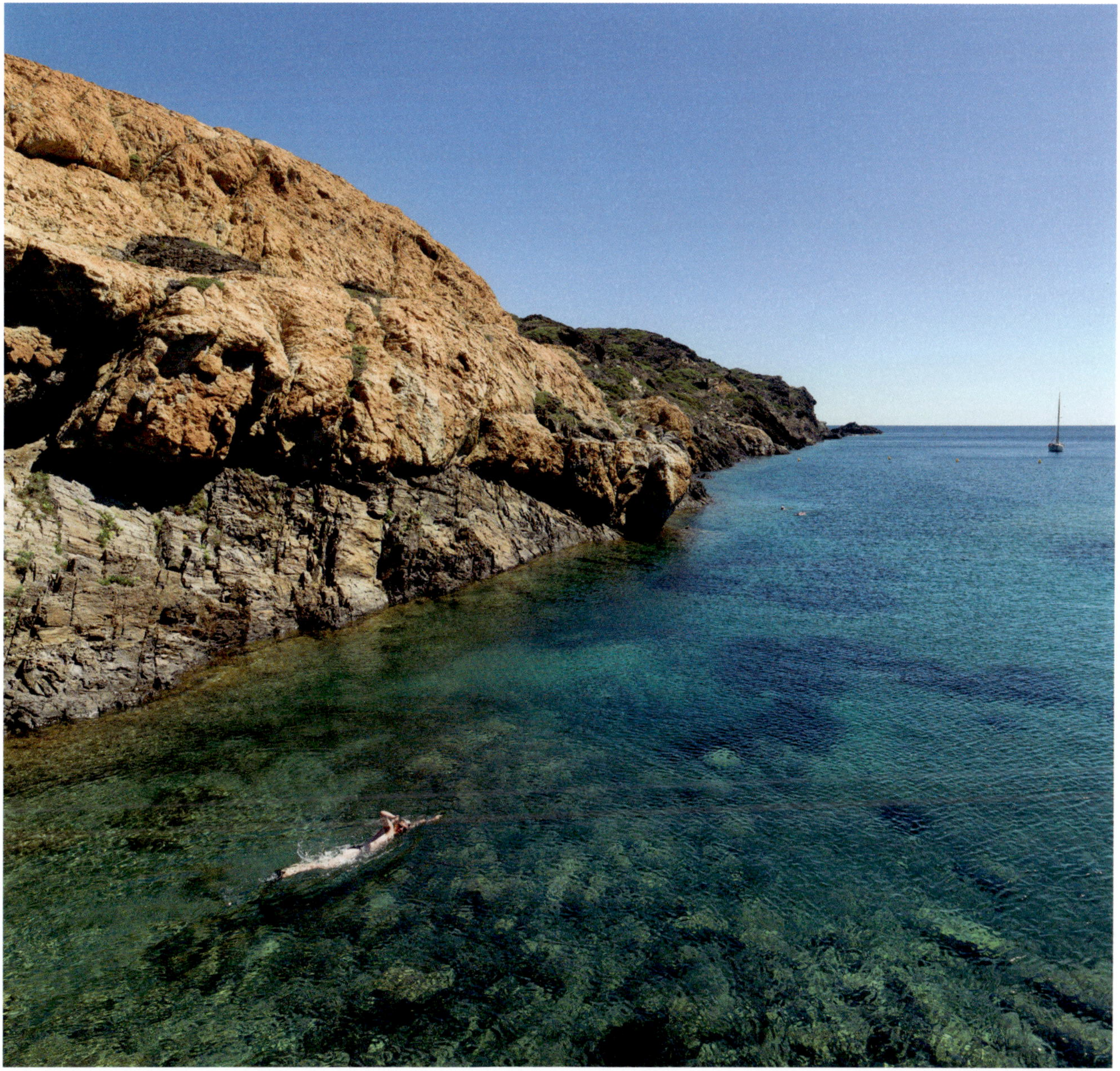

< Cala Fredosa | Cala Jugadora

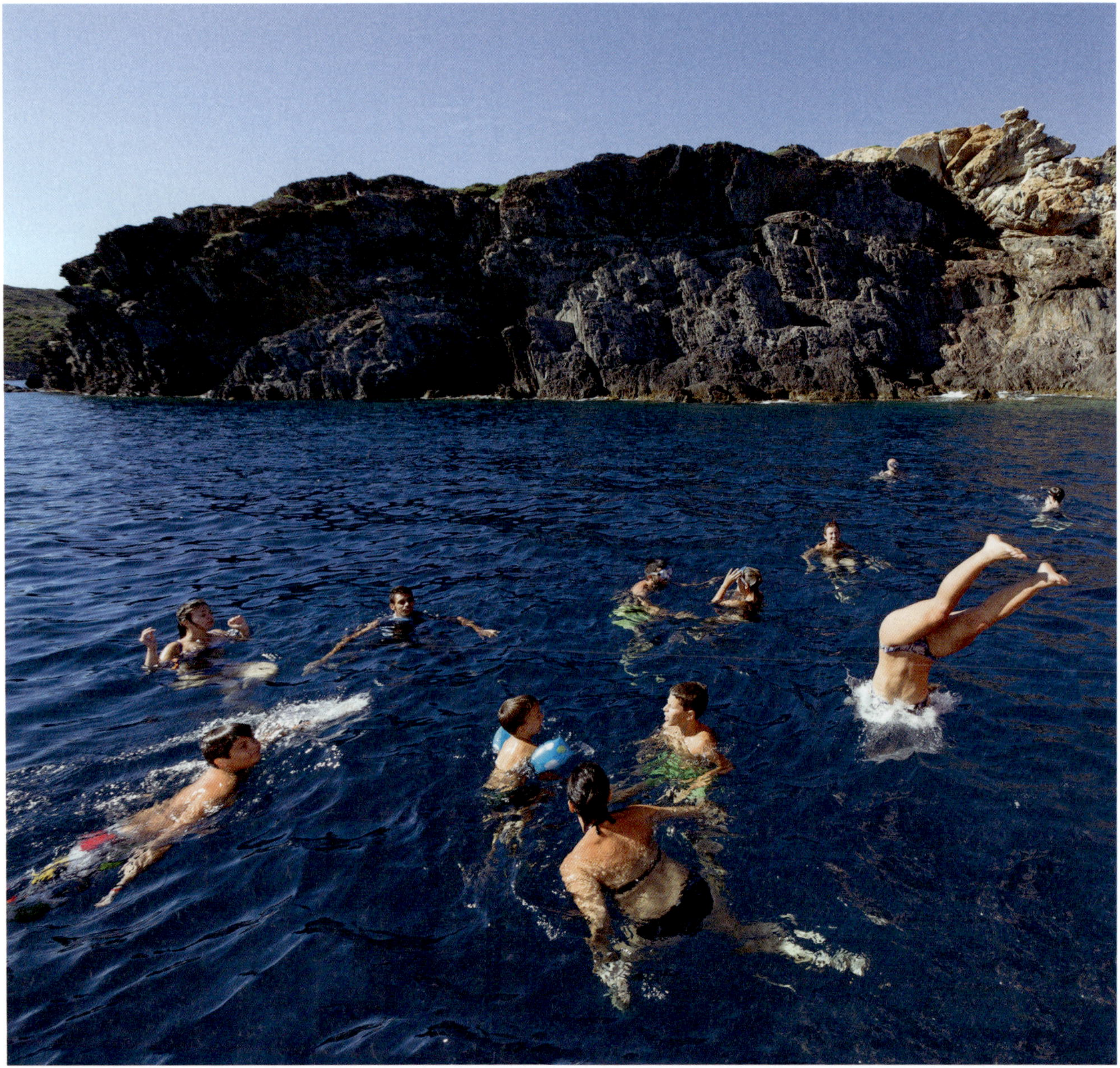

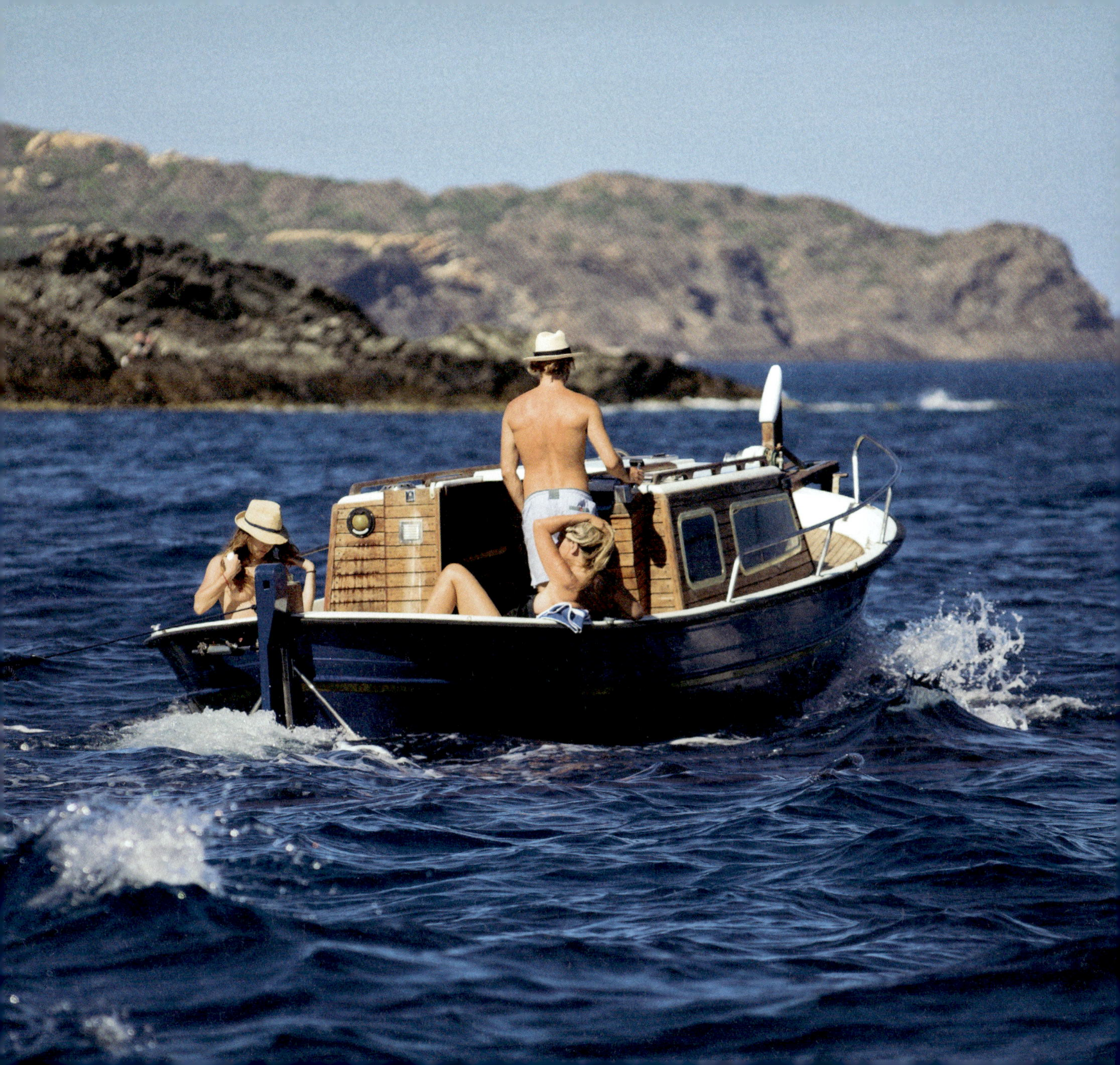

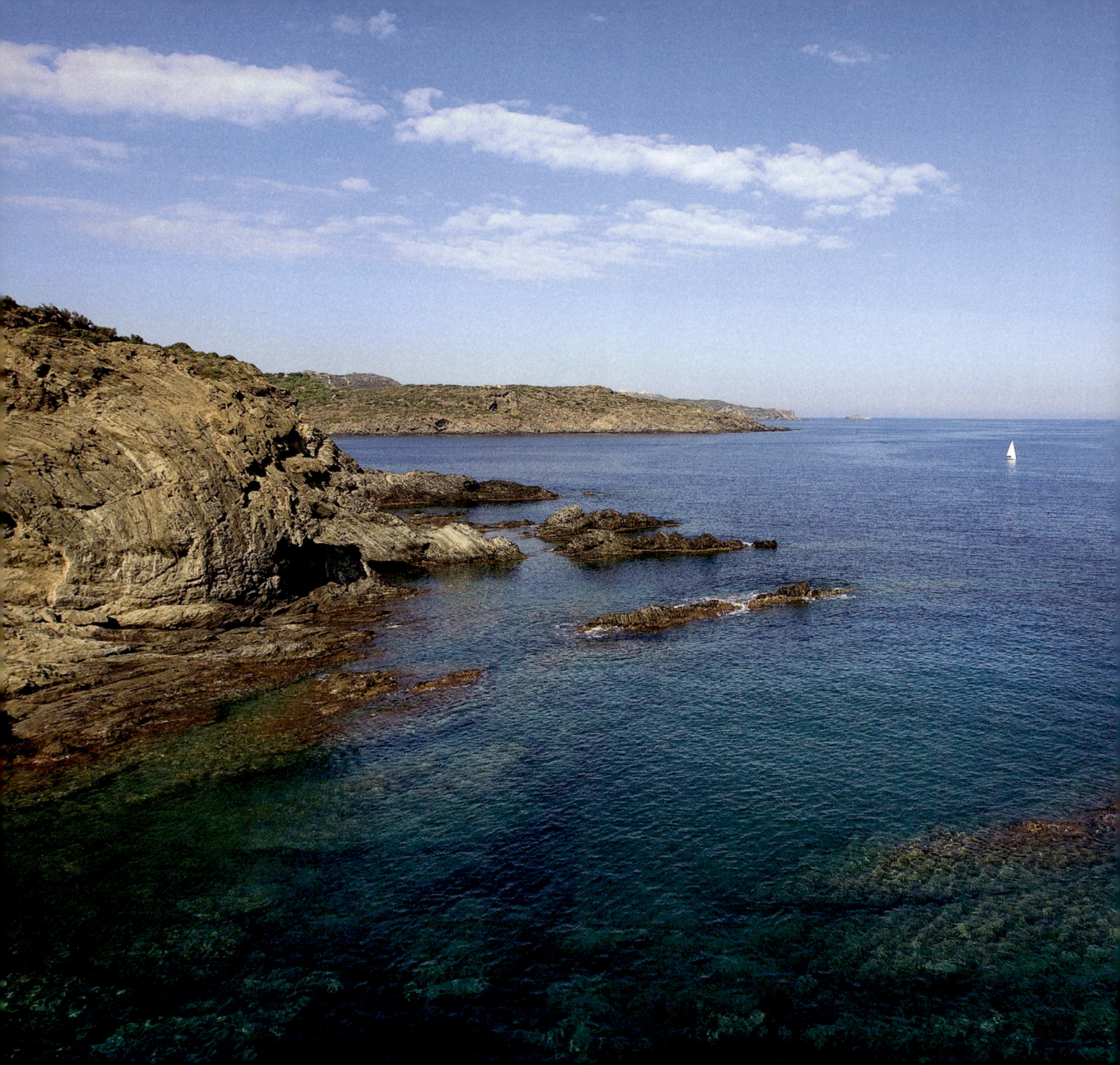

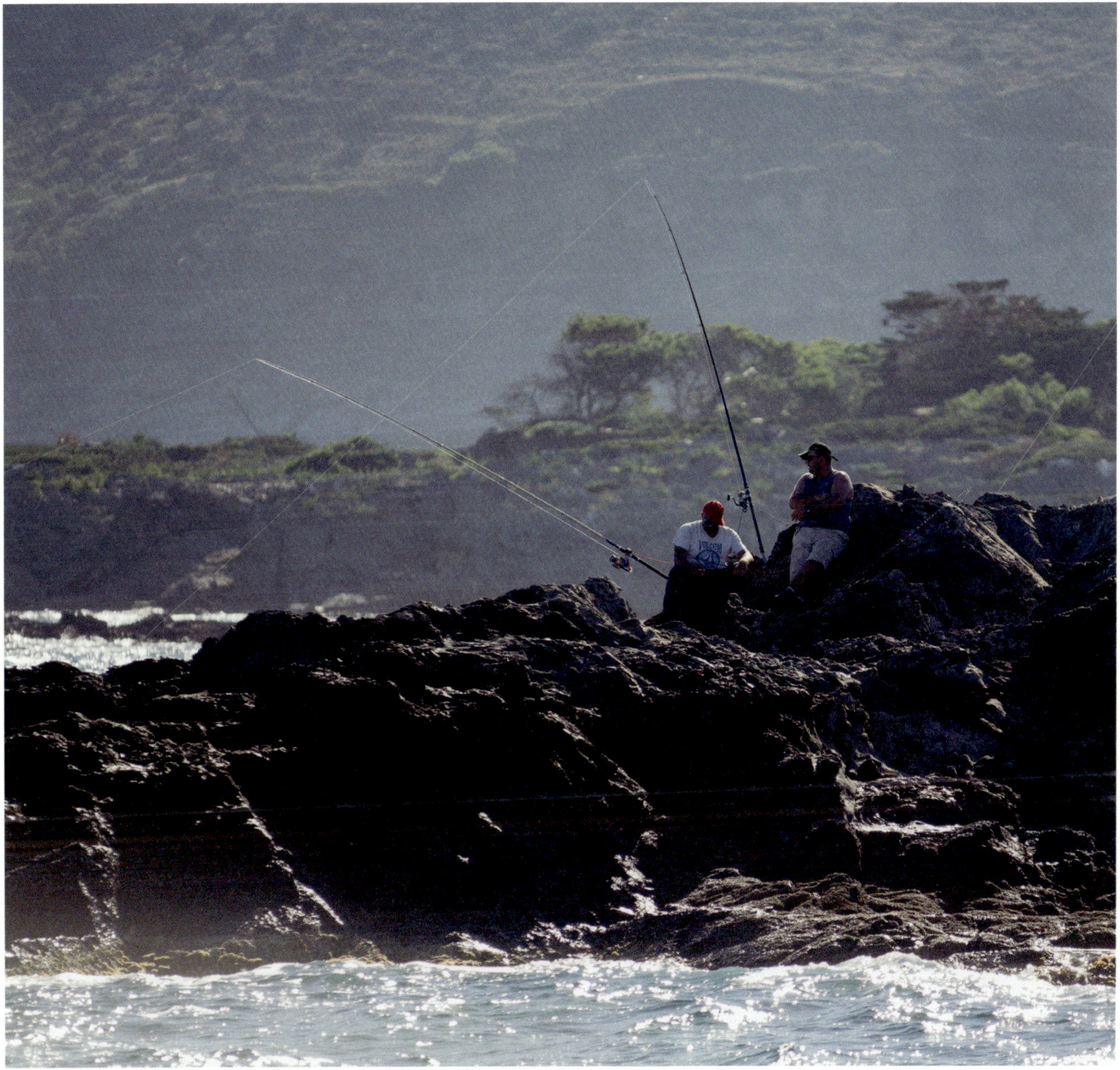

< Punta d'en Codera | Punta de s'Oliguera

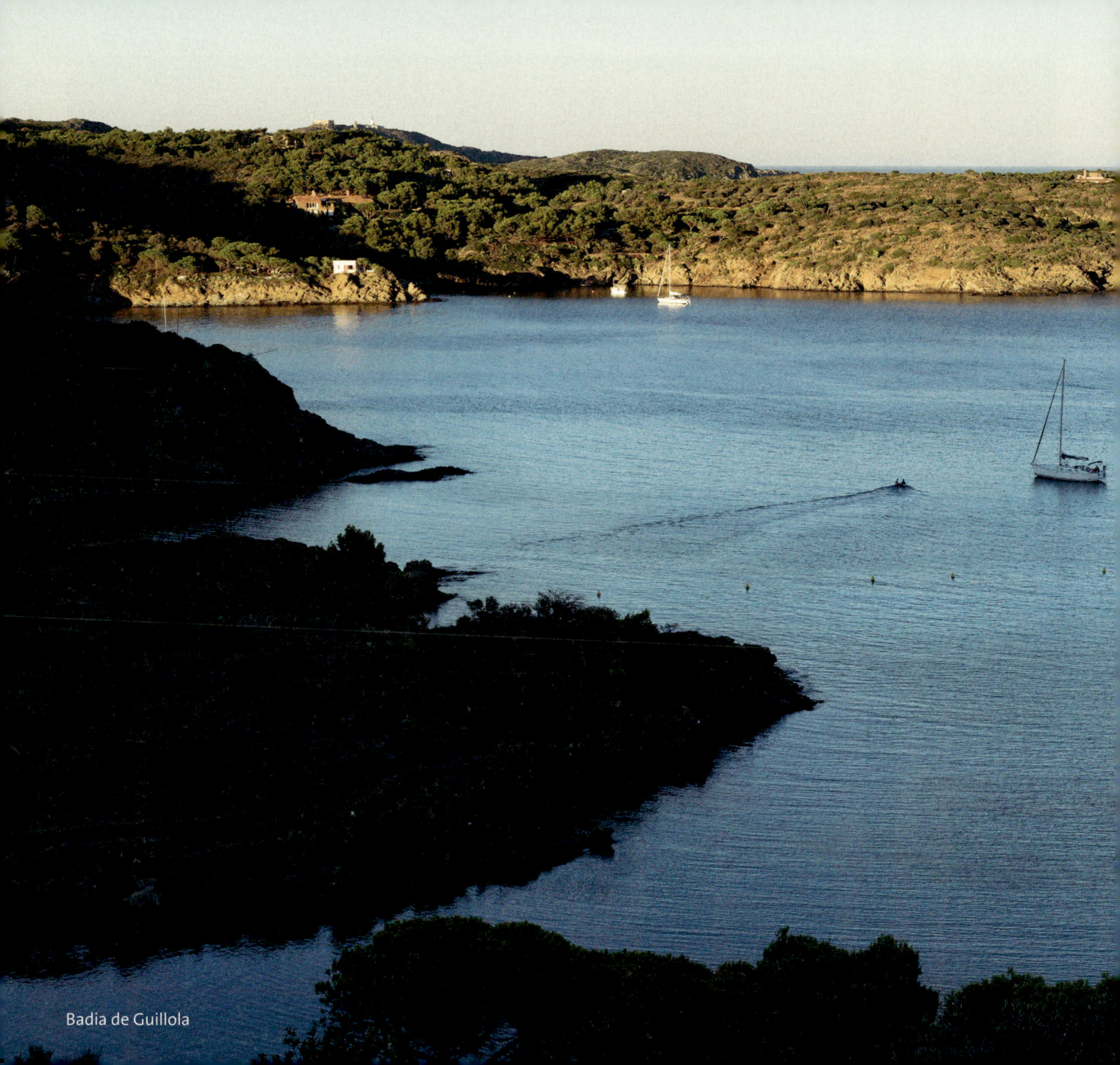

Badia de Guillola

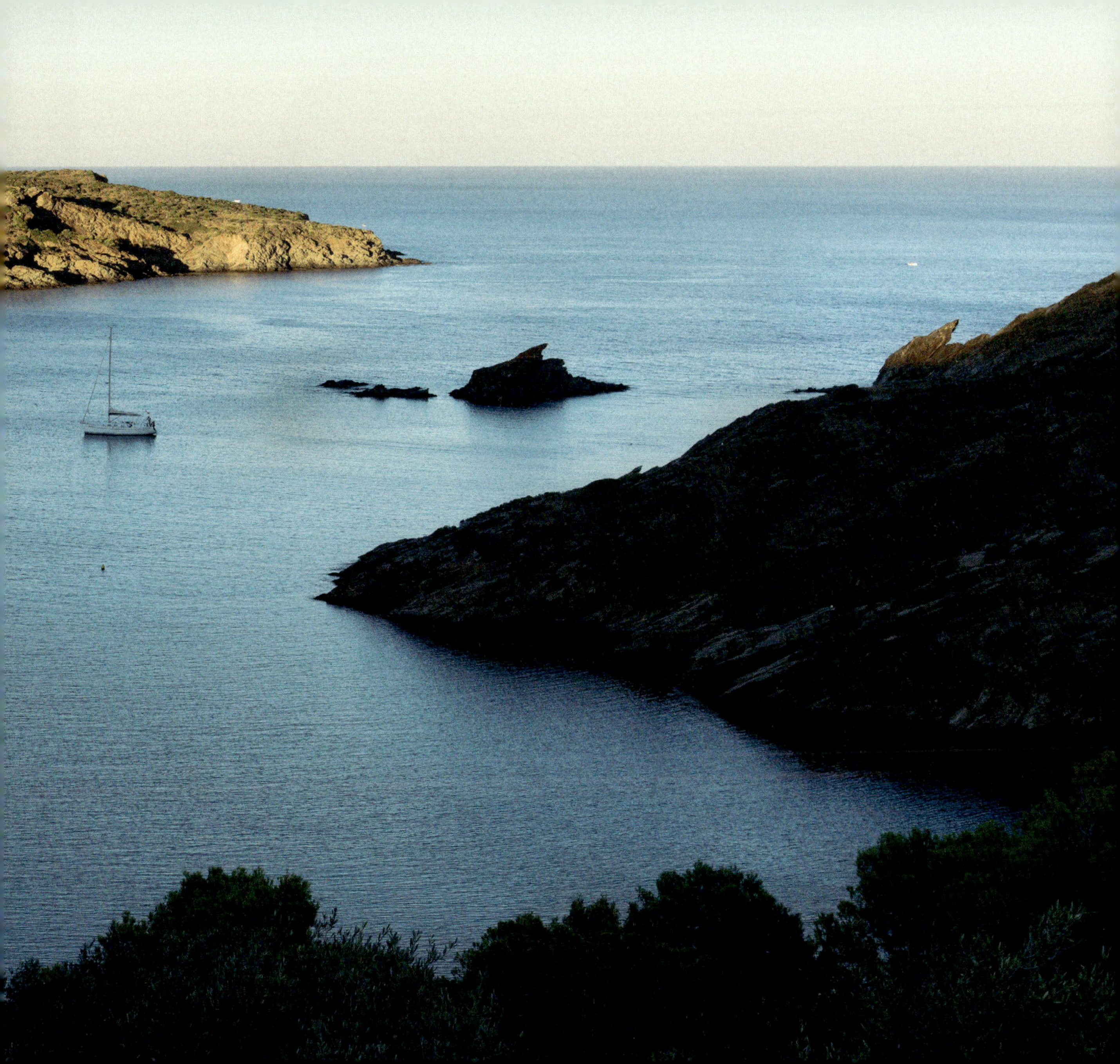

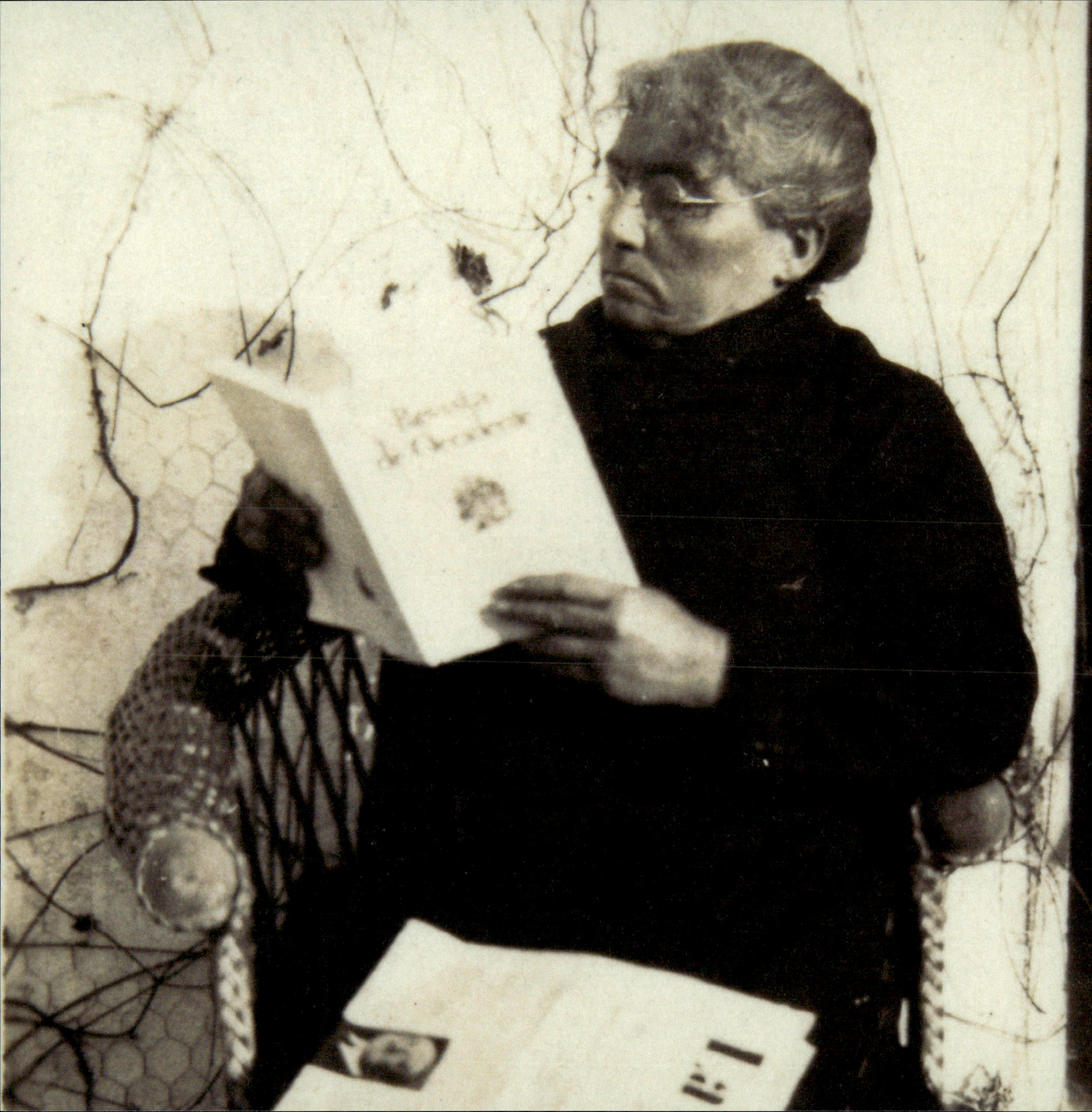

Àlbum de Cadaqués

I tanmateix, els llocs no serien allò que són sense la seva gent, amb la seva forma de vida i la seva manera d'ordenar el món. I més a Cadaqués, on la insularitat geogràfica ha configurat una manera de ser molt pròpia, reiteradament glossada per escriptors i viatgers. Però el millor testimoni és aquell dels qui encara recorden i que acostumen a començar "ja fa molts anys". Els seus relats parlen d'històries de salvaments i de les cròniques fantàstiques que feien els *americanos* quan tornaven d'Amèrica. Parlen d'un temps en què les dones traginaven airoses pels carrers amb el doll al cap. Parlen també de l'arribada de les comoditats, començant per l'aigua corrent i del dia que, de l'aixeta, ja no va sortir mai més aigua salada. I també de les primes cames que es veieren al poble, els pintors estranys i l'escandalosa bohèmia. Parlen de la duresa de la terra i, sobretot, de moltes històries del mar. I tot això ens ho expliquen en un parlar únic en aquest tram de la costa: el parlar salat.

I tanmateix, aquest no seria un retrat acurat de Cadaqués si no ens apropés al seu batec humà, al d'avui i al d'un passat encara no molt distant, el d'abans del turisme. Com es vivia en lloc tan aspre? Com era la vida als masos? Quin era el camí dels pobres? Com aconseguiren humanitzar un paisatge tan sobri? Quants naufragis amaguen les seves aigües? Quins personatges insòlits han deixat la seva empremta més enllà del temps? Totes aquestes, i altres, són les preguntes que animen aquest anecdotari o àlbum de Cadaqués.

No és fàcil imaginar una vida que ja no hi és. Disposem de les cròniques dels seus protagonistes. I disposem també dels paratges que les feren possibles. Alguns són de fàcil accés i de magnífic paisatge. Aquest és doncs, o així vol ser, una invitació als racons del Cadaqués viscut.

Llum i silenci: Cala Nans

Als anys vuitanta, Cadaqués es va mobilitzar per impedir que s'enderroqués el far de Cala Nans. No va ser en va: aquest far minúscul va ser restaurat i encara avui les seves plaques fotovoltaiques encenen una bombeta cada vint segons.

Tot indica que Cala Nans era el lloc on es calaven les nanses, una trampa per capturar peixos feta de joncs o de vims. Una cala que tanca la badia de Cadaqués cap al sud amb un promontori on, des de 1856 s'hi alça el far. Els illots des Cucurucuc i de sa Sabolla marquen, des de l'aigua, l'accés a la cala. Des de terra, hi ha sovint un impressionant espectacle de contrallums. I és que el petit far de Cala Nans, bàsicament està fet de llum i de silenci.

S'hi arriba per un camí a l'extrem sud del poble, passat es Llané i la platja de sa Conca. Després de les últimes cases, els Quers, s'inicia el camí de ronda que, en tres quilòmetres, arriba al far. Un camí ample que s'estreny quan ha de creuar els ponts de pedra seca. Després de la platja de sa Sabolla, un forn de calç és testimoni de com es coïa aquesta pedra calcària per obtenir un aglomerat: la calç viva, que es barrejava després amb aigua i sorra per formar un morter de gran resistència. Després del forn, el camí es bifurca: o bé es pot baixar a Cala Nans o seguir amunt fins al far. En cas de seguir fins al far, les vistes a la badia són magnífiques.

Anem a Sant Sebastià!

"Anem a Sant Sebastià", això és el que diuen a Cadaqués, de fa molts anys, cada mes de gener. Sant Sebastià és una ermita situada a uns quatre quilòmetres de la població. En un replà de la muntanya del Pení, a uns quatre-cents metres d'altitud, hi ha el santuari de Sant Sebastià. L'origen? Una antiga torre de guaita. L'edifici actual és del segle XVIII. Té una sola nau i un absis semicircular, una porta d'arc rebaixat i un discret campanar de cadireta. Entre un dels seus murs laterals i la muntanya s'hi amaga una petita cova on, diuen, un pastor va trobar-hi la imatge del sant. L'antiga casa dels ermitans és un edifici adjunt que

funciona com a casa d'estiueig. És, tot ell, envoltat d'una magnífica sureda.

L'ermita, de titularitat privada, és tancada tot l'any. Tanmateix, cada 20 de gener s'obre per convocar tot Cadaqués, que hi arriba en romeria. És l'aplec de Sant Sebastià. La gent hi puja a peu o en vehicles tot terreny. Hi passa el dia, sovint amb una forta tramuntana. Hi riu, hi comenta. Hi menja garotes, truites amb botifarra i sobretot, hi balla *patacades*, un dansa violenta que s'acompanya d'ironies i sarcasmes sobre la vida del poble. I és que, a més de ser el patró del poble, a més d'oferir una vista d'excepció sobre la badia, Sant Sebastià és una llicenciosa i necessària catarsi popular que es manté al llarg dels anys i que a Cadaqués s'estimen com allò que és, una festa única.

Vaixells a ultramar

"Hisseu les veles! Deixem Cadaqués!" Mentre la tripulació es movia amb habilitat, la badia s'anava fonent amb la distància. El destí? Marsella, Gènova, Nàpols i a vegades Cuba. A les bodegues, vi i aiguardent. En tornar, sal, cacau i potser sedes. Era el temps de la gran navegació i la Platja Gran de Cadaqués tenia l'aspecte dels ports internacionals. Pailebots, vapors, mercants, llaguts i barcasses compartien la badia. A terra, capitans, mariners i pescadors.

On ara hi ha embarcacions de plaer, quan hi havia tramuntana o vent de llevant, s'hi arribaven a concentrar fins a deu o dotze velers a l'espera del bon temps. Els pailebots que feien la ruta des de València o Mallorca acostumaven a atracar-hi, a vegades durant massa dies: els carregaments es feien mal bé. La tripulació desembarcava per canviar taronges per oli, vi, peix... i per robar el cor d'alguna jove desprevinguda. A vegades, si la càrrega era a punt de passar-se, llençaven tones de taronges a l'aigua... i a la riba les recollien festivament.

Avui en queda molt poc del passat navegant. Només records. Les velles barcasses es van anar desballestant i a la badia, només molt excepcionalment, s'hi veuen vaixells ancorats. Tanmateix, el bon observador es preguntarà perquè a les platges de Cadaqués, les pedres de mar es barregen amb fragments de ceràmica arrodonits per l'efecte de l'aigua. Van arribar a les bodegues dels mercants que, quan tornaven de la seva travessia, per fer les naus més pesades i equilibrar-ne el seu pes, omplien les seves bodegues de ceràmica. Són doncs, en el seu silenci humit, un reducte d'aquell passat navegant.

Un passat de naufragis

El *Llanishen* va ser torpedinat el 1917 poc després de salpar del port de Marsella. La tripulació va aconseguir arribar amb dos bots a Portbou i a Portvendres. El vaixell, finalment va encallar als Caials. Tres anys més tard, va ser el pailebot francès *Douamont* el que va naufragar a Cap de Creus. L'any 1888, havia estat el vapor italià *Archimedes* i les seves 128 persones, que els pescadors de Cadaqués aconseguiren salvar en una arriscada operació.

I és que els naufragis i els salvaments formen part del passat de Cap de Creus des dels remots temps dels romans. Entre les naus que dormen al fons marí d'aquest punt de la costa, algunes, com el *Culip IV*, hi són des de fa dos mil anys. Els bons navegants saben que remuntar el cap en dies de mar moguda és una maniobra perillosa. No tant per l'alçada dels penya-segats sinó pel canvi en l'orientació de les aigües. A l'extrem oriental del cap, la mar calma del sud gira sobtadament cap al nord en un punt de forts corrents. El nord del cap, el tram que s'estén des de cala Culip fins al Pla de Tudela, amaga un interessant jaciment arqueològic submarí.

En dies de tramuntana intensa, caminar pel litoral rocós de Cap de Creus, és una bona manera d'entendre què volen dir els navegants quan parlen del cap del Diable. Els amants de les immersions poden comprovar-ho de primera mà junt als naufragis que reposen a Culip i es Caials.

Un mar de corallers

La Medusa era un ser mitològic que convertia en pedra tot allò que mirava. Quan Perseu va aconseguir matar-la, anà a la platja a rentar-se les mans amb el cap tallat del monstre.

La sang, en contacte amb l'aigua, quedà petrificada convertint-se en el corall vermell.

El corall vermell és propi del Mediterrani. El millor corall vermell, el *sang de toro*, només es fa a les aigües de Cap de Creus i es valorat de temps antics com a amulet protector i per les seves propietats màgiques: la Costa Brava va ser, durant segles, una vertadera costa del Corall. De Portvendres a Palamós, hi hagué una intensa activitat corallera.

El 1800 Cadaqués convocava corallers de geografies llunyanes com Georges Kontos, que va introduir l'escafandre semiautònom per millorar les dures condicions en l'extracció d'aquesta estranya espècie. Fins llavors, es baixava a pulmó lliure o amb una campana de fusta. Quan l'inventor Narcís Monturiol, refugiat a Cadaqués per la seva causa política republicana, el 1843 va veure morir un coraller en aigües de Cap de Creus, va decidir crear un aparell per dignificar el treball d'aquells homes. "Qui viu sota l'aigua? Els peixos. El meu aparell tindrà forma de peix." I Monturiol va inventar el submarí. En efecte, l'*Ictíneu* va ser el primer submarí amb la forma que ha passat a la posteritat.

Avui el corall és una espècie protegida. A Cadaqués ja no hi ha corallers i per observar els bancs coral·lins, s'ha de baixar a molta profunditat. El corall forma part del passat d'un poble que havia viscut de sempre de cara al mar.

Paradís del contraban

Els camins i les cales solitàries de Cap de Creus han estat un paradís del contraban. Tabac, cafè, sal, seda, cacau... les mercaderies arribaven en vaixell, es descarregaven de nit i s'amagaven als "caus" a l'espera del seu transport. Si bé avui és fa difícil imaginar els moviments dels contrabandistes, Josep Pla ens hi ajuda en un dels seus relats.

"Un quillat mallorquí situat a deu o dotze milles a llevant és fora de la boca de la badia de Cadaqués. L'embarcació, que ha sortejat les ulleres de llarga vista dels carrabiners, espera l'hora de desembarcar sobre la costa la càrrega de tabac que porta. En funció del vent, podrà remuntar Cap de Creus i ancorar a Portaló, o bé amarrar a Jonquet. Si, al desembarcar, es produeix una situació de perill, la mercaderia serà entaforada en els dipòsits i forats fets expressament a diferents punts de la costa. Si la nit es presenta bé, mariners i veïns dels masos propers es carreguen els embalums a l'esquena i pugen riera amunt, per camins afressats, fins a les masies, on és amagat el gènere. La colla es dispersa un cop acabada la feina. Després, en el moment en què es considera més oportú, la mercaderia és estibada en bocois de vi i aquests són transportats en carro i per la carretera al lloc que calgui. Això s'ha de saber fer molt bé. No és pas senzill. S'ha de saber aprofitar l'hora, el moment precís. Cal disposar de les necessàries confidències. Portar un carro de mercaderia des d'aquestes masies fins a un vagó de l'estació de Llançà, requereix una certa presència d'esperit."

La ruta dels pobres

De Cadaqués a Roses pel camí de sa Cruïlla, aquesta va ser durant segles el què s'ha anomenat "l'estigma dels pobres de Cadaqués". Hi anaven les dones. Carregaven el cistell i s'enfilaven pel camí que surt a l'extrem sud del poble, rere la platja des Llané. Un corriol de traçat infernal les duia fins dalt la carena, a sa Cruïlla. Allà els esperava la forta baixada fins a Roses. Quatre hores de camins abruptes per millorar una economia escassa amb la venda del peix. Una ruta que ha vist transportar milers de tones de mercaderies, sobretot peix, vi i oli.

Refer el camí dels pobres és copsar la duresa de la vida abans de les comoditats i és també gaudir d'una vista que, a mesura que es va pujant, es va dilatant fins a encabir tota la badia de Cadaqués i la costa de la Mar d'Avall. A l'altre vessant de la muntanya, ens esperen les cales amples del terme de Roses.

El camí ens deixa a cala Jòncols. Val la pena seguir fins al proper cap Norfeu, un dels punts més preservats d'aquesta zona, amb una gran riquesa biològica i una etimologia privilegiada. S'explica que Orfeu, heroi grec que endolcia les feres salvatges amb la seva música, passà per aquest punt de la costa. Aquí, hi entonà una melodia tan preciosa que els Pirineus s'atansaren a escoltar-la. Tan a prop s'acostaren que, perdent l'equilibri, varen caure: una caiguda que va

donar origen a aquesta petita península que, des de llavors, es va dir, cap d'en Orfeu.

Camins de pedra seca i cabanes de pastor

Un tramat de camins recorre els voltants de Cadaqués. El treball pacient de generacions va civilitzar una geografia difícil. Calia subsistir, calia disposar de terreny per a l'agricultura, calien camins per desplaçar-se fins a les poblacions veïnes, calia fer del territori un lloc habitable. I així es va fer.

Els quilòmetres de parets de pedra seca i les nombroses cabanes de pastor formen part del patrimoni històric del poble. Les incomptables hores de treball humà dels antics paretaires, que seleccionaven pedres esquistoses (d'aquelles planes i laminades que es deixen tallar tan bé) per lligar-les una a una en un teixit d'arquitectura impecable, són difícilment comprensibles des d'una mesura del temps, la nostra, marcada per la pressa.

Cap de Creus havia estat un paisatge de boscos que, ja en temps medievals, s'anaren talant gradualment. La pesca —i més endavant, la pesca a l'encesa— consumí una gran quantitat de fusta. Els boscos comunals van anar desapareixent i les aigües pluvials varen descarnar la terra. Les vinyes i les feixes de parets seques salvaren la zona de la degradació. Configuraven les finques, les terrasses i els camins. La fil·loxera de 1880, que va matar tots els ceps, va acabar amb l'època daurada de la producció del vi, que s'exportà a França, Itàlia i, des de la llibertat de comerç amb Amèrica, també a ultramar.

A peu, en BTT, a cavall... recórrer els vells camins de pedra és copsar el silenci de Cadaqués abans del turisme i és, sobretot, gaudir del paisatge. Després d'anys d'abandó, els camins de pedra seca s'han recuperat en una tasca que segueix viva.

La vida als masos

Una vida solitària, una vida molt aspre que avui ja no existeix: la vida als masos. El mas de la Sala, al sud-est del poble, prop de la Punta de la Figuera. El mas d'en Baltre , just abans de l'ermita de Sant Sebastià. El mas Duran, prop de Sant Baldiri. El mas des Bufadors, el d'en Melus, de sa Birba, d'en Godo, des Rabassers... l'abundància de masos al terme de Cadaqués indica la seva importància en l'economia i en la vida del poble.

Situats a recer de tramuntana, disposaven de vinya i olivars. Tenien ramat de cabres, un parell de bous, aviram i l'hort. Els masovers anaven a vendre diàriament a Cadaqués. Passaven de casa en casa. Duien la llet en un gros recipient amb forma de regadora sense forats. Les dones els esperaven amb un pot a la mà. A la primavera, quan les cabres donen més llet, portaven formatge fresc i recuit elaborat al mas. Duien també ous, verdures i quan era el temps, cabrits i vedells. Tornaven a casa amb peix i productes vinguts de ciutat.

Alguns dels masos, pocs, es conserven parcialment. S'hi accedeix pels camins que surten de Cadaqués, especialment als entorns de l'ermita de Sant Baldiri. Són els mateixos que fa anys recorrien els seus habitants per anar al metge, per anar a escola i per mantenir una mínima vida social. I també, és clar, per traficar amb mercaderies prohibides. Perquè, diguem-ho tot, l'aïllament dels masos era un cau perfecte per als paquets dels contrabandistes. Per als masovers, era una forma d'engreixar un calaix que acostumava a ser escàs.

Retrats insòlits

Ramon de l'Hermosa, conegut per les seves ganes de treballar: completament inexistents. La Lola Litus, primera banyista del poble que llogava casetes per canviar-se a es Llané. Lola Mercè, que venia el peix abans de pescar-lo. La galeria de personatges de Cadaqués dóna per a un extens àlbum de família. De tots, n'hi hagué un que va aconseguir projectar el seu nom més enllà del seu petit cosmos de mar. Va ser la Lídia Noguer més coneguda com a Lídia Sabana.

Lídia era filla i dona de pescadors quan l'any 1904 va hostatjar Eugeni d'Ors, periodista i intel·lectual de nom. Lídia, des de l'estretor del seu món, va quedar captivada pel seu

hoste i quan, sis anys més tard, va llegir el llibre d'Ors *La ben plantada*, va creure que es referia a ella iniciant així un llarg trajecte delirant que va mantenir fins que va morir. Lídia la Ben Plantada es va relacionar amb Picasso, García Lorca i Salvador Dalí, que van exaltar la seva capacitat creativa a l'hora de llegir els articles i els llibres d'Ors en una clau pròpia.

Ors no va respondre mai a les cartes de Lídia. Tanmateix, quan ella ja havia mort, va escriure un llibre a aquella que, segons ell, *va ser i no va ser la Ben Plantada*. Però Lídia de Cadaqués, que no es va cansar mai de pregonar la seva identitat literària, va ser celebrada per Dalí perquè junt a ella havia après el seu mètode pictòric paranoic. La primera barraca que el pintor va comprar a Portlligat, li va vendre la Lídia. A Cadaqués, avui una plaça la recorda.

Amb el doll al cap

Hi havia un temps on el comerç no existia. L'aigua s'anava a buscar a la font. El foc només s'encenia si abans s'havia anat a buscar llenya o carbó. La roba bruta es traginava en cistells fins al safareig públic. Els aliments es collien a l'hort. El sabó s'elaborava manualment al carrer. I així una llarga llista fins a cobrir totes les necessitats bàsiques.

A Cadaqués, com a tots els pobles d'aquest país, una bona part d'aquestes tasques era responsabilitat femenina. El que sí era propi d'aquest lloc de mar era la forma de transportar les mercaderies: cistells, caixes, paquets... i els càntirs o dolls, tot, es duia a sobre el cap. Un enginyós sistema que deixa les mans lliures i manté el cos dret. Una de les icones més conegudes de Cadaqués, recreada per Dalí i per altres pintors, és aquella que mostra una dona airosa amb el doll al cap. Una imatge que forma part de la memòria del poble i que insinua allò que s'ha repetit més d'una vegada: el pes de les dones en el passat del poble.

A Cadaqués, les sardanes les ballaven les dones, que mentre ballaven, cantaven afirmatives. A Cadaqués, el cognom de les dones s'utilitzava per designar els fills i sovint el marit. A Cadaqués, hi van créixer les llegendes de dones amb poders de bruixeria: dones que embruixaven les barques perquè tornessin amb les xarxes buides. El secret de tot plegat? És molt senzill: quan la pesca s'endú als homes durant setmanes —i això no és exclusiu de Cadaqués— la comunitat queda, inevitablement, en mans de les dones.

Álbum de Cadaqués

Y sin embargo, los lugares no serían lo que son sin su gente, con su forma de vida y su manera de ordenar el mundo. Y más en Cadaqués, donde la insularidad geográfica ha configurado una forma de ser muy propia reiteradamente glosada por escritores y viajeros. Pero el mejor testimonio es el de los que todavía recuerdan, el de los que comienzan sus narraciones con un "Hace muchos años...". Sus relatos hablan de historias de salvamentos y de las crónicas fantásticas que hacían los *americanos* cuando volvían de ultramar. Hablan de un tiempo en que las mujeres trajinaban airosas por las calles con los cántaros sobre la cabeza. Hablan también de la llegada de las comodidades, empezando por el agua corriente y del día que del grifo ya no salió nunca más agua salada. Y también de las primeras piernas que se vieron en el pueblo, de los pintores extraños y la escandalosa bohemia. Hablan de la dureza de la tierra y, sobre todo, de muchas historias del mar. Y todo esto nos lo cuentan con un hablar único en este tramo de la costa: el *parlar salat* (literalmente, hablar salado, una variante dialectal del catalán caracterizada por el uso de la s en los artículos como el *sa casa* en lugar de *la casa*).

Y sin embargo, este no sería un retrato preciso de Cadaqués si no nos acercara a su latido humano, al de hoy y al de un pasado todavía no muy distante anterior al turismo. ¿Cómo se vivía en un sitio tan áspero? ¿Cómo era la vida en las masías? ¿Cuál era el camino de los pobres? ¿Cómo consiguieron humanizar un paisaje tan sobrio? ¿Cuántos naufragios esconden sus aguas? ¿Qué personajes insólitos han dejado su impronta más allá del tiempo? Éstas y otras son las preguntas que animan este anecdotario o álbum de Cadaqués.

No es fácil imaginar una vida que ya no existe. Disponemos de las crónicas de sus protagonistas, y disponemos también de los parajes que las hicieron posibles. Algunos son de fácil acceso y de magnífico paisaje. Esta es, por tanto, o así quiere ser, una invitación a los rincones del Cadaqués vivido.

Luz y silencio: Cala Nans

En los años ochenta, Cadaqués se movilizó para impedir que se demoliera el faro de Cala Nans. No fue en vano: este faro minúsculo fue restaurado y todavía hoy sus placas fotovoltaicas encienden una bombilla cada veinte segundos.

Todo indica que Cala Nans era el lugar donde se calaban las nansas, una trampa para capturar peces hecha de juncos o de mimbre. Una cala que cierra la bahía de Cadaqués hacia el sur con un promontorio donde, desde 1856, se alzaba el faro. Los islotes de Es Cucurucuc y de Sa Sabolla marcan, desde el agua, el acceso a la cala. Desde tierra, se contempla a menudo un impresionante espectáculo de contraluces. Y es que el pequeño faro de Cala Nans está básicamente hecho de luz y de silencio.

Se llega por un camino al extremo sur del pueblo, pasado Es Llané y la playa de Sa Conca. Después de las últimas casas, los Quers, se inicia el camino de ronda que, en tres kilómetros, llega al faro. Un camino amplio que se estrecha cuando cruza los puentes de piedra seca. Después de la playa de Sa Sabolla, un horno de cal es el testimonio de cómo se cocía esta piedra calcárea para obtener un aglomerado: la cal viva, que se mezclaba después con agua y arena para formar un mortero de gran resistencia. Más allá del horno, el camino se bifurca: o bien se puede bajar a Cala Nans o seguir hacia arriba hasta el faro. En caso de seguir hasta el faro, las vistas de la bahía son magníficas.

!Vamos a Sant Sebastià!

"Vamos a Sant Sebastià", eso es lo que dicen en Cadaqués, desde hace muchos años cada mes de Enero. Sant Sebastià es una ermita situada a unos cuatro kilómetros de la población. En una meseta de la montaña de El Pení, a unos cuatrocientos metros de altitud, se encuentra el santuario de Sant Sebastià. ¿El origen? Una antigua torre de vigilancia. El edificio actual es del siglo XVIII. Tiene una sola nave y un ábside semicircular, una puerta de arco rebajado y un discreto campanario. Entre uno de sus muros laterales y la montaña

se esconde una pequeña cueva donde, según cuentan, un pastor encontró la imagen del santo. La antigua casa de los ermitaños es un edificio adjunto que funciona como casa de verano envuelto por un magnífico alcornocal.

La ermita, de propiedad privada y cerrada todo el año, cada 20 de enero se abre para convocar a todo Cadaqués, que llega en romería. Es la fiesta de Sant Sebastià. La gente sube a pie o en vehículos todo terreno para pasar el día, a menudo en medio de una fuerte tramontana. Allí rien y charlan. Se comen *garotes* (erizos de mar), tortillas de butifarra y, especialmente, se bailan *patacades*, una danza violenta que se acompaña de ironías y sarcasmos sobre la vida del pueblo. Y es que, además de ser el patrón del pueblo, además de ofrecer una excepcional vista sobre la bahía, Sant Sebastià es una licenciosa y necesaria catarsis popular que se mantiene a lo largo de los años y que en Cadaqués aman como aquello que es: una fiesta única.

Barcos en ultramar

"¡Izad las velas! ¡Dejamos Cadaqués!" Mientras la tripulación se movía con habilidad, la bahía se desdibujaba en la distancia. ¿El destino? Marsella, Génova, Nápoles y, a veces, Cuba. En las bodegas, vino y aguardiente. Al volver, sal, cacao y posiblemente sedas. Era el tiempo de la gran navegación y la Platja Gran de Cadaqués tenía el aspecto de los puertos internacionales. Pailebotes, vapores, mercantes, laúdes y barcazas compartían la bahía. En tierra, capitanes, marineros y pescadores.

Donde ahora vemos embarcaciones de placer, cuando soplaba tramontana o viento de levante, se llegaban a concentrar hasta diez o doce veleros a la espera el buen tiempo. Los pailebotes que hacían la ruta desde Valencia o Mallorca acostumbraban a atracar a veces durante demasiados días: los cargamentos se estropeaban. La tripulación desembarcaba para cambiar naranjas por aceite, vino, pescado... y para robar el corazón de alguna joven desprevenida. En ocasiones, si las embarcaciones estaban demasiado cargadas, se lanzaban toneladas de naranjas al agua que eran recogidas con alborozo en la orilla.

Hoy queda poco del pasado navegante, sólo recuerdos. Las viejas barcas se fueron desbaratando y sólo excepcionalmente se ven barcos anclados en la bahía. El buen observador se preguntará por qué en las playas de Cadaqués las piedras de mar se mezclan con fragmentos de cerámica redondeados por el efecto del agua. Llegaron en las bodegas de los mercantes que regresaban de su travesía y que las habían llenado de cerámica para equilibrar el peso de las naves. En su silencio húmedo, son un reducto de aquel pasado navegante.

Un pasado de naufragios

El *Llanishen* fue torpedeado en 1917 poco después de zarpar del puerto de Marsella. La tripulación consiguió llegar en dos botes a Portbou y Portvendres. El barco encalló finalmente en Caials. Tres años más tarde, fue el pailebote francés *Douamont* el que naufragó en el Cap de Creus. En 1888 los pescadores de Cadaqués salvaron a los 128 tripulantes del vapor italiano *Archimedes* en una arriesgada maniobra.

Y es que los naufragios y los salvamentos forman parte del pasado del Cap de Creus desde los tiempos remotos de los romanos. Entre las naves que duermen en el fondo marino de este punto de la costa hay algunas como el *Culip IV*, hundido hace dos mil años. Los buenos navegantes saben que remontar el cabo en días de mar gruesa es una maniobra peligrosa, y no tanto por la altura de los acantilados como por la orientación de las aguas. En el extremo oriental del cabo, la mar en calma del sur gira inesperadamente hacia el norte en un punto de fuertes corrientes. El norte del cabo, en el tramo que se extiende desde Cala Culip hasta el Pla de Tudela, oculta un interesante yacimiento arqueológico submarino.

En días de tramontana intensa, caminar por el litoral rocoso del Cap de Creus, es una buena manera de entender que quieren decir los navegantes cuando hablan del cabo del diablo. Los amantes de las inmersiones pueden comprobarlo de primera mano junto a los naufragios que reposan en Culip y Caials.

Un mar de coraleros

Medusa era un ser mitológico que convertía en piedra todo aquello que miraba. Perseo la decapitó y, tras la lucha, fue a la playa para lavarse. Al depositar sobre la arena la cabeza del monstruo, la sangre que emanaba entró en contacto con el agua, solidificándose y originando el coral rojo.

El coral rojo es propio del Mediterráneo. El que se conoce como *sangre de toro* es el de mejor calidad y sólo se forma en las aguas del Cap de Creus. En tiempos antiguos fue muy valorado como amuleto protector y por sus propiedades mágicas. La Costa Brava fue, durante siglos, una verdadera costa del Coral. De Port-Vendres a Palamós, se desarrolló una intensa actividad coralera.

En 1800 Cadaqués convocaba coraleros de geografías lejanas como Georges Kontos, que introdujo la escafandra semiautónoma para mejorar las duras condiciones de la extracción. Hasta entonces, se bajaba a pulmón libre o con una campana de madera. Cuando el inventor Narcís Monturiol —refugiado en Cadaqués debido a su republicanismo político— vio morir a un coralero en las aguas del Cap de Creus, decidió crear un aparato que dignificara el trabajo de aquellos hombres."¿Quién vive bajo el agua? Los peces. Mi máquina tendrá forma de pez." Y Monturiol inventó el submarino. En efecto, el *Ictíneu* fue el primer submarino con la reconocible forma que ha perdurado para la posteridad.

Hoy el coral es una especie protegida. En Cadaqués no hay coraleros y para observar los bancos coralinos hay que bajar a mucha profundidad. El coral forma parte del pasado de un pueblo que había vivido siempre de cara al mar.

Paraíso del contrabando

Los caminos y las calas solitarias del Cap de Creus han sido un paraíso para el contrabando. Tabaco, café, seda, cacao... las mercaderías llegaban en barco, se descargaban de noche y se escondían en las guaridas a la espera de ser transportadas. Si bien hoy es difícil imaginar los movimientos de los contrabandistas, Josep Pla nos ayuda en uno de sus relatos.

"Un buque aquillado mallorquín situado a diez o doce millas a levante está fuera de la boca de la bahía de Cadaqués. La embarcación, que ha sorteado los catalejos de los carabineros, espera la hora de desembarcar en la costa la carga de tabaco que lleva. En función del viento, podrá remontar Cap de Creus y ancorar en Portaló, o bien amarrar en Jonquet. Si al desembarcar se produce una situación de peligro, la mercancía será escondida en los depósitos y agujeros hechos expresamente en diferentes puntos de la costa. Si la noche se presenta bien, marineros y vecinos de las masías cercanas se cargan los bultos a la espalda y suben riera arriba, por caminos solitarios, hasta llegar a las masías donde se esconde el género. El grupo se dispersa una vez acabada la faena. Después, en el momento que se considera más oportuno, la mercadería es embalada en bocoys que son transportados en carro y por carretera a donde sea necesario. Esto debe saber hacerse muy bien. No es sencillo. Se debe saber aprovechar la hora, el momento preciso. Es necesario disponer de las confidencias. Llevar un carro de mercadería desde estas masías hasta un vagón de la estación de Llançà, requiere una cierta presencia de espíritu."

La ruta de los pobres

Ir de Cadaqués a Roses por el camino de Sa Cruïlla fue lo que se denominó durante siglos "el estigma de los pobres de Cadaqués". Lo andaban las mujeres. Cargaban el cesto y se enfilaban por el camino que sale en el extremo sur del pueblo, tras la playa de Es Llané. Un sendero de trazado infernal las conducía hasta la cresta, en Sa Cruïlla. Allí les esperaba la fuerte bajada hasta Roses. Cuatro horas de caminos abruptos para mejorar una economía escasa con la venta de pescado. Una ruta que ha visto transportar miles de toneladas de mercancías, sobre todo pescado, vino y aceite.

Hacer el camino de los pobres es captar la dureza de la vida anterior a las comodidades y es también disfrutar de una vista que, a medida que se va subiendo, se dilata hasta abarcar toda la bahía de Cadaqués y la costa del Mar d'Avall.

En la otra vertiente de la montaña, nos esperan las calas amplias del término de Roses.

El camino nos deja en Cala Jòncols. Vale la pena seguir hasta el cercano Cap Norfeu, uno de los puntos más preservados de esta zona, con una gran riqueza biológica y una etimología privilegiada. Se explica que Orfeo, héroe griego que amansaba a las fieras salvajes con su música, al pasar por este punto de la costa, entonó una melodía tan preciosa que los Pirineos se acercaron a escucharla. Tanto se acercaron que, perdiendo el equilibrio, cayeron al mar originando esta pequeña península que, desde entonces se llamo cabo de Orfeo.

Caminos de piedra seca y cabañas de pastor

Un tramado de caminos recorre los alrededores de Cadaqués. El paciente trabajo de generaciones civilizó una geografía difícil. Era necesario subsistir, disponer de terreno para la agricultura, de caminos para desplazarse hasta las poblaciones vecinas y hacer del territorio un lugar habitable. Y así se hizo.

Los kilómetros de paredes de piedra seca y las numerosas cabañas de pastores forman parte del patrimonio histórico del pueblo. Las incontables horas de trabajo humano de los antiguos constructores de paredes —que seleccionaban piedras esquistosas (de aquellas planas y laminadas que se dejan cortar tan fácilmente) para engarzarlas una a una en un tejido de arquitectura impecable— son difícilmente comprensibles desde una medida del tiempo, la nuestra, marcada por la prisa.

Cap de Creus había sido un paisaje de bosques que, ya en tiempos medievales, se talaron gradualmente. La pesca —y más tarde la pesca al candil— consumió una gran cantidad de madera. Los bosques comunales fueron desapareciendo y las aguas pluviales descarnaron la tierra. Las viñas y los bancales de paredes secas salvaron la zona de la degradación a la vez que configuraron las fincas, las terrazas y los caminos. La filoxera de 1880, que mató todas las cepas, acabó con la época dorada de la producción del vino que se exportaba a Francia, Italia y por ultramar, a la América del libre comercio.

A pie, en BTT, a caballo... recorrer los viejos caminos de piedra es captar el silencio de Cadaqués antes del turismo y es, sobre todo, disfrutar del paisaje. Después de años de abandono, los caminos se han recuperado en una tarea que sigue viva.

La vida en las masías

Una vida solitaria, una vida muy áspera que hoy ya no existe: la vida en las masías. La masía de la Sala, al sudeste del pueblo, cerca de la Punta de la Figuera. La masía de En Baltre, justo antes de la ermita de Sant Sebastià. La masía Duran, cercana a Sant Baldiri. La masía Des Bufadors, la de En Melus, de Sa Birba, En Godó, Des Rabassers... la abundancia de masías en el término de Cadaqués indica su importancia en la economía y la vida del pueblo.

Situadas a cobijo de la tramontana, disponían de viñedos y olivos. Contaban con rebaños de cabras, un par de bueyes, averío y huerto. Los masoveros iban cada día a Cadaqués para vender. Pasaban de puerta en puerta. Trajinaban la leche en un recipiente grande con forma de regadora sin agujeros. Las mujeres los esperaban con una jarra en la mano. En primavera, cuando las cabras dan más leche, llevaban queso fresco y requesón elaborado en la masía. También llevaban huevos, verduras, y cuando era el tiempo, cabritos y becerros. A la vuelta, traían pescado y productos de la ciudad.

Algunas de las masías, pocas, se conservan parcialmente. Se accede por caminos que salen de Cadaqués, especialmente en torno a la ermita de Sant Baldiri. Son los mismos que hace años recorrían sus habitantes para ir al médico, a la escuela y para mantener una mínima vida social. Y también, naturalmente, para traficar con mercancías prohibidas. Porque, digámoslo todo, el aislamiento de las masías las convertía en un lugar perfecto para esconder los paquetes de los contrabandistas. Para los masoveros, era una forma de aumentar un dinero que acostumbraba a ser escaso.

Retratos insólitos

Ramon de l'Hermosa, conocido por sus inexistentes ganas de trabajar. La Lola Litus, la primera bañista del pueblo que alquilaba casetas para cambiarse en Es Llané. Lola Mercè, que vendía el pescado antes de pescarlo. La galería de personajes de Cadaqués da para un extenso álbum de familia. De todos ellos hubo uno que consiguió proyectar su nombre más allá de su pequeño cosmos de mar. Fue Lídia Noguer más conocida como Lídia Sabana.

Lídia era hija y mujer de pescadores cuando en 1904 hospedó a Eugeni d'Ors, renombrado periodista e intelectual. Lídia, desde la estrechez de su mundo, quedó cautivada por su huésped. Cuando seis años más tarde leyó el libro de D'Ors *La ben plantada*, creyó que se refería a ella, iniciando así un largo trayecto delirante que siguió hasta su muerte. Lídia *la bien plantada* se relacionó con Picasso, García Lorca y Salvador Dalí, que exaltaron su capacidad creativa a la hora de leer los artículos y los libros de D'Ors en clave propia.

Ors no respondió jamás las cartas de Lídia. Sin embargo, una vez muerta, escribió un libro a aquella que, según él, *fue y no fue la bien plantada*. Pero Lídia de Cadaqués, que no se cansó nunca de pregonar su identidad literaria, fue celebrada por Dalí porque junto a ella había aprendido su método pictórico paranoico. La primera barraca que el pintor compró en Portlligat, se la vendió Lídia. Hoy, una plaza de Cadaqués lleva su nombre.

Las mujeres del cántaro

Hubo un tiempo en que en el pueblo no existía el comercio. Se iba a la fuente a por agua. El fuego sólo se encendía si antes se había ido a buscar leña o carbón. La ropa sucia se trajinaba en cestos hasta el lavadero público. Los alimentos se obtenían del huerto. El jabón se elaboraba manualmente en la calle... Y así una larga lista hasta cubrir todas las necesidades básicas.

En Cadaqués, como en todos los pueblos de este país, una buena parte de estas labores era responsabilidad femenina. Lo que sí era propio de este paraje marino era la forma de transportar las mercancías: cestos, cajas, paquetes... o los cántaros, todo se transportaba sobre la cabeza. Un ingenioso sistema que libera las manos y mantiene el cuerpo firme. Uno de los iconos más conocido de Cadaqués, recreado por Dalí y otros pintores, es el que muestra a una mujer airosa con el cántaro (*el doll*) sobre la cabeza. Una imagen que forma parte de la memoria del pueblo y que insinúa lo que se ha repetido más de una vez: el peso de las mujeres en el pasado del pueblo.

En Cadaqués, las sardanas las bailaban las mujeres, que mientras danzaban cantaban con ímpetu. En Cadaqués, el apellido de las mujeres se utilizaba para designar a los hijos y, a menudo, al marido. En Cadaqués crecieron leyendas de mujeres con poderes de brujería: mujeres que embrujaban las barcas para que volvieran con las redes vacías. ¿El secreto de todo ello? Es muy fácil: cuando la pesca mantiene ocupados a los hombres durante semanas —y esto no es exclusivo de Cadaqués— la comunidad se queda, inevitablemente, en manos de las mujeres.

Album of Cadaqués

Without doubt, places would not be what they are without their people, with their way of life and way or ordering the world. Even more so in Cadaqués, where the geographical isolation has shaped a very individual way of being, something repeatedly commented on by writers and travellers. The best testimony, however, is from those who still remember, of those who begin their narrations with a, "Many years ago...". Their accounts speak of tales of rescues and the fantastic chronicles that the *Americanos* gave when they returned from overseas. They speak of a time in which the women walked around carrying the pitchers on their heads. They also speak of the arrival of homely comforts, starting with the running water and of the day when salty water no longer came out of the tap. And also of the first bare legs ever seen in the village, of the odd painters and the scandalous bohemians. They speak of the harshness of the land and, above all, of many tales of the sea. And they tell us all this in a unique way of speaking they have in these parts of the coast: the *salat* way of speaking (literally, salted speaking, a dialectal variant of Catalan characterised by the use of s in articles such as *sa casa* instead of *la casa* (the house).

However, this would not be an accurate portrait of Cadaqués if we did not get closer to its human pulse, that of today and that of a not-so-distant past before the tourism arrived. How did people live in such a harsh place? What was life like in the farms? What was the pauper's path? How did they manage to humanise such a frugal landscape? How many wrecks are hidden beneath the water? What eccentric characters have left their mark beyond time? These and others are questions that breathe life into this collection of anecdotes or album of Cadaqués.

It is not easy to imagine a life that no longer exists. We do have the chronicles of those who featured in the past, and we also have the scenic spots that they made possible. Some of them are easy to reach and are magnificent to view. This is, therefore, or at least it aims to be, an invitation to the corners of Cadaqués experienced by its people.

Light and silence: Cala Nans

In the eighties, the people of Cadaqués mobilised to stop the demolition of the Cala Nans lighthouse. Their fight was not in vain: this tiny lighthouse was restored and its photovoltaic plaques still turn on a light bulb every twenty seconds.

Everything indicates that Cala Nans was a place where they cast the fishing baskets, a trap to catch fish made of joints or wicker. A cove that closes the bay of Cadaqués towards the south with a promontory where, since 1856, the lighthouse has stood. The islets of Es Cucurucuc and Sa Sabolla outline, from the water, the entrance to the cove. From land, you can often see an impressive spectacle of views against the light. The fact is that the small lighthouse of Cala Nans is basically made of light and silence.

The southern end of the village is reached by a path, passing Es Llané and the beach of Sa Conca. After the last houses, the Quers, the coastal path begins which, in three kilometres, reaches the lighthouse. It is a wide path that narrows when it crosses the dry stone bridges. After the bridge of Sa Sabolla, a lime kiln bears witness to how they heated this calcareous rock to obtain an agglomeration: quicklime, which was later mixed with water and sand to form a highly resistant mortar. Further on from the kiln, the path branches off: here you can either go down to Cala Nans or continue up towards the lighthouse. If you take the path to the lighthouse, the views of the bay are magnificent.

Let's go to Sant Sebastià!

"Let's go to Sant Sebastià", is what they have said for many years in Cadaqués every January. Sant Sebastià is a hermitage just a few kilometres from the village. On a plateau of the El Pení mountain, four hundred metres above sea level, is the sanctuary of Sant Sebastià. Its origin? An old surveillance tower. The current building dates back to the 18th century. It has a single nave and a semicircular apse, a doorway with a segmented arch and a discreet bell tower. Between one of its side walls and the mountain a small cave is hidden where, it is said, a shepherd found the image

of the saint. The old house of the hermits is a neighbouring building which functions as a summer house enwrapped by a magnificent cork tree wood.

The hermitage, privately owned and closed throughout the year, is opened on the 20th of January to play host to the entire village of Cadaqués, the day of the annual gathering. It is the festival of Sant Sebastià. The locals walk up or reach the spot in 4-wheel drives to spend the day, often in the middle of a strong Tramuntana, to laugh and to chat. They eat sea urchins (*garotes*), Catalan sausage omelettes and, in particular, they dance *patacades*, a violent dance accompanied by ironic and sarcastic comments about village life. The fact is, as well as being the patron saint of the village, as well as providing a fantastic view over the bay, Sant Sebastià is a licentious and necessary popular catharsis which has been preserved over the years and which in Cadaqués they love for what it is: a unique festival.

Overseas boats

"Run up the sails! We are leaving Cadaqués!" While the crew moved about skilfully, the bay faded away in the distance. The destination? Marseilles, Genoa, Naples and, sometimes, Cuba. In the hold, wine and strong liquor: on returning, salt, cocoa and sometimes silk. It was the time of great seafaring and the Platja Gran beach of Cadaqués had the appearance of the international ports. Clippers, steamboats, merchant ships, fishing boats and barges shared the bay. On land were the skippers, sailors and fishermen.

Where we now see pleasure boats, when the Tramuntana or easterly wind blew, between ten or twelve sailing ships would be huddled together waiting for the good weather. The clippers that covered the route from Valencia or Mallorca sometimes ended up in berth for too many days and their cargoes would go off. The crew disembarked to change oranges for oil, wine or fish... and to steal the heart of some innocent young lass. Sometimes, if the ships were overloaded, tons of oranges were dumped overboard that were collected on the shore with much rejoicing.

There is not much left of the seafaring past apart from memories. The old ships were taken to pieces and only on rare occasions can ships be seen anchored in the bay. The keen observer will ask why the stones from the sea on the beaches of Cadaqués are mixed with fragments of earthenware rounded by the effect of the water. They arrived in the holds of merchant ships returning from their crossing and which had been filled with ceramics to balance out the weight of the vessels. In their damp silence, they are a redoubt of that seafaring past.

A past of shipwrecks

The *Llanishen* was torpedoed in 1917 shortly after setting sail from the port of Marseilles. The crew managed to reach Portbou and Portvendres in two rowing boats. The ship finally went aground in Caials. Three years later, it was the French clipper *Douamont* which was wrecked in Cap de Creus. In 1888 the fishermen of Cadaqués saved the 128 crew members of the Italian steamboat *Archimedes* in a dangerous manoeuvre.

The fact is that shipwrecks and rescue operations have formed part of the past of Cap de Creus since the remotest times of the Romans. Among the vessels that lie on the seabed at this point of the coast there are some, such as the *Culip IV*, which sunk two thousand years ago. Experienced navigators know that negotiating the cape on days of rough sea is a dangerous manoeuvre, and not so much for the height of the cliffs as for the orientation of the waters. At the eastern end of the cape, the calm sea of the south twists unexpectedly towards the north at a point of strong currents. The north of the cape, a section that extends from Cala Culip to Pla de Tudela, is an interesting underwater archaeological site.

On days when the Tramuntana is strong, walking along the rocky coastline of Cap de Creus is a good way of understanding what the seafarers mean when they talk of the devil's cape. Diving fans can try out for themselves alongside the wrecks that lie in Culip and Caials.

A sea of coral hunters

Medusa was a mythical being that converted everything she saw into stone. Perseus beheaded her and, after the battle, went to the beach to wash his hands. On placing the monster's head on the sand, the dripping blood entered into contact with the water, solidifying it and creating the red coral.

Red coral is unique to the Mediterranean Sea. The coral known as *bull's blood* is of the best quality and is only formed in the waters of Cap de Creus. In ancient times it was highly valued as a protective charm and for its magical qualities. The Costa Brava was, for centuries, an authentic coral coastline. From Port-Vendres to Palamós an intensive coral hunting activity developed.

In 1800 Cadaqués attracted coral hunters from faraway lands such as Georges Kontos, who introduced the semi-autonomous diving suit to improve the hard extraction conditions. Until then, they dived holding their breath or with a wooden diving bell. When the inventor Narcís Monturiol —exiled in Cadaqués due to his Republican views— saw a coral hunter die in the waters of Cap de Creus, he decided to create an apparatus that would dignify these men's work. "Who lives beneath the water? The fish, My machine will take the shape of a fish". So Monturiol invented the submarine. In fact, the *Ictíneu* was the first submarine with the recognisable shape that has survived for posterity.

Today the coral is a protected species. In Cadaqués there are no coral hunters and to observe the coralline banks you have to dive very deep. The coral forms part of the past of a people that had always lived facing out to sea.

Smugglers paradise

The solitary paths and coves of Cap de Creus have been a smuggler's paradise. Tobacco, coffee, silk, cocoa... the merchandise arrived on boats, was unloaded at night and hidden in the hideouts before being transported. If it is difficult today to imagine the movements of the smugglers, Josep Pla can help us with one of his tales.

"A keeled Mallorcan boat located ten or twelve miles east is outside the entrance of the bay of Cadaqués. The boat, which has avoided the beady eyes of the frontier guards, waits for the time to unload on the coast the cargo of tobacco it is carrying. Depending on the wind, it could negotiate Cap de Creus and anchor in Portaló, or moor in Jonquet. If a dangerous situation arises on disembarking, the goods will be hidden in the deposits and holes made expressly along different parts of the coast. If it is a good night, sailors and residents of the farms will load the packs on their backs and climb upstream, along solitary paths, until reaching the farms where the stock will be hidden. The group disperses once the work is done. Afterwards, at the appropriately considered time, the merchandise is packed in large casks and transported by cart and by road to wherever it has to go. You have to be very good at doing this. It is not easy. You must know how to take full advantage of the time, of the exact moment. It has to be done in secret. Taking a cart of goods from these farms to a train wagon at Llançà station requires a certain amount of willpower and spirit".

The paupers' route

Going from Cadaqués to Roses along the Sa Cruïlla path was what was called for centuries, "the stigma of the paupers of Cadaqués". The women took the path. They loaded their baskets and filed off for the path that leaves the southernmost end of the village, after the Es Llané beach. A hellish winding path led them to the crest, in Sa Cruïlla. From there the steep drop to Roses awaited them. Four hours of abrupt paths to improve a scanty economy by selling fish. This route has seen thousands of tons of goods transported, above all, fish, wine and oil.

Covering the paupers' path is to understand the harshness of life before there were comforts as well as enjoying a view that, as it climbs, spreads out until taking in the entire bay of Cadaqués and the coastline of the Mar d'Avall. On the other side of the mountain the large coves of the Roses district await us.

The path leaves us in Cala Jòncols. It is well worth continuing as far as the nearby Cap Norfeu, one of the best-preserved points in this area, with a great biological richness and privileged etymology. It is said that Orpheus, the Greek hero who tamed the wild beasts with his music, on passing this point of the coast, sang such a beautiful tune that the Pyrenees came closer in order to listen. They came so close that, losing their balance, they fell into the sea, thus producing this small peninsula that since then has been called the cape of Orpheus.

Dry stone paths and shepherds' huts

A network of paths wind around the outskirts of Cadaqués, representing the patient work of generations who tamed a harsh terrain. It was necessary to survive, to have land that could be tilled, to have paths for moving around to and from the neighbouring villages and to make the region an inhabitable spot. And that is just what they did.

The kilometres of dry stone walls and the numerous shepherds' huts form part of the people's historical heritage. The infinite number of hours of human toil of the old wall builders —who selected flaky stones (the flat and laminated ones that cut so easily) to connect them one by one in an impeccable architectural fabric— are difficult to comprehend from a time measurement, ours, marked by the need to hurry.

Cap de Creus had been a landscape of woods that, even in medieval times, were gradually cut down. Fishing, —and later oil lamp fishing— consumed a large quantity of wood. The communal woods gradually disappeared and the rainwater eroded the earth. The vines and dry wall plots saved the area from impoverishment while at the same time the estates, terraces and paths were formed. The phylloxera of 1880, which killed all the stock, put paid to the golden age of wine production that was exported to France, Italy and overseas by ship to the America of free trade.

On foot, by mountain bike, by horse... going along the old stone paths means capturing the silence of Cadaqués before tourism and, above all, enjoying the scenery. After years of abandonment, the paths have been recovered in an ever-continuing task.

Life in the farms

A solitary life, a very harsh life that today no longer exists: the life in the farms. The farm of La Sala, in the southeast of the village, close to the Punta de la Figuera. The farm of En Baltre, just before the hermitage of Sant Sebastià. The Duran farm, close to Sant Baldiri. The Des Bufadors farm, that of En Melus, Sa Birba, En Godó, Des Rabassers... the abundance of farms in the Cadaqués district indicates their importance in the village's economy and life.

Positioned sheltered from the Tramuntana, they had vineyards and olive groves. They possessed herds of goats, a pair of oxen, a flock of domestic fowl and an orchard. The occupants went to Cadaqués every day to sell. They sold door-to-door. They transported the milk in a large recipient in the shape of watering can without the holes. The women waited for them with a jug in their hands. In spring, when the goats supplied more milk, they took homemade fresh and mature cheese. They also carried eggs, vegetables, and when it was time, kids and calves. They returned home with fish and produce from the city.

Some of the farms, very few in fact, are partially preserved. They can be reached by paths that leave Cadaqués, particularly around the hermitage of Sant Baldiri. They are the same paths that, years ago, would be taken by the houses' inhabitants to visit the doctor, go to school and to maintain a minimal social life. And also, naturally, to traffic in prohibited goods. This is because, let's face it, the isolation of the farms turned them into the perfect spot for hiding the smugglers' packages. For the farmers, it was a way of increasing an income that was usually a low one.

Unusual portraits

Ramon de l'Hermosa, known for his total lack of desire to work. Lola Litus, the first bather of the village who rented

out huts for changing in Es Llané. Lola Mercè, who sold the fish before going out to catch it. The gallery of Cadaqués' characters provide an extensive family album. Of all of them there was one who managed to project her name well beyond her small cosmos of sea. She was Lídia Noguer (aka Lídia Sabana).

Lídia was the daughter and wife of fishermen when in 1904 she put up Eugeni d'Ors, a renowned journalist and intellectual. Lídia, from the narrow world she inhabited, was captivated by her guest. When six years later she read the book by D'Ors, *La ben plantada* (The elegant one), she thought that it referred to her, thus beginning a long hilarious career that continued up to her death. Lídia, the Elegant One, mixed with Picasso, García Lorca and Salvador Dalí, who fired her creative capacity when reading D'Ors' articles and books in her own way.

Ors never replied to Lídia's letters. However, after she died, he wrote a book to the person who, according to him, was and was not the One with Her Feet on the Ground. Lídia of Cadaqués, who never tired of boasting about her literary identity, was however celebrated by Dalí because alongside her he had learnt his paranoiac pictorial method. The first hut the painter bought in Portlligat was sold to him by Lídia. Today, a square in Cadaqués is named after her.

The pitcher women

There was a time when there was no money in the village. You went to the spring for water. The fire was only lit if you had gone to look for wood or coal. Dirty clothes were taken in baskets to the public washhouse. Food was obtained from the orchard. Soap was made manually in the street... and a long list of other activities undertaken to cover the basic necessities.

In Cadaqués, as in other villages in this country, a great deal of this work was the responsibility of the womenfolk. What was a particular trait of this coastal spot was the way of carrying the goods; baskets, boxes, packets... or pitchers, everything was carried on their head: an ingenious system that frees the hands and keeps the body firm. One of the most well-known icons of Cadaqués, recreated by Dalí and other painters, is that showing an elegant woman with the pitcher (*el doll*) on her head. This image forms part of the people's memory and emphasises what has been repeated over an over again: the influence of women in the village's past.

In Cadaqués, the *sardanes* were danced by the women, who sang wholeheartedly while they danced. In Cadaqués, the woman's surname was used for the children's surnames and, quite often, the husband's too. In Cadaqués legends grew about women with witches' powers: women who cast spells on the boats so that they would return with empty nets. What was the secret to all this? The answer is easy: when the fishing kept the men busy for weeks on end —and this was not exclusive to Cadaqués— the community remained, inevitably, in the hands of the women.

Album de Cadaqués

Et cependant, les lieux ne seraient pas ce qu'ils sont sans les hommes, avec leur manière de vivre, de concevoir le monde. À Cadaqués, d'autant plus, où l'insularité géographique a configuré une manière d'être très particulière, qu'ont souvent décrite les écrivains et les voyageurs. Mais ceux qui se souviennent encore, qui commencent leur récit avec un : « Il y a très longtemps... », apportent les meilleurs témoignages. Leurs récits racontent des sauvetages et les chroniques fantastiques des *americanos*, à leur retour d'outremer. Ils parlent d'une époque où les femmes s'affairaient gracieusement dans les rues du village, une cruche sur la tête. Et de l'arrivée des commodités, tout d'abord l'eau courante, et du jour où l'eau qui jaillit du robinet cessa d'être salée. Des premières jambes que l'on vit au village, des peintres étranges et de la bohème scandaleuse. De la terre et surtout, de nombreuses histoires de la mer. Et tout cela dans un parler unique sur cette partie de la côte : le *parlar salat* (littéralement, parler salé, une variante dialectale du catalan caractérisée par l'utilisation des « s » au début des articles, comme dans *sa casa* au lieu de *la casa*, la maison).

Et cependant, cet album ne serait pas une description précise de Cadaqués, s'il ne nous rapprochait pas des pulsations humaines, celles d'aujourd'hui et celles d'un passé encore proche, antérieur au tourisme. Comment vivait-on dans un endroit aussi austère ? Quelle était la vie dans les mas ? Quel était le chemin des pauvres ? Comment arriva-t-on à humaniser un paysage aussi austère ? Combien de naufrages cachent ses eaux ? Quels personnages insolites ont-ils laissé leur trace, au-delà du temps ? Ces questions et bien d'autres sont celles qui animent ce recueil d'anecdotes, cet Album de Cadaqués.

Il est difficile d'imaginer une vie qui n'existe plus. On dispose de chroniques des protagonistes et aussi des parages qui les rendirent possibles. Certaines ont un accès facile et des paysages magnifiques. Ceci est, par conséquent, ou prétend être, une invitation aux recoins du Cadaqués vécu.

Lumière et silence : Cala Nans

Dans les années quatre-vingt du vingtième siècle, les habitants de Cadaqués se mobilisèrent pour empêcher la démolition du phare de Cala Nans. Ce ne fut pas en vain : ce phare minuscule fut restauré et aujourd'hui encore, ses plaques photovoltaïques allument une ampoule toutes les vingt secondes.

Tout indique que Cala Nans était l'endroit où l'on disposait les nasses (*nanses*), des pièges pour capturer les poissons, faits de joncs ou d'osier. Une crique qui fermait la baie de Cadaqués vers le sud avec un promontoire où, depuis 1856, se dressait le phare. Les îlots d'Es Cucurucuc et de Sa Sabolla indiquent, vus de l'eau, l'accès à la crique. De la terre, on peut souvent contempler un spectacle impressionnant de contre-jours. C'est que le petit phare de Cala Nans est fait, fondamentalement, de lumière et de silence.

On y arrive par un chemin à l'extrémité sud du village, après Es Llané et la plage de Sa Conca. Après les dernières maisons, los Quers, commence le chemin de ronde qui, en trois kilomètres, arrive au phare. Un large chemin qui devient plus étroit lorsqu'il traverse les ponts de pierre sèche. Après la plage de Sa Sabolla, un four à chaux témoigne de la manière dont on cuisait cette pierre calcaire pour obtenir un agglomérat, la chaux vive, que l'on mélangeait ensuite avec de l'eau et du sable pour former un mortier très résistant. Après le four, le chemin bifurque. On peut soit descendre à Cala Nans ou continuer vers le haut jusqu'au phare. Si l'on poursuit jusqu'au phare, les vues de la baie sont magnifiques.

Allons à Sant Sebastià !

« Allons à Sant Sebastià », c'est le mot d'ordre qu'on entend à Cadaqués depuis très longtemps, tous les mois de janvier. Sant Sebastià est un ermitage situé à environ quatre kilomètres de la localité. Sur un plateau de la montagne d'El Pení, à environ quatre-cent mètres d'altitude, se trouve le sanctuaire de Sant Sebastià. Son origine ? Une ancienne tour de guet. Le bâtiment actuel date du XVIIIème siècle. Il possède une seule nef et une abside en demi-cercle, une

porte d'arc surbaissé et un clocher discret. Entre l'un de ses murs latéraux et la montagne, se cache une petite grotte où, d'après ce qu'on raconte, un pasteur trouva la statue du saint. L'ancienne maison des ermites est un édifice adjoint qui fait fonction de maison estivale, entourée de magnifiques chênes-liège.

L'ermitage, de propriété privée, fermé pendant toute l'année, s'ouvre le 20 janvier pour accueillir tout Cadaqués, qui arrive en procession. C'est la Saint-Sébastien. Les gens montent à pied ou en véhicule pour y passer la journée, souvent au milieu d'une forte tramontane, pour rire et parler. On mange des oursins (*garotes* en catalan), des omelettes à la saucisse et surtout, on danse des *patacades*, une danse violente accompagnée de commentaires ironiques et sarcastiques sur la vie du village. C'est que Sant Sebastià n'est pas seulement le saint patron du village, ni un point de vue exceptionnel sur la baie, c'est aussi un moment de catharsis populaire, nécessaire et licencieuse, qui s'est maintenu tout au long des années et que les habitants de Cadaqués aiment pour ce qu'il est : quelque chose d'unique.

Des bateaux outre-mer

« Hissez les voiles ! Nous quittons Cadaqués ! ». Alors que l'équipage se déplaçait habilement, la baie s'estompait au loin. Pour quelle destination ? Marseille, Gênes, Naples, et parfois, Cuba. Dans les cales, du vin et de l'eau-de-vie. Au retour, du sel, du cacao et peut-être, des soies. C'était l'époque de la grande navigation et la Platja Gran de Cadaqués avait l'air d'un port international. Des goélettes, des vapeurs, des navires marchands, des embarcations traditionnelles et des barques se partageaient la baie. À terre, des capitaines, des marins et des pêcheurs.

Là où aujourd'hui on voit des embarcations de plaisance, quand soufflait la tramontane ou le vent de levant, on arrivait à compter jusqu'à dix ou douze voiliers en attente d'une bonne météo. Les goélettes qui faisaient la route de Valence ou Majorque mouillaient parfois trop longtemps : les chargements s'abîmaient. L'équipage débarquait alors pour échanger des oranges contre de l'huile, du vin, du poisson...et pour voler le cœur d'une jeune fille innocente. Parfois, si les embarcations étaient trop chargées, on lançait des tonnes d'oranges à l'eau, qui étaient ramassées avec allégresse sur la plage.

Aujourd'hui, il reste peu de choses du passé marin, seulement des souvenirs. Les vieux bateaux se sont peu à peu abîmés et ce n'est que très rarement qu'on peut voir des navires mouiller dans la baie. Un bon observateur se demandera pourquoi, sur les plages de Cadaqués, les galets se mélangent aux fragments de céramiques arrondis par l'effet de l'eau. Ce sont les marchands qui, au retour de leur traversée, avaient rempli les cales de céramique pour équilibrer le poids des vaisseaux. Dans leur silence humide, ce sont des vestiges de ce passé marin.

Un passé de naufragés

Le *Llanishen* fut torpillé en 1917, peu après avoir quitté le port de Marseille. L'équipage réussit à rejoindre Portbou et Port-Vendres sur deux canots de sauvetage. Le bateau échoua finalement à Caials. Trois ans plus tard, ce fut au tour de la goélette française *Douamont* de naufrager au Cap de Creus. En 1888, les pêcheurs de Cadaqués sauvèrent les 128 membres de l'équipage du vapeur italien *Archimèdes*, lors d'une manœuvre risquée.

En effet, les naufrages et les sauvetages font partie du passé du Cap de Creus, depuis l'Antiquité romaine. Parmi les navires qui dorment au fond de l'eau à cet endroit de la côte, certains, comme le *Culip IV*, coulèrent il y a deux mille ans. Les bons navigateurs savent que remonter le cap les jours de mer agitée est une manœuvre dangereuse, pas tant à cause de la hauteur des falaises que de l'orientation des eaux. À l'extrémité orientale du cap, la mer calme du sud effectue un virage inattendu vers le nord à un endroit de forts courants. Au nord du cap, la partie qui s'étend de Cala Culip au Pla de Tudela cache un intéressant gisement archéologique sous-marin.

Pendant les jours d'intense tramontane, marcher le long du littoral rocheux du Cap de Creus est une bonne manière de comprendre ce que veulent dire les naviga-

teurs lorsqu'ils parlent du cap du diable. Les amateurs de plongée peuvent le vérifier directement en allant explorer les vestiges des navires naufragés qui reposent à Culip et Caials.

Une mer de corailleurs

La Méduse était un être mythologique qui transformait en pierre tout ce qu'il regardait. Persée la décapita et après la lutte, s'en alla à la plage pour se laver. Lorsqu'il déposa la tête du monstre sur la plage, le sang qui coulait entra en contact avec l'eau, et, en se solidifiant, devint du corail rouge.

Le corail rouge est propre à la Méditerranée. Celui de meilleure qualité est connu sous le nom de *sang de taureau* et provient uniquement des eaux du Cap de Creus. Dans les temps anciens, il était très apprécié pour les amulettes protectrices et ses propriétés magiques. La Costa Brava fut pendant des siècles, une véritable côte du corail. De Port-Vendres à Palamós, une intense activité liée au corail avait lieu.

En 1800, Cadaqués attirait des pêcheurs de corail de très loin, comme Georges Kontos, qui introduisit le scaphandre semi-autonome pour améliorer les difficiles conditions de son extraction. Jusqu'alors, on descendait à poumon libre ou avec une cloche de bois. Lorsque l'inventeur Narcis Monturiol, réfugié à Cadaqués à cause de ses opinions républicaines, vit mourir un pêcheur de corail dans les eaux du Cap de Creus, il décida de créer un appareil qui permettrait de rendre le travail de ces hommes plus digne. « Qui vit sous l'eau ? Les poissons. Ma machine aura la forme d'un poisson ». Et Monturiol inventa le sous-marin. En effet, l'*Ictíneu* fut le premier sous-marin possédant la forme reconnaissable d'un poisson, qui a perduré pour la postérité.

Aujourd'hui le corail est une espèce protégée. À Cadaqués, il n'y a pas de pêcheurs de corail et pour observer les bancs de corail, il faut descendre à une profondeur considérable. Le corail fait partie du passé d'un peuple qui a toujours vécu face à la mer.

Un paradis de contrebandiers

Les chemins et les criques solitaires du Cap de Creus ont toujours été un paradis pour les contrebandiers. Le tabac, le café, la soie, le cacao... les marchandises arrivaient en bateau, on les déchargeait la nuit et on les cachait dans des abris en attendant de les transporter. Même s'il est difficile aujourd'hui d'imaginer les faits et gestes des contrebandiers, Josep Pla nous y aide dans l'un de ces récits :

« Un navire à quille majorquin situé à dix ou douze milles au levant se trouve à l'extérieur de l'embouchure de la baie de Cadaqués. L'embarcation, qui a échappé aux longues-vues des carabiniers, attend le moment propice pour décharger sur la côte la cargaison de tabac qu'elle transporte. En fonction du vent, elle pourra remonter le Cap de Creus et jeter l'ancre à Portaló, ou bien mouiller à Jonquet. Si lors du déchargement, il se produisait une situation dangereuse, la marchandise sera cachée dans les dépôts et les trous expressément conçus à cet effet sur différents points de la côte. Si la nuit est bonne, les marins et les habitants des mas voisins chargeront les paquets sur leur dos et remonteront les lits des torrents, par des chemins solitaires, jusqu'aux mas où la marchandise est cachée. Le groupe se dispersera une fois le travail terminé. Ensuite, au moment jugé le plus opportun, la marchandise sera emballée dans des boucauts qui seront transportés dans des charrettes et par la route à l'endroit nécessaire, ce qui exige un grand savoir-faire. Ce n'est pas simple. Il faut savoir profiter de l'heure, du moment précis. Il faut disposer de complicités. Conduire une charrette de marchandises de ces mas à un wagon de la gare de Llançà requiert une certaine présence d'esprit ».

La route des pauvres

Aller de Cadaqués à Roses par le chemin de Sa Cruïlla fut, pendant des siècles, ce qu'on appelait « le stigmate des pauvres de Cadaqués ». C'étaient les femmes qui le parcouraient. Elles chargeaient leur panier et prenaient le chemin qui part de l'extrémité sud du village, après la plage d'Es

Llané. Un sentier au dessin infernal les conduisait jusqu'à la crête, à Sa Cruïlla. Là, les attendait la forte descente jusqu'à Roses. Quatre heures de chemins abrupts pour améliorer une économie faite d'austérité, grâce à la vente du poisson. Une route qui a vu transporter des milliers de tonnes de marchandises, surtout du poisson, du vin et de l'huile.

Faire le chemin des pauvres, c'est capter la dureté de la vie telle qu'elle était avant les commodités modernes et c'est aussi jouir d'une vue qui, au fur et à mesure qu'elle monte, se dilate jusqu'à englober toute la baie de Cadaqués et la côte de la Mar d'Avall. Sur l'autre versant de la montagne, les larges criques de Roses attendent le voyageur.

Le chemin va jusqu'à Cala Jòncols. Poursuivre jusqu'au Cap Norfeu proche, l'un des points les mieux préservés de la région, d'une grande richesse biologique et à l'étymologie variée, en vaut la peine. La légende raconte qu'Orphée, le héros grec qui apprivoisait les fauves avec sa musique, lorsqu'il passait à cet endroit de la côte, entonna une mélodie si belle que les Pyrénées s'approchèrent pour l'écouter. Les montagnes s'approchèrent tellement qu'elles perdirent l'équilibre et tombèrent dans la mer, donnant ainsi naissance à cette petite péninsule qui, depuis lors s'appelle cap de n'Orfeu (Cap d'Orphée).

Des chemins de pierre sèche et des cabanes de pasteurs

Un réseau de chemins parcourt les environs de Cadaqués. Le travail patient de générations d'être humains a civilisé une géographie difficile. Il fallait subsister, disposer de terres pour l'agriculture, de chemins pour se déplacer jusqu'aux villages voisins et faire du territoire un lieu habitable. Et c'est ce qui fut fait.

Les kilomètres de pierre sèche et les nombreuses cabanes de pasteurs font partie du patrimoine historique du village. Les innombrables heures de travail humain des anciens constructeurs de murs, qui sélectionnaient les pierres schisteuses (les pierres plates et laminées que l'on peut couper facilement) pour les encastrer une par une dans un tissu d'architecture impeccable, sont difficilement compréhensibles si on les appréhende avec la mesure contemporaine du temps, marquée par la hâte.

Le Cap de Creus avait été peuplé de forêts qui, déjà à l'époque médiévale, furent progressivement défrichées. La pêche, et plus tard la pêche à la lanterne, engloutit une grande quantité de bois. Les bois communaux disparurent peu à peu et les eaux pluviales contribuèrent à l'érosion des terres. Les vignes et les terrasses en murs de pierre sèche sauvèrent la région de la dégradation, tout en donnant forme aux propriétés, aux terrasses et aux chemins. Le phylloxéra de 1880, qui tua tous les ceps, mit fin à l'époque dorée de la production de vin que l'on exportait en France, en Italie et outremer, dans l'Amérique du libre commerce.

À pied, en VTT, à cheval... parcourir les vieux chemins de pierre, c'est capter le silence de Cadaqués d'avant le tourisme et c'est surtout profiter du paysage. Après des années d'abandon, les chemins revivent, dans une activité toujours actuelle.

La vie dans les mas

La vie dans les mas était une vie solitaire, très âpre qui aujourd'hui a disparu. Le mas de la Sala, au sud-est du village, près de la Pointe de la Figuera. Le Mas d'En Baltre, sur la photo, juste avant l'ermitage de Sant Sebastià. Le Mas Duran, près de Sant Baldiri. Le Mas Des Bufadors, celui d'En Melus, de Sa Birba, En Godó, Des Rabassers... l'abondance des mas sur la commune de Cadaqués indique leur importance dans l'économie et dans la vie du village.

Situés à l'abri de la tramontane, ils comptaient des vignes et des oliviers. Ils possédaient des troupeaux de chèvres, quelques bœufs, des oiseaux de basse-cour et un jardin potager. Les métayers allaient vendre tous les jours à Cadaqués. Ils faisaient du porte à porte. Ils transportaient le lait dans un grand récipient en forme d'arrosoir sans trous. Les femmes les attendaient, une carafe à la main. Au printemps, lorsque les chèvres donnent plus de lait, ils proposaient du fromage frais élaboré à la ferme. Ils vendaient aussi des œufs, des légumes, et lorsque c'était l'époque, des chevreaux et des

agneaux. Au retour, ils emportaient du poisson et des produits de la ville.

Quelques mas sont encore debout. On y accède par des chemins qui quittent Cadaqués, surtout autour de l'ermitage de Sant Baldiri. Ce sont ces mêmes mas que les habitants parcouraient il y a des années, pour aller chez le médecin, à l'école ou pour entretenir un peu de vie sociale. Et aussi, naturellement, pour trafiquer avec des marchandises interdites. Parce que, disons-le, l'isolement des mas en faisaient des endroits idéaux pour cacher les paquets des contrebandiers. Pour les métayers, c'était une manière d'augmenter leurs faibles revenus.

Portraits insolites

Ramon de l'Hermosa, connu pour sa paresse légendaire. La Lola Litus, la première baigneuse du village, qui louait des cabanes pour se changer à Es Llané. Lola Mercè, qui vendait du poisson avant de le pêcher. La galerie de personnages de Cadaqués est suffisante pour composer un grand album de famille. Parmi eux, il y en eut un qui arriva à projeter son nom au-delà de son petit univers de mer. Ce fut Lídia Sabana.

Lídia Noguer était femme et fille de pêcheurs quand en 1904, elle logea Eugeni d'Ors, journaliste et intellectuel de renom. Lídia, dont le monde était si limité, fut captivée par son hôte. Quand six ans plus tard, elle lut le livre d'Ors intitulé *La ben plantada (la* bien plantée), elle crut qu'il faisait référence à elle, et commença ainsi un parcours délirant qu'elle poursuivit jusqu'à sa mort. Lídia la Bien Plantée connut Picasso, García Lorca et Salvador Dalí qui exaltèrent sa capacité créative lorsqu'elle lisait les articles et les livres d'Ors en y voyant des références à elle-même.

Ors ne répondit jamais aux lettres de Lídia. Cependant, lorsqu'elle mourut, il écrivit un livre à celle qui, selon lui, *fut et ne fut pas la ben plantada*. Mais Lídia de Cadaqués, qui ne se lassa jamais de claironner son identité littéraire, fut chantée par Dalí parce qu'avec elle, il avait appris sa méthode picturale paranoïaque. C'est Lídia qui vendit au peintre la première cabane qu'il acheta à Portlligat. Aujourd'hui, une place de Cadaqués porte son nom.

Les femmes à la cruche

Il y eut un temps où le commerce n'existait pas au village. On allait à la fontaine chercher de l'eau. Pour faire du feu, il fallait auparavant chercher du charbon ou du bois. On transportait le linge sale dans des paniers jusqu'au lavoir public. On obtenait les aliments du jardin potager. Le savon était fabriqué à la main dans la rue... Il en allait ainsi d'une longue liste d'activités couvrant tous les besoins de base.

À Cadaqués, comme dans les autres villages du pays, une bonne partie de ces tâches était sous la responsabilité des femmes. Ce qui était propre à ce village marin, c'était la manière de transporter les marchandises : les paniers, les boîtes, les paquets... ou les cruches, on transportait tout sur la tête. Un système ingénieux qui libère les mains et maintient le corps ferme. L'une des icônes les plus célèbres de Cadaqués, reprise par Dalí et d'autres peintres, montre une femme gracieuse portant une cruche (*el doll*) sur la tête. Une image qui fait partie de la mémoire du village et qui laisse entendre ce qui a souvent été dit, à savoir le rôle des femmes dans le passé du village.

À Cadaqués, les sardanes étaient dansées par les femmes, qui chantaient avec vigueur en dansant. À Cadaqués, on utilisait le nom des femmes pour nommer les enfants, et même souvent le mari. À Cadaqués naquirent des légendes attribuant aux femmes des pouvoirs de sorcellerie : des femmes qui ensorcelaient les bateaux pour qu'ils reviennent les filets vides. Le secret de tout cela ? C'est très simple : lorsque la pêche occupe les hommes pendant des semaines, — et cela n'est pas exclusif de Cadaqués —, la communauté repose, inévitablement, sur les femmes.

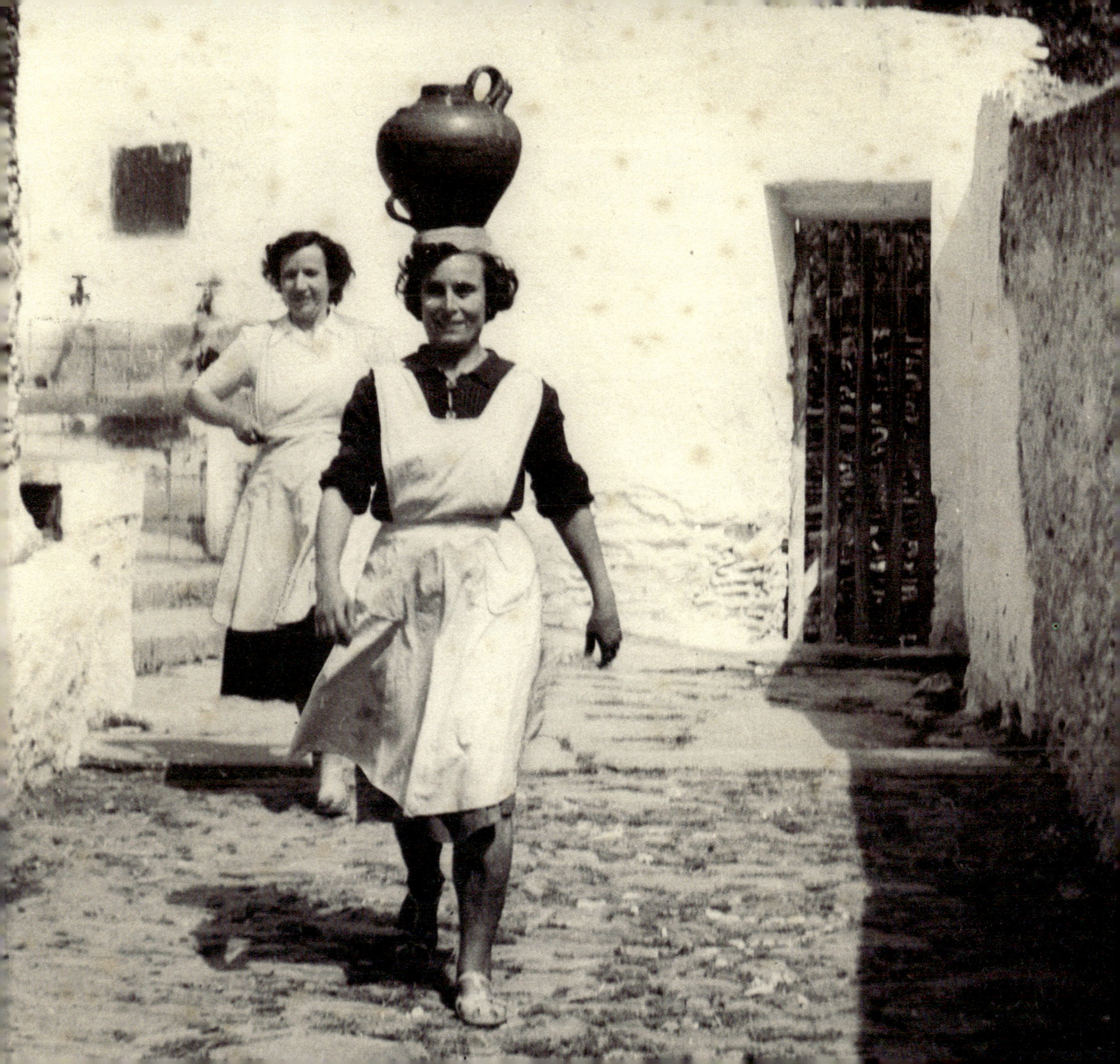

Cadaqués
Cap de Creus

© Triangle Postals SL

Concepte | Concepto | Concept | Concept
Jordi Puig

© Text | Texto | Text | Texte
Cristina Masanés
Pàg. 130. Dels texts de Salvador Dalí: © Salvador Dalí, Fundació Gala-Salvador Dalí, Figueres, 2015.

© Fotografies | Fotografías | Photography | Photographies
Jordi Puig
Pàg. 150, 151, 153, 154, 155, 157, 158, 160, 162, 163 © Jordi Puig / Fundació Gala - Salvador Dalí, 2015
Fotos autoritzades per la Fundació Gala - Salvador Dalí
Pàg. 107, 108 Vador Minobis
Pàg. 172, 173, 186 Lluís Mas Blanch
Pàg. 218 Fons Eugeni d'Ors / Arxiu Nacional de Catalunya
Pàg. 239 Antoni Planells, fotografia cedida per l'Ajuntament de Cadaqués

Traducció | Traducción | Translation | Traduction
Antonio G. Funes · Steve Cedar · Laurent Cohen

Disseny gràfic | Diseño gráfico | Graphic design | Dessin graphique
Joan Colomer

Maquetació | Maquetación | Layout | Mise en page
Vador Minobis

Impressió | Impresión | Print | Impression
Tallers gràfics Soler

Dipòsit legal: ME 162/2015
ISBN: 978-84-8478-644-3

Triangle Postals SL
Sant Lluís, Menorca
Tel. +34 971 15 04 51
Fax +34 971 15 18 36
www.triangle.cat

TRIANGLE▼BOOKS

Aquest llibre no podrà ser reproduït totalment ni parcialment per cap mena de procediment, inclosos la reprografia i el tractament informàtic, sense l'autorització escrita dels titulars del *copyright*.

Este libro no podrá ser reproducido ni total ni parcialmente por ningún tipo de procedimiento, incluidos la reprografía y el tratamiento informático, sin la autorización escrita de los titulares del *copyright*.

This book cannot be reproduced totally or partially by ant type of procedure, including reprography and computerised treatment without the written authorisation of the copyright holders.

Cet ouvrage ne pourra être reproduit ni totalement ni même partiellement par aucun type de procédé, y compris la reprographie et le traitement informatique, sans l'autorisation écrite des titulaires du *copyright*.